GOTT ERKENNEN

JAMES I. PACKER

HEROLD-BUCH

Die englische Originalausgabe erschien unter dem Titel *Knowing God* im Verlag *InterVarsity Press*

Für die Bibelstellen der deutschen Übersetzung haben wir vorwiegend die Bibelübersetzung *Schlachter 2000* verwendet. Wo wir andere Übersetzungsvarianten nutzen, wie die *Neue Genfer Übersetzung* (NGÜ) und gelegentlich ihre Alternativfußnoten oder auch *eigene Übertragungen* (eÜ), haben wir diese mit den angegebenen Abkürzungen gekennzeichnet.

www.herold-schriftenmission.de

In Zusammenarbeit mit dem: EBTC Europäisches Bibel Trainings Centrum e.V., Havelländer Ring 40, 12629 Berlin, www.ebtc-online.org

ISBN 978-3-88936-075-5

Übersetzung aus dem Englischen: Udo H. und Benjamin Schmidt

Satz und Covergestaltung: Udo H. Schmidt, Schmidt grafikdesign, 35638 Leun

Coverbild: © fotolia.com

Druck und Verarbeitung: CPI-Books

Printed in Germany

INHALTSVERZEICHNIS

Vorwort (1993)

Als ich dem Herausgeber vor über zwanzig Jahren das Manuskript von *Knowing God (Gott erkennen)* zusandte, dachte ich dabei eher an ein Studienbuch, das wohl kaum auf großes Interesse stoßen würde. Ich hatte mich getäuscht. Weit mehr als eine Million Exemplare wurden verkauft; es wurde in mehr als ein Dutzend Sprachen übersetzt; es wurde zu einem glaubensfördernden Buch in der christlichen Welt. Andere nützliche Bücher, einschließlich einige meiner eigenen Schriften, sind vergessen, aber dieses Buch findet immer größere Leserkreise, und ein unaufhörlicher Strom von Briefen zeigt mir, dass es den Leuten auch weiterhin eine echte Hilfe ist. Das lässt mich staunen, erfüllt mich mit Ehrfurcht und Demut und lässt mich Gott gegenüber voller Dankbarkeit sein.

Als Shakespeare seine Sonette veröffentlichte, verfasste er eine Eingangswidmung an eine uns unbekannte Person. Er schrieb: »TO THE ONLIE BEGETTER OF THESE« (dt. »Dem alleinigen Schöpfer dieser Sonette«). Die Person, die Shakespeare als den »alleinigen Schöpfer« von *Knowing God* bezeichnet hätte, wäre der Herausgeber des heute nicht mehr existierenden *Evangelical Magazine.*

Dieser bat mich eines Tages, eine Artikelreihe über Gott zu verfassen, die für aufrichtige, sachliche Leser gedacht sei, die es satthätten, mit einfachen christlichen Worthülsen oder einem Wust von Fachausdrücken abgespeist zu werden. Die Artikel wurden im Abstand von zwei Monaten veröffentlicht, und jedes Mal stellte sich mir die Frage: *Was erzähle ich ihnen als Nächstes?* Und schließlich verbanden sich diese Artikel ganz natürlich zu einem Buch. Weise Herausgeber wissen, wie man Autoren motiviert, und die Existenz von *Knowing God (Gott erkennen)* verdankt dem Herausgeber ebenso viel, wie dem Autor.

Zu Kapitel vier wurde ein Abschnitt hinzugefügt, aber sonst entspricht das Werk, abgesehen von einer moderneren Schreibweise und einzelnen Verbesserungen, der ursprünglichen Ausgabe. Wenn ich die ursprünglichen KJV-Bibelzitate (King James Version) durch die der NIV (New International Version) ersetze, dann entspricht das nur dem Wunsch, für mein Buch die größtmögliche Verständlichkeit zu erreichen. Dies verändert jedoch nirgendwo meine Überzeugung.

[Anm. d. Übers.: Da auch wir uns dieser Maxime verpflichtet fühlen, haben wir für die Bibelstellen der deutschen Übersetzung vorwiegend die Bibelübersetzung Schlachter 2000 verwendet. Wo wir andere Übersetzungsvarianten nutzen, wie die Neue Genfer Übersetzung (NGÜ) und gelegentlich ihre Alternativfußnoten oder auch eigene Übertragungen (eÜ), werden wir diese mit den angegebenen Abkürzungen kennzeichnen.]

Möge *Gott erkennen* auch in seinem neuen Gewand weiterhin dazu beitragen, Menschen zur Bekehrung zu führen und in ihrem Glauben zu stärken.

James I. Packer
Regent College, Vancouver

Vorwort (1973)

Wie jeder humoristische Schauspieler sich danach sehnt, einmal den Hamlet zu spielen, so hatte ich mir vorgenommen, eine Abhandlung über Gott zu schreiben. Unser Buch entspricht jedoch nicht diesem Vorsatz. Sein Umfang könnte zwar nahelegen, dass es diesen Versuch unternehmen will, aber jeder, der es auf diese Weise zur Hand nimmt, wird enttäuscht werden. Am besten betrachten wir es als eine Perlenkette: eine Reihe von kleinen Studien über große Themen, von denen die meisten erstmals im *Evangelical Magazine* erschienen sind. Sie waren als separate Botschaften konzipiert, werden aber nun gemeinsam dargestellt, da sie zu einer einzigen Botschaft über Gott und unser Leben zusammengefasst werden können. Dieser praktische Ansatz erklärt sowohl die Auswahl und die Auslassung von Themen wie auch die Herangehensweise.

In *A Preface to Christian Theology* verwendet John Mackay ein anschauliches Bild, um das Interesse an christlichen Themen aus zwei verschiedenen Blickwinkeln zu verdeutlichen. Er beschreibt Menschen, die auf der Veranda ihres Hauses sitzen und die Vorübergehenden beobachten. Sie können auf ihrem »Beobachtungsposten«

die Gespräche der Passanten belauschen und mit ihnen plaudern. Sie können sich kritisch über die Route der Fußgänger äußern. Sie können auch Fragen über den Zustand der Straße erörtern oder erklären, wohin dieser Weg führt, und so weiter. Doch sie sind bloß Zuschauer, und ihre Probleme sind rein theoretischer Natur. Die Fußgänger müssen sich dagegen mit Problemen auseinandersetzen, die, auch wenn sie ihre theoretische Seite haben, im Wesentlichen praktischer Natur sind: »Wohin will ich gehen?« und »Welchen Weg sollte ich dafür wählen?« Es geht also um Fragen, die nicht bloß Einsicht verlangen, sondern auch Entschlossenheit und Tatkraft.

Die Leute auf der Veranda und die Passanten mögen über die gleichen Fragen nachdenken, doch ihre Probleme unterscheiden sich grundlegend. So besteht zum Beispiel das Problem der Zuschauer auf der Veranda in Bezug auf *das Böse* in einer theoretischen Auseinandersetzung darüber, wie es das Böse trotz Gottes Souveränität und Güte geben kann, aber das Problem der Passanten besteht darin, wie man das Böse überwinden und zum Guten wenden kann. Oder im Blick auf *die Sünde* fragen sich die Leute auf der Veranda, ob die Lehre von der Sündhaftigkeit des Menschengeschlechts und der persönlichen Verderbtheit wirklich stimmt, während die Menschen auf dem Weg, die die Sünde aus eigener Erfahrung kennen, sich die Frage stellen, ob es eine Hoffnung auf Erlösung gibt. Oder nehmen wir die Frage nach der *Gottheit.* Während die Zuschauer auf der Veranda sich darüber den Kopf zerbrechen, wie ein Gott aus drei Personen bestehen kann, welche Art von Einheit diese drei wohl haben, und wie drei, die doch eins sind, Personen sein können, möchte der Reisende wissen, wie man den drei göttlichen Personen – die gemeinsam am Werk sind, ihn aus der Sünde zur Herrlichkeit zu führen –, auf angemessene Weise Ehrerbietung, Liebe und Vertrauen entgegenbringt. Und so könnten wir noch eine Reihe anderer Beispiele anführen.

Dieses Buch ist für Leute gedacht, die sich auf dem Weg befinden, und mit den Fragen dieser Reisenden befasst es sich.

Die Überzeugung, die hinter diesem Buch steht, ist, dass die Unwissenheit über Gott – sowohl die Unwissenheit über sein Handeln wie auch die Unkenntnis über die persönliche Gemeinschaft mit Ihm – eine der Wurzeln für die Schwachheit der heutigen

Kirche ist. Zwei unselige Entwicklungen haben zu diesem Zustand geführt.

Der erste Abwärtstrend ist, dass *die christliche Gesinnung sich dem modernen Denken angepasst hat:* Die großen Gedanken, die der Mensch sich über den Menschen macht, lassen nur wenig Raum für Gedanken über Gott. Das moderne Denken über Gott zielt darauf ab, Ihn auf Distanz zu halten, wenn man schon seine Existenz nicht völlig leugnet. Und die Ironie ist, dass das moderne Christentum, das eifrig darauf bedacht ist, seine religiösen Praktiken in einer areligiösen Welt aufrechtzuerhalten, selbst diese Distanzierung Gott gegenüber zugelassen hat. Menschen, die dies erkennen, sind versucht, sich angewidert von der Kirche zurückzuziehen und sich auf eigene Faust auf die Suche nach Gott zu machen. Und man kann ihnen dies noch nicht einmal verargen, denn Kirchenmitglieder, die, bildlich gesprochen, Gott durch das falsche Ende eines Teleskops betrachten und Ihn so auf die Größe eines Liliputaners reduzieren, können nicht erwarten, dass sie mehr als Liliputanerchristen werden, und Menschen, die das durchschauen, sind mit solch einem Christenleben natürlich nicht zufrieden. Darüber hinaus sind die Gedanken an den Tod, die Ewigkeit, das Gericht, die Würde der Seele und die ewigen Folgen zeitlicher Entscheidungen für den modernen Menschen alle »out«, und es ist eine traurige Tatsache, dass die christliche Kirche, statt ihre Stimme zu erheben, um die Welt an das zu erinnern, was in Vergessenheit geraten ist, sich angewöhnt hat, diese Themen ebenso herunterzuspielen. Aber diese Kapitulation vor dem Zeitgeist ist für das christliche Leben geradezu tödlich.

Der zweite Abwärtstrend ist, dass *das christliche Denken durch den modernen Skeptizismus verunsichert wurde.* Seit mehr als drei Jahrhunderten hat der naturalistische Sauerteig der Weltanschauung der Renaissance wie ein Krebsgeschwür die abendländische Gedankenwelt durchdrungen. Arminianer und Deisten des siebzehnten Jahrhunderts, wie auch die Sozinianer des sechzehnten Jahrhunderts im Gegensatz zur reformatorischen Theologie bestritten, dass Gott seine Welt unmittelbar oder vollkommen beherrscht, und Theologie, Philosophie wie auch die Naturwissenschaft haben diese Hypothesen seitdem noch populärer gemacht. Die Folge war, dass die Bibel unter heftigen Beschuss geriet, und mit ihr auch viele Orientierungspunkte des historischen Christentums. Die grundlegenden Tatsachen des Glaubens werden infrage gestellt. Ist Gott Israel wirklich am Sinai begegnet? War Jesus mehr als ein religiöser Mensch? Sind die Wunder, von denen die Evangelien berichten, tatsächlich geschehen? Ist der Jesus der Evangelien nicht bloß eine imaginäre Gestalt? – und so weiter.

Dies ist noch nicht alles. Die Skepsis gegenüber der göttlichen Offenbarung und über den Ursprung des Christentums hat einen noch viel weitreichenderen Skeptizismus hervorgerufen, der jede Vorstellung von einer einheitlichen Wahrheit und damit jede Hoffnung auf eine einheitliche menschliche Erkenntnis aufgegeben hat. So wird inzwischen allgemein vorausgesetzt, dass meine religiösen Ansichten nichts mit meinen naturwissenschaftlichen Erkenntnissen über die Dinge außerhalb meiner selbst zu tun haben, da Gott nicht »dort draußen« in der Welt ist, sondern nur »hier unten« in meiner Vorstellungswelt existiert. Die heutige Unklarheit und Sprachlosigkeit über Gott sind schlimmer als alles, was seit der Zeit geschah, als die gnostische Theosophie im zweiten Jahrhundert versuchte, das Christentum zu überwältigen.

Es wird heute oft gesagt, die Theologie sei stärker als jemals zuvor, und im Blick auf das akademische Fachwissen und die Quantität und Qualität der veröffentlichten Bücher trifft dies wahrscheinlich zu; aber wie lange schon kommt die Theologie so schwach und dürftig daher, wenn es um ihre grundlegende Aufgabe geht, die Kirche in der Wahrheit des Evangeliums zu unterweisen. Vor über 130 Jahren bezeichnete C. H. Spurgeon die Auseinandersetzungen unter den damaligen Baptisten über die Autorität der Bibel, die Sühne und die Bestimmung des Menschen als »Niedergang«. Würde er das Denken der heutigen Protestanten über Gott sehen, so würde er es, glaube ich, als »Sturzflug« bezeichnen!

»Tretet hin an die Wege und schaut und fragt nach den Pfaden der Vorzeit, welches der gute Weg ist, und wandelt darauf, so ihr werdet Ruhe finden für eure Seelen« (Jer 6,16). Das ist das Angebot dieses Buches. Es soll keine Kritik an neuen Wegen sein, sondern vielmehr ein eindringlicher Ruf zurück zu den alten Pfaden, da dies immer noch »der gute Weg« ist. Ich erwarte von meinen Lesern nicht, dass sie meinen, ich wüsste nur zu gut, wovon ich spreche. C. S. Lewis schreibt: »Leute wie ich, deren Fantasie ihren Gehorsam weit übertrifft, stehen unter einem gerechten Gericht: Wir stellen uns leicht Verhältnisse vor, die weit höher sind, als alles, was wir tatsächlich erreicht haben. Wenn wir schildern, was wir uns einbilden, dann glauben vielleicht andere (und wir selbst), wir seien wirklich dort gewesen« – und so täuschen wir andere und auch uns selbst *(Was man Liebe nennt,* S. 146). Alle Leser und Autoren von christlicher Literatur tun gut daran, die Worte von Lewis zu bedenken. Doch, »weil auch wir denselben Geist des Glaubens haben, gemäß dem, was geschrieben steht: ›Ich habe geglaubt, darum habe ich geredet‹, so glauben auch wir, und darum reden wir auch« (2 Kor 4,13) – und wenn das hier verfasste Buch jemandem ebenso hilft, wie mir das Nachsinnen bei diesen Artikeln eine Hilfe war, ist diese Arbeit mehr als der Mühe wert gewesen.

James I. Packer
Trinity College, Bristol

TEIL 1

ERKENNE DEN HERRN

◈ KAPITEL 1 ◈

THEOLOGIE – DIE LEHRE VON GOTT

Am 7. Januar 1855 eröffnete der Verkündiger der New Park Street Chapel in Southwark, England, seine Morgenpredigt mit folgenden Worten:

»Jemand hat einmal gesagt: ›Das eigentliche Studienobjekt der Menschheit ist der Mensch.‹ Ich will diesem Gedanken nicht widersprechen, aber ich glaube, es ist ebenso zutreffend, dass das eigentliche Studienobjekt der Erwählten Gottes Gott ist; das eigentliche Studienobjekt eines Christen ist die Gottheit. Die höchste Wissenschaft, das erhabenste Sinnen, die mächtigste Philosophie, der sich ein Kind Gottes voller Aufmerksamkeit widmen sollte, ist der Name, das Wesen, die Person, das Werk, die Taten und die Existenz des großen Gottes, den wir unseren Vater nennen dürfen.

Es liegt etwas ungemein Erhabenes im Nachsinnen über die Gottheit. Sie ist ein so unermesslicher Gegenstand, dass alle unsere Gedanken sich in ihrer Größe verlieren. Sie ist so tiefgründig, dass unser Hochmut in ihrer Unendlichkeit versinkt. Andere Themen können wir erfassen und bewältigen; bei ihnen empfinden wir eine

Art Selbstzufriedenheit und werden von dem Gedanken erfüllt: ›Wie klug ich doch bin.‹

Aber, wenn wir zu diesem Glanzstück der Wissenschaft kommen und feststellen, dass unser Senkblei seine Tiefe nicht ausloten kann, und dass unser Argusauge seine Höhe nicht ermessen kann, wird uns klar, dass der nichtige Mensch sich zwar für weise hält, aber in Wirklichkeit nicht klüger als ein Eselsfohlen ist; und voller Ehrfurcht rufen wir aus: ›Wer bin ich schon. Ich bin zu gering und weiß gar nichts.‹ Kein Gegenstand demütigt das Herz mehr, als die Gedanken über Gott. …

Doch obwohl dieser Gegenstand das Herz *demütigt,* lässt er es auch wachsen. Wer oft über Gott nachdenkt, gewinnt einen viel weiteren Horizont, als der, der nur unseren begrenzten Globus erforscht. … Das vortrefflichste Studium, das uns im Glauben wachsen lässt, ist die Lehre über Christus, und Ihn als den Gekreuzigten, und die Erkenntnis der Gottheit in ihrer wunderbaren Trinität. Nichts wird den Intellekt so beflügeln, nichts das Menschenherz so sehr erheben, wie eine gläubige, ernsthafte, anhaltende Beschäftigung mit der großartigen Thematik über die Gottheit.

Und wie dieser Gegenstand zugleich demütigend und erhebend ist, ist er auch auf wunderbare Weise *tröstlich.* Ja, wir haben in der Betrachtung über Christus ein Heilmittel für alle Wunden; im Nachsinnen über den Vater kommt all unser Kummer zur Ruhe; und unter dem Einfluss des Heiligen Geistes finden wir den Balsam für jede Verletzung.

Möchtest du dein Leid überwinden? Möchtest du deine Sorgen ertränken? Dann tauch ein in das tiefe Meer der Gottheit, in seine Unermesslichkeit; und du wirst dich wieder erheben, wie von einer Ruhestatt – erneuert und gestärkt. Ich weiß von nichts Größerem, das uns so sehr ermutigen, die Wogen von Leid und Kummer stillen und die Stürme der Prüfung in Frieden verwandeln kann, wie ein aufrichtiges Nachsinnen über den Gegenstand der Gottheit. Zum Nachsinnen über diese Thematik möchte ich dich heute Morgen einladen.«

Diese Worte, die C. H. Spurgeon vor über 150 Jahren sagte (der zu dieser Zeit, man glaubt es kaum, erst zwanzig Jahre alt war), trafen damals zu, und sie sind heute ebenso wahr.

Sie sind ein passendes Vorwort zu einer Studienreihe über das Wesen und den Charakter Gottes.

Wer braucht Theologie?

»Einen Augenblick«, wendet da jemand ein, »beantworte mir Folgendes: Ist diese Abhandlung wirklich nötig? Zur Zeit von Spurgeon fanden die Menschen die Theologie sicher noch interessant, aber ich finde sie langweilig. Warum sollte man heute seine Freizeit für solch ein Studium opfern, das du dir vorgenommen hast? Kann ein Laie nicht auch ohne all dies auskommen? Schließlich leben wir im 21. und nicht mehr im 19. Jahrhundert!«

Eine berechtigte Frage! – aber ich denke, es gibt eine überzeugende Antwort darauf. Der Fragesteller nimmt zweifellos an, dass ein Studium des Wesens und des Charakters Gottes nutzlos und irrelevant für unser Leben sei. In Wirklichkeit ist es jedoch das praktischste Projekt, mit dem man sich befassen kann. Gott zu erkennen ist von entscheidender Bedeutung, wenn es darum geht, ein gelungenes Leben führen zu können. Nehmen wir das Beispiel eines Eingeborenen, der aus dem Regenwald des Amazonas stammt. Wie lieblos wäre es, mit ihm nach London zu fliegen, ihn ohne eine Erklärung am Trafalgar-Square abzusetzen und dann zu verschwinden. Er müsste sich dann, ohne ein Wort Englisch zu sprechen oder etwas über England zu wissen, allein durchschlagen. Ebenso lieblos sind wir uns selbst gegenüber, wenn wir versuchen, in dieser Welt zu leben, ohne den Gott zu kennen, der diese Welt erschaffen hat, und der sie lenkt. Die Welt ist für jene, die Gott nicht kennen, ein fremder, grausamer, trostloser Ort, und das Leben in dieser Welt ist voller Enttäuschungen und Unannehmlichkeiten. Missachtest du das Studium über Gott, dann verurteilst du dich sozusagen dazu, mit verbundenen Augen, mehr schlecht als recht, durchs Leben zu straucheln, ohne Orientierungssinn und ohne etwas von der Welt zu erkennen, die dich umgibt. Auf diese Weise wirst du dein Leben vergeuden und deine Seele verlieren.

Wenn wir also erkennen, dass das Studium über Gott sich wirklich lohnt, sind wir bereit, damit zu beginnen. Aber wo sollen wir anfangen?

Zweifelsohne können wir nur dort beginnen, wo wir uns befinden. Das bedeutet jedoch, dass wir uns in ein Unwetter begeben, denn in unserer heutigen Zeit geraten wir bei der Lehre von Gott unweigerlich in eine Gewitterfront. Die sogenannte »Debatte über Gott«, mit ihren provokanten Parolen – »Wir müssen unsere Vorstellung von Gott aufgeben«; »Gott ist tot«; »Wir können das Glaubensbekenntnis zwar aufsagen, aber wir dürfen es nicht wörtlich nehmen« – setzt uns heftigen Stürmen aus. Heute meint man, dass »das Reden über Gott«, wie es für die Christen vergangener Tage selbstverständlich war, nichts als ausgeklügelter Unsinn und die Erkenntnis Gottes streng genommen ein Unding sei. Lehren, die sich zu solch einer Erkenntnis bekennen, werden als antiquiert bezeichnet – »Calvinismus«, »Fundamentalismus«, »protestantische Scholastik«, »alte Orthodoxie« werden zu Schimpfworten, mit denen man sie belegt. Was sollen wir tun? Wenn wir warten wollen, bis der Sturm abebbt, werden wir niemals mit dem Studium über Gott beginnen.

Ich denke hier an eine Episode aus dem Buch »Die Pilgerreise« von John Bunyan, in dem er allegorisch den Weg eines Christen beschreibt. Als dieser sich auf den Weg machte, und nahe an seinem Haus vorbeikam, und seine Frau und seine Kinder ihn sahen, riefen sie ihm nach, er solle wieder umkehren. Da hielt er sich die Ohren zu, und lief weiter, indem er ausrief: »Leben, Leben, ewiges Leben!« Ich bitte dich, das Gleiche zu tun: Verschließe deine Ohren vor denen, die dir weismachen wollen, dass es keinen Weg zur Erkenntnis Gottes gebe, und folge mir auf meinem Weg, denn »Probieren geht über Studieren«. Und jeder, der dem einmal erkannten Weg wirklich folgt, wird sich nicht allzu viel daraus machen, wenn er hört, wie die Daheimgebliebenen einander versichern, dass ein solcher Weg überhaupt nicht existiere.

Ob es nun stürmt oder nicht, wir wollen uns auf den Weg machen. Aber wie planen wir unsere Reise?

Fünf grundsätzliche Wahrheiten, fünf grundlegende Prinzipien die Christen über die Erkenntnis Gottes besitzen, sollen unser Studium bestimmen:

1. Gott hat zu uns Menschen gesprochen, und die Bibel ist Sein Wort, das uns gegeben wurde, um uns die Weisheit zu vermitteln, die zur Rettung nötig ist.

2. Gott ist Herr und König über seine Welt. Er herrscht über alle Dinge zu seiner Ehre; Er entfaltet seine Vollkommenheiten in allen seinen Werken, damit Menschen und Engel Ihn ehren und anbeten.

3. Gott ist der Erlöser, der die Gläubigen in seiner souveränen Liebe durch den Herrn Jesus Christus von ihrer Schuld und der Macht der Sünde errettet, sie als seine Kinder annimmt, und sie als solche segnet.

4. Gott ist der dreieinige Gott. Wir erkennen in der Gottheit drei Personen – den Vater, den Sohn und den Heiligen Geist. Und im Erlösungswerk handeln alle drei Personen gemeinsam: Der Vater plant die Erlösung, der Sohn verwirklicht sie und der Geist wendet sie an.

5. Wahre Frömmigkeit bedeutet, auf Gottes Offenbarung mit Vertrauen und Gehorsam zu reagieren, mit Glauben und Anbetung, Gebet und Lobpreis, Hingabe und Dienst. Wir müssen unser Leben im Licht des Wortes Gottes beurteilen und führen. Dies, und nichts anderes, ist wahre Religion.

Im Licht dieser allgemeinen und grundlegenden Wahrheiten wollen wir nun im Detail untersuchen, was uns die Bibel über das Wesen und den Charakter Gottes offenbart. Wir gleichen dabei Reisenden, die, nachdem sie in der Ferne einen großen Berg erblickt haben, sich ihm nahen, ihn dann umrunden und staunend erkennen, wie sehr er die Landschaft dominiert und die ganze Umgebung bestimmt. Nun gehen wir direkt auf den Berg zu, um ihn letzten Endes zu erklimmen.

Die grundlegenden Themen

Was wird uns bei diesem Aufstieg alles begegnen? Welche Themen werden uns beschäftigen?

Wir werden uns mit der *Gottheit* Gottes befassen, den Eigenschaften, die Gott vom Menschen abheben, und die den Schöpfer von seinen Geschöpfen unterscheiden: seine Existenz aus sich selbst, seine Unendlichkeit, seine Ewigkeit, seine Unwandelbarkeit. Wir werden uns mit der *Macht* Gottes beschäftigen: seiner Allmacht, seiner Allwissenheit, seiner Allgegenwart. Wir werden die *Vortrefflichkeiten* Gottes behandeln, die Aspekte seines moralischen Charakters, die sich in seinen Worten und Werken manifestieren – seine Heiligkeit, seine Liebe und Gnade, seine Wahrhaftigkeit, seine Treue, seine Güte, seine Geduld, seine Gerechtigkeit. Wir werden bedenken, was Ihm gefällt, was Ihn verletzt, was seinen Zorn erregt, was Ihm Genugtuung und Freude verschafft.

Für viele von uns sind dies Themen, mit denen wir nicht allzu vertraut sind. Das war unter dem Volk Gottes nicht immer so. Es gab eine Zeit, in der die Attribute Gottes (wie sie genannt wurden) als so wichtig angesehen wurden, dass sie in die Katechismen Eingang fanden, in denen alle Kinder in den Kirchen unterrichtet wurden, und von denen man erwartete, dass alle erwachsenen Mitglieder mit ihnen vertraut waren. So finden wir zum Beispiel auf die vierte Frage des *Kleinen Westminster Katechismus* – »Was ist Gott?« – die folgende Antwort: »Gott ist Geist, unendlich, ewig und unveränderlich in seinem Sein, seiner Weisheit, Kraft, Heiligkeit, Gerechtigkeit, Güte und Wahrheit.« Diese Aussage nennt der große Theologe Charles Hodge »die vermutlich beste Definition über Gott, die jemals ein Mensch verfasst hat.«

Heute werden jedoch nur noch wenige Kinder in den Katechismen unterwiesen, und ich vermute, dass kaum ein moderner Gottesdienstbesucher jemals eine Predigtreihe über die Lehre von Gottes Eigenschaften gehört hat, wie das früher der Fall war. In unseren Tagen wird wohl kaum jemand auch nur *eine* schlichte, allgemeinverständliche Abhandlung zum Thema über das Wesen Gottes gelesen haben, denn gegenwärtig muss man solche Schriften mit der Lupe suchen. Von daher lasst uns erwarten, dass eine Erforschung der oben erwähnten Themen viele neue Anregungen zum Nachdenken liefern wird und viele neue Vorstellungen, bei denen es sich lohnt, sie zu durchdenken und zu verinnerlichen.

Die Erkenntnis anwenden

Aus diesem Grund müssen wir, bevor wir unseren Berg besteigen, kurz innehalten und uns eine entscheidende Frage stellen – eine Frage, die wir uns eigentlich jedes Mal stellen sollten, wenn wir beginnen, Gottes Wort zu studieren. Diese Frage betrifft unsere persönlichen Motive und Vorsätze, die uns bei diesem Studium bestimmen. Wir müssen uns fragen: Welches Ziel verfolge ich letztendlich, wenn ich mich mit diesen Themen beschäftige? Was möchte ich mit meiner Erkenntnis über Gott *erreichen,* sobald ich sie erlangt habe? Denn einer Tatsache müssen wir uns bewusst sein: Wenn wir die theologische Erkenntnis um ihrer selbst willen erstreben, geschieht dies zu unserem eigenen Schaden. Sie wird uns hochmütig und arrogant machen. Die unfassbare Größe der Thematik wird uns überheblich machen. Wir werden uns über andere Christen erheben, weil *wir* uns schließlich mit diesem Gegenstand beschäftigen und ihn zu verstehen glauben. Und wir werden auf diejenigen herabsehen, deren theologische Ansichten uns primitiv und unzulänglich erscheinen und sie als hinterwäldlerisch abtun. Paulus sagt zu den arroganten Korinthern ganz treffend: »Bloßes Wissen macht überheblich. ... Wenn sich jemand etwas auf sein Wissen einbildet, weiß er noch gar nicht, was es bedeutet, echtes Wissen zu haben« (1 Kor 8,1-2; NGÜ).

Beschäftigen wir uns also nur zum Selbstzweck mit diesen theologischen Themen und betreiben das Bibelstudium bloß mit der Absicht, auf alles eine Antwort parat zu haben, führt uns dies direkt zu Überheblichkeit und Selbstbetrug. Wir müssen unser Herz gegen solche Versuchungen wappnen, und darum beten, dass wir davor bewahrt werden. Wie wir schon zuvor gesehen haben, kann es kein geistliches Wachstum *ohne* dogmatische Erkenntnis geben. Aber es trifft ebenso zu, dass die Lehre *allein* uns kein geistliches Wachstum verschaffen kann, wenn wir die verkehrten Ziele verfolgen und falsche Richtlinien anwenden. So kann das dogmatische Studium sogar zu einer Gefahr für unser geistliches Leben werden, und wir müssen heute, ebenso wie die Korinther damals, auf der Hut sein.

Hier mag jemand einwenden: Ist eine Liebe zur offenbarten Wahrheit Gottes und ein Verlangen, so viel wie möglich über sie zu erfahren, für jeden wiedergeborenen Menschen ganz selbstverständlich? Bedenken wir nur, was der Psalmist in Psalm 119 bezeugt: »Lehre mich, deinen Bestimmungen zu folgen!« – »Öffne mir die Augen, damit ich die Wunder erkenne, die dein Gesetz enthält!« – »Wie lieb habe ich doch dein Gesetz!« – »Deine Zusagen sind für mich wie Gaumenfreuden, ja, sie sind süßer noch als Honig!« – »Gib mir Einsicht, damit ich recht begreife, was du in deinem Wort bezeugst« (Verse 12.18.97.103.125; NGÜ). Haben nicht alle Kinder Gottes, so wie der Psalmist, das Verlangen, so viel wie nur möglich über unseren himmlischen Vater zu erfahren? Ist denn nicht die Tatsache, dass wir die Liebe zur Wahrheit angenommen haben (vgl. 2 Thess 2,10), ein Beweis dafür, dass wir wiedergeboren sind? Und trifft es nicht zu, dass wir danach trachten sollten, dieses von Gott gegebene Verlangen zu befriedigen?

Natürlich trifft dies zu. Wenn wir aber noch einmal auf Psalm 119 achten, erkennen wir, dass das Verlangen des Psalmisten nach wahrer Gotteserkenntnis kein theoretisches, sondern ein praktisches Anliegen war. Er sehnte sich vor allem danach, Gott selbst zu erkennen und sich Seiner zu erfreuen, und er schätzte die Erkenntnis Gottes einfach als Mittel zu diesem Zweck. Er wollte Gottes Wahrheit verstehen, um ihr zu gehorchen und sein Leben nach ihr auszurichten. Beachten wir, was die Eingangsverse von Psalm 119 besonders hervorheben: »Glücklich zu preisen sind alle, deren Lebensweg untadelig ist, *die den Weg gehen, den das Gesetz des HERRN zeigt.* Glücklich sind, *die auf alles achten, was er in seinem Wort bezeugt, die von ganzem Herzen nach ihm fragen.* … Ach, dass ich doch beständig die Wege gehen möge, auf denen ich *deine Bestimmungen einhalte!*« (Verse 1-2, 5; NGÜ).

Der Psalmist war also nicht an Wahrheit und Rechtgläubigkeit, an der biblischen Lehre und der Theologie um ihrer selbst willen interessiert. Vielmehr ging es ihm um ein gottgefälliges Leben. Er wollte Gott erkennen und diesem großen Gott dienen, dessen Wahrheit er zu verstehen suchte.

Und dies muss auch unser Anliegen sein. Das Ziel unseres Studiums der Gottheit muss es sein, Gott selbst immer tiefer zu erkennen. Unser Anliegen muss es sein, nicht nur mit der Lehre über Gottes Eigenschaften besser vertraut zu werden, sondern mit dem lebendigen Gott selbst, dessen Eigenschaften es sind. So, wie Er der Gegenstand unseres Studiums ist, der uns bei diesem auch Studium hilft, so muss Er selbst auch das Ziel dieses Studiums sein. Wir müssen danach trachten, beim Studium über Gott, Gott selbst zu begegnen. Zu diesem Zweck wurde uns die Offenbarung gegeben, und dazu muss sie uns auch dienen.

Nachsinnen über die Wahrheit

Wie sieht dies praktisch aus? Wie kann unser Wissen *über* Gott zur wahren Gotteserkenntnis werden? Als einprägsame Faustregel gilt: Wir müssen jede Wahrheit, die wir *über* Gott lernen, in eine Meditation *vor* Gott verwandeln, um uns dann in Gebet und Lobpreis an Gott zu wenden.

Wir haben sicher konkrete Vorstellungen über das Gebet – was aber bedeutet Meditation im christlichen Sinn? Diese Frage stellt sich zu Recht, denn Meditation ist eine in unserer modernen Welt verloren gegangene Kunst, und den Gläubigen entgeht viel, wenn sie mit dieser Praktik nichts mehr anfangen können.

[Anm. d. Übers.: Bei dem Begriff *»Meditation«* denken wir im deutschsprachigen Raum meist an fernöstliche religiöse Meditationsübungen, bei denen es um eine Art der Selbstfindung geht. »Meditation« ist jedoch ein neutraler Ausdruck, der aus dem Lateinischen stammt. Laut Duden bedeutet er: »Nachdenken, sinnende Betrachtung, religiöse Versenkung«. Im Folgenden finden wir eine Erklärung der christlichen Form der Meditation:]

Christliche Meditation ist die Aktivität, sich bewusst die verschiedenen Dinge, die man über die Werke, Wege, Ratschlüsse und Verheißungen Gottes weiß, in Erinnerung zu rufen, sie zu durchdenken und sie dann auf uns selbst anzuwenden. Sie ist ein aktives heiliges Nachdenken in der Gegenwart Gottes, um mit Gottes Hilfe Gemeinschaft mit Ihm zu erlangen.

Ihr Zweck ist es, unsere geistige und geistliche Sicht auf Gott zu vertiefen, damit seine Wahrheit Herz und Verstand auf vollkommene und angemessene Weise beeinflussen kann. Es ist wie ein inneres Zwiegespräch über Gott und mich selbst, das mich aus Zweifel und Unglauben zu einem klaren Verständnis von Gottes Macht und Gnade führt.

Einerseits dient es dazu, uns zu demütigen, wenn wir Gottes Größe und Herrlichkeit und unsere eigene Nichtigkeit und Sündhaftigkeit bedenken. Andererseits wird es uns ermutigen und stärken – uns in der ursprünglichen, starken, biblischen Bedeutung des Wortes »trösten« –, wenn wir über den unerforschlichen Reichtum der Gnade Gottes nachdenken, der in dem Herrn Jesus Christus offenbar wird. Dies waren die Punkte, die Spurgeon in seiner zu Beginn zitierten Predigt betonte. Wenn wir immer tiefer in diese Erfahrung eindringen, zugleich gedemütigt und erhöht werden, dann wird unsere Erkenntnis Gottes wachsen, und mit ihr unser Friede, unsere Kraft und unsere Freude. Möge der Herr uns nun helfen, dass unser Studium über Gott dazu dient, dass wir in Wahrheit

GOTT ERKENNEN!

◈ KAPITEL 2 ◈

DIE IHREN GOTT KENNEN

Es war ein herrlicher Sommertag, und ich machte einen Spaziergang mit einem Studenten. Dieser hatte soeben seine Chancen für eine akademische Laufbahn durch eine Auseinandersetzung mit den kirchlichen Würdenträgern über die Lehre vom Evangelium der Gnade praktisch verwirkt. »Aber das spielt keine Rolle«, sagte er nach einer Weile, »denn ich habe Gott erkannt und sie nicht.« Es war bloß eine beiläufige Bemerkung auf eine Frage meinerseits – aber sie hatte mich gepackt und ließ mich nicht mehr los.

Ich glaube, dass nur wenige von uns so ohne Weiteres sagen könnten: »Ich habe Gott erkannt.« Diese Worte vermitteln den Eindruck einer Erfahrung von solcher Gewissheit und Eindeutigkeit, die den meisten von uns, wenn wir ehrlich sind, im Grunde völlig fremd ist. Wir können vermutlich ein Zeugnis unseres Glaubens ablegen, ja sogar eine aufregende Bekehrungsgeschichte vorweisen. Wir sagen, dass wir *Gott kennen* – das wird schließlich von einem bekennenden Christen erwartet. Doch könnten wir ohne zu Zögern und im Blick auf besondere Ereignisse aus unserem persönlichen

Leben bezeugen, dass wir *Gott erkannt haben?* Ich bezweifle es, denn ich vermute, dass die meisten von uns Gott niemals auf solch eine lebendige Art und Weise erfahren haben.

Ich glaube auch nicht, dass viele von uns voller Überzeugung sagen könnten, dass im Licht der wunderbaren Erkenntnis Gottes vergangene Enttäuschungen und gegenwärtiges Leid *keine Rolle spielen.* Denn Tatsache ist, dass sie für die meisten von uns eine große Rolle spielen. Wir betrachten sie als unser »Kreuz« (wie wir es nennen). Ständig erleben wir, wie wir in Verbitterung, Resignation und Trübsinn geraten, wenn wir, wie so oft, über sie nachdenken. Das Verhalten, das wir der Welt gegenüber an den Tag legen, ist eine Art stoischen Gleichmuts, der meilenweit von der »unaussprechlichen und herrlichen Freude« entfernt ist, die Petrus bei seinen Lesern als selbstverständlich erachtete (1 Petr 1,8). Unsere Freunde bemitleiden uns dann: »Die Ärmsten, was sie alles *erleiden* mussten.« Und genauso fühlen wir uns auch!

Aber dieses scheinheilige Pathos hat im Herzen derer, die Gott wirklich erkennen, überhaupt keinen Platz. Sie grübeln nicht über das, was hätte sein können, sie denken nicht an die verpassten Gelegenheiten, sie denken vielmehr an das, was sie erlangt haben.

»Die Dinge, die ich damals für einen Gewinn hielt, haben mir – wenn ich es von Christus her sehe – nichts als Verlust gebracht«, schreibt Paulus. »Mehr noch: Jesus Christus, meinen Herrn, zu erkennen ist etwas so unüberbietbar Großes, dass ich alle diese Dinge auch weiterhin für einen Verlust halte. Seinetwegen habe ich allem, was mir früher ein Gewinn zu sein schien, den Rücken gekehrt; es ist in meinen Augen nichts anderes als Müll. Denn der Gewinn, nach dem ich strebe, ist Christus; es ist mein tiefster Wunsch, mit ihm verbunden zu sein. ... Ja, ich möchte Christus immer besser kennenlernen« (Phil 3,7-10; NGÜ). Wenn Paulus sagt, er erachte die Dinge, denen er den Rücken gekehrt hat, als *Müll* oder *Kot,* dann meint er nicht bloß, dass sie für ihn wertlos sind, sondern auch, dass er sich nicht ständig mit ihnen beschäftigt. Welcher normale Mensch verbringt seine Zeit schon damit, von Müll zu träumen? Doch genau das ist es, was viele von uns tun. Und das zeigt, wie wenig wir von der wahren Erkenntnis Gottes begriffen haben.

Erkenntnis kontra Wissen

An dieser Stelle müssen wir ehrlich mit uns selbst sein. Vielleicht sind wir rechtgläubige Christen. Wir können das Evangelium klar erklären; Irrlehren können wir von weitem erkennen. Wenn wir gefragt werden, wie man Gott erkennen kann, haben wir sofort die richtige Formel parat: »Wir können Gott durch Jesus Christus, den Herrn, kennenlernen, kraft seines Todes am Kreuz und seines Mittlerdienstes, aufgrund seines Verheißungswortes, durch die Kraft des Heiligen Geistes, und durch den persönlichen Glauben.« Doch sind die Freude, Güte und Freiheit des Geistes, die die Merkmale derer sind, die Gott erkannt haben, sehr selten unter uns. Vielleicht seltener, als bei einigen anderen christlichen Kreisen, in denen die evangelische Wahrheit unter Umständen weniger klar und nicht so umfassend ist. Es scheint fast so, als ob auch hier die Letzten die Ersten und die Ersten die Letzten sind. Eine geringe *Erkenntnis Gottes* ist mehr wert, als *viel Wissen* über Ihn. Um diesen Punkt näher zu beleuchten, lasst mich zwei Dinge betonen:

1. Man kann eine ganze Menge über Gott wissen, ohne Gott wirklich zu erkennen.

Ich bin sicher, dass viele von uns dies niemals wirklich begriffen haben. Wir haben womöglich ein großes Interesse an Theologie (sie ist ja tatsächlich ein äußerst faszinierendes und fesselndes Thema – im siebzehnten Jahrhundert war sie das Hobby jedes gebildeten Menschen). Wir lesen theologische Kommentare und Bücher über Apologetik. Wir beschäftigen uns mit Kirchengeschichte und studieren die christlichen Glaubensbekenntnisse. Wir machen uns mit der Heiligen Schrift vertraut. Andere lernen unsere theologische Bildung schätzen, und eines Tages werden wir gebeten, in öffentlichen Versammlungen unsere Ansicht über die eine oder andere christliche Frage zur Diskussion zu stellen. Man fordert uns auf Bibelgruppen zu leiten, theologische Artikel zu verfassen und als Lehrer und Vermittler in Glaubensfragen Verantwortung zu übernehmen. Unser Freunde versichern uns, wie sehr sie unsere Beiträge schätzen, und das spornt uns zu weiteren Untersuchungen über Gottes Wahrheit an, damit wir den uns gestellten Anforderungen gerecht werden können.

All das ist lobenswert. Und doch sind das Interesse an Theologie und das Wissen *über* Gott, die Fähigkeit, christliche Themen klar zu durchdenken und darzulegen, bei weitem nicht das Gleiche wie die Erkenntnis Gottes. Wir mögen so viel über Gott in Erfahrung bringen wie Calvin – und das werden wir früher oder später, wenn wir Calvins Werke sorgfältig studieren –, und doch werden wir (im Gegensatz zu Calvin) kaum zu wahrer Gotterkenntnis gelangen.

2. Man kann eine ganze Menge über das Christsein wissen, ohne Gott wirklich zu erkennen.

Das hängt natürlich von den Predigten ab, die man hört, den Büchern, die man liest und dem Umgang, den man pflegt. In unserem analytischen und technologischen Zeitalter herrscht auf den Büchertischen der Gemeinden kein Mangel an Büchern darüber, wie wir beten sollen, wie man Zeugnis gibt, wie wir unsere Bibel lesen sollen, wie man den Zehnten gibt, wie man als Jugendlicher oder Erwachsener sein Christsein leben soll, wie man als Christ glücklich wird, wie wir ein geheiligtes Leben führen können, wie man Menschen zu Christus führt, und viele andere Themen. Es gibt auch keinen Mangel an Biografien, die uns die Erfahrungen von Christen früherer Tage nahebringen.

Was auch immer man davon halten mag, eines ist gewiss: Auf diese Weise erhalten wir eine ganze Menge Secondhand-Lehrmaterial über das praktische Christenleben. Wenn man zudem ein gewisses Maß an gesundem Menschenverstand mitbringt, wird man sicher in der Lage sein, dieses Wissen einzusetzen, um ungefestigten Christen wieder auf die Füße zu helfen, weil man sich in ihre Schwierigkeiten hineinversetzen kann. So kann man sich sogar den Ruf erwerben, ein recht guter Seelsorger zu sein. Und doch ist es möglich, selbst wenn man sich all dieses Wissen angeeignet hat, dass man nur wenig Erkenntnis Gott besitzt.

Lasst uns nun zu unserem Ausgangspunkt zurückkommen. Die Frage ist nicht, ob wir gute Theologen sind oder uns mit den Problemen des Christenlebens gut auskennen. Die Frage ist vielmehr: Können wir ehrlich bezeugen – nicht, weil wir der Meinung sind, dass sich das für Christen so gehört, sondern weil es wirklich so ist –, dass wir Gott erkannt haben? Können wir aufrichtig sagen, dass uns die Widrigkeiten, die wir als Christen erleben, nichts ausmachen, weil wir Gott erkannt haben? Wenn wir Gott wirklich erkannt haben, werden wir diese Fragen bejahen. Und wenn wir ihnen nicht zustimmen können, ist dies ein Zeichen dafür, dass wir uns intensiver mit dem Unterschied zwischen der Erkenntnis Gottes und dem bloßen Wissen über Ihn auseinandersetzen müssen.

Beweise für die Erkenntnis Gottes

Wir haben festgestellt, wenn Menschen Gott erkennen, verlieren ihre Nöte und ihr »Kreuz« die Macht über sie. Was sie dadurch gefunden haben, vertreibt diese Dinge einfach aus ihrem Herzen. Welche anderen Auswirkungen hat die Erkenntnis Gottes auf einen Menschen? Verschiedene Abschnitte der Bibel beantworten diese Frage aus unterschiedlichen Perspektiven, aber die vermutlich klarste und beeindruckendste Antwort liefert uns das Buch Daniel. Wir können sein Zeugnis in vier Aussagen zusammenfassen:

1. Wer Gott erkennt, erhält den Mut, für Gott einzustehen.

In einem der prophetischen Kapitel des Buches Daniel lesen wir: »Das Volk, das seinen Gott kennt, wird stark sein und Heldentaten vollbringen« (Dan 11,32; eÜ). Die Schlachterübersetzung lautet: »Die Leute, die ihren Gott kennen, werden *fest bleiben und handeln.*« In ihrem Kontext wird diese Aussage mit einem »aber« eingeleitet, und steht im Gegensatz zum Handeln des »niederträchtigen Menschen« (Dan 11,21), der »den Gräuel, der Verwüstung aufstellt« und durch glatte Worte und schmeichlerisches Reden diejenigen zum Abfall verleitet, die sich gegen den Bund Gottes vergangen haben (Dan 11,31-32). Dies zeigt uns, dass das Handeln derer, die Gott erkennen, ihre Reaktion auf die antigöttlichen Tendenzen ist, die sich um sie herum ausbreiten. Wenn man sich ihrem Gott widersetzt oder Ihn missachtet, können sie nicht still sein. Sie können das nicht einfach hinnehmen. Wenn der Name ihres Gottes verunehrt wird, treibt sie das zum Handeln.

Genau das wird uns in den Ereignissen des Buches Daniel berichtet, wo wir von den »Heldentaten« Daniels und seiner drei Freunde erfahren.

Diese vier Männer kannten ihren Gott, und deshalb fühlten sie sich genötigt, sich immer wieder gegen die herrschenden Sitten und das Diktat von Gottlosigkeit und falscher Religiosität aktiv aufzulehnen. Vor allem Daniel lässt sich nicht einschüchtern, sondern stellt sich offen den Herausforderungen. Um sich nicht mit den köstlichen Speisen des Königs Nebukadnezar rituell zu verunreinigen, bittet er, zum Entsetzen des Obersten der Eunuchen, um vegetarische Kost (Dan 1,8-16). Als König Darius unter Androhung der Todesstrafe einen Monat lang jegliches Beten verbietet, fährt Daniel nicht bloß fort, weiterhin dreimal am Tag zu beten, er tut dies sogar am offenen Fenster, so dass jeder sehen konnte, was er tat (Dan 6,10).

Solche Gesten dürfen nicht missverstanden werden. Es ist nicht so, dass Daniel ein schwieriger, widerspenstiger Querkopf war, der sich in der Rolle des Rebellen gefiel, und dem es Freude bereitete, sich gegen die Herrschenden aufzulehnen. Es ist vielmehr so, dass diejenigen, die ihren Gott kennen, sensibel auf Situationen reagieren, bei denen Gottes Wahrheit und Ehre unmittelbar oder mittelbar auf dem Spiel stehen. Statt nun die Angelegenheit auf sich beruhen zu lassen, versuchen sie, ihren Mitmenschen diese Problematik ins Bewusstsein zu rufen und bei ihnen eine Herzensänderung herbeizuführen – selbst wenn es zu persönlichen Nachteilen führen sollte.

Aber der Einsatz für Gott erschöpft sich nicht in öffentlichen Gesten. Im Grunde ist dies nicht einmal der Ausgangspunkt. Menschen, die ihren Gott kennen, sind vor allem Menschen des Gebets, und der erste entscheidende Punkt, in dem ihr Eifer und ihr Einsatz für Gottes Ehre zum Ausdruck kommen, ist ihr Gebetsleben. In Daniel 9 lesen wir, dass der Prophet »aus der Schrift erkannte« (Vers 2), dass die angekündigte Zeit der Befreiung Israels aus der Gefangenschaft unmittelbar bevorstand.

Zur gleichen Zeit erkannte er, dass die Sünde des Volkes Gott immer noch zum Gericht herausforderte und nicht zur Gnade veranlasste. Da entschloss er sich, Gott »zu suchen mit Gebet und Flehen, mit Fasten im Sacktuch und in der Asche« (Vers 3). Er betete um die Wiederherstellung Jerusalems mit einer Inbrunst und Leidenschaft und einer Seelenqual, die den meisten von uns völlig fremd sind.

Und doch ist die unveränderliche Frucht der wahren Gotteserkenntnis die Triebkraft, für Gottes Sache zu beten – eine Kraft, die nur dann einen wirklichen Ausweg und wahre Befreiung aus den inneren Belastungen finden kann, wenn wir sie in ein Gebet kanalisieren – und je größer die Erkenntnis, desto größer die Kraft! Dadurch können wir uns selbst prüfen.

Möglicherweise sind wir nicht in der Lage, öffentlich gegen Gottlosigkeit und Abfall vorzugehen. Vielleicht sind wir alt oder krank oder auf andere Weise durch unsere physische Situation eingeschränkt. Aber wir alle können im Blick auf die Gottlosigkeit und den Abfall beten, die wir im Alltagsleben um uns herum sehen. Wenn wir in uns jedoch nur eine geringe Kraft zum Beten haben, und es nicht beständig praktizieren, dann ist dies ein sicheres Zeichen dafür, dass wir unseren Gott bisher kaum erkannt haben.

2. Wer Gott erkennt, denkt groß von Ihm.

Es fehlt uns hier der Raum, um all das anzuführen, was uns das Buch Daniel über die Weisheit, Macht und Wahrhaftigkeit des großen Gottes berichtet, der die Geschichte lenkt und der seine Souveränität in seinem Gerichtshandeln und seiner Barmherzigkeit Einzelnen und ganzen Völkern nach seinem Wohlgefallen erweist. Es genügt, hier festzuhalten, dass es in der ganzen Bibel vermutlich keine anschaulichere oder nachdrücklichere Schilderung der vielseitigen Realität der Souveränität Gottes gibt.

Vergleichen wir die Macht und Herrlichkeit des babylonischen Reichs, das sich Palästina einverleibt hatte, und die folgenden großen Weltreiche mit dem nach menschlichem Ermessen winzigen Israel, dann erkennen wir, dass das gesamte Buch Daniel auf dramatische Weise bezeugt, dass der Gott Israels der König über alle Könige und der Herr über alle Herren ist, »dass der Himmel herrscht« (Dan 4,23). Wir erkennen, dass Gott an jedem Punkt der Geschichte am Werk ist, dass die Weltgeschichte im Grunde nichts anderes als »*Seine* Geschichte« ist, die Verwirklichung seines ewigen Ratschlusses, und dass das Königreich, das letzten Endes triumphieren wird, das Reich Gottes ist.

Die entscheidende Wahrheit, die Daniel in den Kapiteln 2 und 4 dem König Nebukadnezar offenbarte, an die er Belsazar in Kapitel 5,18-23 erinnerte, die Nebukadnezar in Kapitel 4,31-34 anerkannte, die Darius in Kapitel 6,26-28 bezeugte, die die Grundlage von Daniels Gebeten in den Kapiteln 2 und 9 war, die Daniel und seinen Freunden den Mut gab, den staatlichen Gewalten zu widerstehen (Kapitel 1, 3 und 6), die den Grundstock aller Offenbarungen bildete, die Gott Daniel in den Kapiteln 2, 4, 7, 8, 10 und 11-12 gab, ist die Wahrheit, dass »der Höchste souverän über die Königreiche der Menschen herrscht« (Dan 4,27; eÜ; vergleiche Dan 5,21). Er ist allwissend, sieht alle Ereignisse voraus, und sein Vorherwissen entspringt seiner Vorherbestimmung. Von daher wird Er das letzte Wort haben, sowohl in der Weltgeschichte wie auch beim Schicksal jedes einzelnen Menschen. Sein Reich und seine Gerechtigkeit werden letztendlich triumphieren und weder Menschen noch Engel können Ihn daran hindern.

Dies war Daniels Vorstellung über Gott, wie seine Gebete belegen (und das Gebet ist immer der beste Beleg für die rechte Vorstellung eines Menschen über Gott): »Gepriesen sei der Name Gottes von Ewigkeit zu Ewigkeit! Denn sein ist beides, Weisheit und Macht. Er ändert Zeiten und Zeitpunkte; er setzt Könige ab und setzt Könige ein; er gibt den Weisen die Weisheit und den Verständigen den Verstand. Er offenbart, was tief und verborgen ist; er weiß, was in der Finsternis ist, und bei ihm wohnt das Licht« (Dan 2,20-22); »Ach, Herr, du großer und furchtgebietender Gott, der den Bund und die Gnade denen bewahrt, die ihn lieben und seine Gebote bewahren. ... Du, Herr, bist im Recht. ... Bei dem Herrn, unserem Gott, ist Barmherzigkeit und Vergebung. ... Der HERR, unser Gott, ist gerecht in allen seinen Werken« (Dan 9,4.7.9.14).

Ist dies auch unsere Vorstellung über Gott? Ist dies die Sicht von Gott, die in unserem persönlichen Gebetsleben zum Ausdruck kommt? Macht uns dieses überwältigende Bewusstsein von seiner heiligen Majestät, seiner moralischen Vollkommenheit und seiner gnädigen Treue demütig und abhängig, ehrfürchtig und gehorsam, wie es bei Daniel der Fall war? Auch durch diesen Test können wir ermessen, wie sehr oder wie wenig wir Gott kennen.

3. Wer Gott kennt, legt eine große Kühnheit für Gott an den Tag. Daniel und seine Freunde waren bereit, Kopf und Kragen zu riskieren. Dies dürfen wir aber nicht mit Tollkühnheit verwechseln. Sie wussten genau, was sie taten. Sie haben die Kosten überschlagen. Sie haben die Risiken erwogen.

Sie waren sich sehr wohl darüber im Klaren, welche Folgen ihr Handeln hätte, wenn Gott nicht auf wunderbare Weise eingreifen würde – was Er dann ja auch wirklich tat.

Aber all dies hielt sie nicht davon ab. Nachdem sie davon überzeugt waren, dass ihre Einstellung richtig war, und dass ihre Hingabe an Gott von ihnen verlangte, die Risiken auf sich zu nehmen, waren sie bereit, die Konsequenzen mit Freuden zu tragen. »Man muss Gott mehr gehorchen als den Menschen!«, sagten die Apostel (Apg 5,29). »Doch es liegt mir nichts an meinem persönlichen Ergehen, und ich halte mein Leben nicht der Rede wert. Wichtig ist nur, dass ich meinen Lauf mit Freuden vollende«, sagte Paulus (Apg 20,24; eÜ).

Dies war exakt die Gesinnung von Daniel, Sadrach, Mesach und Abednego. Es ist die Gesinnung all derer, die Gott kennen. Es mag ihnen unheimlich schwerfallen, den richtigen Weg zu erkennen, aber wenn sie ihn einmal erkannt haben, gehen sie ihn mutig, ohne zu zögern. Es macht ihnen nichts aus, dass andere Gläubige die Sache anders sehen und nicht mit ihnen gehen. (Waren Sadrach, Mesach und Abednego die einzigen Juden, die es ablehnten, Nebukadnezars Götzenbild anzubeten? Nichts in ihren Worten weist darauf hin, dass sie von anderen wussten oder sich letztlich darum kümmerten. Es war ihnen klar, was sie persönlich zu tun hatten und das genügte ihnen.) Auch wir können durch diesen Test das Maß unserer Gotteserkenntnis überprüfen.

4. Wer Gott erkennt, findet in Ihm Zufriedenheit.

Es gibt keinen größeren Frieden, als den Frieden derer, die in ihrem Herzen die völlige Gewissheit haben, dass sie Gott erkannt haben und Gott sie kennt, und dass ihnen diese Gemeinschaft Gottes Gnade im Leben, im Sterben und bis in alle Ewigkeit garantiert.

Dies ist der Friede, von dem Paulus in Röm 5,1 (NGÜ) spricht – »Nachdem wir nun aufgrund des Glaubens für gerecht erklärt worden sind, haben wir Frieden mit Gott durch Jesus Christus, unseren Herrn« – und dessen Wesen er in Römer 8 ausführlich darstellt: »Es gibt jetzt also keine Verurteilung für die, die in Christus Jesus sind. ... Der Geist selbst bezeugt zusammen mit unserem Geist, dass wir Gottes Kinder sind ... Erben Gottes. ... Eines aber wissen wir: In allem wirkt Gott zum Besten derer, die ihn lieben. ... Weil er sie für gerecht erklärt hat, hat er ihnen auch Anteil an seiner Herrlichkeit gegeben. ... Gott ist für uns, wer ist dann gegen uns? ... Wer wird es noch wagen, Anklage gegen die zu erheben, die Gott erwählt hat? ... Wer kann uns von der Liebe Christi trennen? ... Ich bin überzeugt, dass weder Tod noch Leben ... weder Gegenwärtiges noch Zukünftiges ... uns je von der Liebe Gottes trennen kann, die in Christus Jesus ist, unserem Herrn« (Röm 8,1.16-17.28.30-31.33.35.38-39; NGÜ).

Das ist der Friede, den Sadrach, Mesach und Abednego erlebten; von daher auch die Gelassenheit, mit der sie das Ultimatum von Nebukadnezar aufnahmen: »Wenn ihr es [das goldene Standbild] aber nicht anbetet, so sollt ihr augenblicklich in den glühenden Feuerofen geworfen werden. Und wer ist der Gott, der euch aus meiner Hand erretten könnte?« Ihre wohlbekannte Erwiderung lautet: »Nebukadnezar, wir haben es nicht nötig, dir darauf ein Wort zu erwidern.« (Kein Anzeichen von Panik!) »Wenn es so sein soll – unser Gott, dem wir dienen, kann uns aus dem glühenden Feuerofen erretten, und er wird uns bestimmt aus deiner Hand erretten, o König.« (Höflich, aber bestimmt – sie kannten ihren Gott!) »Und wenn es auch nicht so sein soll« – wenn Gott keine Errettung schenkt – »so wisse, o König, dass wir deinen Göttern nicht dienen« (Es spielt keine Rolle! Es macht keinen Unterschied! Leben oder sterben, sie sind mit allem zufrieden.) – (Dan 3,15-18).

O, Herr, ich will nicht
nach meines Lebens Länge fragen,
vielmehr an allen Tagen,
die gnädig du gibst, dir dienen.

Leb ich noch lang, kann ich noch lang
Dir zur Verfügung stehn;
leb ich nur kurz, soll niemand mich
deshalb in Trauer sehn.

Das Ausmaß unserer Zufriedenheit ist ein anderer Maßstab, durch den wir beurteilen können, ob wir Gott wirklich kennen.

Erste Schritte

Haben wir das Verlangen nach solch einer Gotteserkenntnis? Dann müssen wir uns zwei Dinge vor Augen führen.

Erstens, wir müssen anerkennen, wie sehr es uns an der Erkenntnis Gottes fehlt. Wir müssen lernen, uns selbst recht zu beurteilen, nicht im Blick auf unser Wissen über Gott, nicht in Bezug auf unsere Gaben und unsere Stellung in der Gemeinde, sondern im Blick auf unser Gebetsleben und auf das, was in unserem Herzen vorgeht. Ich fürchte, dass viele von uns keine Vorstellung davon haben, auf welch niedrigem Niveau wir hier leben. Lasst uns den Herrn bitten, uns hierfür die Augen zu öffnen.

Zweitens, wir müssen den Erlöser suchen. Als Jesus auf dieser Erde lebte, lud Er ganz gewöhnliche Menschen ein, Ihm nachzufolgen. Dadurch lernten sie Ihn kennen, und indem sie Ihn erkannten, kamen sie zur Erkenntnis seines Vaters. Das Alte Testament berichtet uns von Erscheinungen des Herrn Jesus vor seiner Inkarnation, wo wir das gleiche erleben – Er begegnete Männern und Frauen in der Gestalt des Engels des Herrn, damit sie Ihn erkennen konnten. Das Buch Daniel berichtet uns von zwei solchen Manifestationen – denn wer war der vierte Mann, dessen Gestalt »einem Sohn der Götter« glich (Dan 3,25), und der mit Daniels drei Freunden im Feuerofen umherging? Und wer war der Engel, den Gott gesandt hatte, um den Löwen das Maul zu verschließen, als Daniel in die Löwengrube geworfen wurde (Dan 6,22)? Der Herr Jesus Christus ist heute zwar leiblich abwesend, aber geistlich macht dies keinen Unterschied. Immer noch können wir Gott finden und erkennen, wenn wir in die Gemeinschaft mit Jesus eintreten. Wer den Herrn Jesus sucht, bis er Ihn gefunden hat – und Jesus hat versprochen, dass wir Ihn ganz sicher finden werden, wenn wir Ihn von ganzem Herzen suchen –, der kann aufstehen und vor der Welt bezeugen, dass er Gott erkannt hat.

◈ KAPITEL 3 ◈

ERKENNEN UND ERKANNT SEIN

Wozu sind wir erschaffen worden? Um Gott zu erkennen.

Was soll unser Lebensziel sein? Gott zu erkennen.

Was ist das »ewige Leben«, das Jesus schenkt? Die Erkenntnis Gottes. »Das ist aber das ewige Leben, dass sie dich, den allein wahren Gott, und den du gesandt hast, Jesus Christus, erkennen« (Joh 17,3).

Was ist das Beste im Leben, was bringt uns mehr Freude, Glückseligkeit und Zufriedenheit als alles andere? Die Gotteserkenntnis. »So spricht der Herr: Der Weise rühme sich nicht seiner Weisheit und der Starke rühme sich nicht seiner Stärke, der Reiche rühme sich nicht seines Reichtums; sondern wer sich rühmen will, der rühme sich dessen, dass er Einsicht hat und mich erkennt« (Jer 9:22-23).

In welcher Verfassung sieht Gott den Menschen am liebsten? Welcher menschliche Zustand bereitet Ihm die größte Freude? Die wahre Gotteserkenntnis. »Die Erkenntnis Gottes bedeutet mir mehr als die Brandopfer auf dem Altar«, sagt Gott (Hos 6,6; eÜ).

In diesen wenigen Sätzen haben wir Großes gesagt. Und diese Aussagen werden das Herz eines jeden Christen berühren, doch denjenigen, der lediglich einer förmlichen Religion dient, wird das kalt lassen. (Und daran kann man erkennen, dass er noch nicht wiedergeboren ist.) Was wir hier festgestellt haben, bildet einerseits Grundlage, Prägung und Ziel für unser Leben, und liefert zugleich Grundsätze für unsere Prioritäten und Werte.

Sobald uns bewusst wird, dass die entscheidende Aufgabe unseres irdischen Lebens darin besteht, Gott zu erkennen, bekommen die meisten unserer Probleme allein schon dadurch ihren richtigen Stellenwert. In unserer heutigen Zeit leiden viele Menschen unter einem Gefühl der Sinnlosigkeit – Albert Camus bezeichnete es als »das Absurde« (»Das Leben ist ein schlechter Scherz«). Diese Fehlentwicklung zerstört das ganze Leben: Alles wird sofort zu einem Problem oder es erfasst uns eine große innere Leere, da alles sinnlos zu sein scheint. Aber das Gefühl der Sinnlosigkeit ist eine Krankheit, vor der Christen von Natur aus immun sind. Es sei denn, dass die Macht der Versuchung ihre Herzen gelegentlich überwältigt – doch ist das, Dank der Gnade Gottes, kein Dauerzustand.

Unser Leben wird dadurch sinnvoll, dass wir ein großes Ziel vor Augen haben, etwas das unsere Fantasie beflügelt und uns zur Treue anspornt. Und dies besitzt der Christ auf eine Art und Weise, die keinem anderen Menschen zu eigen ist. Denn welch ein erhabeneres und fesselnderes Ziel kann es geben, als Gott zu erkennen?

Von einem anderen Gesichtspunkt her haben wir bisher jedoch noch nicht allzu viel gesagt. Wenn wir von der Gotteserkenntnis sprechen, verwenden wir bloß eine verbale Formel. Und Formeln sind wie Schecks – sie sind wertlos, wenn wir nicht wissen, wie man sie einlösen kann. Was meinen wir also, wenn wir den Ausdruck *Gotteserkenntnis* verwenden? Ein spezielles Gefühl? Eine Gänsehaut, die uns über den Rücken läuft? Eine surreale, erhebende Emotion? Ein prickelndes Hochgefühl, wie es Drogenkonsumenten suchen? Oder ist die Gotteserkenntnis eine besondere intellektuelle Erfahrung? Hört man Stimmen? Hat man Visionen? Erfährt man eine Art Bewusstseinserweiterung? Oder worin besteht die Gotteserkenntnis? Diese Fragen *müssen* erörtert werden, insbesondere, da dies, wie die Bibel zeigt, ein Bereich ist, in dem man allzu leicht in die Irre geführt werden kann und meint, Gott zu erkennen, obwohl dies gar nicht der Fall ist. Wir stellen uns also die Frage: Welche Art von Handeln oder welches Ereignis kann zu Recht als »Gotteserkenntnis« bezeichnet werden?

Was die Gotteserkenntnis bedeutet

Eines müssen wir zu Beginn gleich klarstellen: Gott zu »kennen« ist logischerweise eine viel komplexere Angelegenheit, als einen anderen Menschen zu »kennen«, ebenso wie es wesentlich komplexer ist, meinen Nachbarn zu »kennen«, als ein Haus oder ein Buch oder eine Sprache. Je komplexer das Objekt ist, desto vielschichtiger ist die Erkenntnis dieses Objektes. Die Kenntnis von etwas Abstraktem, wie einer Sprache, wird durch Erlernen erworben; etwas Unbelebtes, wie den Mont Blanc oder das Deutsche Museum in München, lernen wir durch Erkundung und Entdeckung kennen. Diese Aktivitäten sind, obgleich sie ein konzentriertes Bemühen verlangen, doch relativ einfach zu beschreiben. Wenn man sich jedoch mit lebendigen Dingen beschäftigt, wird die Erkenntnis ungleich komplizierter. Man erkennt ein Lebewesen nicht bloß dadurch, dass man sein Vorleben kennt, sondern auch, wenn man weiß, wie es vermutlich unter bestimmten Umständen reagieren und sich verhalten wird. Wenn jemand sagt: »Ich kenne dieses Pferd«, meint er normalerweise nicht nur: »Ich habe es zuvor schon gesehen« (obwohl es auch diese Bedeutung haben kann); wahrscheinlicher ist jedoch, dass er meint: »Ich kenne sein Verhalten und weiß, wie man mit ihm umgehen muss.« Solch eine Erkenntnis entsteht nur durch eine gewisse Vertrautheit mit dem Pferd – wenn man es in Aktion gesehen hat und möglicherweise selbst einen Ausritt mit ihm wagt.

Im Fall des Menschen wird die Situation noch durch die Tatsache erschwert, dass er, im Gegensatz zu Pferden, sein verborgenes Wesen hat, und uns nicht unbedingt sein Innerstes offenbart. Schon nach wenigen Tagen kann man ein Pferd wirklich kennenlernen. Aber wir können Monate, ja sogar Jahre, mit einem anderen Menschen zusammenleben, nur, um letztendlich festzustellen: »Im Grunde habe ich ihn immer noch nicht wirklich *kennengelernt.*« Die Kenntnis über unsere Mitmenschen teilen wir in verschiedene Stufen. Wir sagen zum Beispiel: »XX kenne ich gut«, doch »XY kenne ich nur flüchtig«, aber »YZ kenne ich, wie mich selbst« –

das hängt natürlich ganz davon ab, wie sehr diese Person sich mir gegenüber geöffnet hat.

Wir sehen also, dass Qualität und Ausmaß unserer Erkenntnis anderer Menschen mehr von ihnen, als von uns abhängen. Dass wir sie wirklich erkennen, ist eher die unmittelbare Folge davon, dass sie uns erlauben, sie kennenzulernen, und nicht von unserem Bemühen, sie kennenzulernen. Wenn wir einander begegnen, müssen wir ihnen natürlich zeigen, dass wir wirklich an einer Beziehung interessiert sind, sollten ihnen freundschaftlich begegnen und uns ihnen öffnen. Von diesem Augenblick an liegt es jedoch an ihnen, nicht an uns, zu entscheiden, ob wir sie kennenlernen werden oder nicht.

Stellen wir uns nun vor, dass wir jemandem vorgestellt werden, von dem wir den Eindruck haben, dass er uns »überlegen« ist – ob in seiner sozialen Stellung, auf intellektuellem Gebiet, seiner fachlichen Qualifikation, der persönlichen Heiligkeit oder in irgendeiner anderen Hinsicht. Je mehr wir uns unserer eigenen Unterlegenheit bewusst sind, desto mehr gewinnen wir die Überzeugung, dass es einfach unser Teil ist, ehrerbietig auf den anderen zu warten und ihm bei der Unterhaltung die Initiative zu überlassen. (Denken wir an eine Audienz bei der Königin von England oder ein Treffen mit dem Bundespräsidenten.) Wir würden diese herausragende Persönlichkeit gern kennenlernen, aber uns ist vollkommen klar, dass es ihre Sache ist, dies zu entscheiden, nicht die unsere. Wenn sie sich auf höfliche Floskeln beschränkt, wären wir sicher enttäuscht, aber wir wüssten, dass es uns nicht zusteht, uns darüber zu beklagen; schließlich haben wir kein Anrecht auf ihre Freundschaft.

Doch wenn diese Persönlichkeit uns stattdessen plötzlich ins Vertrauen zieht, und uns ganz offen ihre Gedanken und Pläne mitteilt, uns sogar einlädt, ihr stets für eine Zusammenarbeit zur Verfügung zu stehen, dann werden wir uns ungeheuer privilegiert fühlen, und wir werden eine ganz neue Sicht der Dinge bekommen.

Wenn uns unser bisheriges Leben unbedeutend und eintönig erschien, wird dies nun nicht mehr der Fall sein, nachdem wir zu den persönlichen Mitarbeitern dieser großen Persönlichkeit gehören. Damit beginnt ein neues Leben – ein Leben, das sich wirklich lohnt!

Dies ist zwar nur ein Beispiel dafür, was es bedeutet, Gott zu kennen. Doch Gott bringt es auf den Punkt, wenn Er durch Jeremia sagt: »Wer sich rühmen will, der rühme sich dessen, dass er Einsicht hat und mich erkennt« (Jer 9,23) – denn Gott zu erkennen ist eine Beziehung, die das Herz eines Menschen wirklich zu begeistern vermag.

Was wir erleben, ist, dass der allmächtige Schöpfer, der Herr der Heerscharen, der große Gott, vor dem die Völker wie ein Tropfen am Eimer sind, zu uns kommt und beginnt, mit uns durch die Worte und Wahrheiten der Heiligen Schrift zu reden. Vielleicht bist du seit vielen Jahren mit der Bibel und der christlichen Wahrheit vertraut – und es hat dir bisher nur wenig bedeutet. Aber eines Tages erkennst du, dass Gott tatsächlich durch die biblische Botschaft zu dir spricht – zu dir ganz persönlich! Und wenn du auf das hörst, was Gott dir sagt, erkennst du plötzlich deine Niedrigkeit. Denn Gott spricht mit dir über deine Sünde und Schuld, deine Schwachheit, Blindheit und Torheit – und Gott führt dich zur Erkenntnis deiner Hoffnungslosigkeit und Hilflosigkeit, damit du seine Vergebung suchst.

Aber das ist nicht alles. Du wirst im Hören auf Gottes Wort zugleich erkennen, dass Gott tatsächlich sein Herz öffnet, dir seine Freundschaft anbietet und dich als *Bundespartner* annimmt. Es ist unbegreiflich, aber wahr: Wenn sündige Menschen Gott erkennen, entsteht eine Beziehung, durch die Gott sie sozusagen in seinen Mitarbeiterstab aufnimmt, um künftig seine Mitarbeiter (siehe 1 Kor 3,9) und persönlichen Freunde zu sein. Was Gott mit Josef tat, als Er ihn aus dem Gefängnis führte und ihn zu Pharaos Ministerpräsidenten machte, ist ein Bild für das, was Er mit jedem Christen tut: Er befreit uns aus der Gefangenschaft Satans und versetzt uns in eine Vertrauensstellung im Dienst Gottes. Und von nun an wird unser Leben verwandelt.

Ob man sich seiner Knechtschaft schämen muss oder sich ihrer rühmen kann, hängt davon ab, in wessen Dienst man steht. Nach dem Zweiten Weltkrieg berichteten Viele, wie stolz sie waren, unter Winston Churchill gedient zu haben. Wie viel mehr sollte es uns Stolz machen und Freude bereiten, den Herrn des Himmels und der Erde zu erkennen und Ihm zu dienen!

Was beinhaltet nun dieser Prozess der Erkenntnis Gottes praktisch? Wenn wir all die verschiedenen Elemente zusammenfassen wollen, die diese Beziehung einschließt, dann stellen wir folgendes fest:

Die Gotteserkenntnis beginnt zunächst mit dem Hören auf Gottes Wort, indem wir es so annehmen, wie es uns durch die Erleuchtung des Heiligen Geistes zuteil wird, damit wir es dann auf unser Leben anwenden können.

Zweitens müssen wir Gottes Wesen und Eigenschaften kennenlernen, wie sie uns sein Wort und seine Werke offenbaren.

Drittens müssen wir seine Weisungen befolgen und tun, was Er uns gebietet.

Viertens müssen wir die Liebe, die Er uns erwiesen hat, und durch die Er uns in seine göttliche Gemeinschaft zieht, erkennen und uns ihrer erfreuen.

Jesus erkennen

Die Bibel macht die theoretische Begrifflichkeit durch die Verwendung von Bildern und Analogien lebendig. Sie zeigt uns, dass wir Gott auf die Art und Weise erkennen können, wie ein Sohn seinen Vater erkennt, eine Ehefrau ihren Ehemann, ein Untertan seinen König und ein Schaf seinen Hirten (dies sind die vier gebräuchlichsten Gleichnisse). Alle vier Analogien verweisen auf eine Beziehung, bei der der Erkennende zu dem Erkannten »aufschaut«, und der Letztere die Verantwortung für das Wohlergehen des Ersteren übernimmt. Dies ist Teil des biblischen Konzepts der Gotteserkenntnis, dass diejenigen, die Gott erkennen – also jene, denen Er sich offenbart –, von Ihm geliebt und umsorgt werden. Wir werden uns noch eingehender damit beschäftigen.

Dann fügt die Bibel noch den weiteren entscheidenden Punkt hinzu: dass wir Gott nur durch die Erkenntnis Jesu Christi erkennen können, der selbst der fleischgewordene Gott ist. »Du hast mich noch nicht erkannt …? Wer mich gesehen hat, der hat den Vater gesehen.« »Niemand kommt zum Vater als nur durch mich« (Joh 14,9.6). Wir müssen uns also darüber im Klaren sein, was es bedeutet, Jesus Christus *zu erkennen.*

Für seine damaligen Jünger war die Erkenntnis Jesu das Gleiche, wie das Kennenlernen der bedeutenden Persönlichkeit aus unserem Beispiel. Die Jünger waren ganz gewöhnliche Galiläer, die eigentlich keinen Anspruch auf eine enge Beziehung zu Jesus hatten. Doch

Jesus, der Rabbi, der mit Vollmacht predigte, der Prophet, der mehr als ein Prophet war, der Meister, der in ihnen eine immer größere Ehrfurcht und Hingabe hervorrief, bis sie schließlich in Ihm ihren Gott erkannten, nahm sich ihrer an, berief sie in seine Nachfolge, zog sie ins Vertrauen und sandte sie als seine Boten in die Welt, um das Reich Gottes zu verkünden. »Er bestimmte zwölf, die bei ihm sein sollten und die er aussandte, um zu verkündigen« (Mk 3,14). Sie erkannten in dem, der sie erwählt hat und seine Freunde nennt, »den Christus, den Sohn des lebendigen Gottes« (Mt 16,16), der dazu geboren ist, König zu sein, »der Worte des ewigen Lebens« hat (Joh 6,68). Und das Verantwortungsbewusstsein wie auch das Vorrecht, das diese Erkenntnis hervorrief, veränderte ihr ganzes Leben.

Nachdem Jesus Christus, wie uns das Neue Testament bezeugt, auferstanden ist, ist das Opfer von Golgatha all seiner Fesseln entledigt, so dass jeder an allen Orten die gleiche Gemeinschaft mit Ihm genießen kann, wie die Jünger während seines irdischen Lebens.

Der einzige Unterschied ist: erstens, dass seine Gegenwart für uns Christen geistlich und nicht leiblich, und deshalb für unsere physischen Augen nicht sichtbar ist. Zum Zweiten kennt der heutige Christ, aufgrund des neutestamentlichen Zeugnisses, von Anfang an die Wahrheit über das göttliche Wesen und das Sühnopfer Jesu – etwas, das die ursprünglichen Jünger erst allmählich, über einen Zeitraum von Jahren erkannten. Und drittens, dass Jesus heute nicht durch neue Offenbarungen zu uns spricht, sondern vielmehr durch die Worte, die in den Evangelien und dem übrigen Neuen Testament aufgezeichnet sind. Dennoch ist die Erkenntnis Jesu Christi auch heute noch eine so konkrete persönliche Gemeinschaft, wie für die Jünger, mit denen Er auf dieser Erde lebte. Der gleiche Jesus, der in den Berichten der Evangelien durchs Land zog, geht auch heute mit den Seinen durch diese Welt, und Ihn zu erkennen bedeutet, mit Ihm zu gehen, heute wie damals.

»Meine Schafe hören auf meine Stimme«, sagt Jesus, »und ich kenne sie, und sie folgen mir« (Joh 10,27). Seine »Stimme«, das ist sein Anspruch, seine Verheißung und sein Ruf. »Ich bin das Brot des Lebens ... die Tür zu den Schafen ... der gute Hirte ... die Auferstehung« (Joh 6,35; 10,7.14; 11,25). »Wer den Sohn nicht ehrt, der ehrt den Vater nicht, der ihn gesandt hat. Wahrlich, wahrlich, ich sage euch, wer mein Wort hört und dem glaubt, der mich gesandt hat, der hat ewiges Leben« (Joh 5,23-24). »Kommt her zu mir alle, die ihr mühselig und beladen seid, so will ich euch erquicken. Nehmt auf euch mein Joch und lernt von mir ... so werdet ihr Ruhe finden« (Mt 11,28-29).

Auf Jesu Stimme »hören« wir, wenn wir Jesu Anspruch anerkennen, seiner Verheißung vertrauen und auf seinen Ruf antworten. Von da an erkennen wir Jesus als unseren guten Hirten, der diejenigen als seine Schafe erkennt, die Ihm vertrauen. »Ich kenne sie, und sie folgen mir nach; und ich gebe ihnen ewiges Leben, und sie werden in Ewigkeit nicht verlorengehen, und niemand wird sie aus meiner Hand reißen« (Joh 10,27-28).

Eine persönliche Beziehung

Wenn wir nun noch einmal auf das zurückschauen, was wir im Blick auf die Bedeutung der Aussage, »dich zu erkennen, den einzigen wahren Gott, und den zu kennen, den du gesandt hast, Jesus Christus«, festgestellt haben, dann können wir die folgenden Punkte hervorheben:

Erstens, *Gott zu erkennen ist eine Sache der persönlichen Gemeinschaft,* so, wie dies auch bei jeder echten menschlichen Beziehung der Fall ist. Gott zu erkennen bedeutet mehr, als etwas über Ihn zu wissen. Es geht um unsere Beziehung zu Ihm, wenn Er sich uns offenbart, und seine Gemeinschaft mit uns, wenn Er mit uns in Beziehung tritt. Das Wissen über Gott ist natürlich eine notwendige Voraussetzung, um an Ihn glauben zu können (»Wie sollen sie aber an den glauben, von dem sie nichts gehört haben?« [Röm 10,14]). Aber das Ausmaß unseres Wissens über Ihn ist kein Maßstab für die Tiefe unserer Gotteserkenntnis.

John Owen und Johannes Calvin hatten ganz sicher eine weit umfassendere theologische Bildung als John Bunyan, aber wer wollte bestreiten, dass Bunyan seinen Gott mindestens ebenso gut kannte wie Owen oder Calvin? (Alle drei beschäftigten sich übrigens intensiv mit der Bibel, und dies ist ohnehin von weit größerer Bedeutung, als eine rein akademisch theologische Ausbildung.) Wären theoretische Sorgfalt und Gründlichkeit der entscheidende Faktor, dann würden die gelehrtesten Bibelwissenschaftler Gott natürlich viel besser als alle anderen kennen. Aber das stimmt nicht:

Du magst die treffendsten Vorstellungen in deinem Kopf haben, ohne jemals in deinem Herzen die Realitäten gekostet zu haben, auf die sie sich beziehen. Und ein schlichter Bibelleser und Predigthörer, der vom Heiligen Geist erfüllt ist, wird eine weit tiefere Erkenntnis seines Gottes und Erlösers entwickeln, als der gebildetste Gelehrte, der sich mit seiner akademischen Theologie zufriedengibt. Der Grund ist, dass es dem Ersteren *um Gott geht,* und dass er die Wahrheit praktisch auf sein Leben anwenden möchte, während dies dem Letzteren nichts bedeutet.

Zweitens, *Gotteserkenntnis ist eine Sache des persönlichen Engagements* – des Verstandes, des Willens und des Gefühls. Es wäre ja sonst keine vollkommene persönliche Gemeinschaft. Um eine andere Person kennenzulernen, musst du mit ihm eine Gemeinschaft aufbauen, an ihm Interesse zeigen und bereit sein, dich mit seinen Anliegen zu identifizieren. Andernfalls wird deine Beziehung zu ihm nur oberflächlich und gehaltlos sein.

»Schmeckt und seht, wie freundlich der HERR ist«, sagt der Psalmist (Ps 34,8). »Schmecken« bedeutet, ein Häppchen »zu probieren«, um auf den Geschmack zu kommen. Ein Menü mag herrlich angerichtet sein und vom Koch als Spezialität des Hauses empfohlen werden, aber wir werden seine wahre Qualität erst kennenlernen, wenn wir es gekostet haben.

Ebenso lernen wir die wahren Qualitäten eines anderen Menschen erst kennen, wenn wir seine Freundschaft erfahren oder »geschmeckt« haben. Freunde vermitteln einander sozusagen einen kommunikativen wechselseitigen Wohlgeschmack, indem sie Anteil aneinander nehmen (denken wir nur an Verliebte) und an allem, was beide Seiten interessiert. Indem sie einander ihr Herz durch ihr Reden und Tun öffnen, »kostet« jeder die Qualität des anderen, in Freud und Leid. Sie haben sich einander geöffnet, und so sind sie persönlich und emotional miteinander verbunden. Sie identifizieren sich miteinander und sind auch in ihren Gedanken eines Sinnes. Dies ist ein wesentlicher Gesichtspunkt einer Freundschaft, wo ein Freund den anderen wirklich kennt; und das gleiche gilt für die Gotteserkenntnis des Christen, die, wie wir gesehen haben, ja auch eine Gemeinschaft zwischen Freunden ist.

Die emotionale Seite der Gotteserkenntnis wird heute oft heruntergespielt, aus Angst davor, dass sie zu einer gefühlsbetonten

Ichbezogenheit führt. Es trifft zu, dass es nichts areligiöseres als eine egozentrische Religiosität gibt. Deshalb ist es immer wieder nötig, zu betonen, dass Gott uns nicht ein Leben in Wohlstand, Glück oder Genuss versprochen hat. Er hat sich auch nicht verpflichtet, uns mit »religiösen Erfahrungen« zu versorgen, als seien dies die Dinge, die unser Leben erst interessant und bedeutungsvoll machten.

Außerdem muss deutlich betont werden, dass jeder, der aufgrund seiner »religiöser Erfahrungen« »behauptet, Gott zu kennen, aber seine Gebote nicht befolgt, ein Lügner ist und der Wahrheit keinen Raum in seinem Leben gibt« (1 Joh 2,4; NGÜ; vergleiche 1 Joh 2,9.11; 3,6; 4,20).

Dennoch dürfen wir nicht die Tatsache aus den Augen verlieren, dass die Erkenntnis Gottes ebenso eine emotionale, wie eine intellektuelle und willentliche Gemeinschaft ist, und es kann keine tiefe Beziehung zwischen Personen geben, wo dies nicht der Fall ist. Der Gläubige ist auch emotional an den Siegen und Wechselfällen des Wirkens Gottes in dieser Welt beteiligt, ebenso wie Churchills persönlicher Stab emotional an den Höhen und Tiefen des Krieges beteiligt war. Die Gläubigen freuen sich, wenn ihr Gott geehrt wird und zu seinem Recht kommt, und es trifft sie im Innersten, wenn sie sehen, wie Gott verhöhnt wird.

Als Barnabas nach Antiochia kam »und die Gnade Gottes sah, freute er sich« (Apg 11,23). Dagegen schreibt der Psalmist: »Tränenströme fließen aus meinen Augen, weil man dein Gesetz nicht befolgt« (Ps 119,136).

Ebenso empfindet ein Christ auch Scham und tiefes Leid, wenn er erkennt, dass er sich gegen seinen Herrn versündigt hat (vgl. Ps 51 und Lk 22,61-62). Und von Zeit zu Zeit erleben wir, was Petrus über unseren Weg zum Ziel so wunderbar beschreibt: »Es erfüllt euch schon jetzt eine überwältigende, jubelnde Freude, die die künftige Herrlichkeit widerspiegelt« (1 Petr 1,8; NGÜ).

Dies ist die emotionale und auf Erfahrung beruhende Seite der Freundschaft mit Gott. Wer das nicht erlebt, beweist damit – ganz gleich, wie ehrlich seine Gedanken über Gott auch gemeint sein mögen –, dass er diesen Gott, über den er nachdenkt, doch noch nicht wirklich kennt.

Drittens, *Gott zu erkennen, ist eine Frage der Gnade.* Es ist eine Beziehung, in der die Initiative *allein* von Gott ausgeht. Es kann ja auch gar nicht anders sein, da Gott uns absolut überlegen ist und wir durch unsere Sünden jeden Anspruch auf seine Gunst vollständig verwirkt haben. Nicht *wir* schließen mit *Gott* Freundschaft; *Gott* macht *uns* zu seinen Freunden. Er schenkt uns wahre Gotteserkenntnis, indem Er uns seine Liebe offenbart. Paulus drückt diesen Gedanken der Priorität der Gnade im Blick auf unsere Gotteserkenntnis ganz klar aus, wenn er den Galatern schreibt: »Jetzt aber, da ihr Gott erkannt habt, ja *vielmehr von Gott erkannt seid«* (Gal 4,9). Was durch diesen modifizierenden Zusatz deutlich wird, ist die Überzeugung des Apostels, dass die Gnade den Vorrang hat, und bei der Erlösung seiner Leser auch den Vorrang behält. Ihre Gotteserkenntnis ist die Folge dessen, dass sie von Gott erkannt werden. Sie erkennen Ihn durch den Glauben, weil Er sie zuvor aus Gnade erwählt hat.

Wenn das Wort *erkennen* auf diese Weise in Bezug auf Gott benutzt wird, bezeichnet es seine souveräne Gnade, und verweist auf Gottes Initiative in seiner Liebe, Erwählung, Erlösung, Berufung und Bewahrung. Dass Gott uns »durch und durch kennt«, gehört sicher zu dem, was hier gemeint ist, wie es in dem Gegensatz zwischen unserer unvollkommenen Erkenntnis über Gott und seiner vollkommenen Erkenntnis über uns in 1. Korinther 13,12 deutlich wird. Aber dies ist nicht die primäre Bedeutung. Die primäre Bedeutung sehen wir in den folgenden Stellen:

»Und der Herr sprach zu Mose: Du hast Gnade gefunden vor meinen Augen und *ich kenne dich mit Namen«* (2 Mose 33,17). »Ehe ich dich [Jeremia] im Mutterleib bildete, *habe ich dich erkannt.* Noch ehe du geboren wurdest, habe ich dich ausgesondert« (Jer 1,5; eÜ). »Ich bin der gute Hirte. *Ich kenne meine Schafe* und meine Schafe kennen mich ... Und ich gebe mein Leben für die Schafe her. ... Meine Schafe hören auf meine Stimme. *Ich kenne sie ...* Sie werden niemals verlorengehen« (Joh 10,14-15.27-28; NGÜ).

Hier ist Gottes Kenntnis der Seinen mit seinem Heilsratschluss aus Gnade verbunden. Es ist eine Erkenntnis, die Gottes persönliche Zuneigung, sein erlösendes Handeln, seine Bundestreue und seine Fürsorge gegenüber denen beinhaltet, die Gott kennt. Sie bedeutet, mit anderen Worten, die jetzige und ewige Erlösung, auf die wir schon vorher hingewiesen haben.

Gott kennt mich

Worauf es vor allem ankommt, ist also letzten Endes nicht die Tatsache, dass ich Gott kenne, sondern die weit größere Tatsache, die ihr zugrunde liegt – die Tatsache, *dass Er mich kennt.* Er hat mich in seine Handflächen eingraviert. Er wird mich niemals vergessen. All meine Gotteserkenntnis hängt davon ab, dass Er mich unablässig kennt. Ich kenne Ihn, weil Er mich zuerst erkannt hat. Er kennt mich wie ein Freund, der mich liebt. Es gibt keinen Augenblick, in dem sein Auge nicht auf mir ruht, Er nicht auf mich achtet und seine Fürsorge an Intensität verliert.

Dies ist eine Erkenntnis von ungeheurer Tragweite. Sie ermutigt uns unglaublich, verleiht uns neue Energie, statt uns zu erschrecken. Wir gewinnen durch sie die Erkenntnis, dass Gott in seiner Liebe stets auf uns achtet und zu unserem Besten über uns wacht. Es ist unglaublich befreiend, zu erkennen, dass seine Liebe zu mir unwandelbar ist. Weil Gott aufgrund seiner Allwissenheit jede Bosheit meines Lebens kennt, kann Er von meinem gegenwärtigen Verhalten weder überrascht noch enttäuscht werden, wird dies seinen Entschluss, mich zu segnen, niemals infrage stellen.

Natürlich demütigt uns der Gedanke ungemein, dass Gott all die schlimmen Dinge über mich weiß, die keiner meine Mitmenschen kennt (und darüber bin ich wirklich froh!), und dass Er mehr Verdorbenheit in mir erkennt, als mir selbst bewusst ist (und was mein Gewissen schon so mehr als genug belastet). Dieser Gedanke erweckt jedoch ein ebenso großes Verlangen, Gott anzubeten und Ihn zu lieben, wenn wir erkennen, dass Er, aus unerfindlichen Gründen, möchte, dass ich sein Freund werde und Er mein Freund sein will. Er hat seinen Sohn für mich in den Tod gegeben, damit ich darin das liebende Herz Gottes erkenne. Wir können diese Gedanken hier nicht in ihrer Fülle ausarbeiten, aber auch wenn wir sie nur anreißen, genügt das schon, uns klarzumachen, wie bedeutend es ist, Gott zu erkennen, aber noch viel bedeutender, dass Er uns erkannt hat.

◈ KAPITEL 4 ◈

DER EINZIG WAHRE GOTT

Woran denken wir bei dem Wort *Götzendienst?* Wilde, die um einen Totempfahl herumtanzen? Abscheuliche Masken in Hindutempeln? Der Derwischtanz der Baalspriester um Elias Altar? Das alles ist ganz eindeutig Götzendienst. Aber wir müssen uns darüber im Klaren sein, dass es auch viel subtilere Formen des Götzendienstes gibt.

Betrachten wir das zweite Gebot: »Du sollst dir kein Götterbild machen, kein Abbild von irgendetwas droben im Himmel oder unten auf der Erde oder im Meer. Du sollst dich auf keinen Fall vor ihnen niederwerfen oder sie anbeten! Denn ich, der Herr, dein Gott, bin ein eifersüchtiger Gott« (2 Mose 20,4-5; eÜ). Worüber spricht dieses Gebot?

Wenn es für sich allein stehen würde, müssten wir natürlich annehmen, dass es sich auf die Anbetung von Götzenbildern anstelle von Jahwe bezieht – zum Beispiel die babylonische Götzenanbetung, die Jesaja verspottet (Jes 44,9-20; 46,6-7), oder das Heidentum der griechisch-römischen Welt zur Zeit von Paulus, über das er in Röm 1,23.25 (NGÜ) schreibt: »An die Stelle der Herrlichkeit des unvergänglichen Gottes setzten sie das Abbild des vergänglichen Menschen und die Abbilder von Vögeln, vierfüßigen Tieren und Kriechtieren. ... Sie vertauschten die Wahrheit Gottes mit der Lüge; sie verehrten das Geschaffene und dienten ihm statt dem Schöpfer.« Betrachtet man aber den Kontext, kann sich das zweite Gebot wohl kaum auf diese Art von Götzendienst beziehen, denn wenn dies der Fall wäre, würde es einfach den Gedanken des ersten Gebots wiederholen, ohne irgendetwas Neues hinzuzufügen.

Folglich betrachten wir das zweite Gebot – wie es in Wirklichkeit immer verstanden wurde – als Hinweis auf den prinzipiellen Gedanken, dass »der Götzendienst nicht nur in der Anbetung von falschen Göttern besteht, sondern auch in der Anbetung des wahren Gottes in Abbildungen« (Charles Hodge). Für uns Christen bedeutet dies, dass wir keine visuellen oder bildlichen Darstellungen des dreieinigen Gottes oder einer Person der Dreieinigkeit zum Zweck der Anbetung gebrauchen dürfen. Dieses Gebot befasst sich also nicht mit dem Objekt unserer Anbetung, sondern mit der Art und Weise der Anbetung. Es sagt uns eindeutig, dass wir Skulpturen und Bilder nicht als Hilfsmittel zur Anbetung verwenden dürfen.

Die Gefahr, die in Abbildungen steckt.

Es mag auf den ersten Blick seltsam erscheinen, dass wir solch ein Verbot unter den zehn grundlegenden Prinzipien des biblischen Glaubens finden, denn auf den ersten Blick scheint es keine große Bedeutung zu haben. Was schadet es schon, könnten wir uns fragen, dass ein Gläubiger sich mit Skulpturen und Bildern umgibt, wenn sie ihm dabei helfen, sein Herz zu Gott zu erheben?

Meist stellen wir die Frage, ob man diese Dinge verwenden darf oder nicht in das Belieben des Einzelnen. Wir wissen, dass manche Leute Kruzifixe und Bilder von Christus in ihrer Wohnung haben, und sie versichern uns, dass sie ihnen helfen, ihre Gedanken auf Christus zu richten, wenn sie beten. Wir wissen, dass viele behaupten, sie könnten viel freimütiger und leichter in Kirchen Andacht finden, die voller sakraler Gegenstände seien, als in Kirchen, die diese nicht haben. Was ist also falsch daran? Können diese Dinge wirklich Schaden anrichten? Wenn Menschen sie tatsächlich als Hilfe empfinden, was sollte man dagegen haben? Weshalb sollten sie also verboten werden? Angesichts dieser Fragen meinen manche, dass das zweite Gebot sich nur auf unmoralische und entwürdigende Darstellungen Gottes aus heidnischen Kulten bezöge.

Aber der genaue Wortlaut dieses Gebotes schließt solch eine einschränkende Erklärung aus. Gott sagt ganz kategorisch: »Du sollst dir *kein* Bildnis noch *irgendein* Gleichnis« zur Anbetung machen. Diese kategorische Aussage schließt nicht nur die Verwendung von Bildern und Skulpturen aus, die Gott in Tiergestalt darstellen, sondern auch die Verwendung von Bildern und Skulpturen, die Ihn als das höchste erschaffene Wesen darstellen, das wir kennen – den Menschen. Es schließt auch die Verwendung von Bildern und Skulpturen aus, die Jesus Christus in seinem Menschsein darstellen, obwohl Jesus ein Mensch war und bleibt. Denn sie alle sind unweigerlich nach dem »Ebenbild« des idealen Menschen, wie wir ihn uns vorstellen, gefertigt und stehen von daher unter dem Verbot des zweiten Gebotes.

Christen sind jedoch unterschiedlicher Meinung darüber, ob das zweite Gebot auch den Gebrauch von Bildern verbietet, in denen Jesus zum Zweck von Lehre und Unterweisung dargestellt wird (zum Beispiel in Kinderstunden). Es ist nicht einfach, diese Frage zu entscheiden. Aber es gibt keinen Zweifel, dass das zweite Gebot uns anweist, unsere öffentliche wie auch private Gottesverehrung von allen Bildern und Skulpturen von Christus zu trennen. Das Gleiche gilt natürlich auch für seinen Vater.

Was aber ist der entscheidende Punkt dieses umfassenden Verbots? Im Blick auf den Nachdruck, den das Gebot selbst wie auch die furchteinflößende Sanktion enthält (der Hinweis auf Gottes Eifersucht und die ernste Strafe für Übertreter), sollte man doch meinen, dass dies wirklich eine Frage von entscheidender Bedeutung sein muss. Ist sie das tatsächlich?

Die Antwort lautet: *Ja.* Die Bibel zeigt uns, dass die Ehre Gottes und das geistliche Wohlergehen des Menschen unmittelbar zusammenhängen. Wir begegnen hier zwei Gedankengängen, die uns deutlich machen, warum dieses Gebot so wichtig ist. Diese Gedankengänge betreffen nicht den wirklichen oder mutmaßlichen Nutzen von Bildern, sondern die *Wahrheit* über sie:

1. Bilder entehren Gott, denn sie schmälern seine Herrlichkeit. Die Bildnisse von Dingen im Himmel (Sonne, Mond, Sterne), auf der Erde (Menschen, Tiere, Vögel, Insekten) und im Meer (Fische, Säugetiere, Schalentiere) sind eben kein Abbild ihres Schöpfers. »Ein echtes Abbild Gottes«, schreibt Calvin, »ist auf der ganzen Welt nicht zu finden; und deshalb wird seine Herrlichkeit befleckt und seine Wahrheit durch die Lüge verdorben, wenn Er uns in sichtbarer Gestalt vor Augen gestellt wird. … Deshalb ist es an sich schon gotteslästerlich sich ein Bildnis von Gott auszudenken, weil durch diese Verderbtheit seine Majestät verfälscht wird und Er anders dargestellt wird, wie Er wirklich ist.«

Der springende Punkt ist hier nicht nur, dass ein Bild Gott so darstellt, als habe Er einen Leib und Körperteile, wo Er doch in Wirklichkeit weder das eine noch das andere hat. Wenn dies der einzige Einwand gegen die Bilder wäre, wären Darstellungen von Christus unbedenklich. Aber die Sache geht in Wirklichkeit viel tiefer. Warum Bilder und Darstellungen grundsätzlich abgelehnt werden sollten, liegt in der Tatsache begründet, dass die meisten, wenn nicht alle die Wahrheit über das persönliche Wesen und den Charakter des Gottes verdunkeln, das sie repräsentieren sollten.

Zur Illustration: Aaron machte ein goldenes Kalb (eigentlich ein Stierbildnis). Gedacht war es als sichtbares Symbol von Jahwe, des mächtigen Gottes, der Israel aus Ägypten geführt hatte. Zweifellos war das Bild dazu bestimmt, Ihn zu ehren, als treffendes Symbol für seine große Stärke. Aber es ist nicht schwer zu erkennen, dass solch ein Symbol in Wirklichkeit eine Beleidigung Gottes ist, denn welche Vorstellung könnte man von seinem moralischen Charakter, seiner Gerechtigkeit, Güte und Langmut aus dem Anblick einer Skulptur in Stiergestalt gewinnen? Deshalb verdeckte das Bildnis von Aaron Jahwes Herrlichkeit.

In einer ähnlichen Weise verdunkelt das Pathos des Kruzifixes die Herrlichkeit Christi, denn es verbirgt die Tatsache seiner Göttlichkeit, seines Sieges am Kreuz und seiner gegenwärtigen Herrschaft. Es zeigt seine menschliche Schwachheit, aber es verdeckt seine göttliche Kraft. Es stellt die Realität seiner Schmerzen dar, aber die Realität seiner Freude und seiner Macht stellt es uns nicht vor Augen. In beiden Fällen ist das Symbol wertlos, vor allem wegen dem, was es nicht zeigt. Und das trifft auch bei allen anderen sichtbaren Darstellungen der Gottheit zu.

Wie auch immer man vom kunsthistorischen Standpunkt aus zur religiösen Kunst stehen mag, wir sollten nicht erwarten, dass Bilder von Gott uns seine Herrlichkeit zeigen, und dürfen uns ihrer daher auch nicht zur Anbetung bedienen. Denn seine Herrlichkeit ist gerade das, was uns solche Bildnisse niemals zeigen können. Und dies ist auch der Grund, weshalb Gott im zweiten Gebot auf seine »Eifersucht« hinweist, und dass Er sich an denen rächen wird, die Ihm ungehorsam sind: Denn Gottes »Eifersucht« bezeichnet in der Bibel seinen Eifer um seine eigene Ehre, die durch den Bilderdienst gefährdet wird.

Nachdem zunächst die unermessliche Größe Gottes anschaulich dargestellt wird, fragt uns die Schrift in Jes 40,18: »Mit wem wollt ihr denn Gott vergleichen? Oder was für ein Ebenbild wollt ihr an seine Seite stellen?« Die Frage verlangt nicht nach einer Antwort, sondern nur ein ehrfürchtiges Schweigen. Die Frage soll uns nur daran erinnern, dass es ebenso absurd wie gottlos ist, zu meinen, dass ein gestaltetes Bildnis, das notwenigerweise einem Geschöpf nachgebildet wurde, auch nur annähernd dem Schöpfer ähneln könnte.

Doch dies ist nicht der einzige Grund, warum wir in der Anbetung keine Bilder benutzen dürfen.

2. Bildnisse führen uns in die Irre, denn sie vermitteln falsche Vorstellungen von Gott. Die Unzulänglichkeit mit der sie Ihn darstellen, pervertieren unsere Gedanken über Ihn und erzeugen in uns alle möglichen Irrtümer über sein Wesen und seinen Willen.

Als Aaron ein Bildnis von Gott in Gestalt eines jungen Stieres machte, verführte er die Israeliten dazu, sich Ihn als ein Wesen vorzustellen, das durch ekstatische Ausschweifungen angebetet werden könne. Daher geriet das »Fest für den HERRN«, das Aaron organisierte (2 Mose 32,5), zu einer schändlichen Orgie. Es ist auch eine historische Tatsache, dass der Gebrauch des Kruzifixes Menschen dazu verleitet hat, Frömmigkeit damit gleichzusetzen, sich allzu sehr mit dem körperlichen Leiden Christi zu beschäftigten. Dadurch haben sie den geistlichen Wert physischer Schmerzen auf krankhafte Weise überbetont, was sie zudem daran hinderte, den *auferstandenen* Erlöser zu erkennen.

Diese Beispiele zeigen, wie Abbilder die Wahrheit über Gott in unserem Denken verfälschen. Wenn du dich beim Beten regelmäßig auf ein Abbild konzentrierst, dann wird, psychologisch gesehen, deine Vorstellung von Gott immer mehr von diesem Abbild bestimmt. Folglich wirst du dich also vor diesem Bildnis »niederwerfen« und es »anbeten«. Und in dem Ausmaß, in dem dieses Abbild nicht mit der Wahrheit über Gott übereinstimmt, wirst du auch Gott nicht in Wahrheit anbeten. Deshalb verbietet Gott uns, bei unserer Anbetung Darstellungen und Bildnisse zu verwenden.

Anschauliche und geistige Abbilder

Die Tatsache, dass Abbildungen und Bildnisse von Gott unsere Gedanken über Gott beeinflussen, verweist auf einen weiteren Bereich, in dem das zweite Gebot zur Anwendung kommt. Ebenso, wie es uns verbietet plastische Darstellungen von Gott anzufertigen, verbietet es uns auch, uns geistige Bilder von Ihm zu ersinnen. Sich gedanklich ein Bild von Gott zu machen kann ebenso ein Verstoß gegen das zweite Gebot sein, wie Ihn durch das Werk unserer Hände darzustellen.

Wie oft hören wir Aussagen wie: »Ich stelle mir Gott als den großen Architekten (oder Mathematiker oder Künstler) vor.« »Ich stelle mir Gott nicht als Richter vor, sondern vielmehr als Vater.« Wir wissen aus Erfahrung, wie oft solche Bemerkungen dazu führen, dass man schließlich das leugnet, was die Bibel über Gott sagt. Es muss mit größtem Nachdruck betont werden, dass diejenigen, die sich die Freiheit herausnehmen, sich Gott *nach ihren Wünschen vorzustellen,* damit das zweite Gebot brechen. Sie können sich Gott ja bestenfalls als menschliches Ebenbild vorstellen – vielleicht als das eines idealen Menschen oder einer Art »Superman«. Aber Gott ist kein Mensch. Wir wurden in seinem Ebenbild erschaffen, aber wir dürfen nicht meinen, Er sei unser Ebenbild. Wenn wir solche Vorstellungen von Gott haben, beweisen wir damit nur, dass Ihn noch nicht kennen.

Alle spekulative Theologie, die auf philosophischer Logik und nicht auf biblischer Offenbarung beruht, führt hier in die Irre. Paulus sagt uns, wohin diese Art von Theologie führt: »Die Welt hat Gott durch ihre Weisheit nicht erkannt« (1 Kor 1,21). Im Bereich der Theologie der Vorstellung des eigenen Herzens zu folgen, ist der sichere Weg, über Gott im Unklaren zu bleiben und ein Götzendiener zu werden. Der Götze ist in diesem Fall ein irreales Bild von Gott, das durch die eigene Spekulation und Fantasie erzeugt wird.

Von dieser Warte aus wird auch die positive Aufgabe des zweiten Gebots deutlich. Negativ gesehen ist es eine Warnung vor Anbetungsformen und religiösen Praktiken, die uns dazu verleiten, Gott die Ehre zu rauben und seine Wahrheit zu verfälschen. Positiv gesehen ist es eine Aufforderung an uns, zu erkennen, dass Gott, der Schöpfer, transzendent, geheimnisvoll und unerforschlich ist, erhaben über jede Vorstellung oder philosophische Spekulation, deren wir fähig sind. Und von daher die Aufforderung an uns, uns zu demütigen, damit wir auf Ihn hören und uns durch die Bibel über sein Wesen und seine Eigenschaften belehren lassen.

»Denn meine Gedanken sind nicht eure Gedanken«, sagt Gott zu uns, »und eure Wege sind nicht meine Wege«, denn »so hoch der Himmel über der Erde ist, so viel höher sind meine Wege als eure Wege und meine Gedanken als eure Gedanken« (Jes 55,8-9). Ebenso sagt Paulus: »O welche Tiefe des Reichtums sowohl der Weisheit als auch der Erkenntnis Gottes! Wie unergründlich sind seine Gerichte, und wie unerforschlich seine Wege! Denn wer hat den Sinn des Herrn erkannt?« (Röm 11,33-34).

Gottes Persönlichkeit ist nicht mit der unseren zu vergleichen. Seine Weisheit, seine Pläne, seine Werte, sein Vorgehen unterscheiden sich so stark von unseren eigenen, dass wir sie unmöglich durch unsere Intuition erahnen oder durch Analogie aus unserer Vorstellung vom idealen Menschen herleiten könnten. Wir können Gott nicht erkennen, es sei denn, Er redet und informiert uns über sich selbst.

Aber nun hat Er tatsächlich gesprochen. Er hat zu und durch seine Propheten und Apostel gesprochen, und Er hat in den Worten und Taten seines eigenen Sohnes gesprochen. Durch diese Offenbarung, die uns in der Heiligen Schrift zugänglich ist, bekommen wir eine realistische Vorstellung von Gott. Auf einem anderen Weg ist dies unmöglich. Die positive Auswirkung des zweiten Gebots ist also, dass es uns dazu nötigt, unsere Vorstellung über Gott aus seinem heiligen Wort zu gewinnen und aus keiner anderen Quelle.

Dass dies die positive Zielrichtung dieses Gebotes ist, wird aus der Art und Weise deutlich, in der es uns gegeben wird. Nachdem Er die Herstellung und Anbetung von Bildern verboten hat, erklärt Gott, dass Er ein eifersüchtiger Gott ist. Er will nicht nur den Götzendiener als solchen bestrafen, sondern alle, die »Ihn hassen«, also alle, die seine Gebote missachten.

Betrachtet man den Kontext, würde man eine Strafandrohung speziell für Bilderverehrer erwarten. Warum spricht Gott seine Drohung stattdessen ganz allgemein aus? Wir sollen daraus erkennen, dass diejenigen, die Bilder herstellen und zur Anbetung verwenden, und die dadurch unweigerlich ihre Theologie von ihnen ableiten, dazu tendieren, Gottes offenbarten Willen grundsätzlich zu missachten. Wer auf Abbilder angewiesen ist, der hat noch nicht gelernt, Gottes Wort zu lieben und zu achten. Wer von gegenständlichen oder geistigen Bildern erwartet, dass sie ihn mit Gott in Verbindung bringen, dem fehlt die nötige Ehrerbietung vor Gottes Offenbarung.

In 5 Mose 4 erklärt Mose das Verbot der Bilderverehrung auf die gleiche Weise. Für ihn steht die Herstellung von Bildern im Widerspruch zum Gehorsam gegenüber Gottes Wort und seinen Geboten. Das eine schließt das andere völlig aus. Er erinnert das Volk an die Begegnung am Sinai. Dort erlebten sie Zeichen der Gegenwart Gottes, sahen aber keine sichtbare Gestalt Gottes, sondern hörten nur seine Stimme. Und so ermahnt Mose sie, sich auch weiterhin nach dem zu richten, was sie am Fuß des Berges erlebt hatten: Mit ihren Ohren hörten sie zwar Gottes Wort, das sie unterwies, aber mit ihren Augen sahen sie kein Bildnis von Gott. Deshalb sollten sie sich auch künftig davor hüten, sich ein Gottesbild zu machen und so ins Verderben zu laufen.

Der entscheidende Punkt ist klar. Gott zeigte sich ihnen nicht in sichtbarer Gestalt, vielmehr redete Er zu ihnen. Es kommt also darauf an, seinem Wort zu gehorchen und keine sichtbaren Gottesbilder zu suchen. Wenn wir ferner aus den Worten von Mose erkennen, dass er befürchtete, die Israeliten könnten sich von den Götzenbildern der umliegenden heidnischen Völker beeinflussen lassen, dann war seine Sorge zweifellos berechtigt. Und dies ist genau der springende Punkt: Alle Darstellungen von Gott, seien sie bildlicher oder geistiger Art, sind in Wirklichkeit Anleihen aus dem Arsenal einer sündigen und gottlosen Welt und stehen deshalb im Widerspruch zu Gottes heiligem Wort. Wenn man sich ein Bildnis von Gott macht, bedeutet dies, seine Gottesvorstellung einer menschlichen Quelle zu entlehnen und nicht von Gott selbst – und genau dies ist der Fehler.

Blicke auf den wahren Gott

Nun lautet die Frage, die sich für uns alle aus den bisherigen Gedanken erhebt: Inwieweit halten wir das zweite Gebot? Natürlich haben wir in unseren Kirchen keine Stierbildnisse und wahrscheinlich auch kein Kruzifix in unserem Haus (obschon wir vielleicht einige Bilder von Christus besitzen, über die wir ruhig einmal nachdenken sollten). Sind wir jedoch sicher, dass der Gott, den wir verehren, der Gott der Bibel ist, der dreieinig Jahwe? Beten wir wirklich den einen wahren Gott an? Oder haben wir Vorstellungen von Gott, die in Wirklichkeit nicht mit dem *christlichen* Gott übereinstimmen, sondern eher mit dem der Muslime oder der Juden oder der Zeugen Jehovas, die nicht an den Gott der Christen glauben, sondern an einen anderen?

Nun magst du fragen: Wie kann ich das erkennen? Hier ist der Test: Der Gott der Bibel hat in seinem Sohn gesprochen. Das Licht der Erkenntnis der Herrlichkeit Gottes ist uns im Angesicht von Jesus Christus gegeben. Schaue ich beständig auf die Person und das Werk des Herrn Jesus Christus, weil ich in Ihm die endgültige Wahrheit über das Wesen und die Gnade Gottes sehe? Ist mir bewusst, dass sich alle Pläne Gottes in Ihm verwirklichen?

Wenn Gott mir dafür die Augen geöffnet hat, ich im Geist nach Golgatha gehe und das Heil von Golgatha erfasse, dann kann ich gewiss sein, dass ich wahrhaftig den wahren Gott anbete, und dass Er mein Gott ist, und dass ich schon jetzt das ewige Leben genießen darf, wie unser Herr es selbst erläutert hat: »Das aber ist das ewige Leben, dass sie dich, den allein wahren Gott, und den du gesandt hast, Jesus Christus, erkennen« (Joh 17,3).

Zusätzliche Anmerkung (1993)

Im Lauf der letzten Jahre haben mich eine ganze Reihe von Briefen erreicht, die mir vorhalten, dass meine negative Beurteilung des Gebrauchs von Bildern von Gott zu didaktischen oder liturgischen Zwecken zu weit gehe. Trifft das zu?

Drei Gegenargumente werden vorgebracht: Erstens, die Anbetung Gottes braucht einen christlich ästhetischen Ausdruck durch die bildende Kunst, ebenso wie es den christlich moralischen Ausdruck durch die familiäre Liebe und die Nächstenliebe braucht. Zweitens, die Fantasie ist Teil der von Gott geschaffenen menschlichen Natur und sollte in unserer Gemeinschaft mit unserem Schöpfer geheiligt und zum Ausdruck gebracht, statt stigmatisiert und unterdrückt zu werden. Drittens, Bildnisse (Kruzifixe, Ikonen, Skulpturen, Bilder von Jesus) fördern in Wirklichkeit die Andacht, die ohne sie ausdrucksloser wäre.

Das Prinzip des ersten Arguments ist sicher zutreffend, aber es muss richtig angewendet werden. Bildende Kunst kann dem Gottesdienst in vielerlei Hinsicht dienen, aber das zweite Gebot verbietet dennoch alles, was als gegenständliches Gottesbild verehrt wird. Wenn Gemälde, Zeichnungen und Skulpturen von Jesus, dem inkarnierten Sohn, stets als Symbole der menschlichen Vollkommenheit innerhalb der Kultur betrachtet würden, in der sie entstanden sind, statt zu suggerieren, wie Jesus tatsächlich ausgesehen habe, wäre daran nichts Schlimmes. Da aber weder Kinder noch ungebildete Erwachsene sie auf diese Weise betrachten, ist es nach meiner Meinung klüger, ohne sie auszukommen.

Das Prinzip des zweiten Arguments ist auch richtig. Aber die biblische Art, es anzuwenden, ist, unsere verbale und visuelle Fantasie dazu zu nutzen, die Dramatik und die Wunder der historischen Taten Gottes zu würdigen, wie sie in den Propheten, den Psalmen und der Offenbarung geoffenbart werden, statt gegen das zweite Gebot durch gedankliche Konstrukte und gegenständliche Bilder von Gott zu verstoßen.

Was das dritte Argument betrifft, besteht das Problem darin, dass die Abbildungen, sobald sie als gegenständliche und nicht als symbolische Bilder betrachtet werden, der Andacht eher schaden, statt sie zu fördern. Da es uns Menschen schwerfällt, diesem Fallstrick zu entgehen, ist es gewiss der bessere, sicherere Weg, darauf zu verzichten.

◈ KAPITEL 5 ◈

DER INKARNIERTE GOTT

Es ist nicht verwunderlich, dass gerade gebildete Menschen es schwer finden, dem Evangelium von Jesus Christus zu glauben, denn die Realitäten, mit denen es sich befasst, übersteigen unser menschliches Verstehen. Andererseits ist es aber bedauerlich, dass so viele den Glauben unnötig erschweren, indem sie Probleme sehen, die gar nicht vorhanden sind.

Nehmen wir zum Beispiel das Sühnopfer. Viele haben damit Schwierigkeiten. Wie können wir daran glauben, fragen sie, dass der Tod des Jesus aus Nazareth – eines Mannes, der an einem römischen Galgen endete – die Sünden der Welt wegnehmen könnte? Was hat dieser Tod damit zu tun, dass Gott uns heute die Vergebung unserer Sünden schenkt?

Oder denken wir an die Auferstehung, die vielen ein Stein des Anstoßes ist. Wie kann man nur glauben, fragen sie, dass Jesus leibhaftig von den Toten auferstanden ist? Sicher, man kann kaum leugnen, dass das Grab leer war – aber kann man daraus schließen, dass Jesus aus diesem Grab in ein ewiges körperliches Leben hervorging? Ist es nicht leichter, den Hypothesen zu glauben, es habe sich um die Wiederbelebung eines Bewusstlosen gehandelt oder seine Leiche sei gestohlen worden, statt der christlichen Lehre von der Auferstehung Glauben zu schenken?

Oder nehmen wir die Jungfrauengeburt, die unter den heutigen Protestanten weitgehend bestritten wird. Wie kann jemand tatsächlich an solch eine biologische Anomalie glauben?

Oder denken wir an die Wunder in den Evangelien. Viele haben hiermit ihre Schwierigkeiten. Ja, sagt man, Jesus hat geheilt (das lässt sich nicht bezweifeln, außerdem kennen wir aus der Geschichte auch andere Wunderheiler). Doch wie kann man glauben, dass Er über das Wasser lief oder die Fünftausend speiste oder Tote auferweckte? Solche Erzählungen sind doch völlig unglaubhaft. Mit diesen und ähnlichen Problemen schlagen sich heute viele herum, die mit dem Christentum in Berührung kommen.

Das größte Geheimnis

Aber das eigentliche Problem, das alles überragende Geheimnis, mit dem uns das Evangelium konfrontiert, ist hier noch gar nicht angesprochen. Es findet sich nicht in der Karfreitagsbotschaft vom Sühnopfer, auch nicht in der Osterbotschaft von der Auferstehung, sondern in der Weihnachtsbotschaft von der Menschwerdung. Die atemberaubendste Botschaft des christlichen Glaubens ist, dass Gott in Jesus von Nazareth Mensch wurde. Die zweite Person der Gottheit wird zum »zweiten Adam« (1 Kor 15,47), der das menschliche Schicksal bestimmt und der Stellvertreter des Menschengeschlechts ist. Und Er wurde Mensch, ohne seine Göttlichkeit zu verlieren, so dass Jesus von Nazareth in seinem Menschsein wahrhaftiger und vollkommener Gott war.

Hier haben wir zwei Geheimnisse in einem – die Pluralität der göttlichen Personen innerhalb der Einheit Gottes und die Einheit der Gottheit und Menschheit in der Person von Jesus. Wir blicken bei dem, was zur ersten Weihnacht geschah, in das tiefgründigste und unergründlichste Geschehen der christlichen Offenbarung: »Das Wort wurde Fleisch« (Joh 1,14). Gott wurde Mensch, der göttliche Sohn wurde ein jüdischer Junge. Der Allmächtige erschien auf der Erde als ein hilfloses menschliches Baby, das in Windeln gewickelt in einer Futterkrippe lag, das gestillt und trockengelegt wurde, heranwuchs und sprechen lernen musste, wie jedes andere

Kind. Und das war keine Vorspiegelung falscher Tatsachen: Der Säugling Jesus war tatsächlich Gottes Sohn. Je mehr wir darüber nachdenken, desto unbegreiflicher erscheint es uns. Keine Fiktion ist so fantastisch, wie diese Wahrheit der Inkarnation.

Dies ist der wirkliche Stein des Anstoßes des Christentums. Hier haben Juden, Muslime, Unitarier, Zeugen Jehovas und viele andere im Blick auf die Jungfrauengeburt, die Wunder, das Sühnopfer und die Auferstehung ihre Not. Durch Unglaube oder zumindest einem unzulänglichen Glauben in Bezug auf die Menschwerdung entstehen gewöhnlich Probleme an anderen Stellen der Evangeliumsberichte. Aber wenn die Inkarnation als Realität anerkannt wird, lösen sich diese anderen Schwierigkeiten auf.

Wäre Jesus bloß ein bemerkenswerter, gottesfürchtiger Mensch gewesen, dann wären die Schwierigkeiten, das zu glauben, was das Neue Testament uns über sein Leben und Werk berichtet, wirklich riesig. Doch wenn Jesus dieselbe Person wie das ewige Wort ist, der Schöpfungsmittler des Vaters, »durch den er auch die ganze Welt erschuf« (Hebr 1,2), ist es kein Wunder, wenn neue Schöpfungstaten sein Kommen in diese Welt, sein Leben in ihr und sein Verlassen dieser Welt begleiten. So ist es nicht erstaunlich, dass Er, der Urheber des Lebens, von den Toten aufersteht. Wenn Er wahrhaftig Gott, der Sohn, war, ist es dagegen viel überraschender, dass erst Er sterben musste, bevor Er wieder auferstand.

»Welch ein unfassbares Geheimnis! Der Unsterbliche stirbt«, schreibt Wesley. Doch die Auferstehung des Unsterblichen ist mit diesem Geheimnis nicht gleichzusetzen. Und wenn der unsterbliche Sohn Gottes freiwillig den Tod auf sich nahm, ist es nicht verwunderlich, dass dieser Tod für ein verlorenes Menschengeschlecht Heilsbedeutung hat. Sobald wir erkennen, dass Jesus Gott ist, können uns diese Fragen unmöglich Probleme bereiten. Dann stellen wir fest, dass alles aus einem Guss ist und vollständig zusammenhängt. Die Inkarnation ist an sich ein unergründliches Geheimnis, aber dadurch bekommt alles andere, was das Neue Testament bezeugt, erst seinen Sinn.

Wer ist dieses Kind?

Das Matthäus- und das Lukasevangelium berichten uns ausführlicher vom Kommen des Sohnes Gottes in diese Welt. Er wurde in bescheidenen Verhältnissen in einem unbedeutenden jüdischen Dorf zur Zeit des großen Römischen Reiches geboren. Die Geschichte wird gewöhnlich geschönt wiedergegeben, wenn wir sie an jedem Weihnachtsfest erneut erzählen. Dabei waren die Umstände in Wirklichkeit eher widrig und unmenschlich. Jesus wurde nicht in einer Herberge geboren, weil alles belegt war und sich niemand bereitfand, einer hochschwangeren Frau, die kurz vor der Entbindung stand, sein Bett anzubieten. So musste sie ihr Baby in einem Viehstall zur Welt bringen und es in einen Futtertrog legen. Die Evangelien erzählen diese Geschichte nüchtern und ohne weiteren Kommentar. Aber keinen aufmerksamen Leser kann es kaltlassen, wenn er sich die Herzlosigkeit und Demütigung vor Augen führt.

Durch diese Geschichte wollen uns die Evangelisten jedoch keine moralische Lektion erteilen. Für sie liegt der entscheidende Punkt nicht in den Umständen der Geburt (mit einer Ausnahme: Dass es sich hier um die Erfüllung einer Prophezeiung handelt, durch die Bethlehem in den Blick rückt; siehe Mt 2,1-6), sondern vielmehr in der Identität des Säuglings. Das Neue Testament hebt dabei zwei Gedanken besonders hervor. Wir haben sie bereits angedeutet; nun wollen wir sie ausführlicher behandeln:

1. Das Baby, das in Bethlehem geboren wurde, war Gott. Biblisch gesprochen: Er war *der Sohn Gottes,* oder, wie es die christliche Theologie gewöhnlich ausdrückt: *Gott, der Sohn.* Beachte: *der* Sohn, nicht *ein* Sohn. So nennt Johannes Ihn viermal in den ersten drei Kapiteln seines Evangeliums, um seine Leser von der Einzigartigkeit von Jesus zu überzeugen. Er war der *eingeborene* oder *einzigartige* Sohn Gottes (siehe Joh 1,14.18; 3,16.18). Von daher bekennt die christliche Kirche: »Ich glaube an Gott, den Vater, ... Und an Jesus Christus, *seinen eingeborenen Sohn,* unsern Herrn.«

Christliche Apologeten reden zuweilen so, als sei die Aussage, dass Jesus der eingeborene Sohn Gottes ist, die endgültige und umfassende Antwort auf alle Fragen über seine Identität. Dies trifft aber nicht zu, denn der Ausdruck selbst wirft Fragen auf, und er kann leicht missverstanden werden. Bedeutet die Aussage: »Jesus ist Gottes Sohn«, dass es zwei Götter gibt? Ist das Christentum also polytheistisch, wie Juden und Muslime behaupten? Oder vermittelt der Begriff *Sohn Gottes* den Eindruck, dass Jesus, obwohl

Er unter den erschaffenen Wesen eine herausragende Stellung einnimmt, trotzdem nicht in der Weise Gott war, wie der Vater? In der frühchristlichen Kirche vertraten die Arianer diese Sicht, und in der Neuzeit haben die Unitarier, die Zeugen Jehovas, die Christadelphians und andere die gleichen Vorstellungen übergenommen. Was trifft zu? Was meint die Bibel, wenn sie Jesus den Sohn Gottes nennt?

Diese Fragen haben manche verunsichert, aber das Neue Testament lässt uns über ihre Antwort nicht im Unklaren. Im Prinzip werden all die Fragen von dem Apostel Johannes im Prolog zu seinem Evangelium aufgeworfen und beantwortet. Er verfasste diesen Prolog wohl im Blick auf die Leser des jüdischen wie auch des griechischen Kulturkreises. Sein Anliegen ist es, wie er uns sagt, dass sie »glauben, dass Jesus der Christus ist, der Sohn Gottes, und damit sie durch den Glauben an ihn in seinem Namen das Leben haben« (Joh 20,31; NGÜ). Er stellt in seinem ganzen Evangelium Jesus als den Sohn Gottes vor.

Doch Johannes war sich bewusst, dass seine Leser bei dem Ausdruck *Sohn Gottes* ganz unterschiedliche und irreführende Vorstellungen hatten. In der jüdischen Theologie wurde er als Titel für den erwarteten (rein menschlichen) Messias benutzt. Die griechische Mythologie berichtet von etlichen »Göttersöhnen«, Halbgötter, die der Vereinigung eines Gottes mit einer irdischen Frau entstammten. In keinem dieser Fälle vermittelte der Ausdruck den Gedanken an eine persönliche Gottheit; sie wird im Gegenteil geradezu ausgeschlossen. Johannes wollte, wenn er von Jesus als dem Sohn Gottes schrieb, sicherstellen, dass er auf keinen Fall auf diese Weise missverstanden würde. Er wollte von Anfang an klarstellen, dass die Sohnschaft, die Jesus beanspruchte, und die Ihm die Christen zuschrieben, eben nichts weniger als seine göttliche Natur betrifft. Deshalb verfasste Johannes diesen hervorragenden Prolog (Joh 1,1-18). Die anglikanische Kirche verliest zum ersten Weihnachtsfeiertag diesen Text jedes Jahr als Evangeliumslesung, und das zu Recht. Denn an keiner anderen Stelle im Neuen Testament werden das Wesen und die Bedeutung der Gottessohnschaft von Jesus so eindeutig beschrieben wie hier.

Beachten wir, wie sorgfältig und schlüssig Johannes seine Thematik ausführt.

Er erwähnt den Begriff *Sohn* in seinen Eingangssätzen überhaupt nicht; stattdessen spricht er zunächst vom Wort. Hierbei konnte es nicht zu Missverständnissen kommen. Denn wer sich im Alten Testament auskannte, verstand diesen Bezug sofort. Im Alten Testament ist das Wort Gottes sein kreatives Reden, seine Macht in Aktion, die seinen Vorsatz erfüllt. Das Alte Testament beschreibt Gottes Reden, die Bekundung seines Vorsatzes, so, dass es in sich selbst die Macht besitzt, das Beschlossene auch unmittelbar zu realisieren. So lesen wir im Schöpfungsbericht: »Gott sprach: *Es werde* ... Und *es wurde* ...« (1 Mose 1,3). »Die Himmel sind durch das Wort des HERRN gemacht. ... Denn er sprach, und es geschah« (Ps 33,6.9). Das Wort Gottes ist sozusagen Gott selbst am Werk.

Johannes nimmt diesen Terminus auf und führt ihn dann durch sieben weitere Erklärungen über das Wort Gottes näher aus:

(1) *»Am Anfang* war das Wort« (Joh 1,1). Hier haben wir *die Ewigkeit des Wortes.* Er selbst hat keinen Anfang. Bevor die Schöpfungswerke ins Dasein traten, *war* Er (Jesus – das Wort) schon da.

(2) »Und das Wort war *bei* Gott« (Joh 1,1). Hier ist das Wort eine *Persönlichkeit.* Die Kraft, die Gottes Ratschlüsse ausführt, ist eindeutig die Kraft eines persönlichen Wesens, das in einer ewigen, aktiven Gemeinschaft mit Gott steht.

(3) »Und das Wort *war* Gott« (Joh 1,1). Hier haben wir die *Göttlichkeit* des Wortes. Obwohl das Wort sich als Persönlichkeit vom Vater unterscheidet, ist es kein Geschöpf. Es ist in sich selbst Gott, ebenso wie der Vater Gott ist. Das Geheimnis, mit dem dieser Vers uns konfrontiert, ist somit das Geheimnis der Vielfalt der Personen in der Einheit der Gottheit.

(4) *»Durch ihn ist alles entstanden«* (Joh 1,3; NGÜ). Hier erkennen wir die *Schöpferkraft* des Wortes. Das Wort war bei jedem Schöpfungsakt, den der Vater vollbracht hat, der Mittler seines Vaters. Alles wurde durch das Wort erschaffen. (Hier finden wir übrigens einen weiteren Beweis dafür, dass Er, der Schöpfer, nicht zur Kategorie der geschaffenen Dinge gehört, ebenso wenig wie der Vater.)

(5) »In ihm war *das Leben«* (Joh 1,4). Hier sehen wir den *lebenspendenden* Charakter des Wortes. Nur in Ihm und durch Ihn gibt es in dieser Schöpfung physisches Leben. Hier erhalten wir die biblische Antwort auf die Frage nach dem Ursprung und der Fort-

dauer des Lebens in all seinen Formen: Das Leben wird durch das Wort verliehen und aufrechterhalten. Kein Geschöpf besitzt sein Leben aus sich selbst, vielmehr lebt es allein durch das Wort, der zweiten Person der Gottheit.

(6) »Und das Leben war *das Licht der Menschen*« (Joh 1,4). Hier haben wir den *Offenbarungscharakter* des Wortes. Der, der das Leben schenkt, verleiht zugleich das Licht. Mit anderen Worten, alle Menschen empfangen allein schon durch die Tatsache, dass sie in Gottes Welt leben, Hinweise auf die Existenz Gottes. Und dies ist, ebenso wie die Tatsache, dass sie leben, auf das Werk des Wortes zurückzuführen.

(7) »Das Wort *wurde Fleisch*« (Joh 1,14). Hier begegnen wir dem *inkarnierten* Wort. Das Baby in der Krippe zu Bethlehem war niemand anders, als das ewige Wort Gottes.

Und nun, nachdem Johannes uns gezeigt hat, wer und was das Wort ist – eine göttliche Person und der Urheber aller Dinge –, stellt er eine Verbindung her. Das Wort, sagt er uns, wurde durch die Menschwerdung als Gottes Sohn offenbart. »Wir sahen seine Herrlichkeit, eine Herrlichkeit voller Gnade und Wahrheit, wie nur er als der einzige Sohn sie besitzt, er, der vom Vater kommt« (Joh 1,14; NGÜ). Diese Identifikation wird in Vers 18 bestätigt: »Der einzige Sohn, ... der selbst Gott ist, und an der Seite des Vaters sitzt« (NGÜ). Hier erreicht Johannes den entscheidenden Punkt, auf den es ihm ankommt. Er hat nun klar herausgestellt, was die Aussage bedeutet, dass Jesus der Sohn Gottes ist. Der Sohn Gottes ist das Wort Gottes. Das Wort und der Sohn Gottes sind ein und dieselbe Person. Dies ist die Botschaft des Prologs zum Johannesevangelium.

Wenn die Bibel also Jesus als den Sohn Gottes bezeugt, ist dies eine eindeutige Bestätigung seiner einzigartigen persönlichen Gottheit. Die Weihnachtsbotschaft gründet in der unbegreiflichen Tatsache, dass das Kind in der Krippe *Gott war.*

Dies ist aber nur die Hälfte der Geschichte.

2. Das Baby, das in Bethlehem geboren wurde, war der menschgewordene Gott. Das Wort wurde Fleisch – ein reales menschliches Baby. Er hatte nicht aufgehört, Gott zu sein. Er büßte keine seiner göttlichen Eigenschaften ein, aber Er war Mensch geworden. Er war von nun an nicht Gott *minus* einiger Attribute seiner Gottheit, sondern Gott *plus* allem, was Er durch seine

Menschwerdung zusätzlich erlangte. Derjenige, der den Menschen erschuf, trat nun selbst in die Erfahrungswelt der Menschen ein. Er, der den Engel erschuf, der zum Satan – zum Versucher – wurde, lebte jetzt in einem Zustand, in dem Er selbst versucht werden konnte. Ja, Er konnte der Versuchung durch den Teufel gar nicht entgehen, denn nur durch die Konfrontation mit dem Teufel wurde sein irdisches Leben erst zum echten Menschenleben. Der Hebräerbrief schaut zu dem nun erhöhten Herrn auf und gewinnt aus dieser Tatsache großen Trost:

»Ihnen, seinen Brüdern und Schwestern, musste er in jeder Hinsicht gleich werden. ... Und weil er selbst gelitten hat und Versuchungen ausgesetzt war, kann er denen helfen, die ebenfalls Versuchungen ausgesetzt sind. ... Jesus ist ja nicht ein Hohepriester, der uns in unserer Schwachheit nicht verstehen könnte. Vielmehr war er – genau wie wir – Versuchungen aller Art ausgesetzt, allerdings mit dem entscheidenden Unterschied, dass er ohne Sünde blieb. Wir wollen also voll Zuversicht vor den Thron der Gnade treten, damit wir Erbarmen bekommen und Gnade finden zu rechtzeitiger Hilfe« (Hebr 2,17-18; 4,15-16; NGÜ).

Das Geheimnis der Inkarnation ist unergründlich. Wir können es nicht erklären; wir können es nur in Worte fassen. Vermutlich hat es nie eine bessere Formulierung als die im Athanasianum gegeben, dem Glaubensbekenntnis aus dem 6. Jh.: »Unser Herr Jesus Christus, der Sohn Gottes, ist sowohl Gott als auch in gleicher Weise Mensch ... vollkommener Gott und vollkommener Mensch ... obwohl Er Gott ist und Mensch, ist Er dennoch nicht zwei, sondern *ein* Christus; einer aber ist Er nicht aufgrund einer Verwandlung seiner Gottheit in Fleisch, sondern aufgrund der Aufnahme der Menschheit in Gott.« Hier gelangen wir an die Grenze unseres Verstehens. Das Geheimnis der Krippe ist einfach *unbegreiflich.* Und wir tun gut daran, uns das bewusst zu machen, um Spekulationen zu vermeiden und demütig anzubeten.

Geboren, um zu sterben

Wie sollen wir uns die Inkarnation vorstellen? Das Neue Testament erwartet von uns nicht, dass wir uns über die physischen und psychologischen Probleme, die sie aufwirft, den Kopf zerbrechen. Vielmehr sollen wir Gott für die Liebe anbeten, die in der Menschwerdung sichtbar wird. Denn die Inkarnation ist ein großer Akt der Herablassung und Selbsterniedrigung. »Er, der Gott in allem gleich war und auf *einer* Stufe mit ihm stand«, schreibt Paulus, »sah darin nicht etwas, was es unbedingt festzuhalten galt. Im Gegenteil: Er verzichtete auf alle seine Vorrechte und stellte sich auf dieselbe Stufe wie ein Sklave. Er wurde einer von uns – ein Mensch wie andere Menschen. Aber er erniedrigte sich noch mehr: Im Gehorsam gegenüber Gott nahm er sogar den Tod auf sich; *er starb am Kreuz wie ein Verbrecher«* (Phil 2,6-8; NGÜ). Und dies alles tat Er zu unserer Erlösung.

Manche Theologen haben die Vorstellung vertreten, dass die Inkarnation ursprünglich und hauptsächlich der Vervollkommnung der Schöpfungsordnung dienen sollte, und dass ihre Heilsbedeutung erst Gottes nachträglicher Einfall gewesen sei. Aber James Denney wendet zu Recht ein: »Das Neue Testament weiß nichts von einer Inkarnation, die ohne Bezug zum Sühnopfer definiert werden könnte. ... Nicht Bethlehem, sondern Golgatha steht im Fokus der Offenbarung, und jede Deutung des Christentums, die dies ignoriert oder leugnet, raubt dem Christentum sein Zentrum« *(The Death of Christ,* 1902, S. 235-236).

Die entscheidende Bedeutung der Krippe von Bethlehem besteht darin, dass sie am Anfang des Weges steht, der den Sohn Gottes schließlich ans Kreuz von Golgatha führt. Und wir können die Inkarnation nur verstehen, wenn wir sie in diesem Kontext sehen. Den Schlüsseltext des Neuen Testaments zur Interpretation der Inkarnation finden wir deshalb nicht nur in der kurzen Aussage von Joh 1,14: »Das Wort wurde Fleisch und wohnte unter uns«, sondern vielmehr in der umfassenderen Darstellung in 2 Kor 8,9: »Ihr kennt ja die Gnade unseres Herrn Jesus Christus, dass er, obwohl er reich war, um euretwillen arm wurde, damit ihr durch seine Armut reich würdet.« Hier begegnet uns nicht nur die *Tatsache* der Inkarnation, sondern auch ihre *Bedeutung.* Die Menschwerdung des Sohnes wird uns hier in ihrem tieferen Sinn vor Augen geführt: nicht einfach als ein Naturwunder, sondern vielmehr als ein Wunder der Gnade.

Geringer als Gott gemacht?

Hier müssen wir jedoch kurz innehalten, um die unterschiedliche Übersetzung der zitierten Texte von Paulus zu betrachten. Der Satz in Phil 2,7, der in der NGÜ als »er verzichtete auf alle seine Vorrechte« und in der Schlachter-Bibel als »er entäußerte sich selbst« übersetzt wird, lautet wörtlich: »Er entleerte sich selbst.« Hier tauchen einige Fragen auf: Wirft dies nicht, zusammen mit der Aussage in 2 Kor 8,9, dass Jesus »arm wurde«, Licht auf das Wesen der Inkarnation? Bedeutet dies nicht, dass die Menschwerdung eine gewisse Beschneidung der Gottheit des Sohnes beinhaltet?

Dies lehrt die sogenannte Kenosis-Theorie, *kenosis* ist das griechische Wort für »Entleerung«. Der Gedanke hinter dieser Theorie in all ihren Formen ist, dass der Sohn, um voll und ganz Mensch zu werden, auf einige seiner göttlichen Attribute verzichten müsse, sonst könne Er nicht an der Erfahrung teilhaben, die im normalen Menschenleben unumgänglich sind: Begrenzung durch Raum und Zeit, beschränktes Wissen und Bewusstsein. Diese Theorie wurde auf verschiedene Weise formuliert. Einige sind der Meinung, der Sohn habe nur seine »metaphysischen« Attribute abgelegt (Allmacht, Allgegenwart, Allwissenheit), aber die »moralischen« Eigenschaften beibehalten (Gerechtigkeit, Heiligkeit, Wahrhaftigkeit, Liebe). Andere haben behauptet, dass Er, als Er Mensch wurde, auf all seine spezifisch göttlichen Fähigkeiten und auch auf sein göttliches Selbstbewusstsein verzichtet habe, obschon Er das Letztere im Verlauf seines irdischem Leben wiedererlangt habe.

In England wurde die Kenosis-Theorie zuerst von Bischof Gore im Jahr 1889 thematisiert. Er wollte damit erklären, warum unser Herr nichts von den angeblichen »Irrtümern« wusste, die die Vertreter der historisch-kritischen Methode des 19. Jahrhunderts im Alten Testament zu entdecken meinten. Gores These lautete, dass der Sohn bei seiner Menschwerdung seine göttliche Allwissenheit aufgegeben habe, doch die göttliche Unfehlbarkeit in moralischen Fragen beibehielt. Im Bereich der historischen Fakten sei Jesus auf die damalige jüdische Gedankenwelt beschränkt gewesen, die Er kritiklos übernommen habe, ohne von ihren Irrtümern zu wissen. Dass Jesus also an der Verbalinspiration und Zuverlässigkeit des Alten Testaments festhielt und den Pentateuch Mose zuschreibt und Psalm 110 David hält Gore von daher für unhaltbar. Viele sind Gore an diesem Punkt gefolgt und suchten damit zu rechtfertigen, dass sie die Tatsache, dass Christus das gesamte Alte Testament als Gottes Wort betrachtete, nicht gelten ließen.

Aber die Theorien der Kenosis lassen sich nicht halten. Denn zunächst sind sie reine Spekulation, für die die zitierten Texte nicht den geringsten Beweis liefern. Wenn Paulus davon spricht, dass der Sohn sich selbst entäußerte und arm wurde, meint er damit nicht, wie der jeweilige Kontext zeigt, dass Er seine göttliche Macht und seine göttlichen Eigenschaften ablegte, sondern seine göttliche Herrlichkeit und Würde. So sagt Christus es eindeutig in seinem großartigen hohepriesterlichen Gebet: »Und nun, Vater, gib mir, wenn ich wieder bei dir bin, von neuem die Herrlichkeit, die ich schon vor der Erschaffung der Welt bei dir hatte« (Joh 17,5; NGÜ). Es gibt keinen einzigen biblischen Hinweis für die Vorstellung, dass der Sohn irgendeinen Aspekt seines göttlichen Wesens preisgab.

Zudem ruft die Kenosis-Theorie an sich schon große und unlösbare Probleme hervor. Wie können wir sagen, dass der Mensch Jesus Christus vollkommen Gott war, wenn Ihm einige der göttlichen Eigenschaften fehlten? Wie könnten wir behaupten, dass Er den Vater vollkommen offenbart, wenn Er einige der Fähigkeiten und Attribute des Vaters nicht mehr besaß? Überdies müssten wir annehmen, wenn – wie es die Kenosis-Theorie voraussetzt – das wahre Menschsein auf der Erde nicht mit der unverminderten Gottheit zu vereinbaren ist, dies auch im Himmel so ist. Daraus folgt, dass Jesus selbst in der Herrlichkeit einige seiner göttlichen Eigenschaften in alle Ewigkeit verloren hätte. Wenn bei der Inkarnation, wie es im 2. Artikel des Bekenntnisses der anglikanischen Kirche heißt, »die beiden Naturen, die göttliche und die menschliche, in der Einheit der Personen unzertrennlich verbunden sind«, wäre es nach dieser Theorie zwangsläufig so, dass, wenn die Gottheit des Sohnes bei der Inkarnation bestimmte göttliche Attribute eingebüßt hätte, diese niemals wiederhergestellt werden könnten.

Doch das Neue Testament betont ganz klar und nachdrücklich die Allmacht, Allgegenwart und Allwissenheit des auferstandenen Christus (Mt 28,18; 20; Joh 21,17; Eph 4,10). Wenn nun die Vertreter der Kenosis-Theorie angesichts dieser Tatsache annehmen, dass diese göttlichen Eigenschaften im Himmel mit der menschlichen Natur Jesu zu vereinbaren sind, wie können sie dann behaupten, dass sie auf der Erde nicht miteinander vereinbar gewesen seien?

Darüber hinaus ist es nicht möglich, mit der Kenosis-Theorie die Vorstellung Gores zu rechtfertigen, einem Teil der Lehre Christi Irrtümer unterzuschieben, während man gleichzeitig der übrigen Lehre göttliche Autorität zubilligt. Christus beanspruchte umfassend und kategorisch, dass seine gesamte Lehre von Gott kommt und dass Er nichts anderes als der Botschafter seines Vaters war. »Was ich verkündige, ist nicht meine Lehre; es ist die Lehre dessen, der mich gesandt hat. … Ich sage das, was mich der Vater gelehrt hat. … Denn ich habe nicht aus mir selbst heraus geredet; der Vater, der mich gesandt hat, hat mir aufgetragen, was ich reden und verkünden soll. … Was ich darum verkünde, verkünde ich so, wie der Vater es mir gesagt hat« (Joh 7,16; 8,28; 12,49-50; NGÜ). Er nennt sich »einen Menschen, der euch die Wahrheit gesagt hat, die ich von Gott gehört habe« (Joh 8,40).

Angesichts dieser Aussagen bleiben uns nur zwei Möglichkeiten: Entweder wir nehmen seine Lehre an und akzeptieren die völlige göttliche Autorität all dessen, was Jesus gelehrt hat, einschließlich seiner Aussagen über die Inspiration und Autorität des Alten Testaments, oder aber wir lehnen sie ab und stellen die göttliche Autorität seiner Lehre grundsätzlich infrage. Wenn Gore wirklich die Autorität der moralischen und geistlichen Lehre Jesu wahren wollte, hätte er nicht die Wahrheit seiner Lehre über das Alte Testament hinterfragen dürfen. Wenn er andererseits nicht mit Jesu Lehre über das Alte Testament übereinstimmt, hätte er so konsequent sein müssen, Jesu Anspruch, den Er im Blick seine Lehre erhebt, grundsätzlich abzulehnen.

Wenn die Kenosis-Theorie in Gores Sinn angewandt wird, geht sie viel zu weit: In der Konsequenz behauptet sie, dass Jesus, nachdem Er auf seine göttliche Allwissenheit verzichtet habe, in jeder Hinsicht fehlbar gewesen sei. Und wenn Er bezeugt, dass jede seiner Lehren von Gott stammt, hat Er folglich sowohl sich selbst wie auch uns getäuscht. Wenn wir jedoch den Anspruch Jesu ernst nehmen und an seiner göttlichen Autorität als Lehrer festhalten, müssen wir unweigerlich die Kenosis-Theorie ablehnen, zumindest die daraus resultierende Anwendung.

In der Tat finden wir in den Evangeliumsberichten selbst genügend Beweise, die der Kenosis-Theorie widersprechen. Es trifft zu, dass Jesu Wissen über menschliche wie auch göttliche

Dinge gelegentlich begrenzt war. Er bittet hin und wieder um Informationen – »Wer hat mein Gewand berührt?« – »Wie viele Brote habt ihr?« (Mk 5,30; 6,38). Er erklärt, dass Er den konkreten Tag seiner Wiederkunft ebenso wenig kennt wie die Engel (Mk 13,32). Aber bei anderen Gelegenheiten beweist Er übernatürliches Wissen. So kennt Er die dunkle Vergangenheit der samaritanischen Frau (Joh 4,17-18). Als Petrus fischen geht, weiß Jesus schon im Voraus, dass der erste Fisch, den Petrus fängt, eine Münze in seinem Maul hat (Mt 17,27). Jesus weiß, ohne Vorankündigung, dass Lazarus tot ist (Joh 11,11-13). Ebenso erweist Jesus von Zeit zu Zeit seine übernatürliche Macht durch Heilungswunder, außergewöhnliche Speisungen und der Erweckung von Toten. Den Eindruck, den die Evangelien von Jesus vermitteln, macht deutlich, dass Er sein göttliches Wissen und seine Macht nicht völlig aufgegeben hatte. Vielmehr bediente Er sich beider je und dann, während Er ebenso bereit war, häufig darauf zu verzichten. Anders gesagt: Wir gewinnen eher den Eindruck, dass Er seine göttlichen Fähigkeiten und seine göttliche Macht zurückhielt, statt hier eine Einschränkung der Gottheit zu vermuten.

Wie können wir uns diese Zurückhaltung erklären? Zunächst im Blick auf die Wahrheit, die das Johannesevangelium besonders betont: die völlige Unterwerfung des Sohnes unter den Willen des Vaters. Ein Teil des offenbarten Geheimnisses von der Gottheit ist, dass die drei Personen in einer unverbrüchlichen Beziehung zueinander stehen. Der Sohn erscheint in den Evangelien nicht als eine unabhängige göttliche Persönlichkeit, sondern als eine abhängige, deren Denken und Handeln ausschließlich und vollkommen vom Vater bestimmt wird. »Der Sohn kann nichts von sich selbst aus tun« – »Ich kann nichts von mir selbst aus tun« (Joh 5,19; 30). »Denn ich bin nicht vom Himmel herabgekommen, um das zu tun, was ich selber will, sondern um den Willen dessen zu erfüllen, der mich gesandt hat« (Joh 6,38; NGÜ). »Ich tue nichts von mir selbst aus. ... Ich tue immer, was ihm gefällt« (Joh 8,28-29).

Es liegt im Wesen der zweiten Person der Dreieinigkeit, die Autorität der ersten Person anzuerkennen und sich ihrem Wohlgefallen zu unterwerfen. Deshalb bezeichnet Christus sich als den Sohn und nennt die erste Person seinen Vater. Obwohl Er in seinem ewigen Sein, seiner Macht und Herrlichkeit wesensgleich mit dem

Vater ist, ist es seine natürliche Aufgabe, dass Er die Stellung des Sohnes einnimmt und seine ganze Freude darin findet, den Willen seines Vaters zu tun. Ebenso ist es für die erste Person der Trinität ganz natürlich, dass sie die Werke der Gottheit plant und initiiert, und für die dritte Person, dass sie vom Vater und dem Sohn ausgeht, um ihren gemeinsamen Willen auszuführen.

Somit war der Gehorsam des Gott-Menschen gegenüber dem Vater während seines Erdenlebens keine neue Beziehung, die erst durch die Inkarnation zustande kam, sondern die Fortsetzung der himmlischen ewigen Beziehung zwischen dem Sohn und dem Vater in dieser Zeit. Wie im Himmel, so war der Sohn auf der Erde vollkommen abhängig vom Willen des Vaters.

Damit ist im Grunde alles erklärt. So, wie der Gott-Mensch kein unabhängiges Wissen hatte, so war auch sein Handeln nicht unabhängig. Ebenso, wie Er nicht all das tat, was Er hätte tun können, weil gewisse Dinge nicht dem Willen seines Vaters entsprachen (siehe Mt 26,53-54), so wusste Er auch nicht alles, was Er hätte wissen können, sondern nur das, was der Vater Ihm an Wissen zugestand. Sein Wissen war, wie auch sein Handeln, durch den Willen seines Vaters begrenzt. So lag der Grund, weshalb Er zum Beispiel den Zeitpunkt seiner Wiederkunft nicht kannte, also nicht daran, dass Er bei der Inkarnation seine Allwissenheit abgelegt hatte, sondern daran, dass der Vater Ihm während seines Erdenlebens und vor seiner Passion diese konkrete Kenntnis vorenthielt. Calvin hatte sicher recht, wenn er zu Mk 13,32 folgenden Kommentar abgab: »Er erhielt diese Informationen noch nicht, solange Er seinen (Mittler-) Dienst nicht vollkommen erfüllt hatte, sondern erst nach seiner Auferstehung.« Jesu begrenztes Wissen dürfen wir nicht im Blick auf die Art der Inkarnation erklären, sondern in Bezug auf den Willen des Vaters gegenüber dem Sohn, solange dieser auf der Erde lebte. Und von daher kommen wir zu dem Schluss: Einerseits haben wir in den Evangelien etliche Tatsachen, die der Kenosis-Theorie widersprechen, und andererseits finden wir in den Evangelien keine einzige Tatsache, die wir nicht viel einfacher ohne diese Theorie erklären können.

Er wurde arm

Wir betrachten nun, was es für der Sohn Gottes bedeutete, sich selbst zu entäußern und arm zu werden. Es besagt, dass Er seine Herrlichkeit ablegte (das ist die wirkliche Kenosis); dass Er seine Macht freiwillig beschränkte. Es ist die Bereitschaft, Entbehrungen, Isolation, Misshandlungen, Bosheiten und Missverständnisse zu erdulden. Und schließlich nahm Er einen Tod auf sich, der von einem solchen Todeskampf begleitet war – geistlich noch mehr als physisch –, dass sein Herz unter dem kommenden Geschehen fast zerbrach (siehe Lk 12,50 und das Gethsemane-Ereignis). Hier sehen wir eine Liebe, die bis zum Äußersten geht – und das für Menschen, die alles andere, als diese Liebe verdient haben, damit sie durch seine Armut reich würden. Dies ist die Weihnachtsbotschaft: dass es für eine verlorene Menschheit Hoffnung gibt – Hoffnung auf Vergebung, Hoffnung auf Frieden mit Gott, Hoffnung auf die Herrlichkeit –, weil Jesus Christus nach des Vaters Willen arm wurde und in einem Stall zur Welt kam, um dann dreißig Jahre später an einem Kreuz sein Leben hinzugeben. Es ist die wunderbarste Botschaft, die die Welt jemals gehört hat und jemals hören wird.

Wir reden leichthin vom »Geist der Weihnacht« und meinen damit selten mehr, als eine sentimentale, festliche Stimmung im Familienkreis. Aber was wir bisher bedacht haben, macht deutlich, dass dieser Ausdruck in Wirklichkeit eine weit größere Bedeutung haben sollte. Der »Geist der Weihnacht« sollte in unserem Leben immer wieder sichtbar werden, durch die Gesinnung dessen, der um unsertwillen an der ersten Weihnacht arm wurde. Und so sollte der »Geist der Weihnacht« das ganze Jahr hindurch das Kennzeichen eines jeden Christen sein.

Zu unserer Schande muss man sagen, dass heute so viele Christen – ich will noch deutlicher werden: so viele der aufrichtigsten und rechtgläubigsten Christen – im Geist des Priesters und des Leviten aus dem Gleichnis unseres Herrn durch diese Welt gehen. Sie sehen die menschliche Not, die sie umgibt, aber dann wenden sie sich (nach einem frommen Wunsch, und vielleicht auch einem Gebet, dass Gott diesen Bedürftigen helfen möge) ab und gehen vorüber. Das ist nicht der Geist der Weihnacht. Es ist vielmehr der Geist jener Christen, von denen es leider allzu viele gibt, deren Lebensziel sich darauf zu beschränken scheint, ein schönes bürgerliches christliches

Heim zu gründen, sich mit gutbürgerlichen christlichen Freunden zu umgeben, ihre Kinder zu anständigen christlichen Bürgern der Mittelschicht zu erziehen, und die weniger Privilegierten unserer Gesellschaft, ob Christen oder Nichtchristen, links liegenzulassen.

Ein christlicher Snob strahlt nicht den Geist der Weihnacht aus. Denn der Geist der Weihnacht ist der Geist derer, die, wie ihr Herr, ihr ganzes Leben nach dem Prinzip führen, sich selbst arm, um ihre Mitmenschen reich zu machen. Das heißt, ihnen Zeit zu schenken, in Schwierigkeiten beizustehen, Fürsorge und Anteilnahme zu erweisen, anderen Gutes zu tun – und nicht nur den eigenen Freunden –, wo auch immer es nötig ist.

Es gibt nicht allzu viele, die in diesem Geist leben. Doch wenn Gott uns in seiner Barmherzigkeit erneuert, wird sich dieser Geist immer mehr in unserem Leben auswirken. Wenn wir für uns persönlich eine geistliche Neubelebung suchen, sollten wir einen Schritt weitergehen und diesen Geist in uns zur Entfaltung kommen lassen. »Ihr wisst ja, woran sich die Gnade von Jesus Christus, unserem Herrn, gezeigt hat: Er, der reich war, wurde euretwegen arm, damit *ihr* durch seine Armut reich werdet« (2 Kor 8,9; NGÜ). »Eure Einstellung soll die gleiche sein, wie die von Jesus Christus« (Phil 2,5; eÜ). *»Ohne zu zögern, will ich deinen Weg gehen, den deine Gebote weisen, denn du machst mir das Herz weit«* (Ps 119,32; NGÜ).

◈ KAPITEL 6 ◈

ER WIRD ZEUGNIS GEBEN

Ehr sei dem Vater und dem Sohn und dem Heiligen Geist«, singt die Kirche. Was hat das zu bedeuten? Verehren wir drei Götter? Nein, wir preisen den einen Gott in drei Personen. So heißt es in dem bekannten Lied »Nun danket alle Gott«:

Lob, Ehr und Preis sei Gott dem Vater und dem Sohne
und Gott dem Heilgen Geist im höchsten Himmelsthrone,
Ihm, dem dreieinen Gott, wie es im Anfang war
und ist und bleiben wird jetzt und auch immerdar.

Dies ist der Gott, den die Christen anbeten – der dreieinige Jahwe. Der Kern des christlichen Gottesglaubens ist das geoffenbarte Geheimnis der Trinität. *Trinitas* ist ein lateinisches Wort und bedeutet Dreiheit oder Dreieinigkeit. Das Christentum beruht auf der Lehre von der *Trinitas,* der Dreieinigkeit, der Lehre von den drei Persönlichkeiten in einem Gott.

Es wird gelegentlich behauptet, dass die Lehre von der Trinität, nur weil sie etwas Geheimnisvolles ist, eine theologische Nebensache sei, auf die wir gut verzichten könnten. Und unser Verhalten scheint diese Annahme tatsächlich zu stützen. Das Gebetbuch der anglikanischen Kirche schreibt für jedes Jahr dreizehn Anlässe vor, bei denen das Athanasianum, das klassische Bekenntnis dieser Lehre aus dem 6. Jahrhundert, im Gottesdienst vorgetragen werden sollte. Doch es wird heute wohl kaum einmal in einem dieser Gottesdienste verlesen. Man hört von einem landeskirchlichen Geistlichen selten eine Predigt über die Dreieinigkeit – außer vielleicht am Sonntag Trinitatis. Und der freikirchlich ausgerichtete Verkündiger, der sich nicht an die liturgischen Sonntage hält, spricht dieses Thema überhaupt nicht an. Was würde wohl der Apostel Johannes zu unserer heutigen Glaubenspraxis sagen? Für ihn ist die Lehre von der Dreieinigkeit ein wesentlicher Bestandteil des Evangeliums.

Wie wir in unserem letzten Kapitel sahen, macht Johannes uns im Prolog seines Evangeliums mit dem Geheimnis der beiden unterschiedlichen Personen in der einen Gottheit bekannt. Dies gleicht zweifellos einem »Sprung ins kalte Wasser« der Theologie, aber Johannes mutet uns diesen Sprung schon gleich zum Auftakt zu: »Im Anfang war das Wort, und das Wort war *bei* Gott, und das Wort *war* Gott« (Joh 1,1). Das Wort war eine Person in Gemeinschaft mit Gott, und das Wort selbst war persönlich und von Ewigkeit her Gott. Er war, wie Johannes fortfährt, der einzigartige Sohn vom Vater. Johannes stellt dieses Geheimnis des einen Gottes in zwei Personen gleich an den Beginn seines Evangeliums, weil er weiß, dass niemand sich einen Reim auf die Worte und Werke des Jesus von Nazareth machen kann, es sei denn, er hat die Tatsache erfasst, dass dieser Jesus tatsächlich Gott, der Sohn, ist.

Die dritte Person

Aber das ist noch nicht alles, was Johannes uns über die Pluralität der Personen in der Gottheit zu sagen hat. Denn in seinem Bericht über das letzte Gespräch unseres Herrn mit seinen Jüngern berichtet er, wie der Erlöser, nachdem Er erklärt hat, dass Er hingehe, um ihnen einen Platz im Haus seines Vaters vorzubereiten, ihnen die Gabe »eines anderen Trösters« verheißt (Joh 14,16).

Beachten wir diesen Ausdruck, denn er hat eine reiche Bedeutungsvielfalt. Er bezeichnet eine Persönlichkeit, und zwar eine bemerkenswerte Persönlichkeit. Einige übersetzen den Namen dieser Person hier mit *Tröster.* Aber der Reichtum dieses Ausdrucks wird in den vielfältigen anderen Übersetzungen deutlich: »Beistand«, »Helfer«, »Fürsprecher«, »der zur Unterstützung Herbeigerufene«. Wir finden in diesem einen Wort unter anderem die Vorstellung von Ermutigung, Unterstützung, Hilfe, Fürsorge, das Übernehmen der Verantwortung zum Wohl des anderen. Ein *anderer* Tröster – so wird Er genannt, weil Jesus ihr ursprünglicher Tröster war, und die Aufgabe dieses Neuankömmlings war es, diese Seite des Dienstes Jesu fortzuführen. Daraus folgt, dass wir all das, was unser Herr mit »einem anderen Tröster« gemeint hat, nur recht verstehen, wenn wir auf das zurückblicken, was Er selbst während seines dreijährigen persönlichen Dienstes getan hat. Denken wir nur an seine Liebe und Fürsorge, seine geduldige Unterweisung und seine Sorge um das Wohl seiner Jünger. Christus verspricht also: »Er wird für euch genauso sorgen, wie ich mich um euch gekümmert habe.« Hier haben wir wahrhaftig eine bemerkenswerte Persönlichkeit!

Unser Herr gibt diesem neuen Tröster noch weitere Namen: Er ist »der Geist der Wahrheit« und »der Heilige Geist« (Joh 14,17.26). Dieser Name verweist auf seine Göttlichkeit. Im Alten Testament bilden Gottes *Wort* und Gottes *Geist* Parallelen. Gottes Wort ist sein allmächtiges Reden; Gottes Geist ist sein allmächtiger Hauch. Beide Ausdrücke vermitteln den Gedanken seiner Schöpfermacht. Im Schöpfungsbericht erscheinen das Reden und der Hauch Gottes gemeinsam: »Der Geist *[Hauch]* Gottes schwebte über den Wassern. Und Gott *sprach* ... und *es wurde* ...« (1 Mose 1,2-3). »Durch das Wort des Herrn wurden die Himmel erschaffen, das Heer der Sterne durch den *Hauch* [Geist] seines Mundes« (Ps 33,6). Johannes sagt uns im Prolog, dass das göttliche Wort, von dem hier die Rede ist, eine Person ist. Gleiches lehrt uns Jesus im Blick auf den göttlichen Geist: Er ist ebenfalls eine Person. Und Christus bestätigt sein Zeugnis über die Göttlichkeit dieses persönlichen Geistes, indem Er Ihn den *Heiligen* Geist nennt, so wie Er später auch vom *heiligen* Vater spricht (Joh 17,11).

Das Johannesevangelium zeigt, wie Christus die Sendung des Geistes mit dem Willen und Vorsatz des Vaters und des Sohnes verbindet. Einerseits ist es der Vater, der den Geist sendet, wie der Vater auch den Sohn gesandt hat (siehe Joh 5,23). Unser Herr sagt, dass der Vater den Geist »in meinem Namen« senden wird – das heißt, als Christi Stellvertreter, der den Willen Christi tut und als sein Repräsentant in seiner Autorität handelt (Joh 14,26). Ebenso, wie Jesus im Namen seines Vaters gekommen war (Joh 5,43), als der Mittler des Vaters handelte, die Worte des Vaters verkündigte (Joh 12,49-50), die Werke des Vaters tat (Joh 10,25; 17,4) und überall für den Zeugnis ablegte, dessen Abgesandter Er war, so würde der Geist in Jesu Namen kommen, um in dieser Welt als der Mittler und Zeuge von Jesus zu wirken. Der Geist »geht vom Vater aus« (Joh 15,26), so wie der Sohn vorher »vom Vater ausgegangen« ist (Joh 16,28). Nachdem der Vater den ewigen Sohn in die Welt gesandt hat, ruft Er Ihn nun zurück in die Herrlichkeit und sendet an seiner Statt den Geist.

Dies ist aber nur die eine Seite. Denn andererseits ist es der Sohn, der den Geist »vom Vater« sendet (Joh 15,26). Wie der Vater den Sohn in die Welt sandte, so wird der Sohn den Geist in die Welt senden (Joh 16,7). Der Geist wird also durch den Sohn wie auch durch den Vater gesandt. Und so haben wir den folgenden Beziehungsaufbau:

1. Der Sohn unterwirft sich dem Vater, denn der Sohn wird vom Vater im Namen des Vaters gesandt.

2. Der Geist unterwirft sich dem Vater, denn der Geist wird vom Vater im Namen des Sohnes gesandt.

3. Der Geist unterwirft sich ebenso dem Sohn wie dem Vater, denn der Geist wird sowohl vom Sohn wie auch vom Vater gesandt (vgl. Joh 20,22: »Er hauchte sie an und sagte: ›Empfangt den Heiligen Geist!‹«).

So erklärt uns Johannes die Offenbarung unseres Herrn über das Geheimnis der Trinität: Drei Personen und doch ein Gott – der Sohn tut den Willen des Vaters und der Geist den Willen des Vaters und des Sohnes. Und der entscheidende Punkt ist, dass der Geist, der zu Jüngern Christi kam, »um für immer bei euch zu sein« (Joh 14,16), dazu gekommen ist, um an Christi Statt den Dienst des Trösters (oder des Beistands) auszuüben. Wenn also der Dienst von Christus als Tröster wichtig war, ist der Dienst des Heiligen Geistes als Tröster ebenso wichtig. Wenn das Werk Christi für die Gemeinde von Bedeutung war, dann muss das Werk des Geistes ebenso bedeutend sein.

Der verkannte Gott

Verfolgt man jedoch die Kirchengeschichte oder schaut sich die heutige Kirche an, wird uns diese Bedeutung nicht so eindeutig vermittelt.

Es ist verblüffend, zu sehen, wie unterschiedlich die biblische Lehre über die zweite und die dritte Person der Dreieinigkeit behandelt wird. Person und Werk Christi waren und sind Gegenstand einer permanenten Diskussion in der Kirche; doch Person und Werk des Heiligen Geistes werden weitgehend ignoriert. Die Lehre vom Heiligen Geist ist das Aschenputtel der christlichen Lehre. Nur wenige scheinen sich für sie zu interessieren.

Über die Person und das Werk Christi wurden viele ausgezeichnete Bücher geschrieben, aber die Zahl der lesenswerten Bücher über die Person und das Werk des Heiligen Geistes ist vergleichsweise gering. Über das, was Christus für uns tat, besteht unter den Christen kaum ein Zweifel. Sie wissen, dass Er uns durch seinen Sühnetod erlöst hat, auch wenn die Meinungen darüber, was dies genau beinhaltet, auseinandergehen. Aber der Durchschnittschrist weiß kaum etwas über die Bedeutung des Heiligen Geistes.

Manche reden vom Geist Christi, wie man vom Geist der Weihnacht spricht – als sei es eine vage kulturelle Gesinnung, die Frömmigkeit und Religiosität verbreitet. Wieder andere denken, der Geist sei eine Inspirationsquelle für die moralischen Überzeugungen selbst von Ungläubigen wie Gandhi oder für den theosophischen Mystizismus des Anthroposophen Rudolf Steiner. Aber die meisten haben überhaupt keine Vorstellungen über den Heiligen Geist und über das, was Er tut. Sie sind praktisch in derselben Lage, wie die Jünger, die Paulus in Ephesus traf: »Wir haben nicht einmal gehört, dass es den Heiligen Geist gibt« (Apg 19,2; eÜ).

Es ist merkwürdig, dass diejenigen, die bekennen, sich so sehr für Christus zu interessieren, so wenig über den Heiligen Geist wissen. Christen sind sich darüber im Klaren, was es bedeuten würde, wenn es niemals eine Inkarnation oder ein Sühnopfer gegeben hätte. Sie wissen, dass sie dann verloren wären, denn es gäbe keinen Erlöser. Aber viele Christen haben keine Ahnung, was es bedeuten würde, wenn es auf dieser Welt den Heiligen Geist nicht gäbe. Ob sie oder die Kirche diesen Unterschied überhaupt bemerken würden?

Ganz gewiss liegt hier etwas im Argen. Wie können wir rechtfertigen, dass wir den Dienst des von Christus verordneten Mittlers so leichtfertig vernachlässigen? Ist es nicht eine leere Phrase, wenn wir behaupten, dass wir Christus ehren, und zugleich denjenigen ignorieren – und Ihn dadurch auch seiner Ehre berauben –, den Christus als seinen Stellvertreter zu uns gesandt hat, um seinen Platz einzunehmen und an seiner Stelle für uns sorgen? Sollten wir künftig nicht ein größeres Interesse an dem Heiligen Geist zeigen und uns mehr mit Ihm befassen als bisher?

Die entscheidende Bedeutung des Wirkens des Heiligen Geistes

Ist denn das Werk des Heiligen Geistes wirklich so entscheidend?

Es ist ganz entscheidend! Denn ohne das Werk des Heiligen Geistes gäbe es kein Evangelium, keinen Glauben, keine Gemeinde und überhaupt keine Christenheit in dieser Welt.

Zunächst einmal: Ohne den Heiligen Geist gäbe es *kein Evangelium und kein Neues Testament.*

Als Christus diese Welt verließ, vertraute Er seinen Missionsauftrag seinen Jüngern an. Er übertrug ihnen die Verantwortung, hinzugehen und aus allen Völkern heraus Jünger zu machen. »Und auch ihr seid meine Zeugen«, sagte Er ihnen im Obergemach (Joh 15,27; NGÜ). »Ihr werdet meine Zeugen sein … bis an die Enden der Erde«, waren seine Abschiedsworte auf dem Ölberg, bevor Er in den Himmel einging (Apg 1,8). Dies war ihre vorherbestimmte Aufgabe. Aber welche Art von Zeugnis sollten sie ablegen? Sie waren niemals gute Schüler gewesen. Immer wieder hatten sie Christus während seines irdischen Dienstes missverstanden und begriffen das Wesentliche seiner Lehre nicht. Wie konnte man nun von ihnen erwarten, es besser zu machen, jetzt, da ihr Meister weggegangen und sie auf sich selbst gestellt waren? War es nicht so gut wie sicher, dass sie, in bester Absicht, die Wahrheit des Evangeliums Stück für Stück mit einer Reihe gut gemeinter falscher Vorstellungen verdrehen und hoffnungslos verwässern würden?

Die Antwort auf diese Frage lautet eindeutig: Nein! Und warum? Weil Christus ihnen den Heiligen Geist gesandt hat, der sie in alle Wahrheit führt und sie so vor allem Irrtum bewahrt. Und der sie an all das erinnern wird, was Jesus sie schon gelehrt hatte. Und zudem wird der Geist ihnen auch das noch Ausstehende offenbaren, was ihr Herr ihnen zu sagen hat, das sie aber jetzt noch nicht verstehen konnten. »Der Helfer ... wird euch alles Weitere lehren und euch an alles erinnern, was ich euch gesagt habe« (Joh 14,26; NGÜ). »Ich hätte euch noch viel zu sagen, aber ihr wärt jetzt überfordert. Doch wenn der Helfer kommt, der Geist der Wahrheit, wird er euch zum vollen Verständnis der Wahrheit führen. Denn was er sagen wird, wird er nicht aus sich selbst heraus sagen; er wird das sagen, was er hört« (das heißt, der Geist wird ihnen all das bekanntmachen, was Christus Ihm aufträgt, ebenso, wie Christus ihnen all das bekanntgemacht hatte, was der Vater Ihm aufgetragen hatte; siehe Joh 12,49-50; 17,8.14). »Und er wird euch die zukünftigen Dinge verkünden. Er wird *meine* Herrlichkeit offenbaren; denn was er euch verkünden wird, empfängt er von mir« (Joh 16,12-14; NGÜ). Auf diese Weise »wird er mein Zeuge sein« (für euch, meine Jünger, zu denen ich Ihn sende); »und auch ihr« (ausgestattet und befähigt mit seinem Zeugnis) »seid meine Zeugen« (Joh 15,26-27).

Diese Verheißung besagt, dass diese ersten Jünger, belehrt vom Heiligen Geist, befähigt würden, im Namen von Christus zu sprechen. Ebenso, wie die alttestamentlichen Propheten dazu befähigt wurden, ihre Botschaften mit den vollmächtigen Worten einzuleiten: »So spricht Jahwe, Gott, der Herr«, so konnten die neutestamentlichen Apostel mit ebensolcher Berechtigung über ihre mündlichen oder schriftlichen Lehren mit Autorität sagen: »So spricht der Herr Jesus Christus.«

Und so geschah es. Der Geist kam zu den Jüngern und legte ihnen, entsprechend der Verheißung, Zeugnis ab von Christus und seinem Erlösungswerk. Wenn Paulus von der Herrlichkeit dieser Erlösung spricht (»was Gott für die bereithält, die ihn lieben«), schreibt er: »Uns aber hat Gott dieses Geheimnis durch seinen Geist enthüllt. ... Wir aber haben diesen Geist erhalten – den Geist, der von Gott kommt, nicht den Geist der Welt. Darum können wir auch erkennen, was Gott uns in seiner Gnade geschenkt hat. Und wenn wir davon reden [und er könnte hinzugefügt haben: *und schreiben]*, tun wir es mit Worten, die nicht menschliche Klugheit, sondern der Geist Gottes uns lehrt« (1 Kor 2,9-13; NGÜ). Das Zeugnis sah so aus, dass der Geist den Aposteln alle Wahrheit offenbarte und sie dazu inspirierte, sie in aller Treue weiterzugeben. Von daher haben wir das Evangelium und das ganze Neue Testament. Aber ohne den Heiligen Geist hätten wir keines von beiden.

Dies ist aber noch nicht alles. Denn zweitens gäbe es ohne den Heiligen Geist *keinen Glauben und keine Wiedergeburt* – kurz gesagt, es gäbe *keine Christen.*

Das Licht des Evangeliums scheint, aber »bei den Ungläubigen hat der Gott dieser Weltzeit die Sinne verblendet« (2 Kor 4,4), und Blinde reagieren nicht auf Lichtreize. So sagt Christus zu Nikodemus: »Wenn jemand nicht von neuem geboren wird, so kann er das Reich Gottes nicht sehen« (Joh 3,3; vgl. Vers 5). Dann erklärt Christus im Blick auf sich und seine Jünger dem Nikodemus und der ganzen Gruppe der nicht wiedergeborenen religiösen Menschen, zu denen auch Nikodemus gehörte, dass die unvermeidliche Folge des nicht Wiedergeborenseins der Unglaube ist: »Ihr nehmt unser Zeugnis nicht an« (Joh 3,11). Das Evangelium überzeugt sie nicht, der Unglaube hält sie gefangen.

Was folgt daraus? Sollten wir zu dem Schluss kommen, dass die Verkündigung des Evangeliums reine Zeitverschwendung ist? Müssen wir die Evangelisation als sinnloses Unterfangen abschreiben – von vornherein zum Scheitern verurteilt? Nein, weil der Geist bei der Gemeinde bleibt und von Christus Zeugnis ablegt. Das Zeugnis gegenüber den Aposteln geschah, wie wir bereits sahen, durch *Offenbarung* und *Inspiration.* Und uns Nachkommen lässt Er durch die Jahrhunderte hindurch sein Zeugnis durch die *Erleuchtung* zukommen: Er öffnet den geistlich Blinden die Augen, und ermöglicht es dem Sünder zu erkennen, dass das Evangelium tatsächlich Gottes Wahrheit, die Bibel in der Tat Gottes Wort und Christus wahrhaftig Gottes Sohn ist. »Wenn er [der Geist] kommt«, verspricht unser Herr, »wird er der Welt die Augen öffnen für die Sünde, für die Gerechtigkeit und für das Gericht« (Joh 16,8; NGÜ).

Wir sollten uns nicht einbilden, wir könnten die Wahrheit des Christentums durch unsere eigenen Argumente beweisen. Das kann nur der Heilige Geist, der durch sein eigenes allmächtiges Werk die verblendeten Herzen erneuert. Es ist das souveräne Privileg des Geistes Christi, das Gewissen des Menschen von der Wahrheit des Evangeliums zu überzeugen. Und als seine menschlichen Zeugen müssen wir lernen, unsere Erfolgsaussichten nicht auf unsere brillante Darbietung der Wahrheit zu stützen, sondern auf die machtvolle Demonstration der Wahrheit durch den Heiligen Geist.

Paulus weist uns hier den Weg: »Als ich zu euch kam, Geschwister, um euch das Geheimnis Gottes zu verkünden, versuchte ich nicht, euch mit geschliffener Rhetorik und scharfsinnigen Argumenten zu beeindrucken. ... Was meine Verkündigung kennzeichnete, waren nicht Überredungskunst und kluge Worte; *es war das machtvolle Wirken von Gottes Geist.* Denn euer Glaube sollte sich nicht auf Menschenweisheit gründen, sondern auf Gottes Kraft« (1 Kor 2,1-5; NGÜ). Und weil der Geist auf diese Weise Zeugnis gibt, kommen Menschen zum Glauben, wenn das Evangelium verkündet wird. Aber ohne den Geist gäbe es nicht einen Christen in dieser Welt.

Unsere angemessene Reaktion

Ehren wir den Heiligen Geist, indem wir sein Werk würdigen und auf Ihn vertrauen? Oder achten wir Ihn gering, indem wir sein Handeln ignorieren? Dadurch verunehren wir nicht bloß den Geist, sondern auch den Herrn, der Ihn gesandt hat!

Das bedeutet für unseren Glauben: Anerkennen wir die Autorität der Bibel – das prophetische Alte Testament und das apostolische Neue Testament, die Er beide voll und ganz inspiriert hat? Lesen und hören wir das Wort Gottes mit der Ehrerbietung und Aufmerksamkeit, die ihm gebühren? Wenn nicht, verunehren wir den Heiligen Geist.

Das bedeutet für unser Leben: Richten wir unser Leben an der Autorität der Bibel aus, ganz gleich, was andere dagegen sagen mögen? Anerkennen wir die absolute Zuverlässigkeit des Wortes Gottes, und dass das, was Gott in seinem Wort sagt, seinen ewigen, heiligen Willen offenbart? Tun wir das nicht, entehren wir den Heiligen Geist, der uns die Bibel gab.

Das bedeutet für unser Zeugnis: Ist uns bewusst, dass nur der Heilige Geist unser Zeugnis durch sein Zeugnis beglaubigen kann? Rechnen wir mit seinem Wirken und vertrauen darauf, dass Er dies auch tut? Beweisen wir die Echtheit unseres Vertrauens, indem wir uns, wie Paulus, nicht auf die Kniffe der menschlichen Klugheit verlassen? Wenn nicht, verunehren wir auch dadurch den Heiligen Geist.

Kann es sein, dass die gegenwärtige Unfruchtbarkeit in der Christenheit Gottes Gericht über uns ist, weil wir den Heiligen Geist in diesen Bereichen ignorieren? Bleibt uns noch irgendeine Hoffnung, wenn Er sich daraufhin zurückzieht? Ja, wenn wir wieder neu in unserer Gesinnung, unserem Beten und unserer Lebensführung lernen, den Heiligen Geist zu ehren! »Er wird Zeugnis geben ...« – »Wer bereit ist zu hören, achte auf das, was der Geist den Gemeinden sagt!«

TEIL 2

SIEHE, DEIN GOTT!

◈ KAPITEL 7 ◈

DER UNVERÄNDERLICHE GOTT

Man sagt uns, die Bibel ist Gottes Wort – unseres Fußes Leuchte und ein Licht auf unserem Weg. Man sagt uns, in der Bibel ist die wahre Gotteserkenntnis zu finden und sie klärt uns darüber auf, was Gottes Wille für unser Leben ist. Und diesen Zeugnissen stimmen wir zu, denn sie entsprechen voll und ganz der Wahrheit. Deshalb nehmen wir unsere Bibel zur Hand und fangen an, sie zu lesen – voller Entschlossenheit und mit der größten Aufmerksamkeit, denn es ist unser aufrichtiger Wunsch, Gott kennenzulernen.

Aber je länger wir in der Bibel lesen, desto mehr verwirrt uns das Gelesene. Obwohl uns der Inhalt fasziniert, wird unser Hunger doch nicht gestillt und es hilft uns nicht weiter. Stattdessen sind wir verunsichert und frustriert, und stellen uns die Frage, ob es sinnvoll ist, weiterzulesen.

Zwei verschiedene Welten

Wo liegt unser Problem? Nun, im Grunde liegt es daran, dass wir beim Lesen der Bibel in eine völlig andere, uns fremde Welt eintauchen: die Welt des Nahen Ostens, wie sie vor Jahrtausenden war – rückständig und grausam, landwirtschaftlich geprägt und ohne jegliche maschinelle Hilfe. Dies ist die Welt, in der sich die biblischen Geschichten abspielten. Hier treffen wir auf Abraham, Mose, David und auf all die anderen; und wir lesen, wie Gott in ihrem Leben wirkte. Wir hören die Propheten, wie sie ihre jeweilige Generation wegen ihres Götzendienstes anklagen, und wie sie Gottes Gericht über die Sünden vorhersagen. Wir sehen den Mann aus Galiläa, der ein Wunder nach dem anderen tut. Wir sehen, wie Er mit den Juden debattiert, sein Leben für Sünder opfert, von den Toten aufersteht und in den Himmel auffährt. Wir lesen die Briefe der ersten christlichen Autoren, die sie gegen Irrlehren verfassten, die heute nicht mehr existieren.

All diese Dinge sind zwar interessant zu lesen, aber gleichzeitig sind sie uns auch fremd. Denn sie stammen aus einer Welt, die mit der unseren kaum noch zu vergleichen ist. Wir fühlen uns, als wären wir nur Zuschauer, die von außen in die Welt der Bibel hineinschauen, und wir denken uns: »Ja, Gott hat all das getan, wovon wir in der Bibel lesen, und es war sicher großartig für die Menschen damals; aber was hat das mit *uns* zu tun? Wir leben nicht in derselben Welt. Wie also können die Aufzeichnungen von Gottes Worten und Taten aus der damaligen Zeit – die Aufzeichnungen seines Handelns mit Abraham, Mose, David u. a. –, *uns* eine Hilfe sein, die wir im Zeitalter der Raumfahrt leben?«

Wenn wir keinen Zusammenhang zwischen unserer Welt und der damaligen erkennen, dann haben wir das Gefühl dass das, was wir in der Bibel lesen, keine praktische Bedeutung für uns hat. Und obwohl die biblischen Ereignisse und Beschreibungen an sich sehr spannend und großartig sind, ist das Gefühl nur Zuschauer und sozusagen »ausgeschlossen« zu sein für uns zutiefst frustrierend.

Die meisten Bibelleser kennen dieses Gefühl und nicht alle wissen, wie sie damit umgehen sollen. Manche Christen scheinen sich damit zufriedenzugeben, auf den Wahrheitsgehalt der biblischen Aufzeichnungen zu vertrauen, erwarten dabei aber nicht, dass die Vertrautheit und der direkte Umgang mit Gott, so wie ihn die Männer und Frauen der Bibel hatten, für sie jemals möglich wäre. Diese Einstellung ist heute leider schon normal geworden, aber sie ist ein Bekenntnis dafür, dass man für dieses Problem keine Lösung sieht.

Aber wie kann das Problem gelöst und das Gefühl der Distanziertheit zur biblischen Gotteserfahrung überwunden werden? Dazu könnte man viel sagen, doch der springende Punkt ist, dass das Gefühl der Distanz reine Einbildung ist, und es entsteht dadurch, dass wir die Verknüpfung zwischen den biblischen Personen und uns an der falschen Stelle suchen. Sicherlich liegt, aufgrund von Zeit, Raum und Kultur die historische Epoche der Bibel meilenweit von der unseren entfernt. Aber der Verknüpfungspunkt liegt auf einer völlig anderen Ebene.

Der Verknüpfungspunkt ist Gott selbst! Der Gott, mit dem die Gläubigen der Bibel lebten, ist derselbe Gott, mit dem wir es heute zu tun haben. Oder um es noch deutlicher zu sagen: Es handelt sich dabei um *exakt* denselben Gott, denn Gott ändert sich nie – auch nicht im Geringsten. Folglich beruht die Wahrheit, auf die wir uns besinnen müssen, um die scheinbar unüberwindliche Kluft zwischen den biblischen Personen und uns zu überbrücken, auf der Tatsache: Gott ist *unveränderlich!*

Keine zwei Götter

Gott ändert sich nie. Lasst uns diesen Gedanken noch etwas näher betrachten.

1. Gottes Leben ändert sich nie. Er existiert »von Ewigkeit her« (Ps 93,2) und ist »ein ewiger König« (Jer 10,10), der unvergängliche Gott (vgl. Röm 1,23), »der allein Unsterblichkeit hat« (1Tim 6,16). »Ehe die Berge wurden und du die Erde und den Erdkreis hervorbrachtest, ja, von Ewigkeit zu Ewigkeit bist du Gott!« (Ps 90,2). Erde und Himmel »werden vergehen«, sagt der Psalmist, »du aber bleibst; sie alle werden wie ein Kleid zerfallen, wie ein Gewand wirst du sie wechseln, und sie werden verschwinden. *Du aber bleibst, der du bist,* und deine Jahre nehmen kein Ende!« (Ps 102,27-28). Gott selbst sagt von sich: »Ich bin der Erste, und ich bin auch der Letzte!« (Jes 48,12).

Geschaffenes hat einen Anfang und ein Ende – doch nicht der Schöpfer. Wenn ein Kind die Frage stellt: »Wer hat Gott gemacht?«, lautet die Antwort ganz einfach: Gott musste nicht »gemacht« werden – Er war schon immer da! Er existierte schon immer, wird immer existieren und Er bleibt immer derselbe. Er wird nicht älter. Seine Lebensdauer nimmt weder zu noch ab. Er verliert keine seiner Fähigkeiten und gewinnt keine neuen hinzu. Er durchlebt keinen Reife- oder Entwicklungsprozess. Er wird nicht stärker noch schwächer oder klüger. Arthur Pink schreibt: »Er kann nicht besser werden, denn Er ist bereits vollkommen; und da Er vollkommen ist, kann Er nicht schlechter werden.«

Dies ist der erste und fundamentale Unterschied zwischen dem Schöpfer und seinen Geschöpfen: Sie sind veränderlich, und ihre Natur unterliegt der Veränderung, doch Gott ist unveränderlich und Er kann niemals aufhören der zu sein, der Er ist. Oder, wie es in einem alten Lied ausgedrückt wird:

Wie Laub am Baum wir blüh'n, und vergehn –
bei dir allein, da kann kein Wandel geschehn.

So groß ist die »Kraft [seines] unauflöslichen Lebens« (Hebr 7,16).

2. Gottes Charakter ändert sich nie. Belastungen, schlimme Erlebnisse oder ein Eingriff ins Gehirn können den Charakter eines Menschen verändern – doch nichts kann den Charakter Gottes verändern. Im Laufe eines menschlichen Lebens verändern sich dessen Aussehen, sein Geschmack und seine Gemütsverfassungen zuweilen radikal. Eine nette, ausgeglichene Person kann sich zu einem bitteren und launischen Menschen entwickeln; ein gutmütiger Mensch kann mit der Zeit zynisch und herzlos werden. Unser Schöpfer wird niemals eine solche Wandlung erleben. Er wird niemals weniger wahrhaftig, gnädig, gerecht oder gut sein, als bisher. Sein Charakter wird in alle Ewigkeit so sein, wie Er uns in der Bibel beschrieben wird.

Gerade deshalb ist es sehr wichtig für uns, zu beachten, wie Gott sich selbst im 2. Buch Mose offenbart. Der Name, unter dem Gott sich Mose zu erkennen gibt, ist mehr als eine bloße Bezeichnung – er ist eine Offenbarung dessen, was Gott in seiner Beziehung zu uns Menschen ist.

In 2. Mose 3 gibt Gott sich gegenüber Mose, als der »Ich bin, der Ich bin« zu erkennen (vgl. V. 14) – ein Begriff, der in der Bibel abgekürzt als »Jahwe« (»der Herr«) wiedergegeben wird (vgl. V. 5). Dieser Name ist keine Beschreibung Gottes, sondern vielmehr eine Darstellung seiner Selbstexistenz und seiner ewigen Unveränderlichkeit. Er erinnert uns daran, dass Gott in sich selbst das Leben hat, und dass Er in alle Ewigkeit derselbe sein wird. In

2. Mose 34 lesen wir aber, dass Gott in einer Wolke zu Mose herabkam und seinen Namen »der HERR« vor ihm ausrief: »Der HERR, der HERR, der starke Gott, der barmherzig und gnädig ist, langsam zum Zorn und von großer Gnade und Treue; der Tausenden Gnade bewahrt und Schuld, Übertretung und Sünde vergibt, aber keineswegs ungestraft lässt, sondern die Schuld der Väter heimsucht an den Kindern und Kindeskindern bis in das dritte und vierte Glied!« (V. 5-7).

Diese zweite Darstellung Jahwes ist eine Ergänzung zu der in Kapitel 3. Hier gewährt uns Gott einen tieferen Einblick in sein Wesen und zeigt uns, wie Er tatsächlich ist, während Er sich in Kapitel 3 auf seine Unveränderlichkeit bezieht und deutlich macht, dass Er in Ewigkeit derselbe sein wird, der Er in diesem Moment ist, und der Er vor dreitausend Jahren war. Gottes moralischer Charakter ist unveränderlich. Deshalb bezeichnet ihn Jakobus – in einer Stelle, die von Gottes Güte und Heiligkeit, von seiner Freigebigkeit gegenüber der Menschheit und seinem Hass gegenüber der Sünde handelt – als den Gott, »der sich nicht ändert und bei dem es keinen Wechsel von Licht zu Finsternis gibt« (Jak 1,17).

3. Gottes Wahrheit ändert sich nie. Menschen sagen gelegentlich Dinge, die sie nicht so meinen, ganz einfach deshalb, weil sie selbst nicht wissen, was sie wollen; sie ändern häufig ihre Meinung, weil sich ihre Ansichten ändern und sie nicht mehr zu dem Stehen können, was sie früher gedacht und gesagt haben. Jeder von uns musste schon Worte zurücknehmen, weil sie den Sinn dessen verfehlten, was wir eigentlich sagen wollten; oder wir müssen uns auf die Zunge beißen, weil wir merken, dass die Tatsachen gegen uns stehen.

Wir sehen also: Menschliche Worte sind unbeständig. Ganz anders sieht es mit Gottes Worten aus! Sie bleiben immer bestehen, als zuverlässige Äußerungen seiner Gesinnung und seiner Gedanken. Nichts kann geschehen, was Ihn dazu verpflichtet, seine Worte zurückzunehmen; nicht der kleinste seiner Gedanken ändert sich, so dass Er Gesagtes bereuen müsste. Jesaja schreibt: »Alles Fleisch ist Gras ... Das Gras wird dürr ... aber das Wort unseres Gottes bleibt in Ewigkeit!« (Jes 40,6-8). Ähnlich sagt es der Psalmist: »Auf ewig, o Herr, steht dein Wort fest in den Himmeln ... alle deine Gebote sind Wahrheit ... du hast sie auf ewig gegründet« (Ps 119,89.151-152).

Das Wort, das in Vers 151 mit »*Wahrheit*« wiedergegeben wird, beinhaltet den Gedanken der Beständigkeit und Treue. Wenn wir unsere Bibel lesen, dann müssen wir uns daran erinnern, dass Gott in jedem Moment hinter jeder seiner Verheißungen, hinter jedem Gebot, jeder Ankündigung und jeder Warnung steht, die Er an seine neutestamentlichen Gläubigen richtet. Es sind keine Relikte einer längst vergangenen Zeit. Sie sind ewig gültige Offenbarungen seines Willens gegenüber seinem Volk in allen vergangenen und kommenden Generationen. Unser Herr hat selbst gesagt: »Die Schrift kann doch nicht außer Kraft gesetzt werden« (Joh 10,35). Niemand kann Gottes ewige Wahrheiten für nichtig erklären.

4. Gottes Wege ändern sich nie. Er handelt gegenüber sündigen Männern und Frauen auch heute noch in derselben Weise, wie Er es zur Zeit der Bibel tat. Er erweist auch heute noch seine Freiheit und Souveränität, indem Er den Unterschied zwischen Sündern macht: Die einen lässt Er sein Evangelium hören, während andere es niemals zu hören bekommen. Er führt einige der Sünder, die sein Evangelium hören zur Buße, während Er andere in ihrem Unglauben lässt. Auf diese Weise lässt Er seine Gläubigen erkennen, dass Er niemandem Barmherzigkeit schuldet und dass sie selbst allein durch seine Gnade ewiges Leben haben, und nicht aufgrund eigener Leistungen.

Noch immer segnet Er die Seinen, indem Er ihnen seine Liebe auf eine Art und Weise erweist, die sie demütigt, damit alle Ehre nur Ihm allein zukommt. Noch immer hasst Er die Sünde seines Volkes und wendet alle möglichen Formen innerlicher und äußerlicher Schmerzen an, um ihre Herzen von Kompromissbereitschaft und Ungehorsam zu befreien. Noch immer sucht Er die Gemeinschaft mit seinem Volk und lässt sie sowohl Freude als auch Schmerz erleben, damit ihre Liebe von anderen Dingen weg und nur auf Ihn gerichtet ist. Noch immer erzieht Er seine Gläubigen dazu, seine verheißenen Segnungen mehr und mehr zu schätzen, indem Er sie so lange auf diese Segnungen warten und im Gebet darum ringen lässt, bis sie ihnen endlich zuteilwerden. Überall in der Heiligen Schrift können wir sehen, dass Gott auf diese Weise mit seinem Volk handelt und Er tut dies in derselben Weise auch heute noch mit den Gläubigen. Seine Absichten und Handlungsprinzipien bleiben stets dieselben; Gott handelt niemals im Widerspruch zu seinem Wesen.

Wir wissen nur zu gut, wie inkonsequent unsere Wege sind – Gottes Wege hingegen sind vollkommen.

5. Gottes Absichten ändern sich nie. »Auch lügt der Ruhm Israels nicht, es reut ihn auch nicht«, erklärt Samuel, »denn er ist kein Mensch, dass er etwas bereuen müsste!« (1Sam 15,29). Zu demselben Schluss kommt auch Bileam: »Gott ist nicht ein Mensch, dass er lüge, noch ein Menschenkind, dass ihn etwas gereuen würde. Was er gesagt hat, sollte er es nicht tun? Was er geredet hat, sollte er es nicht ausführen?« (4Mo 23,19).

Wenn wir etwas bereuen, bedeutet das, dass wir unsere Entscheidung revidieren und unsere Pläne ändern müssen. Gott muss niemals etwas bereuen, denn seine Pläne beruhen auf seiner vollkommenen Weisheit und Er setzt sie mit seiner Allmacht um, mit der Er Vergangenes und Zukünftiges kontrolliert, so dass Ihn keine plötzlichen oder unvorhergesehenen Ereignisse überraschen könnten. »Zwei Dinge zwingen die Menschen immer wieder dazu, ihre Meinung zu ändern und neu zu planen: Uns fehlt die Fähigkeit, Dinge vorauszusehen, damit wir uns auf sie einstellen können, oder wir haben nicht die Kraft, sie auszuführen. Da Gott aber allwissend und allmächtig ist, gibt es keinen Grund, warum Er seine Entscheidungen bereuen müsste« (Arthur W. Pink). »Der Ratschluss des Herrn bleibt ewig bestehen, die Gedanken seines Herzens von Geschlecht zu Geschlecht« (Ps 33,11).

Alles, was Gott im Lauf dieser Weltgeschichte tut, das hat Er schon vor Ewigkeit geplant. Und alles, was Er von Ewigkeit her geplant hat, das führt Er in dieser Weltzeit aus. Und alles, was Er in seinem Wort zu tun verheißen hat, das wird Er ganz gewiss erfüllen. Deshalb lesen wir in seinem Wort auch von der »Unabänderlichkeit seines Ratschlusses«, mit der Er die Gläubigen in den vollen Genuss ihres verheißenen Erbes bringt, und von dem unabänderlichen Eid, mit dem Er seinen Ratschluss gegenüber Abraham, dem Archetypus der Gläubigen, bestätigte – um sowohl Abraham wie auch uns zu ermutigen (vgl. Hebr 6,17-18). Dies trifft auf alle Vorsätze zu, die Gott in seinem Wort offenbart hat; sie ändern sich nie. Nicht der kleinste Teil seines ewigen Planes wird sich ändern.

Allerdings gibt es einige Bibelstellen, in denen es scheint, als könne Gott doch etwas bereuen (vgl. z. B. 1 Mose 6,6-7; 1 Sam 15,11; 2 Sam 24,16; Jona 3,10; Joel 2,13-14). Allerdings steht jede dieser

Bibelstellen im Zusammenhang damit, dass Gott von seinem Verhalten gegenüber bestimmten Personen abkehrt, weil diese auf sein Verhalten reagieren. Es besteht aber kein Zweifel daran, dass Gott ihre Reaktion bereits vorhergesehen hatte und sie Ihn keineswegs überraschte, weshalb bereits alle Vorkehrungen in seinem ewigen Plan getroffen waren. Wenn Gott damit beginnt, auf eine neue Weise einer bestimmten Person gegenüber zu handeln, dann ist diese neue Weise schon von Ewigkeit her in seinem Plan inbegriffen und Er bedarf keiner Veränderung.

6. Gottes Sohn ändert sich nie. »Jesus Christus ist derselbe gestern und heute und auch in Ewigkeit!« (Hebr 13,8), und wenn Er uns heute berührt, hat dies heute noch dieselbe Kraft wie vor 2000 Jahren. Es bleibt eine Tatsache, dass »er alle vollkommen retten kann, die durch ihn zu Gott kommen. Er, der ewig lebt, wird nie aufhören, für sie einzutreten« (Hebr 7,25; NGÜ). Er ändert sich nie. Diese Wahrheit ist der stärkste Trost für Gottes Volk.

Wir werden sein wie Er

Welche Bedeutung haben denn nun der zeitliche Abstand und die Andersartigkeit zwischen den Gläubigen der Bibel und uns? Nun, es gibt sie schlichtweg nicht mehr! Aus welchem Grund? Aus dem einfachen Grund, weil Gott sich nie ändert. Die Gemeinschaft mit Ihm, das Vertrauen in sein Wort, das Leben im festen Glauben auf seine Verheißungen, all das sind im Großen und Ganzen dieselben Wahrheiten, die unser Leben und das der Gläubigen des Alten und Neuen Testaments bestimmen. Dieser Gedanke gibt uns in der Ratlosigkeit unseres Alltags Mut. Inmitten all dieser großen Veränderungen und Bedrohungen, denen wir in unseren unsicheren Zeiten ausgesetzt sind, gilt: Gott und Christus bleiben ewiglich dieselben – und sie haben die Allmacht, uns zu retten.

Aber dieser Gedanke birgt auch eine gewisse Herausforderung in sich: Wenn unser Gott derselbe ist, wie zur Zeit des Neuen Testaments, wie können wir dann die Tatsache rechtfertigen, dass unsere Gemeinschaft mit Gott und unser Christenleben so sehr den Erfahrungen der neutestamentlichen Gläubigen abweicht, und dass wir uns mit diesem Umstand zufriedengeben? Wenn Gott derselbe ist, dann können wir uns dieser wichtigen Frage nicht entziehen.

◈ KAPITEL 8 ◈

DIE MAJESTÄT GOTTES

Unser Wort »Majestät« stammt aus dem Lateinischen und bedeutet ursprünglich *Größe, Herrlichkeit* oder *Erhabenheit.* Bezeichnen wir eine Person als »Majestät«, dann erkennen wir damit deren Erhabenheit an und bringen ihr unseren Respekt entgegen. Heute geschieht dies zum Beispiel dann, wenn wir von der Königin von England als von »Ihrer Majestät« sprechen.

Wenn die Bibel den Begriff »Majestät« gebraucht, dann spricht sie in den meisten Fällen von der Erhabenheit und Größe Gottes, unserem Schöpfer und Herrn. »Der Herr regiert als König! Er hat sich mit *Majestät* bekleidet … Dein Thron steht fest von Anbeginn; von Ewigkeit her bist du!« (Ps 93,1-2). »Von dem herrlichen Glanz deiner *Majestät* will ich sprechen und von deinen Wundertaten« (Ps 145,5). Und auch Petrus, der sich an die majestätische Erscheinung Jesu bei dessen Verklärung erinnert, schreibt: »Wir sind Augenzeugen seiner herrlichen *Majestät* gewesen« (2 Petr 1,16).

Der Autor des Hebräerbriefes erwähnt zweimal die Majestät Gottes, als er davon spricht, dass Christus sich unmittelbar nach seiner Himmelfahrt »zur Rechten *der Majestät* in der Höhe gesetzt«

hat, »zur Rechten des Thrones *der Majestät* im Himmel« (Hebr 1,3; 8,1). Wenn die Bibel das Wort »Majestät« auf Gott anwendet, so geschieht dies immer zu dem Zweck, dass uns Gottes Größe bewusst wird und wir Ihm unsere Verehrung entgegenbringen. Dasselbe trifft dann zu, wenn sie davon spricht, dass Gott »hoch erhoben« ist oder »im Himmel« thront; damit möchte die Bibel keinesfalls sagen, dass Gott räumlich von uns entfern wäre, sondern, dass seine Größe die unsere weit überragt und Er unserer Anbetung würdig ist. »Groß ist der Herr und hoch zu loben« (Ps 48,1). »Denn der Herr ist ein großer Gott und ein großer König über alle Götter … Kommt, lasst uns anbeten und uns beugen« (Ps 95,3.6).

Das Gottvertrauen und das Anbetungsverhalten des Christen werden durch die Erkenntnis der Erhabenheit seines Gottes enorm gestärkt.

Doch leider ist es genau diese Erkenntnis, die den meisten Christen heutzutage fehlt – und das ist auch einer der Gründe, weshalb unser Glaube häufig so schwach und unsere Anbetung so kraftlos ist. Wir sind moderne Menschen, und der moderne Mensch – der doch so sehr von seinen eigenen Fähigkeiten überzeugt ist – hat für gewöhnlich ein sehr kleines Bild von Gott. Wenn der normale Kirchgänger das Wort *Gott* gebraucht, denkt er meist nicht an die göttliche *Majestät* – von den übrigen Menschen ganz zu schweigen.

Ein bekanntes Buch trägt den für unsere Zeit sehr passenden Titel »Dein Gott ist zu klein«. In diesem konkreten Punkt sind wir meilenweit von unseren Glaubensvätern entfernt – selbst wenn wir unseren Glauben mit ihren Worten bekennen. Wenn du Schriften von Männern wie Martin Luther, Jonathan Edwards oder George Whitefield liest, wirst du dich sehr schnell fragen, ob du – auch wenn deine Lehren den ihren entsprechen – jemals wirklich diesem mächtigen Gott begegnet bist, den sie auf so persönliche Weise kannten.

Heute wird sehr stark betont, dass Gott ein *persönlicher* Gott ist. Aber diese Wahrheit wird so vermittelt, als sei Gott ein Wesen wie du und ich: schwach, unzulänglich, wirkungslos, ja fast mitleiderregend. Aber das ist nicht der Gott der Bibel! Unser persönliches Leben ist in jeder Beziehung begrenzt; sowohl räumlich und zeitlich, wie auch in Bezug auf unser Wissen und unsere Fähigkeiten.

Für Gott gibt es dagegen keine Beschränkung. Er ist ewig, unendlich und allmächtig. Er hält uns in seiner Hand, nicht wir Ihn. Wir sind ja nicht einmal fähig, uns selbst zu halten. Sicher ist Gott eine Persönlichkeit, wie auch wir, aber Er ist ungleich größer als wir. Bei aller Betonung, die die Bibel darauf legt, dass Gott ein persönlicher Gott ist, der sich um sein Volk sorgt und ihnen mit Sanftmut, Freundlichkeit, Sympathie, Geduld und großem Mitgefühl begegnet, versäumt sie es dennoch nie, uns deutlich zu machen, dass Er ebenso ein Gott ist, dessen Majestät und Herrschaft sich über seine gesamte Schöpfung erstreckt.

Persönlich und doch majestätisch

Um uns ein Bild davon zu machen, wie persönlich und zugleich majestätisch Gott ist, brauchen wir nur die ersten Seiten der Bibel aufzuschlagen. Schon zu Beginn der Bibel wird Er uns – aufgrund der göttlichen Inspiration seines Wortes – in dieser zweifachen Weise vorgestellt.

An keiner anderen Stelle der Bibel wird uns Gottes persönliches Wesen plastischer dargestellt als hier. In einer Art Selbstgespräch sagt Er: *»Lasst uns …«* (1 Mose 1,26). Er führt die Tiere persönlich zu Adam, damit dieser ihnen ihre Namen gibt (vgl. 1 Mose 2,9). Er geht durch den Garten Eden und ruft nach Adam (vgl. 1 Mose 3,8-9). Er stellt den Menschen Fragen (vgl. 1 Mose 3,11-13; 4,9; 16,8). Er steigt vom Himmel herab, um nachzusehen, was seine Geschöpfe tun (1 Mose 11,5; 18,20-33). Er ist so traurig über die Verdorbenheit der Menschen, dass es Ihn reut, sie geschaffen zu haben (vgl. 1 Mose 6,6-7).

Solche anschaulichen Darstellungen sollen uns mit der Tatsache vertraut machen, dass der Gott, mit dem wir es zu tun haben, kein bloßes kosmisches Prinzip ist – unpersönlich und unbeteiligt –, sondern eine lebendige Persönlichkeit. Er ist eine denkende, empfindende und handelnde Persönlichkeit, die das Gute gutheißt, das Böse missbilligt und stets an dem Ergehen seiner Geschöpfe interessiert ist.

Allerdings dürfen wir aus den oben genannten Stellen nicht schließen, dass Gott in seinem Wissen und seiner Macht begrenzt wäre. Wir dürfen auch nicht denken, dass Er nicht wüsste, was auf der Erde geschieht, und eigens eine Erkundungsreise unternehmen müsse, um sich zu informieren. Dieselben Abschnitte geben solchen Vorstellungen keinen Raum, weil sie uns Gott in einer Macht präsentieren, die seiner Persönlichkeit in nichts nachsteht.

Der Gott der Genesis ist der Schöpfer, der aus dem Chaos Ordnung schafft, der nur durch sein Wort aus dem Nichts Leben entstehen lässt, der Adam aus dem Staub der Erde und Eva aus Adams Rippe bildet (vgl. 1 Mose 1-2). Und Gott ist der Herr über alles, was er geschaffen hat. Er verflucht den Erdboden, unterwirft die ganze Menschheit dem physischen Tod und ändert auf diese Weise die Ordnung seiner einst vollkommenen Welt (vgl. 1 Mose 3,17-24). Er übt Gericht, indem Er die Erde überflutet und alles Leben außerhalb der Arche auslöscht (vgl. 1 Mose 6-8). Er verwirrt die Sprache der Menschen und zerstreut die Erbauer von Babel. Er zerstört Sodom und Gomorra (vgl. 1 Mose 19,24-25). Abraham bezeichnet Ihn zurecht als den »Richter der ganzen Erde« (1 Mose 18,25) und gibt Ihm gemeinsam mit Melchisedek den Namen: »Gott, der Allerhöchste, Eigentümer des Himmels und der Erde« (1 Mose 14,19.22, eÜ). Er ist überall gegenwärtig, und nichts bleibt vor Ihm verborgen: weder Kains Mord (vgl. 1 Mose 4,9) noch die Verderbtheit der Menschen (vgl. 1 Mose 6,5) oder Hagars bittere Not (vgl. 1 Mose 16,7). Daher gab ihm Hagar auch den Namen *El Roi,* »der Gott, der mich sieht«, und nannte ihren Sohn Ismael, »Gott hört«, denn Gott tut beides in wahrhaft vollkommener Weise: Er sieht und Er hört alles, und nichts entgeht Ihm.

Er nennt sich selbst der *El Shaddai,* »Gott, der Allmächtige«, und all seine Taten sind Zeichen seiner Allmacht. Er verspricht Abraham und Sarah einen Sohn, als beide schon über 90 Jahre alt sind, und weist Sarah wegen ihres ungläubigen – und wie sich später zeigen wird, auch grundloses – Lachens zurecht. »Denn sollte dem Herrn etwas zu schwer sein?« (1 Mose 18,14, eÜ). Gottes Eingreifen in den Ablauf der Geschichte geschieht aber nicht nur in Einzelfällen. Er beeinflusst alles, was geschieht! Diese Tatsache wird besonders darin deutlich, wie Gott in allen Einzelheiten seinen Plan mit Abrahams Nachkommen ankündigt und ausführt (vgl. 1 Mose 12,1-3; 13,14-17; 15,13-21; u. a.).

Dies ist nur eine kurze Darstellung der Majestät Gottes aus den ersten Kapiteln der Bibel.

Keine Beschränkung

Wie können wir eine angemessene Vorstellung von Gottes Größe erlangen? Die Bibel weist uns auf zwei Schritte hin, die dazu nötig sind. Der erste Schritt ist, dass wir uns von allen Gedanken befreien, die uns Gott klein oder begrenzt erscheinen lassen. Zweitens müssen wir Ihn mit Mächten und Gewalten in Verbindung bringen, die wir als groß erachten.

Eine Anleitung für den ersten Schritt liefert uns der 139. Psalm, in dem der Psalmist über die unendliche und unbegrenzte Gegenwart Gottes, über seine Allwissenheit und Allmacht im Vergleich zu uns Menschen nachsinnt. Der Mensch, so sagt es uns der Psalmist, steht immer in der Gegenwart Gottes. Du kannst dich von all deinen Mitmenschen abschotten, aber du wirst niemals deinem Schöpfer entkommen. »Von allen Seiten umgibst du mich und hältst deine Hand über mir ... Wo sollte ich hingehen vor deinem Geist, und wohin sollte ich fliehen vor deinem Angesicht? Stiege ich hinauf zum Himmel, so bist du da; machte ich das Totenreich zu meinem Lager, siehe, so bist du auch da! Nähme ich Flügel der Morgenröte und ließe mich nieder am äußersten Ende des Meeres« wäre ich noch immer in der Gegenwart Gottes, »so würde auch dort deine Hand mich führen« (Ps 139,5-10). Nicht einmal die Dunkelheit, die mich vor den Blicken der Menschen verbirgt, wird mich dem Blick Gottes entziehen können (vgl. Ps 139,11-12).

Und so unbegrenzt seine Gegenwart in meinem Leben ist, so grenzenlos ist auch sein Wissen über mich. Weil ich niemals von Gott verlassen bin, werde ich auch niemals von Ihm unbeobachtet sein. »Herr, du erforschst mich und kennst mich! Ich sitze oder stehe auf [was auch immer ich tue], so weißt du es; du verstehst meine Gedanken [alles, was in meinem Innersten geschieht] von ferne ... Du bist vertraut mit allen meinen Wegen [meinen Gewohnheiten, Plänen, Absichten, Wünschen, ja mit meinem gesamten Leben]; es ist kein Wort auf meiner Zunge, das du, Herr, nicht völlig wüsstest« (Ps 139,1-4).

Ich kann mein Herz, meine Vergangenheit und meine Zukunftspläne vor Menschen verbergen, aber nichts von alledem ist Gott verborgen. Ich kann meine Worte in einer Weise formulieren, die andere über meinen wahren Charakter hinwegtäuschen. Aber Gott kann durch nichts getäuscht werden. Er durchschaut meine Vorbehalte und meine Täuschungsmanöver. Er kennt mich so, wie ich wirklich bin – sogar besser als ich mich selber kenne.

Ein Gott, dessen Gegenwart und Kontrolle ich mich entziehen könnte, wäre ein kleiner und bedauernswerter Gott. Der wahre Gott hingegen ist groß und furchterregend, schon deshalb, weil Er immer bei mir ist und seinen Blick stets auf mich gerichtet hält. Das alltägliche Leben kann zu einer fürchterlichen Angelegenheit werden, wenn du dir bewusst wirst, dass du in jedem Moment unter dem wachsamen Blick und in der Gesellschaft eines allwissenden, allgegenwärtigen Schöpfers stehst.

Doch das ist noch nicht alles. Der Gott, der alles sieht, ist auch der Gott, der alles zu tun vermag. Ein Bruchteil seiner großen Macht hat Er mir bereits durch die erstaunliche Komplexität meines eigenen Körpers offenbart. Als der Psalmist mit dieser Erkenntnis konfrontiert wird, geht über in den Lobpreis Gottes. »Ich preise dich dafür, dass ich erstaunlich und wunderbar gemacht bin; wunderbar sind deine Werke, und meine Seele erkennt das wohl!« (Ps 139,14; eÜ).

Dies ist also der erste Schritt, der uns hilft, die Größe Gottes besser zu erfassen: zu entdecken, wie unbegreiflich seine Allwissenheit, seine Allgegenwart und seine Allmacht sind. Lies einmal Hiob 38-41, die Kapitel, in denen Gott selbst Elihus Feststellung aufgreift, dass »Gott umgeben [ist] mit erschreckender Pracht« (Hiob 37,22; eÜ). Dann lässt Gott Hiob eine ergreifende Darbietung seiner Weisheit und Macht in der Natur erleben und stellt ihm die Frage, ob er mit dieser »Majestät« mithalten könne (vgl. Hiob 40,9-11). Da dies offenbar nicht der Fall ist, so Gott, sollte Hiob sich nicht erdreisten ihm einen Fehler vorzuwerfen, da Gottes Handeln den Verstand Hiobs bei weitem übersteigt. Es gibt noch viele weitere Bibelstellen, die uns dasselbe lehren. Doch wir wollen es vorerst dabei belassen.

Der Unvergleichliche

Als Beispiel dafür, was der zweite Schritt beinhaltet, betrachten wir Jesaja 40. In diesem Kapitel spricht Gott zu einem Volk, dessen geistige Verfassung der vieler heutiger Christen entspricht: mutlos, verängstigt und frustriert; ein Volk, das ständig von den Ereignissen überrollt wird; ein Volk, das seine Hoffnung auf ein Erstarken der

Sache Christi bereits aufgegeben hat. Und nun achten wir darauf, wie Gott durch seinen Propheten mit diesem Volk redet.

Seine Botschaft lautet: Schaut auf *die Werke,* die ich getan habe, und sagt mir, ob ihr oder sonst ein Mensch dazu in der Lage wäre! »Wer hat die Wasser mit der hohlen Hand gemessen? Wer hat den Himmel mit der Spanne abgegrenzt und den Staub der Erde in ein Maß gefasst? Wer hat die Berge mit der Waage gewogen und die Hügel mit Waagschalen?« (Jes 40,12). Seid ihr klug und mächtig genug, etwas Vergleichbares zu tun? Ich bin es. Wenn nicht, hätte ich sonst die Welt erschaffen können? Siehe, dies ist dein Gott!

Seht euch *die Nationen* an, fährt der Prophet fort. Große, mächtige Nationen, denen ihr auf Gnade und Ungnade ausgeliefert zu sein scheint. Assyrien, Ägypten, Babylon – eingeschüchtert schaut ihr auf sie, ihr erzittert vor ihren Armeen und staunt über ihre Schätze. Und nun bedenkt einmal, in welchem Kontrast euer Gott zu diesen mächtigen Heeren steht, die ihr so sehr fürchtet: »Siehe, die Völker sind wie ein Tropfen am Eimer; wie ein Stäubchen in den Waagschalen sind sie geachtet; ... Alle Völker sind wie nichts vor ihm; sie gelten ihm weniger als nichts, ja, als Nichtigkeit gelten sie ihm!« (Jes 40,15.17). Ihr erzittert vor den Nationen, denn ihr seid viel schwächer als sie; ich aber bin so viel mächtiger als diese Nationen, so dass sie im Vergleich zu mir wie Nichts sind. Siehe, dies ist dein Gott!

Schaut euch *die Welt* an. Bedenkt ihre Größe, ihre Vielfalt und Komplexität. Denkt an die Milliarden, die sie bewohnen, und an den endlosen Himmel, der sie umgibt. Wie winzig ist der Mensch im Vergleich zu dem Planeten, den er bewohnt! Und was ist schon dieser Planet im Vergleich zu Gott? »Er ist es, der über dem Kreis der Erde thront und vor dem ihre Bewohner wie Heuschrecken sind; der den Himmel ausbreitet, wie einen Schleier und ihn ausspannt wie ein Zelt zum Wohnen« (Jes 40, 22). Die Welt lässt uns alle wie Winzlinge erscheinen, doch vor Gott wird die Welt zum Winzling. Die Welt ist seine Fußbank, über der Er sicher thront. Er ist größer als die Welt und alles, was in ihr ist. All die fieberhaften Aktivitäten der geschäftigen Millionen machen nicht mehr Eindruck auf Ihn, als das Zirpen der Grille und der Sprung einer Heuschrecke an einem heißen Sommertag auf uns. Siehe, dies ist dein Gott!

Lasst uns als Nächstes *die Großen und Mächtigen* dieser Welt betrachten –, die, deren Gesetze und Politik über das Wohl von Millionen entscheiden; all diese »Möchtegern«-Herrscher, Diktatoren und Staatengründer, die die Macht haben, die Welt in Kriege zu stürzen. Denkt an Sanherib und Nebukadnezar, an Alexander den Großen, Napoleon und Hitler. Denkt an die aktuellen Regierungen in unserem Land, in den USA, in Russland oder Nordkorea. Glaubt ihr wirklich, dass diese Männer das Schicksal der Welt bestimmen? Macht euch bewusst: Gott ist weit größer als die *Großen* dieser Welt. »Der die Fürsten zunichte macht, die Richter der Erde in Nichtigkeit verwandelt« (Jes 40,23). Er ist, wie das »Common Book of Prayer« (das anglikanische Gebetbuch) sagt, »der einzige Herrscher über Fürsten«. Siehe, dies ist dein Gott!

Doch wir sind noch nicht am Ende. Heben wir abschließend unseren Blick zu *der Sternenwelt.* In einer klaren Nacht den Sternenhimmel zu betrachten, ist eine Erfahrung, die wohl jeden Menschen tief beeindruckt. Kaum etwas gibt uns ein stärkeres Gefühl für die unendliche Weite und die große Distanz. Und nichts führt uns deutlicher vor Augen, wie klein und unbedeutend wir doch eigentlich sind. Und gerade für uns, die wir im Zeitalter der Raumfahrt leben, vertieft sich diese Erfahrung zusätzlich durch unsere wissenschaftlichen Erkenntnisse über das Weltall, seine Abermillionen Sterne, die Milliarden von Lichtjahren entfernt sind. Hier muss unser Verstand passen und wir sind nicht in der Lage, uns die Tatsachen der unergründlichen Weiten des Universums wirklich vorzustellen.

Doch was ist all dies im Vergleich zu Gott? »Hebt eure Augen auf zur Höhe und seht: Wer hat diese [Sterne] erschaffen? Er, der ihr Heer abgezählt herausführt, er ruft sie alle mit Namen. So groß ist seine Macht und so stark ist er, dass nicht eines vermisst wird« (Jes 40,26). Gott ist derjenige, der die Sterne herausführt. Er hat sie an ihren Platz gestellt. Er ist ihr Schöpfer und ihr Gebieter – sie alle sind in seiner Hand und unterstehen seinem Befehl. So groß sind seine Macht und Majestät. Siehe, dies ist dein Gott!

Unsere Reaktion auf Gottes Majestät

Wenden wir nun die biblische Lehre von der Majestät Gottes auf unser Leben an, indem wir uns drei Fragen stellen, die Jesaja in

Gottes Auftrag an das enttäuschte und niedergeschlagene Israel richtet.

1. »Mit wem wollt ihr mich denn vergleichen, dem ich gleich sein soll?, spricht der Heilige« (Jes 40,25). Diese Frage ist eine Kritik *an den falschen Vorstellungen über Gott.* »Deine Gedanken über Gott sind allzu menschlich«, war der Vorwurf Luthers gegenüber Erasmus. Dies ist auch der Punkt, an dem wir häufig versagen. Unsere Gedanken über Gott sind nicht groß genug – wir rechnen nicht mit seiner unbegrenzten Weisheit und Macht. Weil wir selbst so begrenzt und schwach sind, glauben wir, dass es Gott in manchen Situationen auch so gehe, und es fällt uns schwer zu akzeptieren, dass dies nicht der Fall ist. Wir gehen in unserer Gottesvorstellung viel zu sehr von uns selbst und unseren Erfahrungen aus. Doch Gott fordert uns auf, diesen Irrtum zu korrigieren, indem wir seine völlige Herrschaft und die Tatsache, dass Er mit nichts zu vergleichen ist, schlicht und einfach akzeptieren.

2. »Warum sprichst du denn, Jakob, und sagst du, Israel: Mein Weg ist verborgen vor dem Herrn, und mein Recht entgeht meinem Gott?« (Jes 40, 27). Diese Frage richtet sich gegen *falsche Vorstellungen über uns selbst.* Gott hat uns genauso wenig im Stich gelassen wie Hiob. Er lässt einen Menschen, dem Er seine Liebe erweist, ebenso wenig im Stich, wie Christus, der gute Hirte, seine Schafe verlässt. Es ist falsch und respektlos, Gott vorzuwerfen, Er würde den Zustand und die Bedürfnisse seines Volkes vergessen, sie vernachlässigen oder kein Interesse an ihnen haben. Falls du dich den Gedanken hegst, Gott hätte dich vergessen, dann habe soviel Anstand, dich zu schämen. Ein solch ungläubiger Pessimismus entehrt unseren großen Gott und Erlöser.

3. »Weißt du es denn nicht, hast du es denn nicht gehört? Der ewige Gott, der Herr, der die Enden der Erde geschaffen hat, wird nicht müde noch matt; sein Verstand ist unerschöpflich!« (Jes 40,28). Diese Frage ist ein Affront gegen unsere Trägheit, auf *Gottes Majestät zu vertrauen.* Gott weist uns wegen unseres mangelnden Glaubens zurecht. »Was ist euer Problem?«, fragt Er uns. »Habt ihr etwa gedacht, dass ich, euer Schöpfer, alt und müde geworden sei? Hat euch denn niemand die Wahrheit darüber gesagt, wer ich wirklich bin?«

Diese Vorwürfe gelten auch heute noch vielen von uns. Wie träge sind wir doch darin, in Gott den souveränen, allwissenden, allmächtigen Gott zu sehen! Wie gering achten wir doch die Majestät unseres Herrn und Erlösers Jesus Christus! Wir müssen »auf den Herrn harren«, indem wir unsere Gedanken auf seine Majestät, seine Größe und Erhabenheit richten, bis diese Wahrheiten unser Herz erfüllen und uns neue Kraft verleihen.

◈ KAPITEL 9 ◈

DER ALLEIN WEISE GOTT

Was meint die Bibel, wenn sie davon spricht, dass Gott *weise* ist? In der Heiligen Schrift ist Weisheit sowohl eine moralische wie auch eine intellektuelle Fähigkeit – sie umfasst mehr als nur Intelligenz oder Wissen, ist mehr als Klugheit oder Cleverness. Auf uns bezogen, zeigt sich echte Weisheit im biblischen Sinn darin, dass wir unsere Intelligenz und Klugheit auf das richtige Ziel ausrichten. Weisheit ist die Kompetenz, das beste und höchste Ziel zu erkennen, die Gesinnung es zu erwählen, gepaart mit dem sichersten Mittel es auch zu erreichen.

Weisheit ist, um genau zu sein, die praktische Seite der moralischen Güte. Als solches ist sie in vollkommener Form nur bei Gott zu finden. Nur Er allein ist von Natur aus vollkommen und unveränderlich weise. »Seine Weisheit wachet stets«, so sagt es ein altes Lied, und es ist wahr. Gott ist immer nur weise, in allem, was Er tut. Die alten Theologen sagten, dass die Weisheit Gottes *Wesen* ebenso ausmacht, wie seine Macht, Wahrheit und Güte – sie also wesentliche Bestandteile seines Charakters sind.

Die menschliche und die göttliche Weisheit

Menschliche Weisheit kann durch gewisse Faktoren, die außerhalb der Kontrolle des weisen Menschen liegen, zunichtegemacht werden. Ahitophel, Davids fahnenflüchtiger Ratgeber, gab Absalom den weisen Rat, David sofort zu vernichten, ehe sich dieser von Absaloms Aufstand und der plötzlichen Flucht erholt hätte. Doch Absalom entschied sich für einen weniger klugen Plan, woraufhin Ahitophel – einerseits wohl aus verletztem Stolz und andererseits aus der Vorahnung heraus, dass der Aufstand durch Absaloms Entscheidung sicher zerschlagen werden würde – nach Hause ging und sich erhängte (vgl. 2 Sam 17).

Gottes Weisheit kann niemals in einer Weise gehindert werden, wie dies bei Ahitophel der Fall war (2 Sam 17,14), denn Gottes Weisheit steht immer in Verbindung mit seiner Allmacht. Gott ist Macht und Weisheit in Person. Allwissenheit, die Allmacht besitzt, unbeschränkte Macht, die über unbegrenzte Weisheit verfügt – ist eine umfassende biblische Beschreibung von Gottes Charakter. »Er hat ein *weises* Herz und ist von ungebrochener *Kraft«* (Hiob 9,4). »Bei Ihm ist *Weisheit* und *Stärke«* (Hiob 12,13). »Siehe, Gott ist gewaltig an *Kraft* und *Verstand«* (Hiob 36,5: eÜ). Er besitzt »große *Macht* und Stärke ... sein *Verstand* ist unerschöpflich« (Jes 40,26.28; eÜ). »Sein ist beides, *Weisheit und Macht«* (Dan 2,20). Dieselbe Formulierung finden wir im Neuen Testament: »Dem Gott, der die *Macht* hat, euch in eurem Glauben zu festigen durch das Evangelium ... diesem Gott, der allein *weise* ist« (Röm 16,25.27; NGÜ). Weisheit ohne Macht wäre bedauernswert, wie ein zerbrochenes Rohr; Macht ohne Weisheit wäre nichts anderes als gefährlich; doch in Gott werden grenzenlose Weisheit und endlose Macht zu einer Einheit, und diese Einheit macht Ihn zutiefst vertrauenswürdig!

Gottes allmächtige Weisheit ist zu jeder Zeit wirksam und verfehlt niemals ihr Ziel. Die ganze Schöpfung und seine göttliche Vorsehung sind der Beweis dafür. Und solange wir sie nicht aus dieser Perspektive sehen, werden wir sie niemals richtig verstehen. Zudem werden wir Gottes Weisheit erst erkennen, wenn wir verstanden haben, welches Ziel Gottes Plan hat. In diesem Punkt irren viele. Sie missverstehen, was die Bibel meint, wenn sie davon spricht, dass Gott Liebe ist (vgl. 1 Joh 4,8-10) und kommen zu dem Schluss, dass Gott das Ziel hat, allen ein Leben ohne Probleme zu ermöglichen –

unabhängig von deren moralischem und geistlichem Zustand – und dass jede Form von Schmerz und Leid (wie Krankheiten, Unfälle, Verletzungen, Arbeitslosigkeit oder die Leiden eines geliebten Menschen) ein Indiz dafür wären, dass Gottes Weisheit oder Macht (oder beides) aufgebraucht seien, oder Er womöglich gar nicht existiere.

Allerdings ist diese Vorstellung über Gottes Absichten völlig falsch: Gottes Weisheit ist und war nie eine Garantie dafür, dass eine gefallene Welt glücklich wird oder der Gottlose ein möglichst leichtes Leben führen kann. Nicht einmal Christen haben die Verheißung zu einem sorgenfreien Leben – eher trifft das Gegenteil zu. Gott hat andere Pläne und Ziele für diese Welt als die, es jedem möglichst leicht zu machen.

Was aber ist Gottes Plan und Absicht? Auf welches Ziel steuert Er hin? Als Gott uns schuf, hatte Er die Absicht, dass wir Ihn lieben und ehren; dass wir Ihn für die wundervoll geordnete Komplexität und Vielfalt seiner Welt preisen; dass wir alles Geschaffene seinem Willen entsprechend nutzen und auf diese Weise Ihn und das, was Er uns gab, genießen. Und obwohl wir in Sünde gefallen sind, hat Gott doch diesen Plan niemals aufgegeben. Nein, Er verfolgt ihn noch immer, indem Er einen großen Teil der Menschheit dazu veranlasst, Ihn zu lieben und zu ehren. Und sein ultimatives Ziel ist es, sie so zu verändern, dass sie Ihm vollkommen gehorchen und Ihn auf gebührende Weise loben; dass Gott für sie alles bedeutet und dass Er, gemeinsam mit ihnen, in einem ewigen Zustand der gegenseitigen Liebe und Wertschätzung lebt – ein Gottesvolk, das über die rettende Liebe seines Gottes jubelt, mit der Er sie von Ewigkeit her geliebt hat, und ein Gott, der über die Ihm erwiesene Liebe seines Volkes jubelt, das Er aus Gnade, durch sein Evangelium errettet hat.

Dies wird *Gottes Verherrlichung* sein, aber auch die unsere, eine Verherrlichung, die unbeschreiblich und allumfassend ist. Doch dies wird sich erst dann erfüllen, wenn die gesamte Schöpfung in eine neue Welt verwandelt wird. Und auf dieses große Ziel arbeitet Gott beständig hin: indem Er Menschen in eine persönliche Beziehung des Glaubens, der Hoffnung und der Liebe zu sich selbst führt. Indem Er sie von ihren Sünden erlöst, sie in ihrem Alltag die Kraft seiner Gnade erfahren lässt und bei allen Angriffen des Bösen für sie einsteht. Und indem Er sein Evangelium – das die Macht hat, von Sünden zu retten – der ganzen Welt verkünden lässt.

Im Zentrum all dieser Teilerfüllungen steht Jesus Christus. Er ist der von Gott gesandte Retter, dem wir vertrauen müssen, und der von Gott eingesetzte Herr der Gemeinde, dem wir nachfolgen müssen. Wir hatten uns in diesem Buch schon damit beschäftigt, dass Gottes Weisheit sowohl in der Menschwerdung Christi und seiner Kreuzigung offenbar wurde. Nun möchten wir zudem betrachten, wie dieselbe göttliche Weisheit in Gottes Handeln mit jedem einzelnen Menschen sichtbar wird, durch das Er seinen großen, komplexen Plan erfüllt.

Gottes Umgang mit seinem Volk

An dieser Stelle sind uns die Lebensgeschichten der biblischen Gestalten eine große Hilfe. Nirgendwo sonst wird die göttliche Weisheit im menschlichen Leben so deutlich dargestellt. Nehmen wir zum Beispiel das Leben Abrahams. Mehrere Male traf er falsche Entscheidungen, mit denen er das Wohlergehen und die sexuelle Reinheit seiner Frau riskierte (vgl. 1 Mose 12,10-20). Ihm fehlte es einfach an einer klaren moralischen Haltung und er war zu sehr um seine eigene Sicherheit besorgt (vgl. 1 Mose 12,12-13; 20,11). Zudem bewies er ein schwaches Durchsetzungsvermögen, als er sich von seiner Frau Sarah dazu überreden ließ, mit deren Magd Hagar ein Kind zu zeugen. Und einige Zeit später, als Sarah ihn aufforderte, Hagar und das Kind wegen Hagars Spott über Sarahs Kinderlosigkeit fortzujagen, beging er noch einmal denselben Fehler und hörte auf sie (vgl. 1 Mose 16,5-6).

Offenbar war Abraham auch kein Mann strenger Prinzipien und es mangelte ihm an Verantwortungsbewusstsein. Doch für Gott war dies kein Hindernis. Er wusste in seiner großen Weisheit, wie Er mit diesem charakterschwachen Abraham fertig werden konnte, so dass er schließlich seine Rolle in Gottes Heilsplan treu erfüllte. So war Abraham nicht nur der erste, der das verheißene Land im Glauben in Besitz nahm, nicht nur der erste Bundespartner Gottes und Vater des verheißenen Sohnes, Isaak (vgl. 1 Mose 18,17), sondern Gott machte aus ihm auch einen völlig neuen Menschen.

Was Abraham am dringendsten brauchte, war das Bewusstsein, dass er ständig *in der Gegenwart Gottes lebt,* alles in der Abhängigkeit von Ihm tut und mit Ihm allein, seinem Herrn, Beschützer und Versorger, rechnet. Das war die große Lektion, die Gott Abraham in seiner Weisheit lehrte: »Fürchte dich nicht, Abram, ich bin dein *Schild* und dein sehr großer *Lohn!*« (1 Mose 15,1). »Ich bin Gott, der Allmächtige. *Wandle vor mir* und *sei untadelig* [oder aufrichtig]!« (1 Mose 17,1). Immer wieder führte Gott ihm vor Augen, wie nötig er Gott hatte, bis er an einen Punkt kam, an dem er, wie der Psalmist, sagen konnte: »Wen habe ich im Himmel außer dir? Und auch auf der Erde habe ich nach nichts Verlangen, wenn ich nur dich bei mir weiß! ... Der Fels meines Herzens und mein Anteil ist Gott für ewig« (Ps 73,25ff.). Im Lauf seiner Lebensgeschichte sehen wir, dass diese Lektion in Abraham Früchte trug. Auch wenn sich seine alten Schwächen immer wieder zeigten, so trat doch etwas Neues in ihm ans Licht, etwas Ehrfurchtgebietendes, Befreites. Abraham entwickelte sich zu einem Menschen, der an Gottes Seite lebte, in Gottes offenbartem Willen ruhte, der sich auf Gott verließ, auf Ihn wartete, sich von Ihm abhängig wusste, und der Gott auch dann gehorchte, wenn dieser etwas Unerwartetes und Schweres von ihm forderte. Aus dem weltgebundenen Abraham wurde ein Mann Gottes.

Als Reaktion auf Gottes Ruf verlässt Abraham seine Heimat und zieht in ein Land, das Gott seinen Nachkommen zum Eigentum verheißen hat (vgl. 1 Mose 12,7). Achten wir darauf, dass Abraham zu keinem Zeitpunkt mehr von dem verheißenen Land besaß, als nur eine kleine Grabstätte (vgl. 1 Mose 25,9-10), und doch entdecken wir in ihm eine neue Sanftmütigkeit, als er sich selbst zurücknimmt und seinem Neffen Lot die Entscheidung die Wahl des Siedlungsraums überlässt (vgl. 1 Mose 13,8-9). Wir können bei Abraham auch eine völlig neue Furchtlosigkeit erkennen, die ihn veranlasst, dass er mit nur dreihundert Mann gegen vier Könige und deren Armeen in den Kampf zieht, um Lot zu retten (vgl. 1 Mose 14,14-15). Wir sehen eine neue Würde an Abraham, als er sich weigert, etwas von der Kriegsbeute für sich zu behalten, damit nicht der Eindruck entsteht, nicht Gott, sondern der König von Sodom hätte ihn reich gemacht (vgl. 1 Mose 14,22-23). Wir erkennen, dass Abraham lernte, geduldig zu sein, indem er 25 Jahre auf die Geburt seines verheißenen Nachkommen wartet (vgl. 1 Mose 12,4; 21,5). Plötzlich sehen wir in ihm einen Mann des Gebets, der sich der eigenen

Verantwortung vor Gott bewusst ist und der Gott hartnäckig um das Wohl anderer anfleht (vgl. 1 Mose 18,23-32). Und zuletzt begegnet uns ein Abraham, der sich völlig auf Gottes Willen verlässt und sich absolut sicher ist, dass Gott keine Fehler macht – so sicher, dass er sogar bereit ist, Gottes Befehl zu gehorchen, und seinen eigenen Sohn zu töten (vgl. 1 Mose 22). Wie sehr hat Gott seine Weisheit bewiesen, indem Er Abraham all dies lehrte! Und wie gut hat Abraham seine Lektionen gelernt!

Für Jakob, Abrahams Enkel, war eine völlig andere Führung nötig. Er war ein eigensinniges Muttersöhnchen, gesegnet (oder gestraft) mit der Fähigkeit, sich allen möglichen Umständen anzupassen und mit der skrupellosen Moral eines abgebrühten Geschäftsmannes. Gott hatte in seiner Weisheit geplant, dass Jakob, obwohl er der jüngere Sohn war, das Erstgeburtsrecht und die damit verbundenen Segnungen erhalten sollte. So wurde er der rechtmäßige Erbe der Verheißungen Gottes (vgl. 1 Mose 28,13-15). Zu Gottes Plan gehörten auch die Ehen zwischen Jakob und seinen beiden Cousinen Lea und Rahel. Durch sie wurde Jakob zum Vater der zwölf Patriarchen, die Gottes Verheißungen auf all ihre Nachkommen weitergaben (vgl. 1 Mose 48-49).

Zugleich hatte Gott in seiner Weisheit beschlossen, Jakob zu einem gottesfürchtigen Mann zu machen. Bis dahin war Jakobs gesamte Lebenseinstellung von Gottlosigkeit geprägt, und das musste geändert werden! Jakobs Vertrauen in seine eigene Klugheit musste in Gottvertrauen und in das Bewusstsein verwandelt werden, dass er völlig von Gottes Gnade abhängig ist. Er musste dazu gebracht werden, dass er seine skrupellosen Betrügereien verabscheute, die in seinen Augen völlig normal waren. Um das zu erreichen, musste Jakob zunächst seine völlige Schwachheit und sein törichtes Verhalten akzeptieren. Sein Stolz musste gebrochen werden, damit er nicht länger versuchen würde, andere auszunutzen, und er musste ein für alle Mal sein Selbstvertrauen aufgeben. Mit viel Geduld und Weisheit (denn Gott wartet immer auf den richtigen Augenblick) führte Gott Jakob an einen Punkt, an dem Er ihm die nötige Erkenntnis für die eigene Ohnmacht und Hilflosigkeit unauslöschlich einprägen konnte. Es ist uns eine Hilfe, zu sehen, auf welchem Weg Gott dieses Ziel mit Jakob erreichte.

Zuerst ließ Gott ihn – über einen Zeitraum von etwa zwanzig Jahren – seinen eigenen Weg gehen. So verstrickte sich Jakob immer mehr in einem Netz aus Betrug und Lügen. Das unvermeidliche Resultat war, dass Jakob ständig in Beziehungen lebte, die von beiderseitigem Misstrauen geprägt waren. Freunde wurden zu Feinden, und Jakob, der Betrüger, wurde immer einsamer. Diese harten Konsequenzen waren Gottes Zuchtmittel für Jakob. Als Jakob von seinem älteren Zwillingsbruder Esau das Erstgeburtsrecht und den damit verbundenen Segen ergaunerte (vgl. 1 Mose 25,29-43; 27,1-40), wurde Esau (zu Recht!) zornig auf ihn, so dass Jakob aus seiner Heimat fliehen musste. Er fand Zuflucht bei seinem Onkel Laban, der sich schon bald als ein ebenso gerissener Betrüger erwies, wie Jakob selbst. Laban nutzte die sich bietenden Gelegenheiten schamlos aus. Er führte Jakob hinters Licht, als er ihn nicht nur mit seiner hübschen Tochter Rahel verheiratete – in die Jakob sich verliebt hatte –, sondern ihm zuvor in der angeblichen Hochzeitsnacht mit Rahel die weniger hübsche Lea unterjubelte, für die er sonst kaum einen geeigneten Ehemann gefunden hätte (vgl. 1 Mose 29,15-30).

Die Begegnung mit Laban war eine bittere Erfahrung für Jakob. Doch Gott nutzte es, um Jakob zu zeigen, welche Folgen ein Betrug nach sich zieht – etwas, das Jakob lernen musste, um seine alten Gewohnheiten abzulegen. Doch dies reichte nicht, um Jakob zu heilen. Seine unmittelbare Reaktion auf Labans Betrug war Rache: Er manipulierte Labans Schafherden, so dass sich deren Nachwuchs zu seinen Gunsten und zum Nachteil Labans entwickelte. Laban geriet darüber in Zorn, woraufhin Jakob, nun mit seiner Familie, zum zweiten Mal die Flucht ergreifen musste – diesmal zurück nach Kanaan –, bevor der Streit mit Laban eskalierte (vgl. 1 Mose 30,25-31.55). Gott, der Jakobs Verhalten bisher unkommentiert ließ, ermutigte ihn zu diesem Schritt (vgl. 1 Mose 31,3.11-13, siehe auch 32,1-2.9-10), denn Er wusste, was Er während Jakobs Reise tun würde. Laban allerdings nahm schon kurz nach Jakobs Aufbruch die Verfolgung auf, und machte ihm unmissverständlich klar, dass er ihn niemals wieder sehen will (vgl. 1 Mose 31).

Als Jakobs Karawane die Grenze zu Esaus Heimat erreichte, ließ er seinem Bruder eine versöhnliche Botschaft ausrichten, um seine Ankunft anzukündigen. Als die Botschafter zurückkehrten, überbrachten sie Jakob die Nachricht, dass Esau ihnen mit einer Armee von 400 Mann entgegen zog. Das versetzte ihn in Angst und Schrecken, weil er befürchtete, dass Esau sich wegen des ergaunerten Segens an ihm rächen würde.

Nun war der Punkt gekommen, an dem Gott eingriff. In derselben Nacht, während Jakob allein am Ufer des Flusses Jabbok stand, stellte Gott sich ihm in den Weg (vgl. 1 Mose 32,24-30). Dieser Begegnung folgte ein stundenlanger verzweifelter und schmerzhafter Kampf – sowohl geistlich als auch physisch. Jakob hielt Gott fest und verlangte seinen göttlichen Segen und eine Zusicherung, dass Gott ihm in dieser Krise beistehen würde – doch er bekam nicht, was er verlangte. Stattdessen wurde ihm seine Not noch deutlicher bewusst: Er war völlig hilflos, ohne Gott, ohne jede Hoffnung. Nun spürte er deutlich das ganze Elend seiner eigenen skrupellosen, zynischen Taten, die mit einem Mal auf ihn selbst zurückfielen. Bis dahin war er noch ein selbstsicherer Mann gewesen, der sein Vertrauen in niemand anderen, als in sich allein setzte. Doch in diesem einen Moment spürte er deutlich, dass er einer Situation machtlos gegenüberstand, und er sah ein, dass es keinen Grund gab, auf seine eigenen Leistungen zu vertrauen und sein Schicksal in die eigenen Hände zu nehmen. Er wollte niemals wieder nach seinen eigenen Regeln leben.

Um Jakob diese Tatsache nachdrücklich einzuprägen, zerschlug Gott ihm das Hüftgelenk, renkte es aus und lähmte ihn so (vgl. 1 Mose 32,25). Auf diese Weise zerstörte Gott Jakobs physische Kraft, um ihm eine dauerhafte handgreifliche Erinnerung an seine geistliche Schwachheit zu geben. Jakob musste lernen, sich jederzeit völlig auf seinen Gott zu stützen, so wie er nun bei jedem Schritt auf einen Stock als Stütze angewiesen war.

Jakob verabscheute sich selbst. Zum ersten Mal in seinem Leben hasste er seine anmaßende Klugheit, und er hasste sie wirklich von ganzem Herzen. Sie hatte dazu geführt, dass sein eigener Bruder Esau (zu Recht!) sein Feind wurde, ganz zu schweigen von Laban, und nun – so schien es – war auch sein Gott nicht mehr bereit, ihn zu segnen. »Lass mich gehen ...«, sagte der, der mit dem Jakob gerungen hatte; und es scheint so, als wolle Gott ihn wirklich verlassen. Doch Jakob ließ nicht locker: »Ich lasse dich nicht, es sei denn, du segnest mich!« (1 Mose 32,27).

Und da, schlussendlich, sprach Gott seinen Segen über Jakob aus, der sich in diesem Augenblick seiner Schwachheit und seiner Verzweiflung völlig bewusst geworden war, und der nun demütig und abhängig genug war, den erflehten Segen von Gott zu empfangen. »Er hat meine Kraft gebeugt auf dem Weg«, sagt der Psalmist (Ps 102,24) – und genau das tat Gott mit Jakob.

Nachdem Gott mit Jakob zum Ziel gekommen war, blieb nichts mehr von dessen Selbstsicherheit übrig. Der »Sieg« den Jakob in diesem Kampf mit Gott errang (vgl. 1 Mose 32,28) war nichts anderes, als dass er an Gott festhielt, während er von Ihm gebrochen und zur Unterwerfung und zum Selbstmisstrauen geführt wurde. Jakob hatte sich so sehr nach Gottes Segen gesehnt, dass er trotz der Schmerzen nicht aufhörte, sich an Ihn zu klammern, bis er tief genug gefallen war, dass Gott ihn wieder aufrichten konnte, indem Er ihm seinen göttlichen Frieden zusprach und ihm versicherte, dass er sich vor Esau nicht mehr zu fürchten brauche.

Natürlich wurde Jakob nicht über Nacht zu einem fehlerlosen Heiligen – als der nächste Tag anbrach, war seine Furcht vor Esau noch immer vorhanden (vgl. 1 Mose 33,14-17) – und doch hatte Gott diesen Kampf mit Jakob gewonnen und die Geschichte zu einem guten Ende geführt. Jakob fiel nicht mehr in sein altes Verhaltensmuster zurück. Der hinkende Jakob hatte seine Lektion gelernt, und Gottes Weisheit hatte es bewirkt!

Ein weiteres Beispiel aus der Genesis, in dem Gott wieder auf andere Weise handelte, finden wir im Leben von Joseph. Joseph wurde als junger Mann von seinen Brüdern als Sklave nach Ägypten verkauft. Dort kam er, aufgrund einer boshaften und falschen Anklage, die die Frau seines Herrn Potifar vorbrachte, unschuldig ins Gefängnis, gelangte aber nach einiger Zeit wieder zu hohem Ansehen. Zu welchem Zweck hatte Gott in seiner Weisheit all diese Ereignisse geplant? Soweit es Joseph persönlich betraf, finden wir die Antwort in Psalm 105,19 (eÜ): »... bis das Wort des HERRN *seine Unschuld bewies.*«

Joseph wurde auf die Probe gestellt, geläutert und reifte; während seiner Zeit als Sklave und im Gefängnis lernte er, sich auf Gott zu verlassen und trotz der deprimierenden Situationen seinen Mut und seine Hoffnung nicht zu verlieren, sondern geduldig auf den Herrn zu warten. Gott gebraucht nicht selten anhaltende Notlagen, um uns diese wichtigen Lektionen beizubringen. Joseph selbst gibt uns eine Antwort, mit der er uns offenbart, wie sehr Gott bei all diesen Umwegen und Herausforderungen das Wohl seines Volkes stets zum Ziel hat: »Aber Gott hat mich vor euch her gesandt, um euch einen Überrest zu sichern auf Erden, und um euch am Leben zu erhalten zu einer großen Errettung. Und nun, nicht ihr habt mich hierher gesandt, sondern Gott: Er hat mich dem Pharao zum Vater gesetzt und zum Herrn über sein ganzes Haus und zum Herrscher über das ganze Land Ägypten« (1 Mose 45,7-8).

Josephs Gotteserkenntnis war so klar und sein Erbarmen gegenüber seinen Brüdern tief. Und wieder einmal wird deutlich, wie Gottes Weisheit die Ereignisse im Leben eines Menschen so lenkt, dass zwei wichtige Ziele erreicht werden: die Errettung und Heiligung dieses Menschen und die Erfüllung einer für ihn bestimmten Aufgabe, zum Dienst und zum Wohl des Volkes Gottes. Diese beiden Ziele sehen wir sowohl in der Lebensgeschichte von Joseph als auch in denen von Abraham und Jakob auf wunderbare Weise erfüllt.

Prüfungen, die uns verwirren

All diese Dinge wurden niedergeschrieben, damit wir daraus lernen. Denn mit derselben Weisheit, mit der Gott die Wege der Gläubigen des Alten und Neuen Testaments lenkte, leitet Er auch heute noch das Leben seiner Kinder. Deshalb sollten wir nicht zu sehr erschrecken, wenn uns unerwartete, harte und enttäuschende Dinge widerfahren. Du fragst dich, was sie zu bedeuten haben? Nun, ganz einfach, dass Gott in seiner Weisheit vorhat, aus uns etwas zu machen, was wir zum jetzigen Zeitpunkt noch nicht sind, und dass Er gerade dabei ist, dies zu verwirklichen.

Vielleicht möchte Gott unsere Geduld, unsere Gemütsverfassung, unser Mitgefühl, unsere Demut oder unsere Sanftmütigkeit stärken, indem Er uns Situationen aussetzt, in denen diese Eigenschaften ganz besonders nötig sind. Vielleicht will Er uns gerade in diesem Augenblick, zur Selbstverleugnung und Bescheidenheit erziehen. Vielleicht möchte Er unsere Selbstzufriedenheit brechen, uns auf den Boden der Tatsachen zurückholen oder uns von unbewusstem Stolz und Arroganz befreien. Vielleicht ist es auch einfach sein Ziel, uns näher zu sich selbst zu ziehen, damit wir bewusster in der Gemeinschaft mit Ihm leben. Denn, wie die meisten Christen sicherlich wissen, ist die Gemeinschaft mit Gott, dem Vater, und mit seinem Sohn gerade dann besonders herrlich und erquickend, und die Freude an Christus dann am größten, wenn uns das Kreuz am schwersten erscheint. Oder vielleicht bereitet Gott uns auch auf eine Aufgabe vor, von der wir jetzt noch nicht die geringste Ahnung haben.

Paulus sah einen Teil seiner eigenen Nöte darin begründet, dass Gott »uns tröstet in all unserer Bedrängnis, damit wir die trösten können, die in allerlei Bedrängnis sind, durch den Trost, mit dem wir selbst von Gott getröstet werden« (2 Kor 1,4). Und selbst unser Herr Jesus »lernte ... an dem, was er litt, den Gehorsam«, und ist so »zur Vollendung gelangt« (Hebr 5,8-9 eÜ). Dieser Vers gesagt einerseits, dass Jesus die Macht hat, uns standhaft zu machen, so dass wir durch Ihn fähig sind, all unsere Schwierigkeiten und Leiden zu überwinden; und andererseits, dass wir nicht überrascht sein dürfen, wenn Er uns dazu beruft, seinen Fußstapfen zu folgen, und bereit zu sein anderen auch dann zu dienen, wenn dies für uns bedeutet, Ungerechtigkeit und Leid zu ertragen. Er kennt den Weg, den Er uns führt, auch wenn wir ihn im Moment noch nicht sehen.

Wir können sehr wohl durch bestimmte Ereignisse verunsichert werden, aber Gott weiß ganz genau, was Er tut und welches Ziel Er mit diesen Ereignissen erreichen will. Er ist zu jeder Zeit und in allen Dingen absolut weise – diese Tatsache werden wir im Rückblick je und dann erkennen, doch in diesem Leben bleibt sie uns häufig verborgen. (Hiob wird ganz gewiss auch erst im Himmel den tiefsten Grund seiner Leiden erfahren haben.) Doch bis dahin sollten wir nicht zögern, Gott und seiner Weisheit zu vertrauen; auch dann, wenn Er uns über seine Pläne im Dunkeln lässt.

Wie aber sollen wir uns in diesen verwirrenden und schwierigen Situationen richtig verhalten, wenn wir nicht wissen, was Gottes Absicht mit uns ist? Erstens, indem wir sie als von Gott gegeben annehmen und uns selbst fragen, welches wohl die Reaktion wäre, die am ehesten dem Gedanken der Bibel entspricht. Zweitens, indem wir gerade in diesen Schwierigkeiten Gottes Gegenwart suchen.

Wenn wir diese beiden Dinge tun, werden wir in Bezug auf Gottes Absichten niemals völlig im Dunkeln tappen. Wir werden stattdessen immer in der Lage sein, hinter unseren Schwierigkeiten mindestens so viel Sinn zu sehen, wie Paulus es in Bezug auf seinen Pfahl im Fleisch tat (was auch immer dieser Pfahl war). Paulus berichtet uns, dass ein »Engel Satans« ihn quälte. Paulus widerstand der Versuchung, wegen dieses Pfahls etwas Schlechtes über Gott zu denken und suchte stattdessen Gottes Nähe und bat Ihn, Er möge diesen Pfahl aus seinem Fleisch entfernen. Doch die einzige Antwort, die Gott Ihm gab, lautete: »Lass dir an meiner Gnade genügen, denn meine Kraft wird in der Schwachheit vollkommen!« Vermutlich erkannte Paulus nach einiger Zeit des Nachdenkens einen der Gründe für sein Leiden: »Damit ich mich wegen der außerordentlichen Offenbarungen nicht überhebe.« Diese Erkenntnis und Gottes Antwort auf sein Flehen waren genug für ihn. Er fragte nicht nach mehr. Seine grundsätzliche Haltung finden wir in den Worten: »Darum will ich mich am liebsten vielmehr meiner Schwachheiten rühmen, damit die Kraft des Christus bei mir wohne« (2 Kor 12,7-9).

Paulus ist uns hier ein großes Vorbild. Denn welche anderen Gründe auch immer hinter den Schwierigkeiten stecken, die ein Christ erleben wird – ob sie ihn für einen künftigen Dienst vorbereiten oder nicht –, jedes Leid hat zumindest das eine Ziel, für das auch Paulus seinen Pfahl im Fleisch erduldete: Sie wurden uns gegeben, um uns demütig zu machen, und wir in dieser Lage die Kraft Christi in unserem irdischen Leben bezeugen. Müssen wir noch mehr wissen als dies? Ist es nicht völlig ausreichend für uns, zu wissen, dass Gott mit seiner Weisheit hinter all diesen Situationen steht? Nachdem Paulus erkannt hatte, dass er Schwierigkeiten erdulden musste, damit Christus durch ihn verherrlicht wird, akzeptierte er es als weise Entscheidung Gottes und es gelang ihm sogar, sich darüber zu freuen. Gott, gib uns die Gnade, dass wir lernen, unsere Nöte und Probleme in derselben Weise anzunehmen.

◈ KAPITEL 10 ◈

GOTTES WEISHEIT UND DIE MENSCHLICHE WEISHEIT

Wenn die reformierten Theologen der Vergangenheit sich mit den Eigenschaften Gottes beschäftigten, teilten sie diese in zwei Kategorien ein: in *nicht mitteilbare* und *mitteilbare Eigenschaften.*

In der ersten Kategorie sahen sie all die Eigenschaften, die Gottes Erhabenheit besonders deutlich machen und bei denen sich seine Geschöpfe völlig von Ihm unterscheiden. Für gewöhnlich gehörten dazu Gottes *Unabhängigkeit* (Gott existiert aus sich selbst heraus und ist sich selbst genug), seine *Unwandelbarkeit* (Gott unterliegt keiner Veränderung und ist daher völlig beständig in seinen Handlungen), seine *Unendlichkeit* (Gott wird durch nichts eingeschränkt, weder auf zeitliche noch auf räumliche Weise – Er ist ewig und allgegenwärtig) und seine *Einheitlichkeit* (die Tatsache, dass Gott – im Gegensatz zu uns – nichts Widersprüchliches an sich hat, noch etwas Gegensätzliches denkt oder tut). Die Theologen bezeichneten diese Eigenschaften deshalb als nicht mitteilbar, weil sie allein auf Gott zutreffen. Der Mensch besitzt keine dieser Fähigkeiten, weil er eben nur Mensch ist und nicht Gott.

In der zweiten Kategorie fassen die Theologen sowohl die Attribute Gottes als geistiges Wesen – z. B. seine Freiheit und Allmacht –, wie auch seine moralischen Eigenschaften – Güte, Wahrheit, Heiligkeit, Gerechtigkeit usw. – zusammen. Doch welchem Prinzip folgt diese Einteilung? Als Gott den Menschen schuf, *teilte* Er ihm Eigenschaften *mit,* die dieser Kategorie entsprechen. Das meint die Bibel, wenn sie davon spricht, dass der Mensch in Gottes Ebenbild geschaffen wurde (vgl. 1 Mose 1,26-27) – dass er als freies geistiges Wesen geschaffen wurde, das die Verantwortlichkeit und die Macht hat, Dinge frei zu entscheiden und danach zu handeln; dass er fähig ist, mit Gott zu kommunizieren und auf Gott zu reagieren; und dass Gott ihn ursprünglich gütig, ehrlich, heilig, aufrichtig, mit einem Wort, *gottebenbildlich* geschaffen hat (vgl. Pred 7,29).

Allerdings gingen durch den Sündenfall die moralischen Eigenschaften, die zur Gottesebenbildlichkeit des Menschen gehören, verloren und kehrten sich ins Gegenteil. Und die Gottesebenbildlichkeit selbst wurde verunstaltet, denn alle Menschen sind auf die eine oder andere Weise der Gottlosigkeit verfallen. Doch die Bibel berichtet uns auch von Gottes Erlösungsplan, dass Er in den Gläubigen am Werk ist, um in ihnen das entstellte Ebenbild wiederherzustellen, indem Er ihnen diese göttlichen Eigenschaften neu *mitteilt.* Die Bibel nennt dies die Umgestaltung in das Bild Christi und in Gottes Bild (vgl. 2 Kor 3,18; Kol 3,10).

Die Theologen waren sich einig, dass auch die Weisheit zu diesen mitteilbaren Eigenschaften gehört. Denn, da Gott selbst die Quelle aller Weisheit ist, hat Er dem Menschen Weisheit verliehen.

Die Weisheit als göttliches Geschenk nimmt in der Bibel einen wichtigen Stellenwert ein. Die ersten neun Kapitel der Sprüche Salomos sind eine einzige Aufforderung, dieses göttliche Geschenk zu suchen. »Weisheit ist das Wichtigste im Leben, darum setze alles daran, sie zu bekommen. Und selbst wenn es all dein Vermögen koste, erwirb dir Verstand! ... Halte fest an der Belehrung, lass sie nicht los; bewahre sie, denn von ihr hängt dein Leben ab!« (Spr 4,7.13; eÜ). An anderer Stelle wird die Weisheit personifiziert und spricht: »Wohl dem Menschen, der auf mich hört, indem er täglich an meiner Pforte wacht und die Pfosten meiner Türen hütet! Denn wer mich findet, der findet das Leben und erlangt Wohlgefallen von dem Herrn; wer mich aber verfehlt, tut seiner Seele Gewalt an; alle, die mich hassen, lieben den Tod!« (Spr 8,34-36).

Als Gastgeberin lädt sie die Bedürftigen an ihre Festtafel ein: »Wer unverständig ist, der komme zu mir!« (Spr 9,4). Der entscheidende Punkt dieser Illustration ist, dass Gott bereit ist, all jenen Weisheit zu geben, die wirklich danach verlangen und auch bereit sind, die nötigen Schritte zu tun, um sie zu erhalten. Ähnliches finden wir im Neuen Testament. Dort gehört die Weisheit zu den Dingen, die von einem Christen erwartet werden: »Lebt nicht als unweise, sondern als weise ... seid nicht unverständig, sondern seid verständig, was der Wille des Herrn ist!« (Eph 5,15-17; eÜ); »Verhaltet euch klug im Umgang mit denen, die nicht zur Gemeinde gehören« (Kol 4,5; NGÜ). Das Gebet ist uns gegeben, damit wir dadurch Weisheit erhalten: »Wir bitten Gott, dass er euch durch seinen Geist alle nötige Weisheit und Einsicht schenkt, um seinen Willen in vollem Umfang zu erkennen« (Kol 1,9; NGÜ). Und Jakobus gibt uns in Gottes Auftrag eine wunderbare Zusage: »Wenn es aber einem von euch an Weisheit fehlt, bitte er Gott darum, und sie wird ihm gegeben werden« (Jak 1,5; NGÜ).

Aber wo können wir Weisheit finden? Und welche Schritte müssen wir unternehmen, um dieses Geschenk von Gott zu erhalten? Die Bibel nennt uns zwei Voraussetzungen.

***1. Wir müssen lernen,* Gott zu fürchten.** »Die Furcht des Herrn ist der Anfang der Weisheit« (Ps 111,10; Spr 9,10; vgl. Hiob 28,28; Spr 1,7; 15,33). Wir werden erst dann göttliche Weisheit erlangen, wenn wir demütig und lernfähig werden. Erst wenn wir Gottes Heiligkeit und Souveränität mit Ehrfurcht begegnen (Nehemia bezeichnet Ihn als »großen und ehrfurchtgebietenden Gott«; vgl. Neh 1,5; 4,14; 9,32; 5 Mose 7,21; 10,17; Ps 99,3; Jer 20,11), erst dann, wenn wir einsehen, wie unbedeutend wir wirklich sind, nur wenn wir unserer eigenen Weisheit misstrauen, und bereit sind, unser Denken und unsere Vorstellungen infrage zu stellen, wird uns Gottes Weisheit zuteil.

Ich befürchte, dass es vielen Christen gerade deshalb an wahrer Weisheit mangelt, weil sie niemals echte Demut erlernt und ihr Leben stattdessen in einer arroganten Haltung geführt haben. Nicht umsonst sagt die Schrift: »*Bei den Demütigen* ist Weisheit« (Spr 11,2).

***2. Wir müssen lernen,* Gottes Wort anzunehmen.** Weisheit schenkt Gott denen – und nur denen –, die sich nach seinem Wort richten. »Deine Gebote machen mich weiser als meine Feinde«, erklärt der Psalmist; »Ich bin verständiger geworden als alle meine Lehrer« – warum? – *»denn über deine Zeugnisse sinne ich nach«* (Ps 119,98-99).

Deshalb ermahnt Paulus die Kolosser: »Lasst *das Wort des Christus* reichlich in euch wohnen in aller Weisheit« (Kol 3,16). Wie können wir, als »moderne Menschen«, das realisieren? Indem wir uns aufrichtig mit Gottes Wort beschäftigen, das, wie Paulus es gegenüber Timotheus formuliert (und er dachte dabei nur an das Alte Testament!), »die Kraft hat, dich *weise* zu machen zur Errettung durch den Glauben, der in Christus Jesus ist« und das dazu dient, dass »der Mensch Gottes ganz zubereitet sei, zu jedem guten Werk völlig ausgerüstet« (2 Tim 3,15-17).

Ich möchte es noch einmal betonen: Viele, die sich heute als Christen bezeichnen, werden nie die wahre Weisheit kennenlernen, weil sie Gottes inspiriertem Wort der Bibel nicht die nötige Aufmerksamkeit schenken. Das sogenannte »Cranmer's Prayer Book« (das obligatorische Gebetbuch der anglikanischen Kirche) war dazu gedacht, dass es die Gemeinde in einem Jahr einmal durch das Alte Testament und zweimal durch das Neue Testament führt. Der Puritaner William Gouge las regelmäßig täglich 15 Kapitel der Bibel. Und T. C. Hammond es sich angewöhnt, jedes Jahr viermal die gesamte Bibel zu lesen. Wie lange ist es her, dass du die Bibel ganz gelesen hast – falls du es überhaupt *einmal* getan hast? Verbringst du täglich so viel Zeit mit der Bibel, wie mit der Lektüre der Zeitung [Anm. d. Übers.: oder wie im Internet und den sozialen Netzwerken]? Wie unwissend sind doch viele von uns! – und wir werden dies unser ganzes Leben lang bleiben, weil wir einfach nicht bereit sind, das zu tun, was nötig ist, damit Gott uns wahre Weisheit schenkt.

Was Weisheit nicht ist

Was aber beinhaltet Gottes Geschenk der Weisheit? Und welche Auswirkung hat sie auf einen Menschen?

An dieser Stelle begehen viele einen Fehler, und ich möchte anhand eines Beispiels erklären, wo ihr Fehler liegt.

Stell dir vor, du stehst auf dem Bahnsteig eines Hauptbahnhofs und beobachtest das ständige Ein- und Ausfahren der Züge. Wenn du ein großer Eisenbahnfan bist, dann wird dich dieser Anblick faszinieren, aber du wirst aus dieser Perspektive nur eine sehr grobe Vorstellung von dem exakt ausgearbeiteten Fahrplan erhalten, der hinter all diesen Bewegungen und Abläufen steckt.

Wenn du allerdings die Möglichkeit erhältst, einen Mitarbeiter des Bahnhofs zu begleiten, um einen Blick in das zuständige Stellwerk – also hinter die Kulissen des Geschehens – zu werfen, dann wirst du ein riesiges Netzwerk an Diagrammen, Schaltzeichen und Lampen entdecken, die den gesamten Bahnverkehr über mehrere Kilometer darstellen. Und in diesem Moment siehst du den Ablauf aus einer völlig anderen Perspektive – nämlich aus der Perspektive dessen, der über alles die Kontrolle hat. Du erkennst nun, weshalb einer der Züge ein Haltesignal und ein anderer die Fahrtfreigabe erhält, während ein dritter vorübergehend auf ein anderes Gleis umgeleitet wird. Das Warum und Weshalb dieser Abläufe erscheint dir nun sinnvoll, weil du den vollen Überblick hast.

Der Fehler Vieler liegt darin, dass sie meinen, mit Gottes Weisheit wäre es ähnlich. Sie glauben, Gott müsse uns einfach eine andere Perspektive, einen besseren Überblick über sein Handeln und über den Grund seiner Entscheidungen verschaffen, und zeigen, was Er in Zukunft tun wird. Sie glauben, wenn sie wirklich in der Gegenwart Gottes leben würden, dann würde Er ihnen seine Weisheit schenke, und sie hätten sie den vollen Überblick – sähen sozusagen das Geschehen vom Stellwerk Gottes aus. Und dann würden sie die wahren Absichten hinter allem erkennen, was ihnen widerfährt, und sie wüssten augenblicklich, weshalb Gott bestimmte Dinge zu ihrem Besten wirkt. Solche Menschen verbringen viel Zeit damit, über Gottes Pläne und Absichten nachzugrübeln, und sie fragen sich, warum Gott dies oder jenes zugelassen hat, ob es ein Zeichen dafür sei, dass sie etwas Bestimmtes tun oder lassen sollten oder was Gott ihnen sonst damit sagen wolle. Wenn sie aber zu keinem Ergebnis kommen, glauben sie, dass es ihnen an geistlicher Reife fehle.

Die Ursache, weshalb viele Christen, an Depressionen, oder unter physischen, psychischen oder geistlichen Nöten leiden (und man sollte diese Dinge unbedingt auseinanderhalten!), liegt darin, dass sie dieses vergebliche Bemühen und sinnlose Fragen fast in den Wahnsinn treibt. Ja, es ist tatsächlich vergeblich und sinnlos; machen wir uns nichts vor! Es stimmt, dass Gott, wenn Er uns durch bestimmte Handlungsprinzipien eine Richtung vorgibt, diese Richtung gelegentlich auf die eine oder andere Weise bestätigt, die wir auch als einmalige Bestätigung sehen dürfen. Doch das ist die Ausnahme und wir sollten nicht aus jeder, uns ungewöhnlich erscheinenden Situation, eine besondere Botschaft Gottes über seine geheimen Pläne herauslesen. Es ist nicht nur so, dass Weisheit etwas völlig anderes ist, als die Fähigkeit, Gott über die Schulter schauen zu können – wahre Weisheit setzt vielmehr voraus, dass wir uns unserer Unfähigkeit bewusst sind, Gottes Verstand zu erforschen. Doch darauf möchte ich gleich noch etwas näher eingehen.

Was wir brauchen, ist Realitätssinn!

Ich stelle noch einmal die Frage: Was genau bedeutet es, wenn Gott uns Weisheit schenkt? Was macht dieses Geschenk aus?

Um eine andere bildliche Umschreibung zu verwenden: Wer Weisheit von Gott empfängt, gleicht einem aufmerksamen Autofahrer. Beim Autofahren sind zwei Dinge besonders wichtig: erstens, eine richtige Einschätzung der Verkehrssituation und zweitens eine schnelle und angemessene Reaktion darauf. Ein Autofahrer fragt nicht lange, warum die Straße an dieser Stelle enger wird oder an einer anderen Stelle eine scharfe Kurve ist. Er macht sich keine großen Gedanken, weshalb der Kleintransporter gerade an dieser Stelle parkt oder warum der Fahrer vor ihm die Mittellinie ständig überfährt. Er nimmt diese Dinge wahr und versucht, sein Fahrverhalten diesen Umständen anzupassen. Wenn Gott uns Weisheit schenkt, dann gibt Er uns damit die Fähigkeit, in den jeweiligen Situationen des Alltags richtig zu handeln.

Ein sicherer Autofahrer richtet seine Aufmerksamkeit ständig auf das, was vor ihm geschieht. Ein weiser Mensch sieht die Dinge klar und schätzt sie realistisch ein – er sieht das Leben einfach so, wie es wirklich ist. Weisheit verträgt sich nicht mit illusionären Vertröstungen, Gefühlsduselei oder einer rosaroten Brille. Viele von uns leben in einer Art Traumwelt – sie schweben mit den Füßen über dem Boden und stecken mit ihrem Kopf in den Wolken. Deshalb haben sie eine völlig verkehrte Lebensanschauung. Dieser tiefsitzende, durch die Sünde verursachte Realitätsverlust ist ein Grund dafür, weshalb wahre Weisheit so selten ist – selbst unter denen, die als besonders bibeltreu gelten. Was wir brauchen, ist mehr als eine gesunde Theologie, um uns von diesem Realitätsverlust zu heilen! Es gibt allerdings ein biblisches Buch, das den Zweck verfolgt, uns zu einer realistischen Sicht der Dinge zu verhelfen: das Buch Prediger! Wir sollten diesem Buch viel mehr Aufmerksamkeit schenken, als dies gewöhnlich der Fall ist. Achten wir einmal darauf, was der Prediger uns zu sagen hat.

Die Lehre des Predigers

Das Buch »Prediger« oder »Kohelet« (vom hebräischen Wort »*Quhelet*« = »Prediger«) ist nichts anderes als eine Predigt über den folgenden Text: »Nichtigkeit der Nichtigkeiten« (Pred 1,2; 12,8), einer Auslegung dieses Themas (Pred 1-10) und einer abschließenden Anwendung (Pred 11,1-12,7). Der größte Teil der Auslegung trägt autobiografische Züge. Der *Prediger* gibt sich selbst als »Sohn Davids, König in Jerusalem« zu erkennen (Pred 1,1; eÜ). Ob es sich bei dem Autoren tatsächlich um Salomo handelt oder ob der Autor seine eigene Predigt Salomo nur zuschreibt, wie selbst konservative Theologen wie Hengstenberg und E. J. Young behaupten, ist für uns nicht weiter wichtig. Denn die Predigt trifft in jedem Fall auf Salomo zu, da sie Themen behandelt, die er persönlich zu lernen hatte.

»O Nichtigkeit der Nichtigkeiten!, spricht der Prediger. O Nichtigkeit der Nichtigkeiten! Alles ist nichtig!« In welcher Verfassung und zu welchem Zweck verkündigt der Prediger diese Worte? Ist es das Bekenntnis eines verbitterten Zynikers, »eines selbstsüchtigen und gefühllosen alten Mannes, der von der Welt letzten Endes völlig enttäuscht war«, wie W. H. Elliot es formuliert, der nun versucht, uns seine Ansicht der Sinnlosigkeit und Tücke des Lebens zu vermitteln? Oder spricht er als Evangelist zu uns, der das Ziel hat, den Ungläubigen zu zeigen, dass wahres Glück »unter der Sonne«, also ohne Gott, unmöglich zu finden ist? Die Antwort lautet: keines von beiden. Wobei die zweite Annahme der Wahrheit näher kommt, als die erste.

Der Prediger spricht als ein erfahrener Lehrer, der seinen reichen Erfahrungsschatz an einen jüngeren Menschen weitergibt (vgl. Pred 11,9; 12,1-12). Sein Ziel ist es, diesen jungen Gläubigen zu wahrer

Weisheit zu führen und ihn vor einem falschen »Stellwerk-Denken« zu bewahren. Offenbar war der junge Mann (wie viele andere auch) der Überzeugung, dass wahre Weisheit mit einem großen Wissensschatz identisch sei und man Weisheit durch fleißiges Studieren erlange (vgl. Pred 12,12). Er war der Überzeugung, dass ein Mensch Gottes vielfältiges Handeln begreifen könne, wenn er nur genügend Weisheit besäße. Deshalb möchte der Prediger ihm zeigen, dass die Voraussetzung für echte Weisheit in der Erkenntnis liegt, dass uns der Lauf dieser Welt verborgen ist, dass Vieles, was geschieht, für uns unerklärlich ist und dass die meisten Vorkommnisse »unter der Sonne« keineswegs äußere Anzeichen für die ordnende Hand eines rationalen und moralischen Gottes sind.

Wie die Predigt selbst zeigt, will ihr Text uns vor dem Versuch davor warnen, alles verstehen zu wollen. Sie macht deutlich, dass dieser Versuch – wird er ehrlich und konsequent betrieben – schlussendlich zur Verzweiflung führen wird. Wir können die Botschaft des Predigers mit folgenden Worten zusammenfassen:

»Seht, in welch einer Welt wir leben«, sagt der Prediger. »Nehmt die rosarote Brille ab, reibt euch die Augen und schaut euch alles an. Was seht Ihr? Ihr seht, wie das Leben sich vor dem Hintergrund zufälliger Naturkreisläufe abspielt (vgl. Pred 1,4-7). Ihr seht, wie alles im Leben von Zeitabschnitten und Umständen beeinflusst wird, auf die wir keinen Einfluss haben (vgl. Pred 3,1-8; 9,11-12). Ihr seht den Tod, der jeden von uns früher oder später fast willkürlich ereilt, gleichgültig, ob dies zurecht geschieht oder nicht (vgl. Pred 7,15; 8,8). Der Mensch stirbt genauso wie das Vieh (vgl. Pred 3,19-20), der Gute wie der Böse, der Kluge wie der Törichte (vgl. Pred 2,14.16; 9,2-3). Ihr seht, wie das Böse überall überhand nimmt (vgl. Pred 3,16; 4,1; 5,8; 8,11; 9,3); der Gottlose hat ständig Erfolg, der Gute aber niemals (vgl. Pred 8,14). Wenn Ihr all das bedenkt, werdet Ihr erkennen, dass Gottes Pläne unergründlich sind – so sehr ihr auch versucht, sie zu ergründen, es wird euch niemals gelingen (vgl. 3,11; 7,13-14; 8,17; 11,5). Je mehr Ihr versucht, zu verstehen, zu welchem Zweck Gott bestimmte Ereignisse in seiner Vorsehung geplant und durchgeführt hat, umso mehr quälen euch diese Gedanken und umso deprimierter werdet ihr angesichts der offensichtlichen Ziellosigkeit aller Dinge, und umso mehr seid ihr versucht, zu glauben, dass das Leben tatsächlich so sinnlos ist, wie es scheint.

Wenn ihr aber einmal an dem Punkt angekommen seid, dass ihr euch keinen Reim auf das machen könnt, was geschieht und ihr keinen Nutzen hinter all dem seht – ganz gleich in welcher Hinsicht –, welchen Sinn haben dann all die Belastungen des Lebens (vgl. Pred 1,3; 2,11.22; 3,9; 5,16)? Und falls das Leben wirklich sinnlos ist, dann ist es auch wertlos. Und alles Mühen, alle Bautätigkeit, das Geldverdienen, ja, sogar die Suche nach Weisheit, ist nutzlos, denn nichts von alledem wird etwas offensichtlich Gutes bewirken (vgl. Pred 2,15-16.22-23; 5,11). Vielmehr führt es zu Neid (vgl. Pred 4,4), und schlussendlich werden wir nichts davon behalten können (vgl. Pred 2,18-21; 4,8; 5,15-16), und alles, was wir hinterlassen, wird eines Tages zerstört vergehen (vgl. Pred 2,19). Was hat es also für einen Sinn, zu schuften und zu schwitzen, um irgendetwas zu erreichen, wo doch all unsere Werke früher oder später sich als »nichtig und ein Haschen nach Wind« erweisen werden (vgl. Pred 1,14), Taten, die weder in sich selbst noch für uns irgendeine längerfristige Bedeutung haben?«

Solch eine pessimistische Grundhaltung wird zwangsläufig das Ergebnis sein, so der Prediger, wenn wir glauben, wir könnten Gottes Absichten hinter allem entdecken (vgl. Pred 1,17-18). Und natürlich hat er recht! Denn die Welt, in der wir leben, ist tatsächlich so, wie er sie beschrieben hat. Der Gott, der sie regiert, hält sich selbst im Verborgenen. Nur selten erweckt die Welt den Eindruck, als würde sie von einer gütigen Vorsehung gelenkt werden. Nur selten scheint hinter allem eine rationale Kraft zu stehen. Zu häufig ist Wertloses von langer Dauer, während Wertvolles viel zu schnell vergeht. Seid realistisch, fordert der Prediger uns auf, schaut den Tatsachen ins Auge und seht das Leben so, wie es tatsächlich ist. Wenn ihr dies nicht tut, werdet ihr keine wahre Weisheit erlangen.

Viele von uns brauchen eine solche Ermahnung. Denn wir tendieren nicht nur zu dem Irrtum, Weisheit sei wie der Blick aus einem Stellwerk oder zu anderen falschen Vorstellungen. Unser größtes Problem ist, dass wir (gerade diejenigen, die sich als geistliche Christen bezeichnen) häufig meinen, es gehöre zu Gottes Ehre, uns eine bevorzugte Stellung zu verleihen – sozusagen einen Ehrenplatz in seinem Stellwerk –, die es uns ermögliche, hier und da von Ihm besondere Insiderinformationen darüber zu erhalten, warum und wozu Er bestimmte Dinge so anordnet. Diese tröstliche Vorstellung ergreift sehr schnell Besitz von uns: Wir sind sicher, dass Gott uns erlaube, alle Wege und Umwege, die Er uns gerade führt, zu verstehen, und wir sind uns ebenso sicher, dass dies auch auf zukünftige Dinge zuträfe.

Und dann geschieht etwas Unerwartetes und sehr Schmerzhaftes – unsere optimistische Vorstellung wir seien Gottes Geheimräte, bricht in sich zusammen. Unser Stolz ist verletzt und wir fühlen uns, als hätte Gott uns hinters Licht geführt. Und wenn wir nicht spätestens an diesem Punkt bereit sind, von unseren falschen Vorstellungen umzukehren, unsere Fehler einzugestehen und uns vor Gott zu demütigen, kann es sehr leicht passieren, dass unser gesamtes zukünftiges Leben mit Gott Schaden erleidet.

Zu den sieben Todsünden, die im Mittelalter von der katholischen Kirche benannt wurden, gehörte die Trägheit – eine dauerhafte und freudlose geistige Apathie. Leider ist sie in unseren heutigen christlichen Kreisen sehr häufig anzutreffen. Die Symptome sind persönliche geistliche Trägheit, gemischt mit einem kritischen Zynismus gegenüber den Gemeinden und eine arrogante Antipathie gegenüber Initiativen und Bemühungen anderer Christen.

Der Grund für diesen krankhaften und zerstörerischen Zustand ist nicht selten der verletzte Stolz eines Menschen, der glaubte, er wüsste alles über Gottes Vorsehung, und der dann auf schmerzliche und irritierende Weise lernen musste, dass dem nicht so ist. Und genau dies wird geschehen, wenn wir nicht auf die Botschaft achten, die uns der Prediger mitteilt. Denn die Wahrheit ist, dass Gott in seiner Weisheit beschlossen hat, uns nur bruchstückhaft in seine Vorsehung und seine Pläne – die Er in unserem persönlichen Leben und in der weltweiten Gemeinde verfolgt – einzuweihen, damit wir lernen, ein demütiges Leben im Glauben und nicht im Schauen zu führen. »Gleichwie du nicht weißt, was der Weg des Windes ist, noch wie die Gebeine im Bauch der Schwangeren bereitet werden, so kennst du auch das Werk Gottes nicht, der alles wirkt« (Pred 11,5).

Was aber ist dann Weisheit? Bisher hat uns der Prediger nur geholfen, zu erkennen, was keine Weisheit ist. Aber gibt er uns auch irgendwelchen Aufschluss darüber Hinweis, was Weisheit ist?

Ja, das tut er! »Fürchte Gott und halte seine Gebote« (Pred 12,13a). Mit anderen Worten: Vertraue und gehorche Gott, würdige und ehre Ihn, sei demütig vor Ihm und sage im Gebet nur das, was du wirklich meinst und wozu du stehst (vgl. Pred 5,1-7), tue Gutes und denke immer daran, dass Gott eines Tages für alles Rechenschaft von dir fordern wird (vgl. Pred 3,12; 11,9; 12,14). Vermeide also alles – selbst im Verborgenen –, für das du dich einmal schämen wirst, wenn Gott es ans Licht bringt (vgl. Pred 12,14). Lebe im Hier und Jetzt und genieße es, denn jede gegenwärtige Freude ist ein Geschenk Gottes (vgl. Pred 7,14; 9,7-10; 11,9-10). Obwohl der Prediger alle Frivolität ablehnt, hat er doch nichts für eine überfromme Haltung übrig, für Menschen, die zu »geistlich« oder zu stolz sind, um sich über etwas freuen und lachen zu können (vgl. 7,4-6.16). Bitte Gott um die Gnade, mit aller Kraft für das zu arbeiten, wozu du berufen bist, und genieße es (vgl. 9,10; 2,24; 3,12-13; 5,18-20; 8,15). Gib alle Probleme an Gott ab und überlass Ihm das letztendliche Urteil über alles, was du getan hast. Deine Aufgabe ist es, all deinen Verstand und deine ganze Kraft einzusetzen und die dir gegebenen Möglichkeiten zu nutzen (vgl. Pred 11,1-6).

Das bedeutet Weisheit praktisch! Gewiss ist sie nur eine Facette des Glaubenslebens. Aber was ist ihre Grundlage und wodurch wird sie aufrechterhalten? Nun, die Überzeugung dessen, dass der unbegreifliche Gott der Vorsehung derselbe ist, wie der weise und gnädige Gott, der alles erschaffen und uns erlöst hat. Wir können absolut sicher sein, dass der Gott, der die Welt auf so wunderbare und komplexe Weise geschaffen hat, der sein Volk in seiner großen Barmherzigkeit aus der Sklaverei in Ägypten befreite, ja, der später sogar die viel größere Befreiung von der Sünde und der Macht des Teufels vollbrachte, dass dieser wunderbare Gott genau weiß, was Er tut, und Er »hat alles wohl gemacht« – auch dann, wenn uns seine gnädige Hand vorerst verborgen bleibt! Wir können Ihm vertrauen und uns auch dann über Ihn freuen, wenn wir den Weg, den Er uns führt, nicht erkennen. So lässt sich das, was uns der Prediger über den Weg zur Weisheit zu sagen hat, mit den Worten Richard Baxters zusammenfassen:

Ihr Heil'gen, die ihr euch auf Erden plagt,
ehrt euren Gott und König,
und auf dem Weg von früh bis spät
singt froh Ihm untertänig.

Nehmt, was Er euch wird geben,
Lob sei Ihm ohne Enden,
wie es sich auch mag wenden,
der Herr hat ew'ges Leben.

Die Frucht der Weisheit

Dies also ist die Weisheit, mit der Gott uns beschenkt. Und indem wir sie betrachten, verstehen wir auch mehr von der Weisheit des Gottes, der sie uns gibt. Wir haben festgestellt, dass Weisheit darin besteht, die bestmöglichen Mittel für das beste Ziel zu wählen. Wenn Gott uns seine Weisheit schenkt, ist dies ein Mittel auf dem Weg zu seinem großen Ziel, die Gemeinschaft zwischen sich und den Menschen wiederherzustellen und vollkommen zu machen – die Gemeinschaft, für die Er den Menschen geschaffen hat. Woraus besteht diese Weisheit? Wie wir gesehen haben, besteht die Weisheit nicht darin, dass Gott uns sein gesamtes Wissen mitteilt, sondern vielmehr, dass wir erstens bereit sind zuzugeben, dass Gott allein weise ist und zweitens, dass wir an Ihm festhalten und in der Kraft seines Wortes mit Gott durch dick und dünn gehen.

Gott schenkt uns seine Weisheit auch, damit wir demütiger, fröhlicher, gottähnlicher werden, als zu der Zeit, da wir noch in der Finsternis und der Verlorenheit dieser gefallenen Welt lebten. Gott möchte, dass wir verständiger darin werden, seinen Willen zu erkennen, und entschlossener, Ihn auch zu befolgen. Das Neue Testament spricht davon, dass die Frucht der göttlichen Weisheit die Christusähnlichkeit ist – nämlich Frieden, Güte und Liebe (vgl. Jak 3,17) –, dass ihre Wurzel der Glaube an Christus ist (vgl. 1 Kor 3,18ff.; 2 Tim 3,15), und dass Christus selbst die göttliche Weisheit in Person ist (vgl. 1 Kor 1,24.30).

Die Weisheit also, die Gott denen gibt, die Ihn darum bitten, ist eine Weisheit, die uns selbst zu Gott führt und die sich darin zeigt, dass wir an Ihn glauben und Ihm unser ganzes Leben lang treu ergeben sind.

Sehen wir also zu, dass unsere Suche nach Weisheit zu einem Streben nach Christusähnlichkeit wird. Damit wir Gottes weisen Ratschluss nicht etwa missachten, indem wir den Glauben und die Treue vernachlässigen und einer Weisheit nachjagen, die wir in dieser Welt niemals erlangen werden.

◈ KAPITEL 11 ◈

DEIN WORT IST DIE WAHRHEIT

In jedem Abschnitt der Bibel werden zwei Wahrheiten über den dreieinigen Gott immer wieder vorausgesetzt oder sogar eindeutig erwähnt. Die erste Wahrheit ist, dass Gott *König* ist – Er ist der absolute Herrscher des Universums, der die Dinge so ordnet, dass alles nach seinem Willen geschieht. Die zweite Wahrheit ist, dass Gott *spricht* – Er offenbart seinen Willen, damit wir danach handeln.

Wir haben uns in einem vorhergehenden Kapitel schon damit beschäftigt, dass Gott der souveräne Herrscher ist. Nun wollen wir uns mit dem zweiten Thema – dem Wort Gottes – beschäftigen. Und indem wir uns mit diesem zweiten Thema auseinandersetzen, werden wir zudem ein tieferes Verständnis für das erste Thema erhalten – denn wie Gottes Umgang mit seiner Schöpfung im Zusammenhang mit seiner Souveränität verstanden werden muss, so kann auch seine Souveränität nur unter Berücksichtigung dessen verstanden werden, was uns die Bibel über sein Wort sagt.

Der uneingeschränkte Herrscher eines großen Reiches, wie wir sie aus der Antike kennen, spricht für gewöhnlich auf zwei verschiedenen Ebenen und mit zwei Absichten. Er wird einerseits Gesetze und Befehle erlassen, die das indirekte Umfeld betreffen – Justiz, Steuern, Kultur – und nach denen sich seine Untertanen fortan zu richten haben. Und auf der anderen Seite wird er öffentliche Reden halten, um soweit wie möglich eine Verbindung zwischen sich und seinen Untertanen herzustellen und von ihnen ein Höchstmaß an Zustimmung und Unterstützung für seine Maßnahmen zu gewinnen. Gottes Wort hat in der Bibel ebenfalls diesen zweifachen Charakter. Gott ist der König. Wir, als seine Geschöpfe, sind seine Untertanen. Sein Wort betrifft sowohl die Welt um uns herum wie auch uns persönlich. Er bestimmt über die gesamte Welt und fordert Herz und Verstand des Einzelnen.

Bezogen auf den ersten Punkt, der in der Schöpfung und der Vorsehung seine Erfüllung findet, hat Gottes Wort den Charakter eines souveränen »Es werde ...«. Der zweite Punkt, der auf der persönlichen Ebene zwischen Gott und uns stattfindet, ist Gottes Wort wie eine königliche *Thora* (das hebräische Wort im Alten Testament für *Gesetz,* das aber jede Form der Unterweisung meint). Gottes königliche *Thora* hat einen dreifachen Sinn: Einiges dient als *Gesetz* (im engeren Sinn als Gebote und Verbote in Zusammenhang mit gewissen Maßnahmen), einiges als *Verheißung* (je nachdem als vor- oder nachteilig, bedingt oder bedingungslos), einiges als *Zeugnis* (Informationen, die Gott uns über sich selbst und über sein Volk gibt – wie z. B. bestimmte Handlungen, Absichten, Eigenschaften und Möglichkeiten).

Das Wort, das Gott direkt an uns richtet (vergleichbar mit einer königlichen Ansprache, nur weit erhabener als diese) ist ein Instrument, das Gott nicht nur zu dem Zweck gebraucht, uns zu regieren, sondern auch, um Gemeinschaft mit uns zu haben. Denn obwohl Gott der große König ist, ist es nicht sein Wunsch, sich von seinen Untertanen zu distanzieren. Das genaue Gegenteil ist der Fall: Gott hat uns geschaffen, um gemeinsam mit Ihm in einer ewigen Liebesbeziehung zu leben. Doch eine solche Beziehung kann nur dann bestehen, wenn sich beide Parteien sehr gut kennen. Gott, unser Schöpfer, weiß bereits alles über uns, bevor wir auch nur den Mund aufmachen (vgl. Ps 139,1-4); doch wir wissen nicht das Geringste über Ihn, wenn Er sich uns nicht offenbart. Und genau das ist ein weiterer Grund dafür, weshalb Gott zu uns spricht: Er will uns nicht nur dazu bringen, dass wir tun, was Er von uns fordert. Vielmehr sollen wir Ihn kennenlernen, denn nur so werden fähig, Ihn zu lieben. Daher sendet Gott uns sein Wort zu unserer Information und als Einladung. Sein Wort dient dazu, uns zu umwerben und uns anzuleiten. Es berichtet uns nicht nur von dem, was Gott getan hat und noch tut, sondern ruft uns auch in die persönliche Gemeinschaft mit Gott als dem liebevollen Herrn.

Der Gott, der redet

In den ersten drei Kapiteln begegnet uns das Wort Gottes in seinen unterschiedlichen Varianten. Als Erstes in der Schöpfungsgeschichte in 1. Mose Kapitel 1.

Durch dieses Kapitel sollen wir erfahren, dass jeder Bestandteil unseres Universums von Gott erschaffen ist. Der erste Vers führt das Thema ein, das im Verlauf des Kapitels immer mehr entfaltet wird: »Im Anfang schuf Gott die Himmel und die Erde« (1 Mose 1,1). Der zweite Vers beschreibt den Ausgangspunkt, von dem aus eine detaillierte Beschreibung von Gottes weiterem Schöpfungswerk beginnt: Die Erde war formlos, und noch ohne jegliches Leben, in Dunkelheit und völlig mit Wasser bedeckt. Vers 3 beschreibt uns dann, wie Gott in diese leblose Leere sein Wort hineinspricht: »Und Gott sprach: Es werde Licht!« Was geschah? Sofort »wurde Licht«. Sieben weitere Male lesen wir (V. 6.9.11.14.20.24.26), wie Gottes schöpferisches »Es werde ...« gesprochen wird, und Stück für Stück Dinge ins Leben ruft und sie ordnet: Tag und Nacht (V. 5), das Firmament und das Meer (V. 6), Wasser und Land (V. 9), die Pflanzenwelt (V. 12), die Sterne und sonstigen Himmelskörper (V. 14), die Fische und Vögel (V. 20), Insekten und Landtiere (V. 24) und zuletzt den Menschen (V. 26). All dies erschuf Gott durch sein Wort (vgl. Ps 33,6.9; Hebr 11,3; 2 Petr 3,5).

Doch dann erreicht die Geschichte eine weitere Stufe: Gott spricht zu den Menschen, die Er geschaffen hat. »Und Gott sprach *zu ihnen ...*« (1 Mose 1,28). Er wendet sich unmittelbar an seine Geschöpfe und leitet somit die Beziehung zwischen sich und den Menschen ein. Achten wir einmal auf die unterschiedlichen Kategorien, in denen Gott im weiteren Verlauf dieser Geschichte zu den Menschen spricht. Sein erster Satz an Adam und Eva ist ein *Befehl,* durch den Gott sie auffordert, ihrer Berufung nachzukommen, als

Menschen die Erde zu bevölkern und zu beherrschen (»Seid fruchtbar ... und herrscht ...«, V. 28). Darauf folgt ein *Zeugnis* (»Siehe, ...«, V. 29-30), durch das Gott erklärt, dass die Nutzpflanzen, das Getreide und die Früchte von Gott geschaffen wurden, damit sie Menschen und Tieren als Nahrung dienen. Als Nächstes spricht Gott ein *Verbot* aus, verbunden mit einer Strafandrohung: »aber von dem Baum der Erkenntnis des Guten und des Bösen darfst du nicht essen. Denn sobald du davon isst, musst du sterben!« (1 Mose 2,17; eÜ). Schließlich begegnet Gott, nach dem Sündenfall, Adam und Eva erneut, um mit ihnen zu sprechen, doch dieses Mal gibt Er ihnen eine *Verheißung* mit einem positiven und auch einem negativen Aspekt. Denn während Gott einerseits verheißt, dass der Nachkomme der Frau den Kopf der Schlange zertreten wird, bestimmt Gott andererseits, dass die Frau ihre Kinder mit Schmerzen gebären wird, während für Adam die Arbeit mit viel Mühe und Enttäuschung verbunden sein wird und beiden der sichere Tod bevorsteht (vgl. 1 Mose 3,15-19).

Hier, im Rahmen dieser drei kurzen Kapitel, begegnet uns Gottes Wort in all den Beziehungen, in denen es zu dieser Welt und zu der Menschheit steht: einerseits als das Wort, das die Verhältnisse des Menschen und seiner Umgebung ordnet und andererseits als das Wort, das den Menschen zum Gehorsam auffordert, ihn dazu aufruft, Gott zu vertrauen, und durch das sich Gott seinen Geschöpfen offenbart. Wir finden zwar in dem, was auf diese drei Kapitel in der Bibel folgt, neue Äußerungen Gottes, doch keine dieser Bekundungen enthält eine neue Kategorie in der Beziehung zwischen Gottes Wort und seinen Geschöpfen. Sie sind vielmehr Wiederholungen und Bestätigungen dessen, was Gott in 1. Mose 1-3 sagt.

So bezeugt die ganze Bibel einerseits, dass alle Umstände und Ereignisse in der Welt durch das Wort Gottes – das allmächtige »Es werde ...« des Schöpfers – vorherbestimmt sind. Die Bibel offenbart eindeutig, dass alles, was geschieht, eine Erfüllung des Wortes Gottes ist – von den Wetterumschwüngen (vgl. Ps 147,15-18; 148,8) bis zum Aufstieg und Niedergang der Nationen. Die Tatsache, dass Gottes Wort tatsächlich das Weltgeschehen bestimmt, war die erste Lektion, die Jeremia lernen musste, als Gott ihn zu einem seiner Propheten berief: »Siehe«, sprach Gott, »ich setze dich am heutigen

Tag über die Völker und über die Königreiche ein, um auszurotten und niederzureißen, und um zu zerstören und abzubrechen, um zu bauen und zu pflanzen« (Jer 1,10).

Aber wie war das möglich? Schließlich war Jeremia nicht zum Staatsmann oder Weltenherrscher berufen, sondern zum Propheten, zudem zu einem recht jungen Botschafter Gottes (vgl. Jer 1,7). Wie konnte ein Mann, der keine offizielle Position besaß, dessen einzige Aufgabe es war, Gottes Wort zu verkünden, als von Gott eingesetzter Herrscher über die Nationen bezeichnet werden? Nun, ganz einfach deshalb, weil Gott ihm seine Worte in den Mund legte (Jer 1,9), und weil jedes dieser Worte, die er im Namen Gottes verkündete, und die das Schicksal der Nationen betraf, ganz sicher in Erfüllung gehen würde. Um Jeremia diese Tatsache einzuprägen, ließ Gott ihn eine erste Vision schauen: »Was siehst du, Jeremia?« ... »Den Zweig eines [Mandel- oder] Wächterbaumes *[schaqed].*« »Du hast recht gesehen; denn ich werde über meinem Wort wachen *[schoqed],* um es auszuführen!« (Jer 1,11-12).

Dasselbe verkündete Gott durch Jesaja: »Denn gleichwie der Regen und der Schnee vom Himmel fällt und nicht wieder dahin zurückkehrt, bis er die Erde getränkt und befruchtet und zum Grünen gebracht hat und dem Sämann Samen gegeben hat und Brot dem, der isst — genauso soll auch mein Wort sein, das aus meinem Mund hervorgeht: es wird nicht leer zu mir zurückkehren, sondern es wird ausrichten, was mir gefällt, und durchführen, wozu ich es gesandt habe!« (Jes 55,10-11). Die Bibel bestätigt überall, dass Gottes Wort sein ausführendes Organ in allen menschlichen Belangen ist. Nur von Gottes Wort kann man sagen, dass alles, was sein Wort sagt, auch geschehen wird. Es ist in Wahrheit Gottes Wort, das die Welt regiert und das unser Schicksal bestimmt.

Andererseits zeigt uns die Bibel auch deutlich, dass Gottes Wort uns in der dreifachen Weise begegnet, die wir schon im Garten Eden sahen. Manchmal spricht es zu uns als das *Gesetz* – wie auf dem Berg Sinai, in vielen Predigten der Propheten, in den Reden Jesu und in der Aufforderung des Evangeliums, Buße zu tun und an den Herrn Jesus Christus zu glauben (vgl. Apg 17,30; 1 Joh 3,23). Ein anderes Mal kommt es als *Verheißung* – wie in der Verheißung einer zahlreichen Nachkommenschaft und der Bundesverheißung an Abraham (vgl. 1 Mose 15,5; 17,1-8), in der Verheißung der Befreiung aus Ägypten (vgl. 2 Mose 3,7-10), in der Verheißung des Messias (vgl. Jes 9,6-7; 11,1-2) und des Königreiches Gottes (vgl. Dan 2,44; 7,14), und im Neuen Testament in den Verheißungen der Rechtfertigung, der Auferstehung und der Verherrlichung aller Gläubigen.

Manchmal kommt es zu uns als *Zeugnis* – als göttliche Anweisungen die den Glauben und das christliche Leben betreffen. Es kommt in der Form historischer Berichte, theologischer Auseinandersetzungen, als Dichtung und Weisheitswort, aber immer kommt es zu uns als das absolute und verbindliche Wort Gottes. Wir müssen es annehmen, ihm vertrauen und ihm gehorchen, denn es ist das Wort Gottes, unseres Königs. Das Wesen der Gottlosigkeit besteht in dem hochmütigen Eigensinn des gottlosen Volkes, »das sich weigert, auf meine Worte zu hören« (Jer 13,10). Der Kern wahrer Demut und Gottesfurcht ist jedoch, dass der Mensch »erzittert vor meinem Wort« (Jes 66,2).

Absolute Wahrheit

Doch der Anspruch, den Gottes Wort auf uns erhebt, beruht nicht nur darauf, dass wir Gottes Geschöpfe und Untertanen sind. Wir sollten seinem Wort nicht nur deshalb glauben und gehorchen, weil Gott es von uns fordert, sondern auch, und vor allem deshalb, weil sein Wort die Wahrheit ist. Es ist das Wort des wahrhaftigen Gottes (vgl. Jes 65,15), der »von großer Gnade und Wahrheit« ist (2 Mose 34,6; eÜ); seine Wahrheit reicht bis zu den Wolken (Ps 108,5; eÜ) – das heißt, seine Zuverlässigkeit ist allumfassend und grenzenlos. Sein »Wort ist die Wahrheit« (Joh 17,17). »Dein Wort ist durch und durch wahr« (Ps 119,160; NGÜ). »Du bist Gott, und deine Worte sind Wahrheit« (2 Sam 7,28).

Im biblischen Sinne wird Wahrheit zuerst auf den Charakter einer Person bezogen und erst in zweiter Linie auf deren Aussagen. Wahrheit bedeutet, Beständigkeit, Zuverlässigkeit, Verbindlichkeit und Vertrauenswürdigkeit. Eine Person, die einen solchen Charakter hat, ist widerspruchsfrei, wahrhaftig, realistisch und objektiv. Gott erfüllt alle diese Eigenschaften: sein ganzes Wesen ist Wahrheit – und Er kann nichts anderes sein. Daher kann Gott auch nicht lügen (vgl. Tit 1,2; 4 Mose 23,19; 1 Sam 15,29; Hebr 6,18), und das ist auch der Grund, weshalb seine Worte an uns vollkommen zuverlässig sind und sie nichts anderes als das sein können. Sie sind geradezu der Inbegriff der Wahrheit: Sie zeigen uns die Dinge so, wie sie wirklich sind, und wie sie künftig sein werden – abhängig davon, ob wir sein Wort befolgen oder nicht.

Sehen wir uns diese Tatsachen anhand von zwei Punkten etwas genauer an.

1. Gottes Gebote sind Wahrheit. »Alle deine Gebote sind Wahrheit« (Ps 119,151). Warum finden wir hier eine solche Beschreibung für Gottes Gebote? Erstens, weil sie dauerhaft und verbindlich aufzeigen, was Gott von jedem Menschen aus jeder Generation erwartet. Zweitens, weil sie uns die unveränderliche Wahrheit über unseren geistlichen Zustand zeigen. Denn dies Teil der Aufgabe des göttlichen Gesetzes: Es vermittelt uns ein klares Bild über das wahre Menschsein. Es zeigt uns, wozu wir erschaffen wurden. Es klärt uns darüber auf, was Menschsein wirklich bedeutet. Und es warnt uns vor der moralischen Selbstzerstörung. Diese Tatsachen sind von größter Bedeutung, und gerade in unserer Zeit sollten wir ihnen unsere ganze Aufmerksamkeit schenken.

Wir haben uns so sehr an die Vorstellung gewöhnt, dass unser Körper wie eine Maschine funktioniert – wir benötigen nur regelmäßig Nahrung, Schlaf und Bewegung, damit unser Körper zuverlässig und erfolgreich arbeitet, doch sobald wir ihn mit den falschen Dingen füttern – wie Alkohol, Drogen, usw. – verliert er seine Kraft und Vitalität, was letztendlich zum physischen Tod führt. Was wir allerdings vergessen, ist, dass Gott möchte, dass wir unsere Seele dieselbe Fürsorge zukommen lassen. Als vernunftbegabte Wesen wurden wir von Gott in seinem Ebenbild erschaffen – deshalb soll unsere Seele sich darin üben, Gott anzubeten, seinen Geboten zu folgen und in Treue und Wahrheit, mit Disziplin und Selbstbeherrschung Gott und unseren Mitmenschen zu dienen. Wenn wir diese Prinzipien in unserem Leben nicht beachten, werden wir nicht nur vor Gott schuldig, wir werden auch unsere eigene Seele verderben – unser Gewissen verkümmert, unser Schamgefühl geht verloren, unsere Fähigkeit vertrauenswürdig, loyal und aufrichtig zu sein, nimmt immer mehr ab und unser Charakter wird zerstört. Auf diesem Weg wird ein Mensch nicht nur hoffnungslos unglücklich, sondern immer unmenschlicher. Dies ist ein Aspekt des geistlichen Todes. Richard Baxter hatte recht, als er feststellte, der Mensch ist entweder ein »Heiliger – oder eine Bestie« (*»A Saint – or a Brute«*).

Zwischen diesen beiden existiert nichts, und jeder von uns wird sich früher oder später, bewusst oder unbewusst für das eine oder andere entscheiden.

Heutzutage werden viele Vertreter des Humanismus behaupten, dass die »puritanische« Sexualmoral der Bibel sich negativ auf das menschliche Erwachsenwerden auswirke, und dass ein wenig mehr Freiheit auch zu einem erfüllteren Leben führe. Diese Sichtweise sollte ganz sicher nicht als humanistisch, sondern viel eher als animalisch bezeichnet werden. Eine laxe Sexualmoral macht uns nicht menschlicher, sondern bewirkt das genaue Gegenteil: Sie entmenschlicht und zerstört die Seele. Dasselbe trifft auf jede andere Handlung zu, die Gottes Geboten widerspricht. Wir leben nur insofern ein wirklich menschliches Leben, wie wir bemüht sind, ein Leben nach Gottes Geboten und Maßstäben zu führen.

2. Gottes Verheißungen sind wahr, denn Gott hält sie ganz gewiss. »Gott ist treu und hält, was er zugesagt hat« (Hebr 10,23b; NGÜ). Die Bibel spricht von Gottes Treue in Superlativen. »Herr, bis an den Himmel reicht deine Gnade, bis zu den Wolken deine Treue« (Ps 36,6; NGÜ); »von Generation zu Generation währt deine Treue« (Ps 119,90; NGÜ); »deine Treue ist groß« (Klgl 3,23). Wie zeigt sich Gottes Treue? In der unumstößlichen Erfüllung all seiner Verheißungen. Er ist ein Gott, der seine Bündnisse hält und Er wird niemals jemanden im Stich lassen, der auf Ihn vertraut. Abraham vertraute auf Gottes Treue, und er wartete über 25 Jahre bis ins hohe Alter auf die Geburt seines von Gott verheißenen Erben. Und nach ihm haben noch Millionen andere Gottes Treue erfahren.

Als die Bibel in den Kirchen noch allgemein als das »inspirierte Wort Gottes« anerkannt war, da galten seine Verheißungen noch als die wahre, gottgegebene Grundlage für das Leben und den Glauben. Um den Glauben eines Menschen zu stärken, richtete man seinen Blick auf eine bestimmte Zusage in Gottes Wort, die in die Situation dieses Menschen hinein sprach. Der Puritaner Samuel Clark schreibt in der Einführung seines Buches *Scripture Promises; or, the Christian's Inheritance, A collection oft he Promises of Scripture under their proper heads:*

»Der kontinuierliche Blick auf Gottes Verheißungen und das feste Vertrauen auf ihre Gültigkeit beugen den Sorgen und Ängsten des Lebens vor. Durch sie kommen die Gedanken zur Ruhe und wir bleiben gelassen, was auch kommen mag. Sie halten unsere angeschlagene Seele aufrecht, trotz der Schwierigkeiten, die das Leben mit sich bringt ... Christen berauben sich ihres sichersten Halts, wenn sie Gottes Verheißungen misstrauen oder sie missachten. Denn keine Not ist so groß, dass Gottes Verheißungen sie nicht überwinden könnte – seine Verheißungen bieten uns in jeder Lage ausreichend Trost.

Eine tiefere Erkenntnis der göttlichen Verheißungen ist auch von größtem Nutzen für unsere Gebete. Mit welch großer Zuversicht wird ein Christ seine Gebete in Christus vor Gott bringen, wenn er daran denkt, dass Gott versprochen hat, seine Gebete zu erhören! Mit welcher Gelassenheit wird er die Begierden seines Herzens aufgeben, wenn er sich der Bibelstellen bewusst ist, in denen ihm die große Barmherzigkeit Gottes verheißen wird! Mit welch einer geistlichen Leidenschaft und Glaubenskraft wird er Gott um die Erfüllung seiner Verheißung bitten, die er in diesem Moment am nötigsten braucht!«

Diese Dinge waren früher völlig klar; doch die liberale Theologie – die sich weigert, die biblischen Schriften als das Wort Gottes anzusehen – hat uns die Angewohnheit genommen, über Gottes Verheißungen nachzusinnen und in unseren Gebeten auf sie zu bauen. Wir haben es verlernt, Gottes Verheißungen blind zu vertrauen und ein Leben zu wagen, das bereit ist, dies unter seinen Verheißungen zu führen. Heute spotten die Menschen darüber, wie Gottes Wort einst den Alltag unserer Großeltern bestimmte. Doch die heutige Einstellung ist sehr gefährlich. Sicher haben unsere Großeltern Gottes Wort nicht immer in rechter Weise angewendet und ausgelegt; doch die Hochachtung, die sie Gottes Wort und dem Gebet entgegenbrachten, war vorbildlich. Leider haben wir diese Haltung verloren und brauchen sie doch heute dringender denn je.

Glaube und gehorche

Was bedeutet es, Christ zu sein? Das Christsein können wir unter vielen verschiedenen Gesichtspunkten betrachten, doch wir können alles, was wir bisher über Christen gesagt haben, mit folgendem Satz zusammenfassen: *Wahre Christen sind Menschen, die Gottes Wort anerkennen und ihr Leben danach ausrichten.* Sie fügen sich vorbehaltlos dem Wort Gottes, das »im Buch der Wahrheit aufgezeichnet ist« (Dan 10,21), sie glauben seinen Lehren, vertrauen seinen Verheißungen und befolgen seine Gebote. Ihre Augen sind auf den Gott der Bibel gerichtet – auf ihren himmlischen Vater und auf Christus, ihren Erretter.

Ein Christ wird, wenn er danach gefragt wird, bekennen, dass Gottes Wort ihn von der Sünde überführt und ihm die Vergebung zugesprochen hat. Sein Gewissen ist, wie bei Martin Luther, in Gottes Wort gebunden, und er strebt, wie der Psalmist, danach, sein ganzes Leben nach dem Willen Gottes auszurichten: »Ach, dass ich doch beständig die Wege gehen möge, auf denen ich deine Bestimmungen einhalte!« »Von ganzem Herzen habe ich dich gesucht, lass mich nicht von deinen Geboten abirren!« »Ich habe dir erzählt, welchen Weg ich wähle, und du hast mir geantwortet. Nun lehre mich doch, deinen Bestimmungen zu folgen. Lass mich verstehen, welchen Weg deine Ordnungen vorgeben; ich will nachsinnen über alle deine Wunder.« »Lenke mein Herz hin zu dem, was du in deinem Wort bezeugst, und halte es fern vom Streben nach Gewinn!« »Mein Herz soll einzig und allein an deinen Bestimmungen hängen, damit ich nicht in Schande falle« (Ps 119,5.10.26-27.36.80; NGÜ). Gottes Verheißungen stehen ihm vor Augen, wenn er betet, und in seinen täglichen Verrichtungen sind ihm Gottes Anordnungen stets bewusst.

Christen wissen, dass Gottes Wort neben dem, wie es in der Bibel festgehalten ist, auch als das Wort existiert, durch das alles erschaffen wurde und das alles kontrolliert und ordnet. Weil der Christ anhand der Bibel weiß, dass ihm alle Dinge zum Besten dienen, freut er sich über die Vorstellung, dass Gott alle Ereignisse kontrolliert und ordnet. Christen sind unabhängige Menschen, und doch ist das Wort Gottes ihr verbindlicher Maßstab, an dem sie alles messen und prüfen, das ihnen begegnet, und sie werden nichts akzeptieren, was sie nicht zuvor anhand der Schrift geprüft und als akzeptabel erkannt haben.

Warum trifft diese Beschreibung nur auf so wenige von uns zu, die wir uns heute als Christen bezeichnen? Diese Frage sollte jeder von uns an sein eigenes Gewissen richten.

◈ KAPITEL 12 ◈

DIE LIEBE GOTTES

In seinem ersten Brief betont der Apostel Johannes zweimal: »Gott ist Liebe« (1 Joh 4,8.16). Dies ist eine der gewaltigsten Aussagen der gesamten Bibel – und leider auch eine, die am häufigsten missverstanden wird. Falsche Meinungen über diese Bibelstelle wuchern wie eine Dornenhecke, verbergen deren wahre Bedeutung und machen es extrem schwer, zur Wahrheit durchzudringen. Doch sobald der Christ einmal den eigentlichen Sinn des Textes erfasst hat, wird seine Mühe mehr als doppelt belohnt. So, wie jeder, der den höchsten Berg Schottlands, den Ben Nevis, erklommen hat, bei der herrlichen Aussicht alle Anstrengungen des Aufstiegs vergisst!

Wirklich glücklich sind diejenigen, die mit Johannes sagen können »Gott ist Liebe«, »und wir haben die Liebe erkannt und geglaubt, die Gott zu uns hat« (1 Joh 4,16). Gottes Liebe zu erkennen, ist tatsächlich der Himmel auf Erden. Und das Neue Testament betont diese Erkenntnis immer wieder, und zwar nicht nur als Privileg für ein paar Bevorzugte, sondern als ganz normaler Bestandteil der Erfahrung jedes gewöhnlichen Christen. Sie wird also nur denen fremd sein, deren geistliches Leben nur schwach ausgeprägt oder überhaupt nicht vorhanden ist. Wenn Paulus sagt: »die Liebe Gottes ist ausgegossen in unsere Herzen durch den Heiligen Geist, der uns gegeben worden ist« (Röm 5,5), dann spricht er nicht von der Liebe zu Gott, wie Augustinus es interpretierte, sondern von der Erkenntnis der Liebe Gottes zu uns. Und obwohl Paulus die römischen Christen bisher nicht persönlich kennengelernt hatte, gab es für ihn keinen Zweifel, dass diese Aussage für sie ebenso real war, wie für ihn.

Ein Strom der Liebe

Drei Faktoren in der Aussage des Paulus (Röm 5,5) verdienen unsere besondere Aufmerksamkeit. Achten wir zuerst auf das Wort *ausgegossen.* Derselbe Begriff wird in Apostelgeschichte 2,17-18.33; 10,45 und Tit 3,6 verwendet, wo vom Ausgießen des Heiligen Geistes die Rede ist. Dieser Ausdruck lässt uns an einen freilaufenden, breiten Strom denken – ja, eine Überflutung. Die *New English Bible* (NEB) übersetzt es mit »Gottes Liebe hat unser Innerstes *überflutet«.* Paulus spricht hier also nicht von einem unsteten, vorübergehenden Ereignis, sondern von einem Geschehen, das bis ins Innerste eindringt und überwältigend ist.

Als Zweiten sollten wir die Zeitform beachten, in dem Paulus diesen Begriff verwendet. Er steht im Perfekt, und das bedeutet, dass es sich hier um einen vollendeten Zustand handelt, der aus einer abgeschlossenen Handlung resultiert. Der Gedanke, der dahintersteht, ist, dass die Erkenntnis der Liebe Gottes unser Herz überflutet hat und es *jetzt erfüllt,* so wie ein Fluss eine Talsenke überschwemmt und sie zu einem See macht. Paulus geht davon aus, dass seine Leser, wie er selbst, ihr Leben in der Freude dieses ständigen und starken Bewusstseins der Liebe Gottes führen.

Drittens fällt auf, dass Paulus den Empfang der Erkenntnis der Liebe Gottes als etwas beschreibt, das zu *den gewöhnlichen Aufgaben des Heiligen Geistes* gehört. Der Heilige Geist lässt diese Erkenntnis allen zuteilwerden, die Ihn empfangen haben – allen, die wiedergeboren sind und zur Gemeinde der Gläubigen gehören. Dieser Dienst des Heiligen Geistes sollte tatsächlich weit mehr geschätzt werden, als dies in der Regel der Fall ist. Es ist schon fast beschämend, wie sehr wir uns mit den außergewöhnlichen und durchaus seltenen Gaben des Heiligen Geistes beschäftigen, die nicht jeder Gläubige empfängt, und dabei die vergessen, die Anteil jedes Gläubigen sind. Das heißt, wir haben weit mehr Interesse an den ausgefallenen Geistesgaben, wie Heilung, Sprachen- bzw. Zungenrede – Gaben, von denen Paulus deutlich macht, dass nicht jeder Christ an ihnen Anteil hat (vgl. 1 Kor 12,28-30) –, statt an den Gnadengaben des Geistes, wie Freude, Frieden, Liebe und Hoffnung, die Er durch die Erkenntnis der Liebe Gottes in unsere Herzen gibt. Und das, obwohl diese allgemeinen Gnadengaben so viel wichtiger sind, als die außerordentlichen. Den Korinthern, die meinten, dass ein Gläubiger, je mehr er in fremden Sprachen rede, umso nützlicher und geistlicher sei, musste Paulus sagen, dass die Sprachenrede ohne die Liebe – ohne Heiligung und Christusähnlichkeit – völlig nutzlos sei (vgl. 1 Kor 13,1-3).

Zweifellos hätte Paulus heute nicht weniger Grund, denselben Einspruch zu erheben. Es wäre tragisch, wenn der Wunsch nach Erweckung, der derzeit an vielen Orten auflebt, in der Sackgasse einer neuen »korinthischen Fehleinschätzung« enden würde. Das Beste, was Paulus den Ephesern im Zusammenhang mit dem Heiligen Geist wünschen konnte, war, dass sie weiterhin und immer mehr unter dem Einfluss von Römer 5,5 leben, mit einem tiefen Bewusstsein der Liebe Gottes in Christus:

»Wenn ich mir das alles vor Augen halte, kann ich nicht anders, als anbetend vor dem Vater niederzuknien. Er ... gebe euch durch seinen Geist innere Kraft und Stärke ... Das wird euch dazu befähigen, zusammen mit allen anderen, die zu Gottes heiligem Volk gehören, die Liebe Christi in allen ihren Dimensionen zu erfassen – in ihrer Breite, in ihrer Länge, in ihrer Höhe und in ihrer Tiefe. Ja, dass ihr seine Liebe versteht, die doch weit über alles Verstehen hinausreicht, und dass ihr auf diese Weise mehr und mehr mit der ganzen Fülle des Lebens erfüllt werdet, das bei Gott zu finden ist« (Eph 3,14-19; NGÜ).

Erweckung bedeutet, dass Gott sich entschließt, eine eingeschlafene Gemeinde neu zu beleben. Und dies tut Er auf eine außergewöhnliche Weise, die das Neue Testament gerade als ganz normal für das christliche Leben beschreibt. Eine bibelgemäße Sehnsucht nach Erweckung drückt sich ganz sicher nicht durch das Verlangen nach Zungenrede aus (denn letztendlich ist es nicht entscheidend, ob ich in fremden Sprachen rede oder nicht), sondern in dem Wunsch, dass der Heilige Geist Gottes Liebe mit Macht in uns ausgießt. Denn auf diese Weise (der häufig eine tiefe Erkenntnis der eigenen Sündhaftigkeit vorausgeht) geschieht wahre Erweckung, und nur so wird sie die Gemeinde auch langfristig verändern.

In diesem Kapitel verfolge ich die Absicht, das Wesen göttlicher Liebe aufzuzeigen, die uns der Heilige Geist schenkt. Zu diesem Zweck wollen wir unsere Aufmerksamkeit auf die Erklärung des Johannes richten, dass Gott selbst Liebe ist. Mit anderen Worten: Die Liebe, die Gott der Menschheit entgegenbringt, und die die Christen erkennen und über die sie sich freuen dürfen, ist eine Offenbarung von Gottes innerstem Charakter. Dieses Thema wird uns tief in das Geheimnis von Gottes Wesen führen – so tief, wie der menschliche Verstand nur gehen kann, und tiefer, als uns die bisherigen Betrachtungen geführt haben.

Als wir uns mit Gottes Weisheit beschäftigten, da erkannten wir etwas von seinem Verstand. Als wir über seine Macht nachdachten, da erblickten wir etwas von seiner starken Hand und seinem mächtigen Arm. Als wir sein Wort betrachteten, da lernten wir etwas über sein Reden. Doch nun, wenn wir uns seine Liebe ansehen, werfen wir einen Blick in sein Herz. Wir bewegen uns hier auf heiligem Boden, und wir benötigen dringend die Gnade der Ehrfurcht, damit wir dies in angemessener Weise tun und uns nicht versündigen.

Liebe, Geist, Licht

Zwei Hauptaussagen von Johannes ebnen uns den Weg dorthin.

1. »Gott ist Liebe« ist nicht die ganze Wahrheit über Gott, soweit es die Bibel betrifft. Es ist keine abstrakte Definition, die für sich alleine steht, sondern die Summe dessen, was uns die Bibel über ihren Urheber zu sagen hat. Diese Feststellung ist die Voraussetzung für alle übrigen biblischen Zeugnisse über Gott. Der Gott, von dem Johannes spricht, ist derselbe Gott, der diese Welt geschaffen hat, der sie durch die Sintflut richtete, der Abraham berief und aus ihm eine Nation machte, der sein alttestamentliches Volk züchtigte, indem Er Feinde schickte, die ihr Land eroberten und sie als Gefangene ins Exil führten, der seinen Sohn sandte, um die Welt zu retten, der das ungläubige Israel verwarf und, kurz bevor Johannes seinen Brief schrieb, Jerusalem zerstören ließ, und der eines Tages die Welt in Gerechtigkeit richten wird. Dieser Gott, so Johannes, ist Liebe!

Es wäre völlig verkehrt diese Aussage von Johannes so zu verstehen – wie manche es tun –, als wolle er damit die biblischen Zeugnisse von der Strenge des Gerichtes Gottes infrage stellen. Es ist Unsinn, zu behaupten, dass ein Gott, der Liebe ist, nicht auch ein Gott sein könnte, der diejenigen verurteilt und bestraft, die sich seinen Geboten widersetzen. Denn genau von diesem Gott spricht Johannes hier.

Wenn wir die Aussage von Johannes richtig verstehen wollen, dann müssen wir sie in Verbindung mit zwei anderen Erklärungen derselben grammatischen Ausdrucksweise betrachten, die wir in seinen Schriften finden. Interessanterweise bezieht sich Johannes bei beiden Aussagen direkt auf Jesus. Die Erste finden wir im Johannesevangelium; und zwar dort, wo Jesus der Samaritanerin am Jakobsbrunnen erklärt: »Gott ist Geist« (Joh 4,24). Die Zweite steht in den Einleitungsworten des 1. Johannesbriefes. Johannes bezeichnet sie als die Zusammenfassung der »Botschaft, die wir von ihm [Jesus] gehört haben und euch verkündigen«, und zwar, »dass Gott Licht ist« (1 Joh 1,5). Die Behauptung, dass Gott Liebe ist, muss also im Licht dessen verstanden werden, was uns die beiden vorhergehenden Aussagen lehren; und wir tun gut daran, sie kurz näher zu betrachten.

»Gott ist Geist.« Als Jesus diese Aussage machte, versuchte Er die Samaritanerin von ihrem Irrtum zu befreien, dass es nur einen richtigen Ort gäbe, an dem man Gott anbeten könne, als wäre Gott in irgendeiner Weise an einen speziellen Ort gebunden. *Geist* steht im Gegensatz zu *Fleisch:* Der entscheidende Punkt, den Jesus hier hervorhebt, ist, dass, während wir, als fleischliche Wesen, nicht an mehreren Punkten gleichzeitig sein können, Gott, als Geist, dieser Einschränkung nicht unterliegt. Gott besteht nicht aus Materie, Er ist körperlos und daher auch fähig, überall zur gleichen Zeit zu sein. Also, fährt Jesus fort, besteht die Grundlage wahrer Anbetung nicht darin, dass wir uns physisch entweder in Jerusalem, Samaria oder an einem anderen besonderen Ort befinden, sondern dass unser Herz für Gottes Reden empfänglich ist und darauf reagiert. »Gott ist Geist, und die, die ihn anbeten wollen, müssen ihn im Geist und in der Wahrheit anbeten« (Joh 4,24; NGÜ).

Der erste Artikel des Glaubensbekenntnisses der anglikanischen Kirche spricht von der »Geistigkeit« Gottes und definiert diesen Punkt auf eine etwas seltsam klingende Weise folgendermaßen: Gott ist »unkörperlich, ungeteilt und leidlos«. Diese negative Formulierung drückt etwas sehr Positives aus.

Gott ist *unkörperlich* – daher ist Er, wie wir bereits festgestellt haben, frei von jeder Einschränkung in Raum und Entfernung. Mit anderen Worten, Er ist allgegenwärtig. Dass Gott *ungeteilt* ist, bedeutet, dass seine Persönlichkeit, seine Kraft und seine Fähigkeiten eine perfekte Einheit bilden, so dass sich nichts an Ihm ändert. Denn bei Ihm gibt es »keine Veränderung, noch einen Wechsel von Licht zu Finsternis« (Jakobus 1,17; eÜ). Gott ist daher auch frei von jeder Beschränkung in Bezug auf die Zeit und alle natürlichen Prozesse, und Er bleibt in Ewigkeit derselbe. Gott ist *leidlos* – dies bedeutet keineswegs, dass Er gefühllos wäre, oder durch nichts an unseren Gefühlen und Regungen teilhätte. Doch während unsere menschlichen Leidenschaften – insbesondere die schmerzhaften, wie Angst, Trauer, Reue, Verzweiflung – in einem gewissen Sinne passiv sind und durch bestimmte Umstände hervorgerufen werden, die wir nicht beeinflussen können, bestehen Gottes Gefühle aus freien und überlegten Entscheidungen und haben daher kaum etwas mit unseren menschlichen Leidenschaften gemein.

Die Liebe Gottes, der Geist ist, ist also keine launenhafte, veränderliche Sache, wie die menschliche Liebe. Sie ist auch kein einfaches machtloses Verlangen nach Dingen, die man nie erreichen wird. Gottes Liebe ist vielmehr eine unbeeinflusste Entschlossenheit, die seinem gesamten Wesen entspricht. Sie besteht aus Güte und Wohlwollen und ist eine freie und völlig unveränderliche Entscheidung. Die Liebe des allmächtigen Gottes ist unwandelbar. Sie ist »stark wie der Tod« (Hld 8,6). »Große Wasser können die Liebe nicht auslöschen, und Ströme sie nicht ertränken« (Hld 8,7). Nichts und niemand kann uns von Gottes Liebe trennen, die wir sie einmal erfahren haben (vgl. Röm 8,35-39).

»Gott ist Licht.« Johannes klärt uns darüber auf, dass der Gott, der Geist ist, auch *Licht* ist. Er schrieb dieses Bekenntnis vermutlich zur Korrektur einiger bekennender Christen, die den Bezug zu einem moralischen Lebensstil verloren hatten und dazu noch behaupteten, dass ihr Verhalten sündlos wäre. Daher sieht sich

Johannes dazu gezwungen, darauf hinzuweisen, dass in Gott »gar keine Finsternis ist« (1 Joh 1,5). Licht bedeutet hier Heiligkeit und Reinheit, gemessen an dem Gesetz Gottes. Finsternis ist dagegen die moralische Perversion und Ungerechtigkeit, gemessen an demselben Gesetz (vgl. 1 Joh 2,7-11; 3,10).

Der entscheidende Punkt, den Johannes betont, ist, dass nur diejenigen, die im »Licht wandeln« – die versuchen ein heiliges und gerechtes Leben vor Gott zu führen und alles meiden, was diesem Ziel entgegensteht – die Gemeinschaft mit dem Vater und dem Sohn genießen werden. Diejenigen aber, die »in der Finsternis wandeln« – völlig gleichgültig, welchen Anspruch sie für sich selbst erheben – haben keine Gemeinschaft mit Gott (vgl. 1 Joh 1,6-7).

Der Gott, der Liebe ist, ist zuerst und vor allem Licht, und jede sentimentale Vorstellung von seiner Liebe, wie die einer nachsichtigen, milden Sanftheit, losgelöst von jeder moralischen Norm, sollte von vornherein aus unseren Köpfen verbannt werden. Gottes Liebe ist eine heilige Liebe. Der Gott, den Jesus uns offenbart, ist kein Gott, der moralischen Fragen gegenüber gleichgültig ist, sondern ein Gott, der die Gerechtigkeit liebt und die Ungerechtigkeit hasst; ein Gott, der von seinen Kindern erwartet, dass sie vollkommen sind, »gleichwie euer Vater im Himmel vollkommen ist« (Mt 5,48). Er duldet keinen Menschen in seiner Gegenwart, wie rechtgläubig dieser auch sein mag, der nicht bereit ist, ein heiliges Leben zu führen.

Doch jeden, den Er aufnimmt, unterzieht Er einer strengen Erziehung, so dass Er das Ziel, das Er anstrebt, auch erreicht. »Denn wen der Herr liebt, den erzieht er; jeden, den er als seinen Sohn annimmt, lässt er auch seine strafende Hand spüren ... Gott aber weiß, was zu unserem Besten dient; er erzieht uns so, dass wir an seiner Heiligkeit Anteil bekommen ... diese Erziehung [gibt] denen, die durch sie geübt sind, die friedvolle Frucht der Gerechtigkeit« (Hebr 12,6-11; eÜ).

Gottes Liebe ist streng, denn sie ist Ausdruck der Heiligkeit des Liebenden und sie begehrt die Heiligkeit des Geliebten. Die Heilige Schrift lässt den Gedanken nicht zu, dass Menschen, die sich nicht nach Heiligung sehnen, irgendeinen Anspruch auf Segen hätten, nur weil Gott Liebe ist. Sie vermittelt auch nicht den Eindruck, dass

Gott ein geliebtes Kind vor Schwierigkeiten bewahren wird, wenn Er weiß, dass diese Schwierigkeiten zu dessen Heiligung dienen.

Um nicht einseitig zu werden, sollten wir noch einen zweiten wichtigen Aspekt berücksichtigen.

2. »Gott ist Liebe« ist die ganze Wahrheit über Gott, soweit es den Christen betrifft. Die Tatsache, dass Gott *Licht ist,* bedeutet, dass sich Gottes Heiligkeit in allem ausdrückt, was Er sagt und tut. Gleichzeitig bedeutet die Aussage *Gott ist Liebe* aber ebenfalls, dass sich seine Liebe in allem ausdrückt, was Er sagt und tut.

Zu wissen, dass sich diese beiden Wahrheiten positiv für uns auswirken, ist der größte Trost, den ein Christ nur haben kann. Als Gläubige finden wir im Kreuz Christi die Gewissheit, dass wir, als Individuen, von Gott geliebt sind; von dem »Sohn Gottes, der mich geliebt und sich selbst für mich hingegeben hat« (Gal 2,20b). Wenn wir dies erkennen, sind wir auch in der Lage das Versprechen Gottes, dass denen, die Gott lieben, alle Dinge zum Besten dienen, auf uns anzuwenden, da wir nach seinem Vorsatz berufen sind (vgl. Röm 8,28). Achten wir darauf, dass Paulus nicht sagt »einige Dinge«, sondern *»alle Dinge«!* Jedes einzelne Ereignis in unserem Leben ist ein Ausdruck der Liebe Gottes zu uns, und es dient dazu, Gottes Plan für unser Leben zu verwirklichen.

Also, soweit es uns betrifft, ist Gott Liebe für uns – eine heilige, allmächtige Liebe – und zwar in jedem Augenblick und bei jedem Ereignis in unserem täglichen Leben. Selbst dann, wenn wir nicht verstehen, weshalb und wozu Gott so handelt, dürfen wir doch wissen, dass in allem und hinter allem seine Liebe steht. Daher dürfen wir uns immer freuen und Gott loben, selbst dann, wenn, menschlich gesprochen, die Dinge schlecht laufen. Und dann, wenn wir eines Tages das Gesamtbild unseres Lebens von Oben betrachten werden, wird sich herausstellen, dass alles Gnade war, vom Ersten bis zum Letzten – und wir werden zufrieden sein.

Gottes Liebe verstehen

Bisher haben wir die Liebe Gottes einfach nur umschrieben. Wir haben die groben Strukturen dessen gesehen, wann und wie Gottes Liebe handelt; doch das ist nicht genug. Wir müssen uns die Frage stellen, was Gottes Liebe eigentlich genau ist. Wie sollen wir sie definieren und analysieren? Um diese Frage zu beantworten, gibt uns die Bibel eine Vorstellung von Gottes Liebe, die wir folgendermaßen formulieren können:

Gottes Liebe ist die praktische Verwirklichung seiner Güte gegenüber Sündern. Und weil Er das Wohl der Sünder vor Augen hat, hat Er ihnen seinen Sohn als Erlöser gesandt, um sie zu wahrer Gotteserkenntnis zu führen und sie sich Seiner in einer liebevollen Bundesbeziehung erfreuen können.

Lasst uns nun die einzelnen Punkte dieser Definition betrachten.

***1. Gottes Liebe ist* die praktische Verwirklichung seiner Güte.** Wenn die Bibel von Gottes Güte spricht, dann ist damit gemeint, dass die ganze Welt durch Ihn versorgt und erhalten wird. Luis Berkhof schreibt, dass Gottes Güte »seine Vollkommenheit ist, die Ihn dazu bringt, gegenüber all seinen Geschöpfen freigiebig und gnädig zu sein. Sie ist die Zuneigung, die der Schöpfer gegenüber seinen Geschöpfen empfindet« *(Systematic Theology,* S. 70. Er zitiert Ps 145,9.15-16; vgl. Lk 6,35; Apg 14,17). Gottes Güte ist der höchste und herrlichste Ausdruck seiner Liebe. »Liebe ist, ganz allgemein gesagt, das Prinzip, das ein moralisches Wesen dazu bewegt, sich nach einem anderen Wesen zu sehnen und sich an ihm zu erfreuen. Sie findet ihre höchste Form in der persönlichen Gemeinschaft, in der jeder am Leben des anderen Anteil nimmt, sich einer dem anderen vorbehaltlos öffnet und beide darin ihre Erfüllung finden, einander ihre Liebe zu erweisen«, schreibt James Orr (*Hastings Dictionary of the Bible,* Bd. 3, S. 153). Und er hat recht, denn genau das ist Gotte Liebe.

***2. Gottes Liebe ist die praktische Verwirklichung seiner Güte* gegenüber Sündern.** Als solches ist sie sehr stark mit Gnade und Barmherzigkeit verbunden. Das heißt, Gott nimmt sich derer an, die dies nicht bloß nicht verdient haben, sondern die eigentlich das Gegenteil verdient haben. Denn diejenigen, denen Gott seine Liebe entgegenbringt, sind intelligente Geschöpfe, die sein Gesetz gebrochen haben, die aus Gottes Sicht völlig verdorben sind, und die daher nichts als Verdammnis und die ewige Verbannung aus Gottes Gegenwart verdient haben.

Dass Gott den Sünder liebt, ist einfach überwältigend – doch es ist wahr. Gott liebt Geschöpfe, die nicht liebenswert und auch nicht fähig sind zu lieben. Es ist nicht das Geringste an und oder in uns vorhanden, das die Liebe Gottes zu uns wecken könnte. Bei uns Menschen entsteht die Liebe zu einer Person dadurch, dass wir etwas Bestimmtes sehr liebenswert an ihr finden. Doch die Liebe Gottes ist unabhängig, sie geschieht aus freiem Antrieb und sie wird durch nichts außerhalb von Gottes Wesen und Willen hervorgerufen. Gott liebt Menschen, weil Er entschieden hat, sie zu lieben – oder wie Charles Wesley es formuliert: »Er hat uns geliebt, Er hat uns geliebt, weil Er sich dafür entschied« (basierend auf 5 Mose 7,7-8), und es gibt keinen anderen Grund für seine Liebe, als allein sein souveräner und guter Wille.

Die griechische und römische Welt zur Zeit des Neuen Testaments hätte sich eine solche Liebe niemals vorstellen können. Ihre Götter besaßen höchstens Lust nach Frauen, doch niemals Liebe zu Sündern. Um Gottes Liebe so zu beschreiben, wie sie sie kennengelernt hatten, mussten die neutestamentlichen Schreiber ein Wort verwenden, das es in der griechischen Sprache bisher so nicht gab: *Agape!*

***3. Gottes Liebe ist die praktische Verwirklichung seiner Güte gegenüber dem* einzelnen Sünder.** Sie ist also nicht ein vages und allumfassendes Wohlwollen gegenüber jedem Menschen, sondern als Teil seiner allwissenden Allmacht richtet Gott seine Liebe auf einzelne Menschen, um ihnen ganz bestimmte Dinge zu schenken. Gott hat schon vor Grundlegung der Welt festgelegt, wem Er seinen Segen schenken wird, was dieser Segen beinhalten wird, was das festgesetzte Ziel dieser Segnungen ist und welche Mittel Er verwendet, um dieses Ziel zu erreichen (vgl. Eph 1,4). All das war schon von Beginn an festgelegt.

So schreibt es Paulus auch den Thessalonichern: »Wir aber sind es Gott schuldig, allezeit für euch zu danken, vom Herrn geliebte Brüder, dass Gott euch von Anfang an [vor der Schöpfung] zur Errettung [dem endgültigen Ziel] erwählt hat in der Heiligung des Geistes und im Glauben an die Wahrheit, wozu er euch berufen hat durch unser Evangelium [die Mittel, um dieses Ziel zu erreichen]« (1 Thess 2,13-14). Die praktische Verwirklichung der Liebe Gottes gegenüber dem einzelnen Sünder in dieser jetzigen Zeit ist die Durchführung seines Plans, genau diese speziellen Sünder zu segnen – ein Plan, den Er von Ewigkeit her festgelegt hat.

***4. Gottes Liebe zu den Sündern beinhaltet, dass Er sich* mit ihrem Wohlergehen identifiziert.** Diese Identifikation finden wir bei jeder Art von Liebe. Eigentlich ist sie sogar der Prüfstein dafür, ob die Liebe echt ist oder nicht. Wenn ein Vater fröhlich und unbekümmert dahinlebt, während sein Sohn in Schwierigkeiten steckt, oder ein Ehemann gleichgültig mit ansieht, wie seine Frau leidet, fragen wir uns zu Recht, ob in diesen Beziehungen wirklich Liebe existiert. Denn wir wissen, dass ein Mensch, der einen anderen liebt, nur glücklich ist, wenn der andere auch glücklich ist. Dasselbe trifft auf Gott und seine Liebe zu uns zu.

Im vorhergehenden Kapitel haben wir festgestellt, dass Gottes großes Ziel in allen Dingen seine eigene Ehre ist – und diese biblische Wahrheit sollte von uns bezeugt, erkannt, bewundert und gerühmt werden. Und obwohl dies der Wahrheit entspricht, ist es doch nur die halbe Wahrheit! Die andere Hälfte besagt, dass Gott seine eigene letztendliche Glückseligkeit, an die der Seinen gebunden hat. Schließlich spricht die Bibel nicht umsonst immer wieder von Gott als dem liebenden Vater und Ehemann seines Volkes. Es gehört zur Natur dieser Beziehung, dass Gottes Freude erst dann vollkommen erfüllt sein wird, wenn all seine Geliebten in Sicherheit sind – wenn Gottes Volk in der Herrlichkeit von aller Sünde befreit leben wird.

Gott war schon vollkommen glücklich, bevor Er den Menschen erschuf, und Er weiterhin glücklich geblieben, wenn Er ihn unmittelbar nach dem Sündenfall einfach vernichtet hätte. Doch weil Gott beschlossen hatte, einzelnen Sündern seine Liebe zu schenken, wird Er erst dann wieder vollkommenes Glück genießen, wenn Er jeden Einzelnen von ihnen in sein himmlisches Reich geholt hat. Sein Entschluss steht fest: In alle Ewigkeit wird Gottes Freude mit der unseren zusammenhängen.

Wenn Gott also einen Menschen errettet, dann tut Er dies nicht nur zu seiner Ehre, sondern auch zu seiner eigenen Freude. Das erklärt auch, weshalb vor den Engeln Gottes große Freude (Gottes Freude) herrscht, wenn ein Sünder Buße tut (vgl. Lk 15,10), und warum »Jubel« sein wird, wenn Gott uns am letzten Tag untadelig in seine heilige Gegenwart stellen wird (vgl. Jud 24; NGÜ). Dieser Gedanke ist für uns unvorstellbar und übersteigt bei weitem unser Verstehen, doch die Bibel lässt keinen Zweifel daran, dass sich gerade darin die Liebe Gottes manifestiert.

***5. Gott hat seine Liebe zu den Sündern dadurch erwiesen, dass Er* ihnen seinen Sohn als Erlöser sandte.** Liebe lässt sich daran messen, wie viel sie bereit ist zu opfern. Gott hat das Ausmaß seiner Liebe dadurch bewiesen, dass Er seinen einzigen Sohn als Mensch in diese Welt sandte, damit Er für die Sünden stirbt und so der Mittler wird, der uns zu Gott bringen kann.

Es ist also kein Wunder, dass Paulus von Gottes Liebe als von einer unbegreiflich großen Tatsache spricht, die wir erkennen können, obwohl sie alle Erkenntnis übersteigt (vgl. Eph 2,4; 3,19). Gab es jemals etwas Vergleichbares? Paulus erklärt, dass dieses unermessliche Geschenk die Garantie für jede weitere Gnadentat Gottes ist: »Er, der sogar seinen eigenen Sohn nicht verschont hat, sondern ihn für uns alle dahingegeben hat, wie sollte er uns mit ihm nicht auch alles aus Gnade schenken?« (Röm 8,32; eÜ). Die Verfasser des Neuen Testaments verweisen immer wieder darauf, dass das Kreuz Jesu der höchste Beweis für die Realität und die Grenzenlosigkeit der Liebe Gottes ist.

Deshalb geht Johannes auch von seiner ersten Feststellung, dass Gott Liebe ist, direkt zum Evangelium über: »Darin ist die Liebe Gottes zu uns geoffenbart worden, dass Gott seinen eingeborenen Sohn in die Welt gesandt hat, damit wir durch ihn leben sollen. Darin besteht die Liebe — nicht dass wir Gott geliebt haben, sondern dass er uns geliebt hat und seinen Sohn gesandt hat als Sühnopfer für unsere Sünden« (1 Joh 4,9-10). Dasselbe finden wir in seinem Evangeliumsbericht: »Denn so hat Gott die Welt geliebt, dass er seinen eingeborenen Sohn gab, damit jeder, der an ihn glaubt … ewiges Leben hat« (Joh 3,16). Und auch Paulus schreibt: »Gott aber beweist seine Liebe zu uns dadurch, dass Christus für uns gestorben ist, als wir noch Sünder waren« (Röm 5,8), und er findet die Tatsache, dass der Sohn Gottes ihn liebt, darin begründet, dass Er sich selbst für ihn [Paulus] dahingegeben hat (vgl. Gal 2,20).

***6. Gottes Liebe zu Sündern erreicht ihr Ziel darin, dass Er* sie zu wahrer Gotteserkenntnis führt und sie sich Seiner an einer liebevollen Bundesbeziehung erfreuen können.** Eine Bundesbeziehung besteht darin, dass zwei Parteien sich einander dauerhaft zu gegenseitiger Unterstützung und Abhängigkeit verpflichten. Ein Beispiel hierfür bietet uns die Ehe. Eine Bundesbeziehung wird durch eine sogenannte Bundesverheißung geschlossen. In Bezug auf die Ehe wäre dies das Eheversprechen. Der biblische Glaube ist vergleichbar mit einer Bundesbeziehung zwischen Gott und den Menschen. Das erste Ereignis, bei dem dies deutlich wurde, war, als Gott sich selbst Abraham als *El Shaddai* (der allmächtige Gott, der allgenugsame Gott) zu erkennen gab, und Er ihm die Bundesverheißung gab: »Ich richte meinen Bund zwischen mir und dir auf, ... um dein Gott zu sein, und der deiner Nachkommen nach dir« (vgl. 1 Mose 17,1-7; eÜ).

Jeder Christ ist durch den Glauben an Jesus Christus ein Empfänger dieser wundervollen Verheißung; so erklärt es uns Paulus in Gal 3,15-29. Doch was bedeutet das für uns? Nun, es bedeutet für uns tatsächlich alles, was es auch für Abraham bedeutete. Diese Verheißung muss eins zu eins auf uns übertragen werden. »Dies ist die erste und fundamentale Verheißung, ja, das strahlende Zentrum aller folgenden Verheißungen«, so Richard Sibbes *(Works* VI, S. 8). Und Thomas Brooks stellte fest:

»Es ist, als würde Gott sagen: Du hast wahrhaftig jeden Anspruch auf meine Eigenschaften, und sie alle sollen dir so zum Guten dienen, wie sie mir zu meiner eigenen Ehre dienen ... Meine Gnade, sagt Gott, gilt dir, um dir zu vergeben. Meine Macht gilt dir, um dich zu beschützen. Meine Weisheit gilt dir, um dich zu leiten. Meine Güte gilt dir, um deine Not zu lindern. Meine Gnade gilt dir, um für dich zu sorgen. Meine Herrlichkeit gilt dir, um dich zu krönen. Dies alles umfasst die Verheißung Gottes: ›Ich will dein Gott sein!‹ *Deus meus et omnia* [Gott ist mein und mit Ihm alles andere], sagte Luther« (Brooks, *Works* V, S. 308).

Wahre Liebe besteht immer darin, alles für den anderen zu tun, was wir können. Und genau das tut Gott für alle, denen Er seine Liebe schenkt – *Er tut alles, was Er kann;* und gemessen an IHM bedeutet das wirklich *alles!* Der Glaube an Jesus Christus führt uns also in eine Beziehung mit Gott, durch die uns unermessliche Segnungen zuteilwerden, jetzt und für alle Ewigkeit.

Überwältigende Liebe!

Stimmt es, dass Gott mich liebt, weil ich ein Christ bin? Und besteht Gottes Liebe wirklich aus all den Dingen, die gerade aufgezählt wurden? Wenn das so ist, dann stehen noch einige Fragen im Raum.

Warum bin ich manchmal noch mürrisch und unzufrieden und ärgere mich über gewisse Situationen, wenn ich doch weiß, dass Gott sie für mich vorgesehen hat?

Warum bin ich manchmal so misstrauisch, ängstlich und deprimiert?

Warum werde ich manchmal so gleichgültig, kalt und halbherzig, wenn es darum geht, Gott zu dienen, wo Er mich doch so sehr liebt?

Warum bin ich in manchen Dingen so unzuverlässig und oft nicht bereit, mich Gott ganz hinzugeben?

Wenn Johannes schreibt, dass Gott Liebe ist, dann tut Er das aus ethischen Gründen, denn »wenn Gott uns so geliebt hat, so sind auch wir es schuldig, einander zu lieben« (1 Joh 4,11). Kann man an der Art und Weise, wie ich einem anderen Menschen Liebe erweise – meiner Ehefrau, meinem Ehemann, meiner Familie, meinem Nachbarn, meinen Geschwistern in der Gemeinde, meinen Arbeitskollegen, etc. – etwas von der überwältigenden Liebe erkennen, die Gott mir entgegenbringt? Diese Frage müssen wir uns aufrichtig stellen!

◈ KAPITEL 13 ◈

DIE GNADE GOTTES

Es ist in allen christlichen Gemeinderichtungen üblich, den christlichen Glauben als eine »Religion« der Gnade zu bezeichnen. Innerhalb der christlichen Lehre gilt es als ein festes Bekenntnis, dass die Gnade Gottes ein persönliches Handeln Gottes ist und keine mystische Kraft, nicht eine Art »himmlischer Elektrizität«, die man erhält, sobald man den »geistlichen Stecker« an die Sakramente anschließt. Gottes Gnade bedeutet, dass Gott mit seinem Volk in Liebe handelt.

In verschiedenen Büchern und Predigten wird immer wieder hervorgehoben, dass das neutestamentliche griechische Wort für Gnade *(charis),* wie das Wort für Liebe *(agape),* einen christlichen Ursprung hat. Das Wort umschreibt eine unabhängige, selbstbestimmte Güte, und war in der griechisch-römischen Kultur und Theologie bis dahin völlig unbekannt. Es sollte zum Grundwissen eines jeden Christen gehören, dass die Gnade *Gottes Reichtum auf Kosten des Opfers Jesu* ist. Und doch scheint es so, als gäbe es nicht viele in unseren Gemeinden und Kirchen, die wirklich an Gottes Gnade glauben.

Aber es gab immer wieder einige, die den Gedanken an Gottes Gnade so überwältigend fanden, dass sie nicht anders konnten, als stets von dieser Gnade zu sprechen und Gott dafür zu loben. So sind einige der schönsten Loblieder entstanden – und es bedarf wirklich einer tiefen Begeisterung, um ein Loblied zu schreiben, das über Generationen hinweg in den Gemeinden gesungen wird. Sie haben für die Gnadenlehre Gottes gekämpft, ertrugen Spott und zahlten oft einen hohen Preis für ihre Einstellung. Da ist zum Beispiel Paulus, der diese Lehre gegen die Judaisten verteidigte, Augustinus, der sie vor Pelagius rechtfertigte oder die Reformatoren, die Gottes Gnade vor den Scholastikern verteidigten, und viele nach ihnen folgten ihrem Beispiel. Sie alle hielten sich an das Bekenntnis »Durch Gottes Gnade bin ich, was ich bin« (1 Kor 15,10), und ihr Lebensmotto lautete: »Ich erkläre Gottes Gnade nicht für ungültig« (Gal 2,21; eÜ).

Doch leider trifft dies auf die meisten Namenschristen nicht zu. Gottes Gnade ist bei ihnen bloß ein Lippenbekenntnis. Es ist sicherlich keine Übertreibung, wenn wir sagen, dass sie gar keine Vorstellung von der Gnade Gottes haben. Der Gedanke daran bedeutet ihnen nichts und hat daher auch keinerlei Einfluss auf ihr Leben. Man kann mit ihnen über die Raumtemperatur des Gottesdienstraumes reden oder über die Bilanzen des letzten Jahres, doch kommt man auf die Wahrheiten zu sprechen, die der Begriff Gnade beinhaltet, stößt man auf Zurückhaltung und Verständnislosigkeit. Zwar würden sie niemals behaupten, dass unsere Worte sinnlos wären, und die meisten von ihnen würden auch nicht infrage stellen, dass sie irgendeine Bedeutung haben. Doch sie merken, dass das, was wir sagen, außerhalb ihres Erfahrungsschatzes liegt, und je länger sie ohne diese Erfahrung leben, umso sicherer sind sie, dass sie diese auch nicht nötig haben.

Kein Verständnis von Gnade

Was hält so viele Menschen, die bekennen, an die Gnade Gotte zu glauben, davon ab, es auch wirklich zu tun? Warum hat dieses Thema für Viele nur eine so geringe Bedeutung, selbst für diejenigen, die es eigentlich als relevant betrachten? Ich bin der Ansicht, dass die Ursache für dieses Problem in einer falschen Sicht über die Beziehung zwischen dem Menschen und Gott liegt – und diese Vorstellung ist nicht nur im Kopf, sondern auch im Herzen verwurzelt, und sie bezieht sich auf Dinge, die wir niemals hinterfragen, weil wir sie schlichtweg für selbstverständlich halten. Hier möchte ich vier entscheidende Wahrheiten nennen, die auch für die Lehre von der Gnade wesentlich sind, und die unbedingt von Herzen anerkannt und als Wahrheit angenommen werden müssen, da ohne sie der Glaube an Gottes Gnade unmöglich wird. Leider ist unser Zeitgeist diesen Wahrheiten gegenüber sehr abgeneigt. Daher ist es auch kein Wunder, dass der Glaube an Gottes Gnade heute eine echte Seltenheit ist.

Diese vier Wahrheiten lauten:

1. Die moralische Verkommenheit des Menschen. Der moderne Mensch, der sich seiner wissenschaftlichen Errungenschaften in den letzten Jahrzenten bewusst ist, hat eine sehr hohe Meinung von sich selbst entwickelt. Er hält den materiellen Wohlstand in jedem Fall für sehr viel bedeutender als moralische Prinzipien, dabei hat er im Blick auf moralische Werte bei sich selbst eine sehr laxe Haltung. Für ihn sind selbst die kleinsten Tugenden schon ein Ausgleich für grobe Vergehen, und somit sieht er auch keinen Anlass, sich selbst zu hinterfragen und sich die Tatsache einzugestehen, dass er aus moralischer Sicht ein großes Problem hat.

Er neigt dazu, ein schlechtes Gewissen bei sich selbst wie auch bei anderen als psychische Fehlschaltung abzutun, er sieht darin eher ein Krankheitssymptom, eine mentale Verirrung und keinen Hinweis dafür, dass moralisch etwas im Argen liegt. Der heutige Mensch ist davon überzeugt, dass er trotz all seiner »kleinen Sünden«– wie Alkoholmissbrauch, Spielsucht, rücksichtsloses Fahren, Seitensprünge, kleine und große Lügen, unsaubere Geschäftspraktiken, Pornografie, usw. – im Grunde doch ein guter Menschen sei. Da die heutige Generation durchweg aus Heiden besteht (ja, der moderne Mensch ist nichts anderes als ein Heide –in diesem Punkt dürfen wir nicht zu optimistisch denken), projizieren sie ihre eigne Sichtweise auf Gott und meinen deshalb, dass auch Gott mit ihnen zufrieden sei. Der Gedanke, dass Gottes Ebenbildlichkeit in ihnen entstellt sei, dass sie in seinen Augen als rebellisch, schuldig und unrein gelten und dass sie ausschließlich Gottes Zorn verdient haben, kommt ihnen nicht in den Sinn.

2. Die vergeltende Gerechtigkeit Gottes. Der moderne Mensch ist es gewohnt, bei Verbrechen wegzuschauen, solange er selbst nicht der Geschädigte ist. Er toleriert die Vergehen der anderen, weil er ja irgendwann in dieselbe Lage geraten könnte. Eltern scheuen sich davor, ihre Kinder zurechtzuweisen, Lehrer wagen es nicht, ihre Schüler zu bestrafen, und die Öffentlichkeit reagiert auf Vandalismus und asoziales Verhalten höchstens mit einem Kopfschütteln. Der allgemeine Grundsatz scheint zu lauten: Wir ignorieren das Böse so lange, wie es uns möglich ist. Strafe gilt als der letzte Ausweg, und wenn dieser Fall eintreten sollte, dann nur so weit, wie es nötig ist, um einen zu großen Schaden für das Allgemeinwohl zu vermeiden. Die Bereitschaft, das Böse zu tolerieren oder ihm gelegentlich nachzugeben, wird zur Tugend. Während ein Leben nach festen moralischen Regeln von etlichen als engstirnige Moral verspottet wird.

In unserem heidnischen Denken glauben wir, Gott würde genauso empfinden, wie wir. Die Vorstellung, dass Vergeltung eine Reaktion von Gottes Moralgesetz und ein Ausdruck seines heiligen Wesens sein könnte, erscheint vielen als unglaubhaft. Wer jedoch feste Moralprinzipien vertritt, dem wirft man vor, dass er seine pathologischen Wutausbrüche und Rachegelüste einfach auf Gott projizieren würde. Dabei weist die Bibel immer wieder darauf hin, dass die Welt, die Gott in seiner Güte erschuf, eine Welt moralischer Werte ist, eine Welt, zu der Vergeltung ebenso gehört, wie das Atmen.

Gott ist der Richter der ganzen Erde, und Er wird in Gerechtigkeit handeln. Er wird dem Gerechten zu seinem Recht verhelfen, doch den Gottlosen wird Er bestrafen (vgl. 1 Mose 18,25). Gott wäre sich selbst untreu, würde Er die Sünde nicht strafen. Und solange ein Mensch diese Wahrheit nicht erkennt und deren Bedeutung nicht erfasst hat, nämlich, dass Missetäter grundsätzlich keinen Grund haben, von Gott irgendetwas anderes zu erwarten, als sein vergeltendes Gericht, wird er auch die Größe der Gnade Gottes nicht erkennen, niemals anderen davon erzählen und sein Vertrauen nicht in diese Gnade setzen.

3. Die geistliche Ohnmacht des Menschen. Das Buch von Dale Carnegie *»Wie man Freunde gewinnt. Die Kunst beliebt und einflussreich zu werden«* galt eine Zeit lang fast schon als moderne

Bibel. Durch die vielen praktischen Ratschläge und Techniken für Geschäftsbeziehungen konnte dieses Buch dem Leser dazu verhelfen, sein Gegenüber derart zu beeinflussen, dass es ihm letztlich schwerfiel, Nein zu sagen. Dadurch kamen Viele zu der Überzeugung, dass unsere Beziehung zu Gott ebenso in Ordnung gebracht werden könne. Wir bräuchten Gott bloß in eine Lage zu versetzen, in der es Ihm unmöglich sei, Nein zu uns zu sagen. Im Grunde eine uralte Einstellung, die sich in jeder heidnischen Religion wiederfindet.

In den heidnischen Religionen der Antike dachten die Menschen, sie könnten die Götter durch ihre vielen Geschenke und Opfer zufriedenstellen. Der moderne Heide versucht dies über seine Gemeindemitgliedschaft und sein moralisches Verhalten zu erreichen. Sie geben zwar zu, dass nicht perfekt sind, zweifeln andererseits aber nicht im Geringsten daran, dass sie durch ihre Rechtschaffenheit die Anerkennung Gottes erlangen würden, unabhängig davon, was sie in der Vergangenheit getan haben. Die Bibel sieht dies aber ganz anders. Augustus Toplady formuliert die biblische Sichtweise so:

Dem, was Dein Gesetze spricht,
kann mein Werk genügen nicht.
mag ich ringen, wie ich will,
fließen auch der Tränen viel,
tilgt das doch nicht meine Schuld;

Dieses Eingeständnis der eigenen Hilflosigkeit führt zu dem Schluss:

Herr, mir hilft nur Deine Huld!

»Niemand soll meinen, er sei dadurch, dass er bestimmte Gesetzesvorschriften einhält, vor Gott gerechtfertigt«, erklärt Paulus (Röm 3,20; NGÜ). Die Beziehung zu Gott wiederherzustellen und sein Wohlgefallen wiederzulangen, das wir durch Adam verloren haben, liegt außerhalb unserer eigenen Macht. Und es ist nötig, dass wir dies erkennen und uns darunter beugen, erst dann können wir an dem biblischen Glauben an die Gnade Gottes teilhaben.

4. Die souveräne Freiheit Gottes. Im antiken Heidentum glaubte man, jede ihrer Gottheiten aus Eigeninteresse von ihren Anbetern, deren Dienst und Gaben abhängig sei. Das moderne Heidentum hat im Hinterkopf ganz ähnliche Vorstellungen. Man ist der Meinung, dass Gott dazu verpflichtet sei, uns seine Liebe und Hilfe zu erweisen, auch wenn wir es nicht verdient haben. Diese Vorstellung drückte der französische Philosoph Voltaire, als er im Sterben lag, mit den Worten aus: »Gott? Er muss mir vergeben! Das ist schließlich sein Metier!« Diese Sichtweise ist jedoch völlig haltlos. Der Gott der Bibel ist von seinen menschlichen Geschöpfen völlig unabhängig (vgl. Ps 50,8-13; Apg 17,25), und da wir Sünder sind, ist Er auch nicht dazu verpflichtet, uns seine Güte zu erweisen.

Das Einzige, das wir von Gott einfordern können, ist seine Gerechtigkeit – und in unserem Fall bedeutet Gerechtigkeit die sichere Verdammnis. Gott ist nicht dazu verpflichtet, sein gerechtes Gericht zurückzuhalten. Keiner von uns hat sein Erbarmen und seine Vergebung verdient; und wenn Er sie uns doch erweist, dann nur aufgrund seines freien Willens, denn niemand kann Ihn zu etwas nötigen. »Es liegt also nicht am Menschen mit seinem Wollen und Bemühen, sondern an Gott und seinem Erbarmen« (Röm 9,16; NGÜ). Die Gnade ist völlig frei und unabhängig. Und das aus dem Grund, weil sie in Gott allein ihren Ursprung hat und von dem Gott ausgeht, der die Freiheit hat, auch nicht gnädig zu sein. Wir können die biblische Gnade nur dann erfassen, wenn wir begreifen, dass das Schicksal jedes Einzelnen in Gottes Hand liegt, dass es seine freie Entscheidung ist, ob Er einen Menschen von seinen Sünden errettet oder nicht, und dass Gott durch nichts und niemanden zu dieser Entscheidung genötigt werden kann.

Weder verdient noch erarbeitet

Gottes Gnade ist seine Liebe, die Er aus freien Stücken schuldigen Sündern erweist. Und das tut Er, obwohl die Sünder alles andere als Gnade verdient haben. Sie wird ihnen trotz ihrer Unwürdigkeit geschenkt. Gott erweist seine Güte denen, die nichts als Strafe verdient haben und die deshalb auch nicht darauf hoffen können, irgendetwas anderes, als die gerechte Strafe zu empfangen. Wir haben bereits gesehen, warum die Vorstellung von Gottes Gnade bei so vielen Namenschristen auf Unverständnis stößt – ganz einfach, weil ihr Bild von Gott und dem Menschen nicht der Realität entspricht. Wir müssen uns nun fragen, weshalb diese Vorstellung auch für diese Menschen von großer Bedeutung sein sollte. Hier liegt die Antwort gar nicht fern; sie erschließt sich aus dem, was bereits gesagt wurde. Es ist wohl keine Frage, dass ein Mensch vom biblischen Evangelium der Gnade Gottes begeistert ist, sobald er einmal erkannt hat, dass sein Zustand und seine Not tatsächlich dem entsprechen, wie es zuvor beschrieben wurde; denn die Botschaft des Evangeliums beinhaltet nicht weniger, als dass unser Richter zu unserem Retter wurde.

Gnade und Erlösung gehören als Ursache und Wirkung zusammen. »Aus Gnade seid ihr errettet« (Eph 2,5+8). »Denn die heilbringende Gnade Gottes ist erschienen« (Tit 2,11; eÜ). Das Evangelium erklärt uns: »So sehr hat Gott die Welt geliebt, dass er seinen eingeborenen Sohn gab, damit jeder, der an ihn glaubt, nicht verlorengeht, sondern ewiges Leben hat« (Joh 3,16); und »Gott bewies seine Liebe zu uns dadurch, dass Christus für uns gestorben ist, als wir noch Sünder waren« (Röm 5,8). Durch das Evangelium hat sich uns eine Quelle gegen Sünde und Unreinheit geöffnet (vgl. Sach 13,1) und Christus, die Quelle des lebendigen Wassers ruft allen, die sein Wort hören, zu: »Kommt her zu mir ... ich will euch Ruhe geben« (Mt 11,28; eÜ). Der Liederdichter Isaak Watts formulierte es so:

Ich kenn die Stimm' des Heilands Gnad
ruft durch sein heil'ges Wort:
kommt her, ihr Sünder allzumal
kommt und vertraut dem Herrn.

Mein Herz es folgt dem Gnadenwort,
find ich doch Freiheit dort;
vertrauen will ich Dir, mein Gott,
wirk Du Vertrauen auch in mir.

Ich flieh zu deinen Wunden,
Du menschgewordner Gottessohn.
und dann nach dem Gesunden,
tret ich vor deinen Thron.

Ich ruh in deiner mächtgen Hand,
bin nur gering und klein.

Du, Herr, du machst mich rein,
in dir find ich Gerechtigkeit,
bist ja mein Schmuck und Ehrenkleid.

Wer diese Worte aus Überzeugung singen kann, wird niemals müde werden, die Herrlichkeit der Gnade Gottes zu preisen.

Das Neue Testament erwähnt drei einzelne Bezugspunkte für die Gnade Gottes, die für jeden gläubigen Christen ein Grund zum Staunen sind.

1. Die göttliche Gnade als die Quelle der Vergebung. Das Evangelium konzentriert sich sehr stark auf die Rechtfertigung des Sünders – und das bedeutet, dass dem Sünder seine Schuld erlassen und er von Gott angenommen wird. Rechtfertigung ist eine wahrhaft dramatische Verwandlung: Aus einem verfluchten Gesetzesbrecher, den ein schreckliches Gericht erwartet, wird ein Erbe unvorstellbaren Reichtums.

Diese Rechtfertigung geschieht allein aus Gnade; sie erfolgt, wenn ein Mensch sein Vertrauen in Jesus Christus als seinen Herrn und Erlöser setzt. Für uns ist die Rechtfertigung ein freies Geschenk, doch für Gott war sie unglaublich kostspielig – erkauft durch den Sühnetod seines Sohnes. Aber warum hat Gott »nicht einmal seinen eigenen Sohn verschont, sondern hat ihn für uns alle hergegeben« (Röm 8,32; NGÜ)? Allein aufgrund seiner Gnade! Das Opfer seines Sohnes zur Errettung von Sündern war seine eigene freie Entscheidung. Paulus macht das sehr deutlich. Er erklärt, »dass sie [die Sünder] ohne Verdienst [ohne eigene Leistung] gerechtfertigt werden durch seine Gnade [als Folge seines barmherzigen Entschlusses] aufgrund der Erlösung, die in Christus Jesus ist. Ihn hat Gott zum Sühnopfer bestimmt [das den Zorn Gottes abwendet, indem Jesus die Strafe der Sünde auf sich nimmt], [und das wirksam wird] durch den Glauben an sein Blut« (Röm 3,24-25; Erklärungen eingefügt; vgl. Tit 3,7). Und an anderer Stelle sagt uns Paulus, dass wir in Christus »die Erlösung durch sein Blut, die Vergebung der Übertretungen nach dem Reichtum seiner Gnade« empfangen haben (Eph 1,7). Wenn der Christ all dies bedenkt, wenn er die frühere Lage mit der jetzigen vergleicht, weil die Gnade in der Welt erschien, dann kann er nicht anders, als in den staunenden Lobpreis von Samuel Davis, dem früheren Präsidenten von Princeton, mit einzustimmen:

Du bist der Gott der Wunderwege,
und jedes Werk zeigt deine reiche Macht.
Doch über sie hinaus ragt deine Gnade:
Wo ist ein Gott, der Sünder selig macht?!
Ja, wer hat je so reiche, freie Gnade gebracht?!

Wir nehmen deine Gnade an mit Zittern,
und mit viel Dank: Du rettest uns aus Sündennacht!
Nicht weniger als Jesu Blut war nötig,
so dass der Heilige uns selig macht.
Ja, wer hat je so reiche, freie Gnade gebracht?!

Dir, Gott, der sich erweist in einer Liebe,
die uns das unverdiente Heil gebracht,
erklinge stets ein Loblied der Gemeinde:
Wo ist ein Gott, der Sünder selig macht?!
Ja, wer hat je so reiche, freie Gnade gebracht?!

2. Die göttliche Gnade als das Motiv für Gottes Heilsplan. Das Herz des Evangeliums ist die Vergebung; und doch ist sie nur *ein* Bestandteil von Gottes Gnade. Tatsächlich gehört das Geschenk der Vergebung nach Aussage des Neuen Testaments in den Gesamtkontext von Gottes Heilsplan, dessen Ausgangspunkt die Erwählung vor Grundlegung der Welt ist. Und dieser Heilsplan wird erst dann vollendet sein, wenn alle Erwählten zu Gottes Gemeinde hinzugefügt und in Gottes ewige Herrlichkeit eingegangen sind.

Paulus bringt diesen Heilsplan an mehreren Stellen zur Sprache (vgl. z. B. Röm 8,29-30; 2 Thess 2,12-13). Doch die stärkste Stelle darüber finden wir in dem längsten Satz der Bibel und den darauf folgenden Versen, in Epheser 1,3-2,10. Wie so häufig, beginnt Paulus auch hier mit einer zusammenfassenden Aussage, die er im Rest des Abschnitts analysiert und erläutert. Seine Aussage ist: »Gott … hat uns gesegnet mit jedem geistlichen Segen in den himmlischen [Regionen] in Christus« (vgl. Eph 1,3).

Die Analyse dieser Aussage beginnt Paulus damit, dass er auf die ewige Erwählung und Vorherbestimmung zur Sohnschaft in Christus verweist (vgl. Eph 1,4-5), dann führt er die Erlösung und die Vergebung der Sünden in Christus an (Eph 1,7). Anschließende geht er über zur Hoffnung der Herrlichkeit in Christus (vgl. Eph 1,11-12) und der Gabe des Heiligen Geistes in Christus, mit dem uns Gott für alle Ewigkeit als sein Eigentum versiegelt hat (vgl. Eph 1,13-14).

Dann lenkt Paulus unsere Aufmerksamkeit auf die überwältigende Kraftwirkung Gottes, durch die Er Sünder in Christus bekehrt (vgl. Eph 1,19; Eph 2,7) und ihnen aus Gnade den Glauben schenkt (vgl. Eph 2,8). Paulus schildert all diese Punkte als Bestandteile eines großen Plans (vgl. Eph 1,5.9.11) und führt an, dass die treibende Kraft zur Verwirklichung dieses Plans die Gnade Gottes ist (sein Erbarmen, seine Liebe und seine Güte: vgl. Eph 2,4-8), dass der »Reichtum seiner Gnade« in diesem Plan in Erscheinung tritt (Eph 1,7; 2,7) und dass das ultimative Ziel das »Lob der Herrlichkeit seiner Gnade« ist (vgl. Eph 1,6 mit 1,12.14; 2,7). Wir Gläubigen haben Grund zum Jubeln angesichts der Tatsache, dass unsere Bekehrung kein Zufall war, sondern eine Tat Gottes, die das Ergebnis seines ewigen Vorsatzes ist, uns seine Vergebung und das ewige Leben zu schenken (vgl. Eph 2,8-10). Gott hat verheißen, seinen Plan zur Vollendung zu führen, und da Er seine souveräne Macht für dieses Ziel gebraucht, kann Ihn nichts und niemand davon abhalten (Eph 1,19-20). Treffend ruft Isaac Watts aus:

Erzählt von seiner großen Treu
und zeugt von seiner herrlichen Macht.
Was Er in seiner Gnad verspricht,
wird Gott ganz sicher tun.

Eingegraben wie in ew'ges Gold
leuchtet sein Verheißungswort;
keine Gewalt der Finsternis
kann hindern seinen Plan.

Sein mächt'ges Wort niemals vergeht.
Dies Wort, das Erd und Himmel schuf,

die Sternenschar ins Leben ruft,
spricht Seine Gnad uns zu.

Wahrlich, die Sterne mögen vom Himmel fallen, doch Gottes Verheißungen stehen auf ewig fest gegründet, und Er wird selbst die geringste von ihnen erfüllen. Gottes Heilsplan wird auf wunderbare Weise erfüllt werden, und seine Gnade wird sich als souverän erweisen.

3. Die göttliche Gnade als die Garantie für die Bewahrung und das Beharren der Heiligen. Wenn der Heilsplan Gottes ganz sicher erfüllt werden wird, dann ist auch die Zukunft des einzelnen Christen gesichert. Ich bin und werde »in der Kraft Gottes durch den Glauben bewahrt zum Heil« (1 Petr 1,5; eÜ). Daher muss ich mich nicht mit der Sorge quälen, dass mein Glaube eines Tages zum Erliegen kommen könne. Denn so, wie mich Gottes Gnade zum Glauben geführt hat, so wird sie mich auch bis zum Ende im Glauben bewahren. Rettender Glaube ist sowohl an seinem Beginn wie auch in seinem Fortbestand ein Gnadengeschenk (vgl. Phil 1,29). Der Christ kann daher mit Doddridge sagen:

Die Gnade, sie schrieb meinen Nam'
in Gottes Lebensbuch;
dieselbe Gnad gab mich dem Lamm,
das meine Sünden trug.
Die Gnade lehrte mich Gebet
und auch die Lieb' des Herrn;
dieselbe Gnad erhält mich heut,
sie lässt mich niemals los.

Die angemessene Reaktion

Zunächst möchte ich meinen jüngeren Lesern etwas über die in diesem Buch angeführten Lieder sagen: Ich denke, wir haben keinen Grund uns zu rechtfertigen, wenn wir in diesem Buch so häufig alte »Gnadenlieder« zitieren (die ja leider in den meisten heutigen Liederbüchern kaum noch zu finden sind). Doch ihre Texte machen unsere Argumente viel verständlicher und lebendiger, als wir es mit unseren prosaischen Texten zu tun vermögen.

Ich habe schon darauf hingewiesen, dass die Lehre des Neuen Testaments die Gnade bekundet und seine Ethik die Dankbarkeit für diese Gnade zum Ausdruck bringt. Und in einem Christentum, in dem diese Aussage nicht in der Lebensführung sichtbar wird, läuft etwas grundsätzlich schief. Leute, die meinen, dass die Lehre von der Gnade Gottes zu moralischer Laxheit führe (nach dem Prinzip: »Da meine Errettung ohnehin gesichert ist, kann ich ja tun und lassen, was ich will«), zeigen damit nur, dass sie nicht wissen, wovon sie reden.

Denn Liebe ruft Gegenliebe hervor; und eine Liebe, die einmal geweckt wurde, sehnt sich danach, dem anderen zu gefallen. Gott hat uns durch sein Wort deutlich gesagt, dass alle, die seine Gnade empfangen haben, ein Leben in »guten Werken« führen sollen (Eph 2,10; Tit 2,11-12). Daher wird die Dankbarkeit über die empfangene Gnade den Gläubigen dazu führen, ein Leben nach dem Wort Gottes und zur Ehre des Herrn zu führen und täglich im Gebet zu bekennen und zu bitten:

O, wie bedarf ich doch deiner Gnade,
täglich beugt diese Erkenntnis mich.
Halte mich, Herr, durch diese Gnade,
binde mein unstetes Herz an dich!
Ich neige zum Zweifeln, Herr, ich fühl es;
steh in Gefahr, dass vom Geliebten ich weich –
drum nimm mein Herz, o, nimm und bewahr es,
versiegle es für dein himmlisches Reich!

Ist es dein Wunsch, die Liebe und die Gnade Gottes in deinem eigenen Leben zu erfahren? Dann beweise es, indem du dich an Gott wendest und Ihn in gleicher Weise darum bittest.

◈ KAPITEL 14 ◈

GOTT, DER RICHTER

Glaubst du an einen Gott, der das Amt des Richters bekleidet, und uns einmal richten wird?

Es scheint, dass Viele dies nicht so sehen. Wenn du mit ihnen von Gott als Vater, als Freund, als Helfer, als jemand, der uns trotz all unserer Schwachheiten, Fehler und Sünden liebt, dann wird sich ihr Gesicht aufhellen. Du bist sofort auf einer Wellenlänge mit ihnen. Wenn du aber mit ihnen von Gott als Richter sprichst, wirst du ein Stirnrunzeln und Kopfschütteln ernten. Sie schrecken vor solch einer Vorstellung zurück. Sie finden sie anstößig und unwürdig.

Aber es gibt nur wenige Dinge, die in der Bibel stärker betont werden, als die Tatsache, dass Gott als Richter tätig ist. *Richter* ist ein Wort, das häufig auf Ihn angewandt wird. Als Abraham für Sodom, die Stadt, die voller Sünde war, und die Gott deshalb zerstören wollte, Fürbitte tat, rief er aus: »Sollte *der Richter der ganzen Erde* nicht gerecht richten?« (1 Mose 18,25). Jephtah erklärt, als sein Ultimatum gegenüber den ammonitischen Eindringlingen ausläuft: »Ich habe nicht gegen dich gesündigt, aber du tust mir unrecht, wenn du ohne Ursache gegen mich Krieg führst. *Der HERR ist Richter!* Er soll heute zwischen Israel und Ammon *entscheiden«* (Ri 11,27; eÜ). »Gott ist der *Richter«*, erklärt der Psalmist (Ps 75,8); »Mache dich auf, o Gott, *richte die Erde«* (Ps 82,8). Und im Neuen Testament bezeichnet der Verfasser des Hebräerbriefes »Gott, *den Richter über alle«* (Hebr 12,23).

Es geht hier aber nicht bloß um ein Wort. Die Tatsache des göttlichen Gerichts wird Seite für Seite in der biblischen Geschichte offenbar.

Gott richtet Adam und Eva, vertreibt sie aus dem Garten Eden und spricht über ihr zukünftiges irdisches Leben seine Flüche aus (1 Mose 3). Gott richtet die verdorbene Welt zur Zeit Noahs, indem Er die Sintflut sendet, um die Menschheit zu vernichten (1 Mose 6-8). Gott richtet Sodom und Gomorra und lässt die Städte in Flammen aufgehen (1 Mose 18-19). Gott richtet Israels ägyptische Peiniger, so, wie Er es angekündigt hatte (siehe 1 Mose 15:14), und brachte über sie die schrecklichen zehn Plagen (2 Mose 7-12).

Gott richtet diejenigen, die das Goldene Kalb anbeteten, und benutzt dazu die Leviten als Vollstrecker (2 Mose 32,26-35). Gott richtet Nadab und Abihu, weil sie Ihm ein unerlaubtes Feueropfer darbrachten (3 Mose 10,1-3), so, wie Er später Korah, Dathan und Abiram richtet, die von der Erde verschlungen wurden. Gott richtet Achan, weil er gebanntes Gut gestohlen hatte. Achan, seine Familie und ihr ganzer Besitz wurden vernichtet (Jos 7). Gott richtet die Israeliten wegen ihrer Untreue gegen den Herrn nach ihrem Einzug in Kanaan. Er sorgte dafür, dass sie der Herrschaft anderer Völker unterworfen wurden (Ri 2,11-15; 3,5-8; 4,1-3). Schon bevor sie das verheißene Land betraten, drohte Gott seinem Volk mit der Deportation, als der ultimativen Strafe für ihren Unglauben. Und nach wiederholten vergeblichen Warnungen durch die Propheten richtet Er sie schließlich, indem, der die Drohung wahr macht – das Nordreich (Israel) gerät in assyrische Gefangenschaft und das Südreich (Juda) in die Babylonische Gefangenschaft (2 Könige 17; 22,15-17; 23,26-27). In Babylon richtet Gott sowohl Nebukadnezar wie auch Belsazar wegen ihrer Gottlosigkeit. Nebukadnezar bekam die Gelegenheit, sein Leben zu ändern (Dan 4,5, 27; 34), Belsazar nicht (Dan 5,5-6; 23-28; 30).

Doch die Berichte über das göttliche Gericht sind nicht auf das Alte Testament beschränkt. In der neutestamentlichen Zeit ergeht das Gericht über die Juden, weil sie den Messias verwarfen (Mt 21,43-44; 1 Thess 2,14-16), über Ananias und Saphira, weil sie Gott belogen hatten (Apg 5,1-10), über Herodes, wegen seines Hochmuts (Apg 12,21-23), über den Magier Elymas, wegen seines Widerstands gegen das Evangelium (Apg 13,8-11), und über einige Christen in Korinth, die, besonders aufgrund ihrer Geringschätzung des Mahles des Herrn, erkrankten (was in einigen Fällen sogar zum Tod führte) (1 Kor 11,29-32). Und dies ist nur eine kleine Auswahl der zahlreichen biblischen Berichte über das Handeln Gottes im Gericht.

Wenn wir uns nun von den biblischen Berichten der biblischen Lehre zuwenden – dem Gesetz, den Propheten, der Weisheitsliteratur, den Worten Christi und seiner Apostel – stellen wir fest, dass der Gedanke von Gottes Handeln im Gericht alles überlagert. Das mosaische Gesetz wurde von einem Gott gegeben, der selbst ein gerechter Richter ist, und der nicht zögern wird, mit Besonnenheit Strafen zu verhängen, wenn sein Volk sein Gesetz bricht. Dieses Thema nimmt bei den Propheten tatsächlich den größten Teil ihrer Lehre ein, die aus Auslegung und Anwendung des Gesetzes besteht, und aus der Androhung des Gerichts gegen die Gesetzlosen und Unbußfertigen. Sie verbringen viel mehr Zeit damit, das Gericht zu predigen, als den Messias und sein Reich anzukündigen! In der Weisheitsliteratur begegnen wir dem gleichen Aspekt: Die eine grundsätzliche Überzeugung, die allen Lebensfragen in den Büchern Hiob, Kohelet (Prediger) und den praktischen Aussagen der Sprüche zugrunde liegt, ist, dass »Gott mit dir ins Gericht gehen wird«; »Gott wird jedes Werk vor Gericht bringen, samt allem Verborgenen, es sei gut oder böse« (Pred 11,9; 12,14).

Menschen, die sich in Wirklichkeit nicht in der Bibel auskennen, sind der Meinung, dass mit dem Übergang vom Alten ins Neue Testament das Thema des göttlichen Gerichts in den Hintergrund getreten sei. Doch selbst wenn wir das Neue Testament auch nur flüchtig lesen, stellen wir sofort fest, dass die alttestamentliche Betonung von Gottes richterlichem Handeln nicht abgeschwächt, sondern im Gegenteil sogar noch verschärft wird.

Das ganze Neue Testament ist von der Überzeugung durchdrungen, dass einmal der Tag des Gerichts für alle Menschen kommen wird, und sich von daher die Frage stellt: Wie können wir Sünder mit Gott ins Reine kommen, solange es noch Zeit ist? Das

Neue Testament spricht vom »Tag des Gerichts«, »dem Tag des Zorns«, »dem kommenden Zorn« und proklamiert Jesus, den göttlichen Erlöser, als den von Gott verordneten Richter.

Der Richter, der schon vor der Tür steht (Jak 5,9), »der bereit ist, die Lebenden und die Toten zu richten« (1 Petr 4,5), »der gerechte Richter«, der Paulus seinen Siegeskranz geben wird (2 Tim 4,8), ist der Herr Jesus Christus. Er ist »der von Gott bestimmte Richter der Lebenden und der Toten« (Apg 10,42). Gott »hat einen Tag festgesetzt, an dem er den Erdkreis in Gerechtigkeit richten wird durch einen Mann, den er dazu bestimmt hat«, sagt Paulus den Athenern (Apg 17,31; eÜ). Und an die Römer schrieb er: »Gott wird das Verborgene der Menschen durch Jesus Christus richten nach meinem Evangelium« (Röm 2,16).

Jesus selbst hebt das Gleiche hervor: »Der Vater ... hat das Gericht dem Sohn übertragen, und er hat ihm die Vollmacht gegeben, Gericht zu halten. ... Es wird die Stunde kommen, in der alle Toten in den Gräbern seine Stimme hören und herauskommen werden. Diejenigen, die das Gute getan haben, werden zum ewigen Leben auferweckt werden, und diejenigen, die das Böse getan haben, werden zu ihrer Verurteilung auferweckt werden« (Joh 5,22; 27-29; eÜ). Der Jesus des Neuen Testaments, der der Retter der Welt ist, ist auch ihr Richter.

Merkmale des Richters

Was aber bedeutet es, wenn der Vater oder Jesus als Richter bezeichnet werden? Wenigstens vier Gedanken sind darin enthalten.

1. Der Richter ist eine Autoritätsperson. Zur Zeit der Bibel war der König zugleich auch der höchste Richter, denn er war der absolute Herrscher. Darauf beruht die Sicht, dass Gott in der Bibel der Richter seiner Welt ist. Da Er unser Schöpfer ist, sind wir sein Eigentum, und als unser Eigner hat Er das Anrecht, über uns zu verfügen. Deshalb hat Er auch das Recht, über uns Gesetze zu erlassen, und uns, je nachdem, ob wir sie halten oder nicht, zu belohnen oder zu bestrafen. In den meisten modernen Staaten sind Legislative und Judikative getrennt, so dass der Richter nicht die Gesetze erlässt, die er anwendet. Aber im Altertum war dies nicht so, und bei Gott ist dies ebenfalls nicht der Fall. Er ist sowohl der Gesetzgeber wie auch der Richter.

2. Der Richter ist eine Person, die sich mit dem identifiziert, was gut und richtig ist. Die moderne Vorstellung, dass ein Richter distanziert und leidenschaftslos sein sollte, finden wir so in der Bibel nicht. Von einem Richter wird in der Bibel erwartet, dass er Gerechtigkeit und Aufrichtigkeit liebt und jegliche ungerechte Behandlung eines Menschen durch einen anderen verabscheut. Ein ungerechter Richter, der kein Interesse daran hat, dass das Recht über das Unrecht triumphiert, ist nach biblischen Maßstäben eine verwerfliche Person. Die Bibel lässt keinen Zweifel daran, dass Gott die Gerechtigkeit liebt und die Ungerechtigkeit hasst, und dass sich in Gott das Ideal eines Richters, der sich völlig mit dem identifiziert, was gut und richtig ist, vollkommen erfüllt.

3. Der Richter ist eine weise Person, die die Wahrheit herausfindet. Im biblischen Rahmen ist es die erste Aufgabe des Richters, die Tatsachen des Falles zu ermitteln, der ihm vorgelegt wird. Es gibt keine Schöffen. Es ist seine alleinige Verantwortung, Ermittlungen durchzuführen und die Beteiligten ins Kreuzverhör zu nehmen, Lügen und Ausflüchte zu erkennen und festzustellen, wie die Dinge wirklich liegen. Wenn die Bibel zeigt, wie Gott richtet, betont sie seine Allwissenheit und Einsicht, der die Herzen erforscht und die Fakten kennt. Nichts kann Ihm entgehen. Wir können Menschen täuschen, aber Gott täuschen wir nicht. Er kennt uns durch und durch und beurteilt uns so, wie wir wirklich sind.

Als der Herr Abraham in menschlicher Gestalt unter den Terebinthen von Mamre begegnete, eröffnete Er Abraham, dass Er auf dem Weg nach Sodom sei, um die Fakten über die dortige moralische Lage zu ermitteln. »Der Herr sprach: Die Klagen über Sodom und Gomorra, die zu mir gedrungen sind, sind schwer und ihre Sünde ist sehr groß. Darum will ich hinabsteigen und sehen, ob ihr Tun wirklich so schrecklich ist, wie es ihnen die Klagen vorwerfen, die mich erreicht haben. Ob es so ist oder nicht, will ich erfahren« (1 Mose 18,20-21; eÜ). So ist es immer. *Gott will Gewissheit.* Sein Gericht erfolgt in Einklang mit der Wahrheit – der faktischen, wie auch der moralischen Wahrheit. Er richtet »das Verborgene des Menschen«, seine äußere Fassade beeindruckt Ihn nicht. Nicht umsonst sagt Paulus: »Wir müssen alle vor dem Richterstuhl des Christus *offenbar* werden« (2 Kor 5,10).

4. Der Richter ist eine Person, die die Macht hat, das Urteil zu vollstrecken. Der heutige Richter verkündet bloß das Urteil, eine andere Justizbehörde führt es dann aus. Das Gleiche trifft auch für die Antike zu. Aber Gott ist sein eigener Vollstrecker. Wie Er die Gesetze erlässt und das Urteil fällt, so führt Er auch die Strafe aus. Alle richterlichen Funktionen sind in Ihm vereint.

Vergeltung

Aus dem, was wir bisher festgestellt haben, geht deutlich hervor, dass Gottes richterliches Wirken ein Aspekt seiner Eigenschaften ist. Es bekräftigt das, was an anderer Stelle von seiner moralischen Vollkommenheit, seiner Gerechtigkeit, Weisheit, Allwissenheit und Allmacht gesagt wird. Es zeigt uns auch, dass das Zentrum der göttlichen Gerechtigkeit die *Vergeltung* ist, das heißt, dass Gott jedem Menschen das zuteilt, was er verdient hat; denn das ist die Essenz der richterlichen Funktion. Gutes mit Gutem zu vergelten, und Böses mit Bösem, entspricht Gottes Wesen.

Wenn das Neue Testament also vom Endgericht spricht, wird es immer unter dem Aspekt der Vergeltung dargestellt. Es heißt, dass Gott alle Menschen nach ihren Werken richten wird (Mt 16,27; Offb 20,12-13). Paulus versichert: »Gott wird jedem das geben, was er nach seinem Tun verdient. Denen, die unbeirrbar tun, was gut ist, und alles daran setzen, an Gottes Herrlichkeit, Ehre und Unvergänglichkeit teilzuhaben, wird er das ewige Leben geben. Diejenigen dagegen, die sich in selbstsüchtiger Gesinnung weigern der Wahrheit zu gehorchen, und sich stattdessen zu gehorsamen Werkzeugen des Unrechts machen lassen, wird Gottes Zorn in seiner ganzen Härte treffen. Ja, Not und qualvolle Angst wird das Los jedes Menschen sein, der tut, was böse ist. ... Ewige Herrlichkeit jedoch und Ehre und Frieden werden jedem gegeben, der tut, was gut ist. ... Denn Gott urteilt nicht parteiisch« (Röm 2,6-11; NGÜ). Dieses vergeltende Prinzip gilt überall: Christen wie auch Nichtchristen werden empfangen, was sie nach ihren Werken verdient haben. Christen sind ausdrücklich mit einbezogen, wenn Paulus sagt: »Denn wir alle müssen vor dem Richterstuhl des Christus offenbar werden, damit jeder das erhält, was er verdient hat, je nachdem, was er während seines irdischen Lebens durch seinen Leib an Gutem oder Bösem getan hat« (2 Kor 5,10; eÜ).

Somit ist die Vergeltung ein ursprünglicher und vorherbestimmter Ausdruck des göttlichen Wesens. Gott hat beschlossen, der Richter eines jeden Menschen zu sein, der jeden entsprechend seiner Werke belohnen oder bestrafen wird. Vergeltung ist das unabänderliche moralische Gesetz der Schöpfung. Gott wird dafür sorgen, dass jeder früher oder später das empfängt, was er verdient – zwar nicht immer in diesem Leben, aber ganz gewiss im Endgericht. Dies ist eine der grundlegenden Tatsachen des Lebens. Und da wir im Ebenbild Gottes erschaffen sind, sind wir uns alle in unserem Innersten bewusst, dass dies *rechtens ist.*

Häufig fragen wir uns: »Wo bleibt denn die Gerechtigkeit?« Mit diesem Problem, das auch den Psalmisten umtrieb, als er sah, wie unschuldigen Menschen Unrecht und Leid widerfuhr, während es den Gottlosen gut geht und sie in Wohlstand und Frieden leben (siehe Ps 73), müssen sich die Menschen immer wieder herumschlagen. Aber das Wesen Gottes ist die Garantie dafür, dass jedes Unrecht eines Tages vergolten wird. Wenn »der Tag des Zorns und der Offenbarung des gerechten Gerichtes Gottes« (Röm 2,5) anbricht, wird es zur gerechten Vergeltung kommen und kein Unrecht wird in diesem Kosmos ungesühnt bleiben. Gott ist der Richter, deshalb wird die Gerechtigkeit triumphieren.

Weshalb schrecken wir nur vor dem Gedanken zurück, dass Gott der Richter ist? Warum sind wir der Meinung, diese Vorstellung sei seiner nicht würdig? Tatsache ist doch, dass Gottes richterliche Vollkommenheit ein Bestandteil seiner moralischen Vollkommenheit ist.

Wäre denn ein Gott, der sich nicht um den Unterschied zwischen Recht und Unrecht kümmert, tatsächlich ein gutes und anbetungswürdiges Wesen? Wäre denn ein Gott, der zwischen den Ungeheuern der Geschichte – einem Hitler oder Stalin (um nur zwei Beispiele zu nennen) – und seinen Gläubigen keinen Unterschied macht, moralisch lobenswert und vollkommen? Moralische Gleichgültigkeit wäre eine Unzulänglichkeit bei Gott, keine Vollkommenheit. Würde Er die Welt nicht richten, wäre dies ein Beweis für moralische Gleichgültigkeit. Dass Gott ein vollkommen moralisches Wesen ist, das den Fragen von Recht und Unrecht nicht gleichgültig gegenübersteht, erweist sich letztendlich in der Tatsache, dass Er sich selbst verpflichtet hat, die Welt zu richten.

Es ist klar, dass die Tatsache des göttlichen Gerichts eine unmittelbare Auswirkung auf unsere Lebenseinstellung haben muss. Wenn wir wissen, dass uns am Ende unseres Weges das vergeltende Gericht erwartet, werden wir nicht mehr so leben, wie wir es sonst tun würden. Aber hier müssen wir betonen, dass die Lehre von Gottes Richten und insbesondere vom Endgericht, nicht in erster Linie als ein Schreckgespenst betrachtet werden darf, mit dem wir die Menschen zu einer äußerlichen »Rechtschaffenheit« nötigen. Sie hat ganz sicher ihre furchteinflößende Wirkung auf gottlose Menschen. Aber ihre entscheidende Bedeutung ist, Gottes moralischen Charakter zu offenbaren und dem Leben des Menschen eine moralische Bedeutung zu verleihen. Leon Morris sagt dazu:

»Die Lehre vom Endgericht … betont die Verantwortlichkeit des Menschen und die Gewissheit, dass die Gerechtigkeit letztendlich über all das Unrecht triumphieren wird, das Bestandteil und Los des gegenwärtigen Lebens ist. Das Erstere verleiht selbst der geringsten Tat ihre Würde, das Letztere schenkt uns in den schwersten Kämpfen Gelassenheit und Zuversicht. Diese Lehre gibt unserem Leben Sinn. … Die christliche Lehre vom Gericht besagt, dass die Geschichte einem Ziel entgegengeht. … Der Gedanke an das Gericht hält die Vorstellung vom Triumph Gottes und des Guten aufrecht. Es ist unvorstellbar, dass der gegenwärtige Konflikt zwischen Gut und Böse in alle Ewigkeit andauern sollte. Das Gericht bedeutet, dass das Böse ganz sicher, vollständig und auf ewig beseitigt werden wird. Das Gericht bedeutet, dass sich der Wille Gottes letztendlich vollkommen erfüllen wird.« *(The Biblical Doctrine of Judgment,* S. 72).

Jesus, der Bevollmächtigte des Vaters

Oft macht man sich nicht klar, dass das Neue Testament ausdrücklich betont, dass dem Herrn Jesus Christus die primäre Machtbefugnis über das Endgericht übertragen ist. Zu Recht wird Jesus bei der anglikanischen Beerdigungsliturgie in einem Atemzug angesprochen als »heiliger und barmherziger Erlöser, der du würdig bist, der ewige Richter zu sein.« Denn Jesus hebt immer wieder hervor, dass Er an dem Tag, an dem alle vor Gottes Thron erscheinen, um die ewigen Folgen des Lebens zu empfangen, das sie geführt haben, der Bevollmächtigte des Vaters im Gericht sein wird, und sein Wort der Annahme oder Verwerfung ausschlaggebend sein wird. Folgende Bibelstellen machen dies neben anderen deutlich: Mt 7,13-27; 10,26-33; 12,36-37; 13,24-50; 22,1-14; 24,36-25,46; Lk 13,23-30; 16,19-31; Joh 5,22-30.

In den folgenden Versen sehen wir die eindrücklichste Darstellung von Jesus als Richter: »Der Menschensohn ... wird auf seinem Thron der Herrlichkeit sitzen. Alle Nationen [jedermann] werden vor ihm versammelt werden, und er wird sie in zwei Gruppen teilen. ... Dann wird der König zu denen auf seiner rechten Seite sagen: ›Kommt her, die ihr von meinem Vater gesegnet seid. Nehmt das Reich als euer Erbe in Besitz. ...‹ Dann wird er zu denen auf der linken Seite sagen: ›Geht weg von mir, ihr Verfluchten, in das ewige Feuer.‹« (Mt 25,31-34; 41; eÜ).

Und hier finden wir die eindeutigste Aussage über Jesu Privileg, Richter zu sein: »Der Vater selbst richtet niemand, sondern hat die Macht zum Gericht dem Sohn übertragen, damit alle den Sohn ebenso ehren, wie sie den Vater ehren. ... Der Vater ... hat ihm die Vollmacht gegeben, das Gericht zu halten, weil er der Menschensohn ist [dem die Herrschergewalt, einschließlich der richterlichen Aufgaben, verheißen ist: Dan 7,13-14]. ... Es wird die Stunde kommen, in der alle Toten in den Gräbern seine Stimme hören und herauskommen werden. Diejenigen, die das Gute getan haben, werden zum ewigen Leben auferweckt werden, und diejenigen, die das Böse getan haben, werden zu ihrer Verurteilung auferweckt werden« (Joh 5,22-23; 26-29; eÜ). Dass Gott Jesus Christus zum Richter ernannt hat, ist hier offenkundig. Er steht am Ende des Lebensweges jedes einzelnen Menschen. »Mache dich bereit, deinem Gott zu begegnen«, war die Botschaft von Amos an Israel (Am 4,12). »Mache dich bereit, dem auferstandenen Jesus zu begegnen«, ist Gottes Botschaft an die heutige Welt (siehe Apg 17,31). Und wir können sicher sein, dass derjenige, der der wahre Gott und der vollkommene Mensch ist, auch der vollkommene, gerechte Richter sein wird.

Was in unserem Herzen ist

Das Jüngste Gericht wird, wie wir bereits sahen, entsprechend unserer *Werke* stattfinden – das heißt, nach unseren *Taten,* unserer ganzen Lebensführung. Mit unseren Taten können wir uns niemals eine Belohnung im letzten Gericht verdienen – dazu entsprechen wir viel zu wenig der Forderung nach Vollkommenheit. Aber sie zeigen, was in unseren Herzen ist – was, mit anderen Worten, die wahre Motivation unseres Handelns ist. Jesus sagt: »Am Tag des Gerichts werden die Menschen Rechenschaft ablegen müssen über jedes nutzlose Wort, das sie geredet haben. Denn aufgrund deiner Worte wirst du freigesprochen werden, und aufgrund deiner Worte wirst du verurteilt werden« (Mt 12,36-37; NGÜ). Welche Bedeutung haben die Worte, die wir aussprechen (wobei das Gesagte natürlich ein »Werk« im relevanten Sinn ist)? Ganz einfach: Die Worte zeigen das, was du in deinem Inneren bist. Jesus hat gerade diesen springenden Punkt hervorgehoben: »An den Früchten erkennt man den Baum. … Wie könnt ihr Gutes reden, die ihr böse seid? Denn aus dem Mund kommt, wovon das Herz voll ist« (Mt 12,33-34; eÜ). Ebenso kommt es in dem Abschnitt von den Schafen und Ziegen darauf an, ob man sich der Nöte der Christen angenommen hat oder nicht. Welche Bedeutung hat diese Aussage? Es ist nicht so, dass das eine Handeln verdienstlich war, während es das andere nicht war. Aber, aus diesen Handlungen können wir erkennen, ob sie aus Liebe zu Christus getan wurden, der Liebe, die dem Herzensglauben entspringt. (Siehe Mt 25,34-46.)

Sobald wir erkennen, dass die Werke im Jüngsten Gericht, einem geistlichen Charakterindikator entsprechen, wird es möglich, eine Frage zu beantworten, die vielen Rätsel aufgibt. Wir können sie auf die folgende Weise erläutern. Jesus sagt einerseits: »Wer mein Wort hört und glaubt dem, der mich gesandt hat, der hat das ewige Leben, und auf ihn kommt keine Verurteilung mehr zu; er hat den Schritt vom Tod ins Leben bereits getan« (Joh 5,24; eÜ). Paulus aber sagt: »Wir müssen alle vor dem Richterstuhl des Christus erscheinen, damit jeder das empfängt, was ihm gebührt, je nachdem, ob er in seinem Leben Gutes oder Böses getan hat« (2 Kor 5,10; eÜ). Wie können wir diese beiden Aussagen miteinander in Einklang bringen? Wie sind die freie Vergebung und die Rechtfertigung durch den Glauben mit dem Gericht nach den Werken zu vereinbaren?

Zu dieser Frage ist Folgendes zu sagen: Das Geschenk der Rechtfertigung schützt die Gläubigen einerseits davor, als Sünder verurteilt und aus Gottes Gegenwart ausgestoßen zu werden. Dies wird aus der Vision über das Gericht in Offenbarung 20,11-15 deutlich, wo neben »den Büchern«, in denen die Werke jedes Menschen verzeichnet sind, auch »das Buch des Lebens« geöffnet wird. Und wer im Buch des Lebens eingetragen ist, der wird nicht, wie die Übrigen, »in den Feuersee geworfen«. Andererseits muss jedoch auch gesagt werden, dass das Geschenk der Rechtfertigung die Gläubigen nicht davor bewahrt, als Christen beurteilt zu werden. Und es steht fest, dass Gläubige das Gute verwirken können, das die anderen genießen werden, wenn sich herausstellt, dass sie als Christen träge geworden sind und bewusst in Sünde lebten. Dies wird aus der Stelle deutlich, in der Paulus die Korinther ermahnt, sorgfältig darauf zu achten, auf welche Art und Weise sie ihr Leben auf Christus aufbauen, der das einzige Fundament ist. »Wenn aber jemand auf diesem Fundament mit Gold, Silber, Edelsteinen, Holz, Heu oder Stroh weiterbaut, der Tag des Gerichts wird es ans Licht bringen. Das Werk jedes Einzelnen wird im Feuer auf seine Qualität geprüft werden. Wenn das, was er auf das Fundament gebaut hat, standhält, so wird er Lohn empfangen. Wenn es jedoch verbrennt, so wird er Schaden erleiden. Er selbst wird zwar gerettet werden, aber nur wie jemand, der aus dem Feuer gerissen wird« (1 Kor 3,12-15; eÜ). *Lohn* und *Schaden* verweisen auf eine tiefere oder geringere Gemeinschaft mit Gott, auch wenn wir heute noch nicht wissen, wie das genau aussehen wird.

Das Endgericht wird auch in Einklang mit unserer *Erkenntnis* erfolgen. Allen Menschen ist durch die allgemeine Offenbarung in einem gewissen Maß der Wille Gottes bekannt, selbst wenn sie nicht mit dem Gesetz oder dem Evangelium vertraut sind. Und alle sind vor Gott schuldig, weil sie nicht entsprechend ihrer Erkenntnis handeln. Aber das Strafmaß richtet sich nach der erlangten Erkenntnis; siehe Röm 2,12 und Lk 12,47-48. Das Prinzip, nach dem hier vorgegangen wird, lautet: »Wem viel gegeben wurde, von dem wird viel gefordert« (Lk 12,48; NGÜ). Dass hier gerecht gerichtet wird, ist offenkundig. In jedem einzelnen Fall wird der Richter der ganzen Welt recht richten.

Wir brauchen nicht die Flucht zu ergreifen

Paulus verweist im Zusammenhang mit der Tatsache, dass wir alle einmal vor dem Richterstuhl von Christus erscheinen müssen, auf den Herrn, »der sehr zu fürchten ist« (2 Kor 5,11). Jesus, der Herr, ist wie sein Vater heilig und rein – wir dagegen nicht. Unser ganzes Leben liegt offen vor Ihm, Er kennt selbst unsere verborgensten Geheimnisse. Und am Tag des Gerichts wird unser ganzes vergangenes Leben sozusagen zurückgespult und vor Ihm noch einmal zur Bewertung abgespielt werden. Selbst wenn wir uns nur ein wenig kennen, wird uns bewusst sein, dass wir Ihm so, wie wir sind, nicht unter die Augen treten können. Was bleibt uns angesichts dieser Tatsache zu tun übrig? Das Neue Testament gibt uns die Antwort: *Bitte den künftigen Richter darum, dass Er heute dein Erlöser wird!* Als Richter ist Er das Gesetz, aber als Erlöser ist Er das Evangelium. Wenn du heute vor Ihm wegläufst, dann wirst du Ihm eines Tages als Richter begegnen – und dann gibt es keine Hoffnung mehr für dich. Wenn du Jesus heute jedoch suchst, dann wirst du Ihn finden – denn, »wer sucht, der findet« –, und du wirst entdecken, dass du der zukünftigen Begegnung mit Ihm voller Freude entgegensehen kannst, weil du weißt: »Es gibt jetzt keine Verurteilung mehr für die, die in Christus Jesus sind« (Röm 8,1). Daher kannst auch du mit dem Liederdichter Toplady sagen:

Jetzt, da ich noch leb im Licht,
wenn mein Aug im Tode bricht,
wenn durchs finstre Tal ich geh,
wenn ich vor dem Richter steh:
Fels des Heils, geöffnet mir,
birg mich, ewger Hort, in dir.

◈ KAPITEL 15 ◈

DER ZORN GOTTES

Z*orn* ist ein altes, seit dem 9. Jh. belegtes Wort. Es wird in den Lexika als »starke, heftige Emotion der Verärgerung [veraltet ›Grimm‹] und Entrüstung« definiert. Wobei *Ärger* oder *Grimm* als »Regung empörten Unmuts und starker Feindseligkeit, durch empfundenes Unrecht oder Kränkung« definiert wird, und *Entrüstung* als »gerechter Zorn, der durch Ungerechtigkeit und Niederträchtigkeit hervorgerufen wird.« Das also bedeutet Zorn. Und Zorn, sagt uns die Bibel, ist ein Attribut Gottes.

In der heutigen christlichen Kirche ist es gängige Praxis, dieses Thema herunterzuspielen. Diejenigen, die noch an den Zorn Gottes glauben (und das sind nicht mehr allzu viele), halten sich sehr bedeckt; vermutlich denken sie kaum darüber nach. In einer Zeit, in der Menschen sich schamlos den Götzen Habsucht, Hochmut, Sex und Selbstsucht verschrieben haben, spricht die Kirche nach wie vor auf nebulöse Weise von der Freundlichkeit Gottes, hat aber praktisch nichts über sein Gericht zu sagen. Wie oft hast du in den vergangenen Jahren eine Predigt über den Zorn Gottes gehört oder, wenn du selbst Verkündiger bist, eine Predigt über Gottes Zorn gehalten? Wie lange ist es her, frage ich mich, seit ein Christ dieses Thema in Radio oder Fernsehen oder in einem jener christlichen Kurzartikel, die in manchen Tageszeitungen und Zeitschriften erscheinen, unverblümt angesprochen hat? (Und, wenn es doch einer wagt, wird er wohl je wieder gebeten werden, eine Andacht auszustrahlen oder zu verfassen?) Tatsache ist, dass das Thema des göttlichen Zorns in unserer modernen Gesellschaft tabuisiert wird. Und die Christen haben dieses Tabu größtenteils akzeptiert und achten selbst darauf, dass sie dieses Thema bloß nicht anschneiden.

Wir müssen zu Recht fragen, ob das wirklich in Ordnung ist, denn die Bibel redet hier eine ganz andere Sprache. Man sollte nicht meinen, dass das Reden über das Gericht Gottes jemals populär war, doch die biblischen Autoren beschäftigen sich ständig mit ihm. Eines der auffallendsten Dinge über die Bibel ist der Nachdruck, mit dem beide Testamente die Tatsache und den Schrecken des Zornes Gottes betonen. »Ein Blick in die Konkordanz macht deutlich, das die Bibel *weit häufiger* den Ärger, Grimm und Zorn Gottes erwähnt, als seine Liebe und Güte« (Arthur W. Pink, *The Attributes of God,* S. 75).

Die Bibel bemüht sich, die Thematik herauszuarbeiten, dass Gott ebenso gut zu jenen ist, die Ihm vertrauen, wie Er auch schrecklich mit jenen verfährt, die Ihm nicht vertrauen. »Der Herr ist ein eifersüchtiger und rächender Gott. Der Herr ist ein Rächer und der Herr des Zorns. Der Herr übt Vergeltung an seinen Widersachern und rächt sich an seinen Feinden. Der Herr ist langsam zum Zorn und doch von großer Kraft, und lässt keinesfalls den Schuldigen ungestraft. ... Wer kann vor seinem Grimm bestehen? Und wer kann die Intensität seines Zorns ertragen? Sein Grimm ergießt sich wie ein Feuerstrom, und die Felsen werden vor ihm bersten. Der Herr ist gut, eine sichere Zuflucht am Tag des Unheils. Er kennt die, die ihr Vertrauen auf ihn setzten. Aber ... er ... wird seine Feinde in die Finsternis jagen« (Nah 1,2-8; eÜ).

Dass Paulus erwartet, dass der Herr Jesus eines Tages »in loderndem Feuer« erscheinen wird, um »Vergeltung zu üben an denen, die Gott nicht anerkennen und nicht dem Evangelium unseres Herrn Jesus gehorchen. Sie werden mit ewigem Verderben bestraft werden, so dass sie für immer vom Angesicht des Herrn und von der Herrlichkeit seiner Macht ausgeschlossen sind. Das wird an jenem Tag geschehen, wenn er kommt, um in seinen Heiligen verherrlicht zu werden« (2 Thess 1,7-10; eÜ), ist ein hinreichender Hinweis darauf, dass Nahums Botschaft nicht nur dem Alten Testament eigentümlich ist. Im Gegenteil, im ganzen Neuen Testament sind d*er Zorn Gottes, der Zorn* oder einfach *Zorn* spezielle Bezeichnungen für das vergeltende Einschreiten Gottes gegen jene, die sich Ihm widersetzt haben (siehe Röm 1,18; 2,5; 5,9; 12,19; 13,4-5; 1 Thess 1,10; 2,16; 5,9; Offb 6,16-17; 16,19; Lk 21,22-24; u. a.).

Die Bibel offenbart uns den Zorn Gottes jedoch nicht bloß durch allgemeine Aussagen, wie die eben zitierten. Auch die geschichtlichen Ereignisse der Bibel zeigen eindrücklich den Ernst wie auch die Güte Gottes, wie wir bereits in unserem letzten Kapitel festgestellt haben. So, wie Bunyans allegorische Schilderung *Die Pilgerreise* als ein Buch über den Weg zur Hölle bezeichnet werden kann, kann man die Bibel auch als das Buch über Gottes Zorn bezeichnen. Denn sie ist voller Beschreibungen der göttlichen Vergeltung, von den Flüchen über und der Vertreibung von Adam und Eva in 1. Mose 3, bis zum Untergang Babylons und dem großen Gerichtstag in Offenbarung 17-18 und 20.

Offensichtlich haben die Autoren der Bibel keine Hemmungen, das Thema »Zorn Gottes« zu behandeln. Weshalb sollten wir uns dann davor scheuen? Warum sollten wir, wenn die Bibel sich so freimütig darüber äußert, diesem Thema aus dem Weg gehen? Woran liegt es, dass es uns peinlich ist und wir verlegen werden, wenn dieses Thema zur Sprache kommt? Was veranlasst uns, es herunterzuspielen und Ausflüchte zu machen, wenn wir uns dazu äußern sollen? Was ist der Grund dafür, dass wir hier zaudern und Schwierigkeiten haben?

Ich spreche hier nicht von den Leuten, die sich über den Zorn Gottes überhaupt keine Gedanken machen, weil sie mit dem biblischen Glauben im Grunde nichts anfangen können. Ich denke vielmehr an diejenigen, die sich als »Insider« betrachten, die von der Liebe Gottes und seinem Erbarmen und dem Erlösungswerk des Herrn Jesus Christus völlig überzeugt sind, und die der Bibel in anderen Fragen entschieden vertrauen, denen es jedoch die Sprache verschlägt, wenn dieses Thema angesprochen wird. Wo liegt hier eigentlich das Problem?

Was ist Gottes Zorn?

Die Grundursache scheint in dem unguten Gefühl zu wurzeln, dass die Vorstellung vom Zorn Gottes unseres *Gottes unwürdig* sei.

Einige verbinden mit dem Begriff Zorn einen Verlust der Selbstbeherrschung, einen unkontrollierten Wutausbruch, der meist völlig irrational ist. Für andere bedeutet er eine Erbitterung darüber, dass man sich seiner eigenen Ohnmacht bewusst ist, oder man sieht in ihm verletzten Stolz oder einfach Jähzorn. Selbstverständlich wäre es verkehrt, heißt es dann, Gott solch eine Gesinnung zuzuschreiben.

Hierauf müssen wir antworten: Natürlich wäre dies verkehrt, aber die Bibel verlangt von uns überhaupt keine solche Vorstellung. Hier liegt offensichtlich ein falsches Verständnis vor, das die anthropomorphe Ausdrucksweise der Bibel verkennt – also, die biblische Gepflogenheit, Gottes Verhalten und Gemütsbewegungen in Begriffen zu beschreiben, die gewöhnlich für Menschen verwendet werden. Diese Gewohnheit gründet in der Tatsache, dass Gott uns in seinem Ebenbild geschaffen hat, so dass die menschliche Persönlichkeit und der menschliche Charakter weit mehr dem Wesen Gottes ähneln, als dem von irgendetwas anderem, das wir kennen. Wenn die Bibel jedoch in anthropomorpher Weise von Gott spricht, bedeutet das keinesfalls, dass die Begrenzungen und Unvollkommenheiten, die zu den persönlichen Charakteristika von uns sündigen Geschöpfen gehören, auch den entsprechenden Eigenschaften unseres heiligen Schöpfers eigen sind. Das ist natürlich undenkbar.

Folglich wird Gottes Liebe, wie sie uns die Bibel zeigt, Gott niemals zu törichtem, impulsivem, unmoralischem Handeln verleiten, so, wie das bei seinem menschlichen Pendant allzu oft geschieht. Und ebenso ist Gottes Zorn in der Bibel niemals der launische, unbeherrschte, aufbrausende, moralisch verwerfliche Affekt, der den menschlichen Ärger so oft bestimmt. Gottes Zorn ist vielmehr eine angemessene und notwendige Reaktion auf das objektiv moralische Böse. Gott ist nur zornig, wenn ein berechtigter Anlass dazu vorliegt. Selbst unter uns Menschen gibt es so etwas wie eine *gerechte* Empörung, auch wenn sie vermutlich nur selten zu finden ist. Aber Gottes Empörung ist immer gerecht. Wäre ein Gott, der ebenso viel Freude am Bösen, wie am Guten hat, ein guter Gott? Wäre ein Gott, der nicht auf das Böse in seiner Welt reagiert, moralisch vollkommen? Gewiss nicht. Doch es ist genau diese negative Reaktion auf das Böse – die ein notwendiger Teil der moralischen Vollkommenheit ist –, die die Bibel im Blick hat, wenn sie von Gottes Zorn spricht.

Bei anderen ruft der Gedanke an Gottes Zorn die Vorstellung von einem grausamen Gott hervor. Vielleicht haben sie von der berühmten evangelistischen Predigt gehört, die Jonathan Edwards unter dem Titel »Sünder in der Hand eines zornigen Gottes« hielt, und die Gott dazu benutzt hat, dass es im Jahr 1741 in der Stadt Enfield in Neuengland zu einer Erweckung kam. In dieser Predigt behandelte Edwards sehr plastisch das Thema, dass »der natürliche Mensch von Gottes Hand über den Schlund der Hölle gehalten« wird, und benutzte dabei einige drastische Bilder der industriellen Hoch- und Schmelzöfen. Damit wollte er seinen Zuhörern das lebhafte Gefühl ihrer grauenhaften Lage vermitteln, um so seiner Schlussfolgerung mehr Nachdruck zu verleihen: »Deshalb möge nun jeder, der noch ohne Christus ist, aufwachen und dem kommenden Zorn entfliehen.« Jeder, der die veröffentlichte Predigt gelesen hat, wird erkennen, dass der große baptistische Theologe A. H. Strong recht hat, wenn er betont, dass die stark zugespitzte Darstellung von Edwards nichts anderes als Metaphorik war. Mit anderen Worten, dass Edwards »nicht der Meinung war, dass das Grauen der Hölle buchstäblich aus Feuer und Schwefel bestehe, sondern vielmehr in der Unheiligkeit und Trennung von Gott, in einem schuldbewussten und anklagenden Gewissen, wovon Feuer und Schwefel lediglich Symbole sind« (*Systematic Theology,* S. 1035). Aber dies trifft noch nicht das Zentrum der Kritiker von Edwards. Sie behaupten, dass ein strafender Gott, auf den solch eine krasse Ausdrucksweise zutreffe, ein unbarmherziges und grausames Monster sein müsse.

Sind diese Behauptungen zutreffend? Zwei biblische Gesichtspunkte zeigen, dass sie nicht zutreffen.

Zum Ersten hat Gottes Zorn in der Bibel immer einen *rechtlichen* Aspekt – das heißt, es ist der Zorn des Richters, der Recht spricht. Grausamkeit ist stets unmoralisch, aber die explizite Voraussetzung bei allem was wir in der Bibel – und übrigens auch in Edwards' Predigt – über die Qualen derer finden, die den vollen Zorn Gottes erleben, ist, dass jeder genau das empfängt, was er verdient hat.

»Der Tag des Zornes Gottes«, sagt uns Paulus, indem er sich auf Ps 62,13 und Spr 24,12 bezieht, ist auch der Tag »an dem das gerechte Gericht Gottes offenbar wird, an dem Gott jedem das geben wird, was er für sein Tun verdient« (Röm 2,5-6; eÜ). Jesus selbst – der in der Tat mehr als irgendein anderer im Neuen Testament zu diesem Thema zu sagen hat – hebt den entscheidenden Punkt hervor, dass in der Vergeltung jedem Einzelnen sein persönliches Strafmaß zugeteilt wird. »Der Diener, der den Willen seines Herrn kennt und sich nicht auf sein Kommen vorbereitet und nicht tut, was sein Herr will, der wird hart bestraft werden. Wer hingegen den Willen seines Herrn nicht kennt und etwas tut, was Strafe verdient, der wird weniger hart bestraft werden. Wem viel gegeben wurde, von dem wird viel gefordert, und wem viel anvertraut wurde, von dem wird umso mehr verlangt« (Lk 12,47-48; NGÜ).

Gott wird dafür Sorge tragen, sagt Edwards in seiner bereits erwähnten Predigt, »dass du nicht mehr erleiden musst, als das, was das gerechte Gericht verlangt«. Und er folgert: Es wird aber genau »das sein, was das gerechte Gericht verlangt«, und das wird für alle, die als Ungläubige sterben, so schreckliche Folgen haben. Wenn wir uns nun fragen: Kann denn der Ungehorsam gegenüber unserem Schöpfer wirklich eine so große und furchtbare Bestrafung nach sich ziehen? – dann lautet die Antwort: Jeder, der von seiner Sünde überführt wurde, weiß, dass diese Frage zweifelsfrei mit »Ja« beantwortet werden muss. Und es ist ebenfalls klar, dass diejenigen, deren Gewissen noch nicht erwacht ist, und denen deshalb das Bewusstsein dafür fehlt, wie schwer die Sünde wiegt, auch noch nicht in der Lage sind, hierüber ein qualifiziertes Urteil abzugeben.

Zum Zweiten, Gottes Zorn ist in der Bibel etwas, für das der Mensch *sich selbst entscheidet.* Bevor Gott einen Menschen der Hölle überantwortet, hat dieser Mensch sich schon aus freien Stücken dafür entschieden, weil er sich dem Licht verschließt, das Gott ihm verleiht, damit er sich Ihm zuwenden kann. Als Johannes schreibt: »Wer nicht [an Jesus] glaubt, ist damit schon verurteilt [gerichtet], weil er nicht an den Namen des einzigartigen Sohnes Gottes geglaubt hat«, führt er dies noch näher aus: *»Darauf gründet sich das Gericht:* Das Licht ist in die Welt gekommen, aber die Menschen liebten die Finsternis mehr als das Licht, weil ihre Taten böse waren« (Joh 3,18-19; eÜ). Er meint genau das, was er sagt: Das ausschlaggebende Gerichtsurteil über die Verlorenen ist das Urteil, das sie über sich selbst fällen, indem sie das Licht verwerfen, das in und durch Jesus Christus zu ihnen kommt. Letzten Endes tut Gott in seinem Gerichtsverfahren gegenüber dem Ungläubigen nichts anderes, als ihm die Konsequenzen seiner getroffenen Entscheidung vor Augen zu führen.

Die grundlegende Entscheidung war und ist einfach: Entweder man reagiert auf Jesu Aufforderung: »Kommt her zu mir. ... Nehmt auf euch mein Joch und lernt von mir« (Mt 11,28-29), oder man folgt ihr nicht. Entweder man »rettet« sein Leben, indem man vor Jesu Angebot die Ohren verschließt und sich Ihm nicht übereignet. Oder man »verliert« sein Leben, indem man sich selbst verleugnet, sein Kreuz auf sich nimmt, ein Jünger Jesu wird und mit Jesus den oft steinigen Lebensweg geht. Im ersten Fall, sagt uns Jesus, können wir die ganze Welt gewinnen, aber es wird uns letztlich nichts nützen, denn wir werden unser Leben verlieren. Im zweiten Fall, wenn wir unser Leben um seinetwillen verlieren, werden wir das wahre Leben finden (Mt 16,24-26).

Doch was bedeutet es, sein Leben zu verlieren? Um diese Frage zu beantworten, benutzt Jesus eine eindrückliche ernste Bildsprache: Er redet von der *Gehenna* (in Mk 9,47 und zehn anderen Stellen in den Evangelien wird sie als »Hölle« bezeichnet), dies ist das Tal außerhalb von Jerusalem, wo der Abfall verbrannt wurde. Er spricht von dem *Wurm, der nicht stirbt* (Mk 9,47), wohl ein Bild für den endlosen Verfall der Persönlichkeit durch ein sich zermarterndes Gewissen. Dann erwähnt Er das *Feuer,* für das qualvolle Bewusstsein, unter dem Missfallen Gottes zu stehen. Er spricht von der *äußersten Finsternis,* ein Symbol für die Erkenntnis des erlittenen Schadens, nicht nur, dass man auf ewig von Gott getrennt ist, sondern auch all das Gute und all das, was Leben lebenswert machte, für immer verloren hat. Ferner erwähnt Er das *Zähneknirschen,* ein Bild für die Selbstverurteilung und Selbstverachtung.

Diese Tatsachen sind zweifellos unvorstellbar schrecklich, selbst wenn diejenigen, die von ihrer Sünde überführt wurden, diese Qualen ein Stück weit erahnen können. Dies sind aber keine willkürlichen Torturen. Sie entsprechen vielmehr dem willentlichen Hineinwachsen in einen Zustand, den man selbst gewählt hat. Der Ungläubige hat sich freiwillig dafür entschieden, sein Leben ohne

Gott zu führen, sich Gott zu widersetzen, in Feindschaft gegen Gott zu leben – und er wird seinen Willen bekommen. Niemand steht unter dem Zorn Gottes, es sei denn, er hat dies selbst so gewollt. Wenn Gott seinen Zorn ausführt, dann nur deshalb, weil Er *den Menschen das gibt, für was sie sich entschieden haben,* mit allen Konsequenzen – nicht mehr und nicht weniger. Gottes Bereitschaft, die menschliche Entscheidung in diesem Umfang zu respektieren, mag befremdlich, ja sogar entsetzlich erscheinen, aber es ist offenkundig, dass sein Verhalten hier vollkommen gerecht ist – und sich grundsätzlich von der willkürlichen und skrupellosen Quälerei unterscheidet, die wir unter Grausamkeit verstehen.

Wir müssen daher festhalten, dass der Schlüssel zur Interpretation der vielen Bibelstellen (die häufig ausgesprochen symbolisch sind), die uns Gott als König und Richter darstellen, der in Zorn und Vergeltung aktiv gegen uns vorgeht, die Erkenntnis ist, dass Gott hier nichts anderes tut, als die Urteile *anzuerkennen und zu ratifizieren,* die jene, die Er »heimsucht«, durch ihren eingeschlagenen Weg *bereits über sich selbst gefällt haben.* Dies wird schon in der Geschichte von Gottes erstem Zorneshandeln gegenüber dem Menschen in 1. Mose 3 deutlich, wo wir sehen, dass Adam sich bereits vor der Vertreibung aus dem Paradies dafür entschieden hatte, sich vor Gott zu verbergen und seine Gegenwart zu meiden. Und dasselbe Prinzip gilt für die ganze Bibel.

Der Zorn Gottes im Römerbrief

Die klassische neutestamentliche Abhandlung über den Zorn Gottes finden wir im Römerbrief, den Luther und Calvin als den Zugang zur ganzen Bibel betrachteten, und der tatsächlich mehr konkrete Verweise auf Gottes Zorn enthält, als alle anderen Paulusbriefe zusammengenommen. Wir werden dieses Kapitel damit beschließen, dass wir analysieren, was der Römerbrief uns zu diesem Thema zu sagen hat. Dieses Studium soll dazu dienen, einige bereits ausgeführte Punkte näher zu beleuchten.

1. Die Bedeutung des Zornes Gottes. Der Zorn Gottes bezeichnet im Römerbrief Gottes entschlossenes Handeln, die Sünde zu strafen. Er ist genauso der Ausdruck einer persönlichen, emotionalen Haltung des dreieinigen Jahwe, wie sie uns in seiner Liebe zu uns Sündern begegnet. Er ist die aktive Manifestation seines Hasses auf alle Gottlosigkeit und moralische Bosheit. Der Ausdruck *der Zorn* (Röm 2,5; 5,9) kann speziell auf das künftige Offenbarwerden dieses Hasses am »Tag des Zorns« verweisen, aber er kann sich auch auf gegenwärtige Fügungen und Prozesse beziehen, in denen wir Gottes Vergeltung für die Sünde erkennen. So ist die Staatsmacht, die Verbrecher verurteilt, »Gottes Dienerin, eine Rächerin zum Zorngericht an dem, der das Böse tut« (Röm 13,4; vgl. Vers 5). Gottes Zorn ist seine Reaktion auf unsere Sünde, und »das Gesetz bewirkt Zorn« (Röm 4,15), weil das Gesetz die Sünde erregt, die latent in uns vorhanden ist, und die Übertretung – das Verhalten, das Zorn erregt – in ihrem ganzen Ausmaß hervorruft (Röm 5,20; 7,7-13). Als Reaktion auf die Sünde ist Gottes Zorn ein Ausdruck seiner Gerechtigkeit, und Paulus weist die Vorstellung entschieden zurück, »dass Gott ungerecht ist, wenn er seinen Zorn über uns hereinbrechen lässt« (Röm 3,5; NGÜ). Menschen, »die zum Verderben zugerichtet sind«, beschreibt er als »Gefäße des Zorns« – das heißt, als Objekte des Zorns. Ebenso bezeichnet er die, die er an anderer Stelle Sklaven der Welt, des Fleisches und des Teufels nennt, als »Kinder des Zorns« (Eph 2,3). Solche Menschen ziehen sich, einfach durch das, was sie ihrem Wesen nach sind, Gottes Zorn zu.

2. Die Offenbarung des Zornes Gottes. »Gottes Zorn wird vom Himmel her offenbart über alle Gottlosigkeit und Ungerechtigkeit der Menschen, die die Wahrheit durch Unrecht niederhalten« (Röm 1,18; eÜ). Das Präsens »wird offenbart« verweist auf eine *permanente* Offenbarung, die den ganzen Zeitlauf durchzieht. »Vom Himmel«, was hier im Kontrast zu »im Evangelium« im vorhergehenden Vers steht, deutet auf eine *universale* Offenbarung hin, die selbst jene erreicht, die das Evangelium noch nicht erreicht hat.

Und wie vollzieht sich diese Offenbarung? Sie prägt sich persönlich in das Gewissen eines jeden Menschen ein: Diejenigen, die »Gott dahingegeben hat in unwürdige Gesinnung« (Röm 1,28), so dass sie hemmungslos das Böse tun, »wissen genau, dass die, die so handeln, nach Gottes gerechtem Urteil, den Tod verdienen« (Röm 1,32; NGÜ). Niemand ist völlig ahnungslos im Blick auf das künftige Gericht. Und diese unmittelbare Offenbarung wird durch das offenbarte Wort des Evangeliums bekräftigt. Wir werden auf seine gute Botschaft vorbereitet, indem uns zunächst die erschütternde Botschaft vom kommenden »Tag des Zorns und der Offenbarung des gerechten Gerichtes Gottes« (Röm 2,5) mitgeteilt wird.

Das ist aber noch nicht alles. Diejenigen, die offene Augen haben, erkennen die Anzeichen des aktiven Zornes Gottes im gegenwärtigen Zustand der Menschheit. Überall erkennt der Christ Beispiele der Degeneration, die sich immer weiter fortpflanzen – von der Gotteserkenntnis zur Anbetung dessen, was nicht Gott ist, und vom Götzendienst zu immer schlimmeren Perversionen, so dass mit jeder neuen Generation weitere Früchte der »Gottlosigkeit und Ungerechtigkeit« heranreifen. In diesem Niedergang müssen wir das gegenwärtige Wirken des göttlichen Zorns erkennen. Es ist ein Prozess der richtenden Verhärtung und des Zerfalls der Schranken. Dadurch werden die Menschen in ihre eigene verdorbene Gesinnung dahingegeben und immer mehr die zügellosen Begierden ihres sündigen Herzens in die Tat umsetzen. Paulus beschreibt diesen Prozess, den er aus seiner Bibel und der Umwelt seiner Zeit nur zu gut kennt, in Römer 1,19-31, wobei die Schlüsselsätze lauten: »Gott hat sie dahingegen in sexuelle Unreinheit«; »Gott hat sie dahingegeben in entehrende Leidenschaften«; »Gott hat sie dahingegeben in unwürdige Gesinnung« (Röm 1,24.26.28).

Wenn du einen Beweis dafür suchst, dass der Zorn Gottes, von dem du in deinem Innersten ja schon überzeugt bist, bereits in dieser Welt mächtig am Werk ist, würde Paulus dir raten, dir bloß das Leben in deiner Umwelt genauer anzuschauen. Dann wirst du erkennen, was es bedeutet, dass Gott die Menschen »dahingegeben hat«. Und wer könnte gerade im Blick auf die heutige Zeit diese These von Paulus bestreiten, die er vor fast 2000 Jahren aufgestellt hat?

3. Die Befreiung vom Zorn Gottes. In den ersten drei Kapiteln des Römerbriefes konfrontiert Paulus uns mit der folgenden Frage: Wenn sich »Gottes Zorn vom Himmel her über alle Gottlosigkeit und Ungerechtigkeit der Menschen offenbart« und ein »Tag des Zorns« kommen wird, an dem Gott »jedem das geben wird, was er für sein Tun verdient hat«, wie können wir dieser Katastrophe entkommen? Die Frage ist ganz entscheidend, weil wir »alle unter der Herrschaft der Sünde stehen«, weil »keiner gerecht ist, auch nicht einer«, weil »die ganze Welt vor Gott schuldig dasteht« (Röm 3,9-10.19). Das Gesetz kann uns nicht erretten, denn es kann nur bewirken, dass die Sünde uns anstachelt, und es vermag uns nur zu zeigen, dass wir der geforderten Gerechtigkeit ganz und gar nicht entsprechen. Die äußerlichen religiösen Riten können uns ebenfalls nicht erretten, ebenso wenig, wie die rein äußerliche Beschneidung die Juden erretten kann. Gibt es dann überhaupt noch irgendeine Möglichkeit, dem kommenden Zorn zu entgehen?

Ja, es gibt sie, und Paulus kennt und nennt sie: »Nachdem wir jetzt durch sein Blut gerechtfertigt worden sind, werden wir durch ihn erst recht vor dem künftigen Zorn Gottes gerettet werden!« (Röm 5,9; eÜ). Durch wessen Blut? Durch das Blut Jesu Christi, des menschgewordenen Sohnes Gottes. Und was bedeutet es, *gerechtfertigt* zu sein? Es bedeutet, dass uns vergeben ist, und dass wir für gerecht erklärt worden sind. Und wie werden wir gerechtfertigt? Durch den Glauben – das heißt, dass wir unser ganzes Vertrauen auf die Person und das Werk von Jesus setzen. Und wie bildet Jesu Blut – das heißt, sein Opfertod – die Grundlage für unsere Rechtfertigung? Paulus erläutert dies, indem er sagt: »Durch seine Gnade, aufgrund der Erlösung, die in Christus Jesus ist. Ihn hat Gott zum Sühneopfer bestimmt, durch den Glauben an sein Blut« (Röm 3,24-25). Was ist ein *Sühneopfer?* Es ist ein Opfer, das Gottes Zorn abwendet, indem es die Sünde sühnt und die Schuld tilgt.

Wie wir später noch ausführlicher sehen werden, ist dies das Zentrum des Evangeliums: Dass Jesus Christus, aufgrund seines Todes am Kreuz als unser Stellvertreter und Sündenträger, »das Sühneopfer für unsere Sünden ist« (1 Joh 2,2). Zwischen uns Sündern und den Gewitterwolken des göttlichen Zorns steht das Kreuz des Herrn Jesus. Wenn wir durch den Glauben Jesus Christus angehören, dann sind wir durch sein Kreuz für gerecht erklärt worden, und der Zorn Gottes wird uns niemals mehr treffen, weder jetzt noch in Zukunft. Jesus »errettet uns vor dem zukünftigen Zorn« (1 Thess 1,10).

Eine ernste Realität

Zweifellos es trifft zu, dass man sich in der Vergangenheit mit dem Thema des göttlichen Zorns auf spekulative, unehrerbietige, ja sogar gehässige Weise beschäftigt hat. Fraglos gab es manche, die über Gottes Zorn und die Verdammnis ohne Tränen in ihren Augen und ohne Herzensqual gepredigt haben. Zweifelsohne hat die Sicht von unbedeutenden Sekten, die zynisch die ganze Welt – natürlich abgesehen von sich selbst – der Hölle überantworten, viele empört. Doch, wenn wir Gott erkennen wollen, müssen wir uns mit der Wahrheit über seinen Zorn auseinandersetzen, wie unzeitgemäß sie auch erscheinen mag und wie stark unsere anfänglichen Vorurteile gegen sie auch sein mögen. Andernfalls werden wir das Evangelium der Erlösung vom Zorn nicht verstehen, noch das Sühnewerk am Kreuz, noch das Wunder der erlösenden Liebe Gottes. Wir werden auch nicht das Wirken Gottes in der Geschichte und Gottes gegenwärtiges Handeln mit unserem eigenen Volk verstehen. Ferner wird uns das Buch der Offenbarung ein Rätsel bleiben. Zudem wird unserer Evangelisation die Eindringlichkeit fehlen, wenn wir an die Ermahnung von Judas denken: »Andere müsst ihr gewissermaßen aus dem Feuer reißen, damit sie gerettet werden« (Jud 23; NGÜ). Und letztlich wird weder unsere Erkenntnis Gottes noch unser Dienst für Ihn mit seinem Wort in Einklang stehen.

Der Autor Arthur W. Pink schreibt: »Der Zorn Gottes ist eine Vollkommenheit des göttlichen Wesens, über den wir häufig nachsinnen müssen. Erstens, damit unser Herz einen angemessenen Eindruck von Gottes Abscheu über die Sünde erhält. Wir stehen immer in der Gefahr, die Sünde auf die leichte Schulter zu nehmen, ihre Abscheulichkeit zu verniedlichen, Ausreden für die Sünde zu finden. Aber je mehr wir uns mit Gottes Abscheu vor der Sünde und seiner schrecklichen Vergeltung befassen und darüber nachdenken, desto mehr werden wir ihre Schändlichkeit realisieren. Zweitens, damit eine echte Ehrfurcht vor Gott in unserem Herzen entsteht. ›Lasst uns die Gnade festhalten, durch die wir Gott auf wohlgefällige Weise dienen können mit Scheu und Ehrfurcht! Denn unser Gott ist ein verzehrendes Feuer‹ (Hebr 12,28-29). Wir können Ihm nicht ›wohlgefällig‹ dienen, es sei denn, wir haben eine angemessene ›Scheu‹ vor seiner furchtbaren Majestät und ›Ehrfurcht‹ vor seinem gerechten Zorn, und das wird am besten dadurch befördert, dass wir uns regelmäßig in Erinnerung rufen, dass ›unser Gott ein verzehrendes Feuer ist.‹ Drittens, damit wir unsere Seele zu leidenschaftlichem Lobpreis anregen, weil Jesus ›uns vor dem zukünftigen Zorn errettet‹ (1 Thess 1,10). Unsere Bereitschaft oder unser Widerwille über den Zorn Gottes nachzusinnen, ist ein sicherer Test dafür, ob unsere Herzen wirklich auf Ihn hin ausgerichtet sind oder nicht.«

(*The Attributes of God,* S. 77). Pink hat vollkommen recht. Wenn wir Gott wirklich erkennen und von Ihm erkannt werden wollen, sollten wir Ihn jetzt darum bitten, uns zu lehren, mit der ernsten Realität seines Zorns zu rechnen.

◈ KAPITEL 16 ◈

DIE GÜTE UND DIE STRENGE GOTTES

So sieh nun die Güte und die Strenge Gottes«, schreibt Paulus in Röm 11,22. Das entscheidende Wort ist hier das *und.* Der Apostel erklärt in diesem Zusammenhang die Beziehung zwischen Juden und Nichtjuden im Plan Gottes. Er hat seine nichtjüdischen Leser soeben daran erinnert, dass Gott die Mehrzahl ihrer jüdischen Zeitgenossen wegen ihres Unglaubens verworfen hat, während Er zur selben Zeit viele Heiden, wie sie selbst, zum rettenden Glauben geführt hat. Nun fordert Er sie auf, die beiden Seiten des Charakters Gottes zu beachten, die bei diesem Geschehen deutlich werden: »Du siehst hier also die Güte und die Strenge Gottes: seine Strenge gegenüber denen, die sich abgewandt haben, seine aber Güte dir gegenüber« (Röm 11,22; eÜ). Die römischen Christen sollten sich nicht bloß mit Gottes Güte befassen, auch nicht nur mit seiner Strenge, vielmehr sollten sie beide Faktoren zusammen erwägen. Beide sind Eigenschaften Gottes – also Aspekte seines offenbarten Wesens. Beide erscheinen nebeneinander in der Heilsökonomie der Gnade. Beide müssen gewürdigt werden, wenn wir Gott wirklich erkennen wollen.

Der Weihnachtsmann und ein ungeheurer Pessimismus

Vermutlich war es seit der Zeit, als Paulus diese Worte niederschrieb, niemals notwendiger als heute, sich mit diesem Thema zu beschäftigen. Die heutige Unkenntnis und die Verwirrung hinsichtlich der Bedeutung des Glaubens an Gott sind nahezu unbeschreiblich. Die Menschen behaupten, dass sie an Gott glauben, aber sie haben keine Ahnung, wer das ist, an den sie glauben, oder was es eigentlich bedeutet, an Ihn zu glauben.

Christen, die ihren Zeitgenossen in dieser Krisensituation zu dem verhelfen möchten, was ein berühmtes altes Traktat als »Gewissheit, Geborgenheit und Freude« bezeichnet, wissen gar nicht, wo sie anfangen sollen: Das chaotische Sammelsurium von Vorstellungen über Gott verschlägt ihnen die Sprache. Was, um alles in der Welt, hat die Menschen in solch eine Desorientierung geführt? Wo liegt der Ursprung ihrer Konfusion? Und womit kann man beginnen, um sie aus all dem herauszuführen?

Zu diesen Fragen gibt es mehrere, einander ergänzende Antworten. Eine der Ursachen ist, dass die Menschen es sich zur Gewohnheit gemacht haben, ihrer persönlichen religiösen Intuition zu vertrauen, statt ihre Erkenntnis über Gott aus seinem Wort zu beziehen. Also müssen wir versuchen, ihnen zu helfen, ihr Trugbild zu überwinden und, in einigen Fällen, die Missverständnisse über die Bibel, die zu dieser Haltung geführt haben, aus dem Weg zu räumen. Und dann müssen wir sie dazu anhalten, ihre Überzeugungen künftig nicht mehr aus ihrer unreflektierten Intuition zu gewinnen, sondern aus dem, was die Bibel sagt.

Eine zweite Antwort ist, dass der heutige Mensch glaubt, dass alle Religionen identisch und gleichwertig seien – also bezieht er seine Ansichten über Gott aus nichtchristlichen wie auch christlichen Quellen. Deshalb müssen wir versuchen, diesem Menschen die Einzigartigkeit und Endgültigkeit des Herrn Jesus Christus zu zeigen, der das letzte und endgültige Wort Gottes an die Menschheit ist.

Eine dritte Antwort ist, dass die Menschen die Realität ihrer eigenen Sündhaftigkeit nicht mehr erkennen, die all ihrem Denken und Tun ein hohes Maß an Verderbtheit und Feindschaft gegen Gott verleiht. Daher ist es unsere Aufgabe, zu versuchen, den Menschen diese Tatsache über sich selbst bewusstzumachen, damit sie ein gesundes Selbstmisstrauen entwickeln und durch das Wort Gottes offen für Korrektur werden.

Eine vierte Antwort, die ebenso wichtig wie die vorhergehenden, ist, ist, dass die heutigen Menschen die Tendenz haben, den Gedanken von der Güte Gottes unabhängig von dem seiner Strenge zu betrachten. Hier müssen wir versuchen, diese Vorstellung zu korrigieren, denn solange sie diese Ansicht vertreten, kann es nur zu Irrglauben kommen.

Diese Sicht, die zuerst von einigen deutschen Theologen des vorletzten Jahrhunderts vertreten wurde, hat inzwischen den gesamten westlichen Protestantismus infiziert. Dass alle Vorstellungen vom göttlichen Zorn und Gericht negiert werden, und man annimmt, dass Gottes Wesen in vielen Teilen der Bibel falsch verstanden werde, und dass Gottes Wesen in Wirklichkeit von nachsichtigem Wohlwollen ohne jegliche Strenge geprägt sei, ist heute eher die Regel als die Ausnahme.

Zwar haben in jüngerer Zeit einige Theologen als Gegenreaktion versucht, die Tatsache der Heiligkeit Gottes wieder neu zu betonen, aber ihre Versuche waren bloß halbherzig und ihre Worte sind größtenteils auf taube Ohren gestoßen. Die heutigen Protestanten sind nicht bereit, ihr »aufgeklärtes« Festhalten an der Lehre von einem »himmlischen Weihnachtsmann« aufzugeben, bloß weil Theologen wie Brunner oder Niebuhr erklären, dies sei nicht die ganze Wahrheit der Geschichte. Die Überzeugung, dass es nicht mehr von Gott zu sagen gibt (wenn Gott überhaupt existiert), als das, dass er unendlich nachsichtig und gütig ist – diese Überzeugung ist so schwer auszurotten wie Unkraut. Und wenn man einmal die Wurzeln des Christentums, im wahrsten Sinn des Wortes, ausgerissen hat, wird es einfach absterben. Denn das Wesen des Christentums ist der Glaube an die Vergebung der Sünden durch das Erlösungswerk Christi am Kreuz.

Aber aufgrund dieser »Weihnachtsmann-Theologie« verursachen die Sünden keine Probleme und das Sühnopfer wird unnötig. Gottes Gunst erstreckt sich ebenso auf jene, die seine Gebote missachten, wie auch auf jene, die sie halten. Die Vorstellung, dass Gottes Verhalten mir gegenüber durch das beeinflusst wird, ob ich das tue, was Er mir sagt, oder auch nicht, ist dem Denken des heutigen Menschen völlig fremd, und jeder Versuch, auf die Notwendigkeit zu verweisen, sich in Gottes Gegenwart zu fürchten, vor seinem Wort zu erzittern, wird als total veraltet abgetan.

Doch die »Weihnachtsmann-Theologie« trägt den Samen ihres eigenen Scheiterns in sich, denn sie kann mit dem Problem des Bösen nicht fertig werden. Es ist kein Zufall, dass, als der Glaube an den »guten Gott« des Liberalismus zu Beginn des 20. Jahrhunderts Allgemeingut wurde, das sogenannte Problem des Bösen (das zuvor gar kein Problem darstellte) plötzlich an die erste Stelle der christlichen Apologetik trat. Dies war unvermeidlich, denn es ist unmöglich, den guten Willen eines »himmlischen Weihnachtsmanns« in den notvollen und destruktiven Dingen wie der Grausamkeit, der ehelichen Untreue, einem Unfalltod oder Lungenkrebs zu erkennen. Die einzige Möglichkeit, die liberale Sicht von Gott zu wahren, besteht darin, Ihn von diesen Dingen abzugrenzen und zu bestreiten, dass Er irgendeine unmittelbare Beziehung zu diesen entsetzlichen Dingen oder die Kontrolle über sie hat – mit anderen Worten, seine Allmacht und seine Herrschaft über die Welt zu leugnen.

Die liberalen Theologen begannen vor Jahrzehnten diese Sicht zu vertreten, und der Normalbürger hat sie sich inzwischen zu eigen gemacht. So bleibt dem modernen Menschen nur eine Art von Gott, der es zwar gut mit uns meint, aber nicht in der Lage ist, uns vor den vielfältigen Nöten und Leiden des Lebens zu bewahren. Sobald Probleme auftauchen, bleibt dem heutigen Menschen also nichts anderes übrig, als sich mit seinem Schicksal abzufinden. Auf diese Weise führt der Glaube an einen Gott, der voller Güte und ohne jegliche Strenge ist, durch ein ironisches Paradoxon dazu, dass der Mensch in eine fatalistische und pessimistische Lebenseinstellung gerät.

Hier haben wir also einen der religiösen Irrwege unserer Zeit, der uns (wie sie das auf die eine oder andere Art und Weise alle tun) in das Gebiet der »Zweifelsburg« führt, »die der Riese Verzweiflung bewohnt«, wie es John Bunyan in seinem Buch *Die Pilgerreise* treffend beschreibt. Wie kann aber der, der auf diesen Weg abgeirrt ist, wieder auf den richtigen Weg zurückfinden? Nur dadurch, dass wir lernen, Gottes Güte mit seiner Strenge in Einklang zu bringen, wie es auch die Bibel tut. Wir wollen hier nun den Kern der biblischen Lehre zu diesem Punkt herausarbeiten.

Gottes Güte

Güte ist bei Gott wie bei den Menschen eine bewundernswerte, attraktive und lobenswerte Eigenschaft. Wenn die biblischen Verfasser Gott als *gut* bezeichnen, denken sie im Allgemeinen an all die moralischen Eigenschaften, die sein Volk veranlassen, Ihn als *vollkommen* zu charakterisieren. Und im Besonderen denken sie an seine Generosität, die sie dazu bewegt, Ihn *barmherzig* und *gnädig* zu nennen und von seiner *Liebe* zu sprechen. Wir wollen dies nun etwas ausführlicher behandeln.

Die Bibel befasst sich ständig aus verschiedenen Gesichtspunkten mit dem Thema der moralischen Vollkommenheit Gottes, wie sie in seinen eigenen Worten zum Ausdruck kommt und sich in der Erfahrung seines Volkes realisiert. Als Gott mit Mose auf dem Sinai stand und »den Namen [das ist sein offenbarter Charakter] des HERRN [das heißt, Jahwe, der Gott seines Volkes, der souveräne Erlöser, der von sich selbst sagt: »Ich bin, der ich bin« im Gnadenbund] ausrief«, da sagte Er folgende Worte: »Jahwe, Jahwe, der barmherzige und gnädige Gott, langsam zum Zorn und reich an Güte und Treue, der tausend Generationen Gnade erweist und Schuld, Übertretung und Sünde vergibt, aber den Schuldigen keineswegs ungestraft lässt« (2 Mose 34,6-7; eÜ). Und diese Proklamation der moralischen Vollkommenheit Gottes wurde in der Erfüllung seiner Verheißung realisiert, dass Er all seine *Güte* an Mose vorüberziehen lassen wolle (2 Mose 33,19). All die einzelnen Vollkommenheiten, die hier erwähnt werden, und alle, die zu ihnen dazugehören – Gottes Wahrhaftigkeit und Zuverlässigkeit, seine unfehlbare Gerechtigkeit und Weisheit, seine Güte und Langmut, seine Allgenugsamkeit gegenüber allen, die bußfertig seine Hilfe suchen, seine großherzige Freundlichkeit, durch die Er den Gläubigen die erhabene Bestimmung der Gemeinschaft mit Ihm in Heiligkeit und Liebe gewährt – all diese Dinge machen zusammen die Güte Gottes aus, in dem allumfassenden Sinn seiner offenbarten Vortrefflichkeiten.

Und wenn David erklärt: »Ja, Gott – sein Weg ist vollkommen« (2 Sam 22,31; Ps 18,31), meint er damit, dass Gottes Volk das Gleiche erleben darf, was er selbst erfahren hat: dass Gottes Güte, auf die er sich beruft, sich stets bewährt: »Sein Weg ist vollkommen! Das Wort des HERRN ist geläutert; er ist ein Schild allen, die ihm vertrauen« (Ps 18,31). Der ganze Psalm 18 ist eine persönliche Retrospektive Davids. Ja, er hat es selbst erlebt, dass Gott treu zu seinen Zusagen steht und als Schutzschild und Bergungsort seine Allgenugsamkeit erweist. Und jedes Kind Gottes, das nicht durch Lauheit und Trägheit den Segen Gottes verwirkt hat, wird die gleiche Erfahrung machen.

(Übrigens, wenn du diesen Psalm bisher noch nie sorgfältig durchgelesen hast, dann tu es jetzt und stelle dir an jeder Stelle die Frage, inwieweit dein Zeugnis dem von David entspricht. Ja, ich möchte dich nachdrücklich auffordern, dies jetzt zu tun – und es dann in regelmäßigen Abständen zu wiederholen. Du wirst erkennen, dass dies eine heilsame und zu Herzen gehende Übung ist.)

Es gibt hier jedoch noch mehr zu sagen. In dem ganzen Bündel der moralischen Vollkommenheiten Gottes gibt es vor allem eine, in der der Ausdruck *Güte* besonders hervorsticht – die Eigenschaft, die Gott speziell herausgreift. Als Er »all seine Güte« vor Mose proklamierte, sagte Er von sich selbst: Ich bin »reich an *Güte* und Treue« (2 Mose 34,6). Es handelt sich hier um die Eigenschaft der *Freigebigkeit.* Unter Freigebigkeit versteht man eine Gesinnung, die andere ohne eigensüchtige Hintergedanken beschenkt, und die nicht durch das bestimmt wird, was der Empfänger verdient hat, sondern stets darüber hinausgeht. Freigebigkeit bringt den schlichten Wunsch zum Ausdruck, dass andere das bekommen, was sie brauchen, um sie dadurch glücklich zu machen. Freigebigkeit ist sozusagen der Kristallisationspunkt der moralischen Vollkommenheit Gottes. Sie ist die Eigenschaft, die darüber entscheidet, wie alle anderen Vortrefflichkeiten Gottes zur Anwendung kommen.

Gott ist »überreich an Güte« – *ultro bonus,* wie es die lateinischsprechenden Theologen vor langer Zeit ausgedrückt haben: aus sich selbst heraus gut, überfließend an Freigebigkeit. Theologen der reformierten Schule benutzen das neutestamentliche Wort *Gnade* (freie Gunst), um jeden Aspekt der göttlichen Freigebigkeit abzudecken, ganz gleich, welcher Art. Und von daher unterscheiden sie zwischen der *allgemeinen Gnade,* die in der »Schöpfung, der Erhaltung und allen Segnungen dieses Lebens« sichtbar wird, und der *besonderen Gnade,* die sich in der Heilsökonomie bekundet. Der entscheidende Gegensatz zwischen der *allgemeinen* und der *besonderen Gnade* ist, dass alle Menschen von den Privilegien der Ersteren profitieren, aber nicht alle von denen der Letzteren. Um diese Unterscheidung auf biblische Weise auszudrücken, können wir sagen, dass Gott allen Menschen in vielerlei Hinsicht seine Güte erweist und einigen Menschen auf jede nur erdenkliche Art und Weise.

Gottes Freigebigkeit, die Er durch natürliche Segnungen gewährt, wird in Psalm 145 gepriesen: »Der HERR ist gut zu allen, er hat Erbarmen mit allen seinen Geschöpfen. ... Die Augen aller blicken zu dir, und du gibst ihnen ihre Speise zur rechten Zeit. Du öffnest deine wohltätige Hand und sättigst alles, was lebt« (Ps 145,9.15-16; eÜ; vgl. Apg 14:17). Der entscheidende Punkt des Psalmisten ist, dass jede Mahlzeit, jede Freude, alles Hab und Gut, jeder Sonnenstrahl, jede erholsame Nachtruhe, Gesundheit und Wohlergehen, also alles, was unser Leben erhält und bereichert, eine göttliche Gabe ist, da Gottes alles, was in der Welt geschieht, lenkt und überwacht.

Und wie überreich diese Gaben sind! »Zähl all deine Segnungen, eine nach der anderen führe sie an«, fordert uns ein Kinderlied auf, und jeder, der ernsthaft damit beginnt, seine natürlichen Segnungen aufzulisten, wird bald die Bedeutung der nächsten Zeile erkennen: »Und es wird dich überraschen, was der Herr hat getan.« Aber die Güte Gottes auf der natürlichen Ebene, wie reich sie auch sein mag, wird weit übertroffen von der viel größeren Gnade der geistlichen Erlösung.

Wenn die Sänger Israels das Volk aufforderten, Gott zu danken, weil »er gut ist und seine Güte [oder Gnade] ewig währt« (Ps 106,1; 107,1; 118,1; 136,1; vgl. 100,4-5; 2 Chr 5,13; 7,3; Jer 33,11), betraf dies gewöhnlich sein Erlösungshandeln: zum Beispiel Gottes Güte in seinen »Machttaten«, als Er Israel aus Ägypten erlöste (Ps 106,2; Ps 136), seine Bereitwilligkeit, geduldig zu sein, und gern zu vergeben, wenn seine Kinder in Sünde gefallen sind (Ps 86,5), seine Bereitschaft, die Seinen seine Anweisungen zu lehren (Ps 119,68). Und die Güte, auf die Paulus sich in Röm 11,22 bezieht, ist Gottes Gnade, aufgrund deren Er Zweige »aus dem von Natur wilden Ölbaum« (aus den Heiden) herausschneidet und in seinen Ölbaum einpfropft – das heißt, sie in die Gemeinschaft seines Bundesvolkes, in die Gemeinschaft der erlösten Gläubigen aufnimmt (siehe Röm 11,24).

Das klassische Beispiel für die Güte Gottes finden wir in Psalm 107. Hier fasst der Psalmist, um seiner Aufforderung, »Dankt dem HERRN, denn er ist gut!«, Nachdruck zu verleihen, die früheren Erfahrungen Israels in der Gefangenschaft und einzelne persönliche Nöte der Israeliten in vier Beispielen zusammen, in denen »sie zum HERRN schrien in ihrer Not, und er sie aus ihren Ängsten rettete« (Ps 107,1.6.13.19.28). Das erste Beispiel zeigt, wie Gott die Hilflosen vor ihren Feinden errettet, sie aus der Wüste befreit und ihnen ein Zuhause gibt. Das zweite Beispiel zeigt, wie Gott diejenigen aus »Dunkelheit und Finsternis herausführt«, die selbst in diese Lage geraten waren, weil sie sich gegen Gott aufgelehnt hatten. Das dritte Beispiel zeigt, wie Gott diejenigen von Krankheit, Leid und Elend heilt, mit denen Er die »Törichten« züchtigte, weil sie treulos geworden und Ihn missachtet hatten. Das vierte Beispiel zeigt, wie Gott Handelsreisenden seinen Schutz gewährt, indem Er den gewaltigen Sturm stillt, der ihr Schiff fast zum Untergang brachte und ihnen allen Mut nahm. Jedes dieser Ereignisse endet mit dem Refrain: »Sie sollen dem HERRN danken für seine Güte und seine Wunder, die er an den Menschen tut« (Ps 107,8.15.21.31; eÜ). Der ganze Psalm ist ein prächtiges Panorama über das Wirken der Güte Gottes, die das Menschenleben zum Guten verändert.

Gottes Strenge

Um was handelt es sich nun bei der Strenge Gottes? Das Wort Strenge (griech. *apotomia),* das Paulus in Röm 11,22 verwendet, setzt sich zusammen aus »weg« (griech. *apo)* und »schneiden« (griech. *temno),* also wörtlich »wegschneiden«. Es bezeichnet Gottes entschiedenen Entzug seiner Güte gegenüber denen, die sie verschmäht haben. Es erinnert uns an die Tatsache, dass Gott selbst erklärt, als Er gegenüber Mose seinen Namen ausruft, dass Er, auch wenn Er »reich an Güte und Treue« ist, »den Schuldigen keineswegs ungestraft lässt« – also, die widerspenstigen und unbußfertigen Sünder (2 Mose 34,6-7). Die Strenge, auf die sich Paulus bezieht, war die Verwerfung Israels durch Gott – Er haut sie von seinem Ölbaum ab, an dem sie ja die natürlichen Zweige waren –, weil sie dem Evangelium von Jesus Christus nicht geglaubt haben. Israel hatte sich Gottes Güte angemaßt, obwohl sie die konkrete Manifestation seiner Güte in seinem Sohn missachteten. Und Gottes Reaktion kam prompt – Er hat Israel vom Ölbaum abgeschlagen. Paulus nimmt dies zum Anlass, seine nichtjüdischen christlichen Leser davor zu warnen, dass auch sie, wenn sie wie Israel abfallen würden, von Gott ebenfalls abgehauen würden. »Dass du da stehst, wo du stehst, liegt an deinem Glauben. Darum sei nicht überheblich, sondern fürchte dich. Denn, wenn Gott die natürlichen Zweige nicht verschont hat, warum sollte er dann dich verschonen?« (Röm 11,20-21; NGÜ).

Das Prinzip, das Paulus hier aufzeigt, ist, dass hinter jeder Demonstration der Güte Gottes eine Drohung der Strenge im Gericht steht, wenn diese Güte missachtet wird. Wenn wir auf Gottes Güte nicht mit Dankbarkeit und Liebe reagieren, sind wir selbst schuld daran, wenn Gott sich gegen uns wendet.

Im Römerbrief fragt Paulus schon zuvor die selbstzufriedenen Ungläubigen: »Begreifst du nicht, dass Gottes Güte *dich zur Umkehr führen will?«* »Indem du über einen anderen zu Gericht sitzt, sprichst du dir selbst das Urteil, weil du genau dasselbe tust, wie der, zu dessen Richter du dich machst« – nun hat Gott unsere Vergehen aber in Geduld getragen. Und wenn du genau die gleichen Fehler bei anderen siehst, von denen du weißt, dass auch du dafür das Gericht verdient hast, dann solltest du vielmehr demütig und dankbar sein. Doch wenn du die anderen verurteilst und niedermachst, und nicht bereit bist, selbst zu Gott umzukehren, »dann verachtest du den Reichtum seiner Güte und Nachsicht und Geduld«. Und dadurch »bist du verhärtest und dein Herz ist nicht zur Umkehr bereit. So sorgst du selbst dafür, dass sich Gottes Zorn gegen dich immer weiter aufhäuft« (Röm 2,1-5; NGÜ).

Ebenso sagt Paulus den Christen in Rom, dass Gottes Güte nur unter einer bestimmten Bedingung ihr Teil ist: »Sofern du bei seiner Güte bleibst; sonst wirst auch du abgehauen werden!« (Röm 11,22). Es ist jeweils das gleiche Prinzip. Diejenigen, die es ablehnen, auf Gottes Güte mit Umkehr, Glaube, Vertrauen und Unterordnung unter seinen Willen zu reagieren, dürfen sich nicht wundern oder sich beschweren, wenn früher oder später die Zeichen seiner Güte zurückgenommen werden, ihre Segnungen ein Ende finden und sich die Vergeltung vollzieht.

Aber Gott ist nicht begierig darauf, seine Strenge zu vollziehen. Im Gegenteil, Er ist »langsam zum Zorn« (2 Mose 34,6; 4 Mose 14,18; Ps 86,15) und »langmütig« (Neh 9,17; Ps 103,8; 145,8; Joel 2,13; Jona 4,2). Die Bibel betont sehr stark die Geduld und Langmut Gottes, der das verdiente Gericht hinauszögert, um den Tag der Gnade zu verlängern, und so noch Gelegenheit zur Umkehr zu geben. Petrus erinnert uns daran, wie, als die Welt völlig verdorben war und nach dem Gericht Gottes schrie, trotzdem »Gottes Langmut zuwartete in den Tagen von Noah« (1 Petr 3,20) – vermutlich ein Hinweis auf die Frist von 120 Jahren, die in 1. Mose 6,3 erwähnt wird.

Und auch Paulus versichert uns in Röm 9,22, dass Gott im Verlauf der Geschichte »mit großer Langmut die Gefäße des Zorns *getragen* hat, die zum Verderben zugerichtet sind.« Ferner begründet Petrus gegenüber seinen Lesern im ersten Jahrhundert, warum die verheißene Wiederkunft Christi zum Gericht noch nicht stattgefunden hat, damit, dass Gott »langmütig gegen uns ist, weil er nicht will, dass jemand verlorengehe, sondern dass jedermann Raum zur Buße habe« (2 Petr 3,9); und die gleiche Begründung gilt auch heute noch. Die Langmut Gottes, die Gelegenheit zur Umkehr gibt (Offb 2,5), bevor das Gericht letztendlich hereinbricht, ist eines der großen Wunder der biblischen Geschichte. Es ist nicht verwunderlich, dass das Neue Testament betont, dass die Langmut eine christliche Tugend und Verpflichtung ist. Im Grunde ist sie Teil der Gottesebenbildlichkeit (Gal 5,22; Eph 4,2; Kol 3,12).

Unsere Reaktion

Aus dem obigen Gedankengang können wir wenigstens drei Lektionen lernen.

1. Sei dankbar für die* Güte *Gottes und lerne sie zu schätzen. Achte auf all seine Segnungen in deinem Leben. Betrachte die natürlichen Wohltaten, Begabungen und Freuden deines Lebens nicht als selbstverständlich. Sei Gott für all diese Dinge dankbar. Achte die Bibel oder das Evangelium Jesu Christi nicht gering, indem du ihnen gegenüber gleichgültig bist. Die Bibel zeigt dir den Erlöser, der am Kreuz sein Leben gab, damit wir Sünder mit Gott versöhnt werden. Golgatha ist der Maßstab für die Güte Gottes; nimm dir dies zu Herzen. Stelle dir die Frage des Psalmisten: »Wie kann ich dem HERRN jemals all seine Güte vergelten, die er an mir getan hat?« Durch Gottes Gnade antworte dann mit dem Psalmdichter: »Den Kelch des Heils will ich dankbar erheben und den Namen des HERRN anrufen. ... O HERR, ich bin wirklich dein Knecht! ... Ich will dem HERRN meine Gelübde erfüllen« (Ps 116,12-18; eÜ).

2. Sei dankbar für die* Langmut *Gottes und lerne sie zu schätzen. Bedenke, mit wie viel Nachsicht Er dich bisher getragen hat und immer noch trägt, obwohl es in deinem Leben so Vieles gibt, was Seiner nicht würdig ist und du eigentlich seine Verwerfung verdient hättest. Lerne über seine Langmut zu staunen, und versuche, sie mit Gottes Hilfe in deinem Umgang mit anderen nachzuahmen. Und stelle seine Langmut nicht unnötig auf die Probe.

3. Sei dankbar für die* Züchtigung *Gottes und lerne auch sie zu schätzen. Er ist sowohl dein Erhalter als auch, letzten Endes derjenige, in den dein ganzes Leben eingebettet ist. Alle Dinge kommen von Ihm, und du hast seine Güte an jedem Tag deines Lebens geschmeckt. Hat diese Erfahrung dich zur Umkehr und zum Glauben an Christus geführt? Wenn nicht, dann spielst du mit Gott, und dir droht seine Strenge. Doch wenn Er dann, um Whitefields Formulierung zu gebrauchen, Dornen auf deinem Bett verteilt, dient dies einzig dazu, dich aus dem geistlichen Todesschlaf aufzuwecken, damit du aufstehst und seine Gnade suchst.

Wenn du jedoch ein wahrer Gläubiger bist, und Gott trotzdem Dornen auf deinem Bett verstreut, dient dies nur dazu, dich davor zu bewahren, dass du in den Dämmerzustand der Selbstzufriedenheit verfällst. Er will damit gewährleisten, dass du »in seiner Güte bleibst«. Indem der Herr dich deine Not spüren lässt, führt Er dich wieder zu Demut, erneuter Hingabe und dem Glauben, der sein Angesicht sucht. Diese liebevolle Züchtigung, in der Gottes Strenge uns für einen Augenblick im Rahmen seiner Güte streift, will uns davor bewahren, dass uns die volle Wucht dieser Strenge unabhängig von seiner Güte trifft. Es ist eine Disziplinierung aus Liebe, und sie muss als solche angenommen werden. »Mein Sohn, achte nicht gering die Züchtigung des Herrn« (Hebr 12,5). »Es hat mir gut getan, dass ich vom Leid getroffen wurde, erst dadurch lernte ich, mich auf deine Bestimmungen zu besinnen« (Ps 119,71; NGÜ).

◈ KAPITEL 17 ◈

DER EIFERSÜCHTIGE GOTT

»Der eifersüchtige Gott« – klingt das nicht mehr als anstößig? Schließlich kennen wir die Eifersucht – »das grünäugige Monster«, wie sie in Shakespeares »Othello« genannt wird – als ein Laster, eines der bösartigsten und zerstörerischsten Laster; während Gott, da sind wir sicher, doch vollkommen gut ist. Wie könnte jemand dann jemals auf die Idee kommen, dass Gott eifersüchtig ist?

Um diese Frage zu beantworten, müssen wir zunächst einmal klarstellen, dass dies keine Sache unseres *Vorstellungsvermögens* ist. Könnten wir uns eine eigene Vorstellung von Gott machen, dann würden wir Ihm natürlich nur solche Eigenschaften zuschreiben, die wir für bewundernswert halten, und Eifersucht passt ganz sicher nicht in dieses Bild. Niemand würde sich einen eifersüchtigen Gott *vorstellen.* Aber wir dürfen uns keine Vorstellung von Gott machen, indem wir uns unserer Fantasie bedienen. Stattdessen müssen wir auf das Wort der Heiligen Schrift hören, da Gott uns in ihr die Wahrheit über sich selbst zeigt. Denn Gott, unser Schöpfer, den wir niemals durch unser Vorstellungsvermögen erkennen könnten, hat sich selbst in seinem Wort offenbart. Er hat durch viele menschliche Mittler und Boten gesprochen – und vor allem durch seinen Sohn, unseren Herrn Jesus Christus. Er hat dafür gesorgt, dass seine Botschaften und die Erinnerung an seine mächtigen Taten, nicht durch den Prozess der mündlichen Überlieferung verdreht wurden oder verloren gingen. Deshalb hat Er sie uns in permanenter schriftlicher Form hinterlassen. Und dort in der Bibel, der »öffentlichen Urkunde« Gottes, wie Calvin sie genannt hat, sehen wir, dass Gott immer wieder von seiner Eifersucht spricht.

Als Gott Israel aus Ägypten zum Sinai führte, um ihnen sein Gesetz und seinen Bund zu geben, war seine Eifersucht eine der ersten Tatsachen, die Er ihnen von sich offenbarte. Die Begründung des zweiten Gebots, die Er Mose akustisch übermittelte und ihm dann auf »Tafeln aus Stein, die mit dem Finger Gottes beschrieben« waren, mitgab (2 Mose 31,18), lautete: »Denn ich, der Herr, dein Gott, bin ein eifersüchtiger Gott« (2 Mose 20,5). Etwas später sagte Gott zu Mose sogar noch eindrücklicher: »Der Herr, dessen Name ›Der Eifersüchtige‹ ist, ist ein eifersüchtiger Gott« (2 Mose 34,14). Dass diese Aussage gerade so formuliert wird, ist besonders bedeutsam.

Die Offenbarung des Namens Gottes – also, wie überall in der Bibel, seines Wesens und seiner Charaktereigenschaften – ist eines der Hauptthemen im 2. Buch Mose. In 2 Mose 3 hatte Gott seinen Namen folgendermaßen bekanntgemacht: »Ich bin, der ich bin« oder einfach, der »Ich Bin«, und in 2 Mose 6 offenbarte Er sich als »Jahwe« (»der Herr«). Diese Namen offenbaren Ihn als den in sich selbst existierenden, autarken und souveränen Gott. Dann bezeugte Gott Mose in 2 Mose 34 seinen Namen, indem Er zu ihm sagt, dass »der Herr der barmherzige und gnädige Gott ist, langsam zum Zorn und reich an Güte und Treue, ... der Schuld, Übertretung und Sünde vergibt, doch den Schuldigen nicht ungestraft lässt« (2 Mose 34,6-7; eÜ). Hier haben wir einen Namen, der Gottes moralische Vortrefflichkeit herausstellt.

Und nun beschließt Gott, acht Verse weiter, als Teil desselben Dialogs mit Mose, die Offenbarung seines Namens, indem Er erklärt, dass Er »Der Eifersüchtige« ist. Eindeutig steht dieses unerwartete Wort für eine Eigenschaft in Gott, die ganz und gar nicht mit der vorhergehenden Darstellung seines Namens unvereinbar ist, sondern vielmehr in diesen Namen mit eingeschlossen ist.

Und da diese Eigenschaft im wahrsten Sinn des Wortes sein »Name« ist, war es zweifelsohne wichtig, dass sein Volk dies auch erkennt.

In der Tat spricht die Bibel recht häufig über Gottes Eifersucht. Sie wird noch an anderen Stellen im Pentateuch erwähnt (4 Mose 25,11; 5 Mose 4,24; 6,15; 29,19; 32,16.21), in den Geschichtsbüchern (Jos 24,19; 1 Kön 14,22), in den Propheten (Hes 8,3-5; 16,38.42; 23,25; 36,5-6; 38,19; 39,25; Joel 2,18; Nah 1,2; Zef 1,18; 3,8; Sach 1,14; 8,2) und in den Psalmen (78,58; 79,5). Gottes Eifersucht ist als Handlungsmotiv ständig präsent, ob im Zorn oder in der Gnade. »Ich ... setze mich eifersüchtig für meinen heiligen Namen ein« (Hes 39,25; eÜ); »ich eifere für Jerusalem und für Zion mit großer Eifersucht« (Sach 1,14; eÜ); »Der HERR ist ein eifersüchtiger und rächender Gott« (Nah 1,2; eÜ).

Im Neuen Testament fragt Paulus die arroganten Korinther: »Wollen wir den Herrn zur Eifersucht reizen?« (1 Kor 10,22). Und in Jak 4,5 lesen wir: »Ein eifersüchtiges Verlangen hat der Geist, der in uns wohnt.« Dieser schwierig zu übersetzende Satz wird in der »Neuen evangelistischen Übertragung« wie folgt wiedergegeben: »Gott wacht eifersüchtig über den Geist, den er in uns wohnen ließ.« Beide Übersetzungen sind möglich.

Das Wesen der Eifersucht Gottes

Aber was ist denn nun, müssen wir uns fragen, das Wesen dieser göttlichen Eifersucht? Wie kann denn Eifersucht eine Tugend in Gott sein, wenn sie bei uns Menschen eine Untugend ist? Gottes Vortrefflichkeiten sind ein Gegenstand unseres Lobpreises – aber wie können wir Gott dafür preisen, dass Er eifersüchtig ist?

Die Antwort auf diese Fragen erhalten wir, wenn wir zwei Tatsachen bedenken.

1. Die biblischen Aussagen über Gottes Eifersucht sind Anthropomorphismen. Das heißt, sie sind Beschreibungen über Gott in der Sprache, die unserem menschlichen Leben entnommen sind. Die Bibel ist voller Anthropomorphismen. Sie spricht von Gottes Arm, seiner Hand und seinem Finger, seinem Hören, Sehen und Riechen, von seiner Güte, seinem Zorn, seiner Reue, seinem Lachen, seiner Freude usw. Der Grund, weshalb Gott diese Begriffe benutzt, um mit uns über sich selbst zu reden, liegt darin, dass die Ausdrucksweise, die aus unserem eigenen persönlichen Leben abgeleitet ist, für uns das beste Mittel ist, um eine Vorstellung von Ihm zu bekommen. Er ist eine *Persönlichkeit* – und das sind auch wir, auf eine in der Schöpfung einzigartige Weise. Nur der Mensch wurde unter allen Lebewesen in Gottes Ebenbild erschaffen. Da wir nun Gott ähnlicher sind, als jedes andere uns bekannte Wesen, ist es für uns aufschlussreicher und weniger irreführend, wenn Gott sich in menschlichen Begriffen bekanntmacht. Wir haben dieses Thema bereits zwei Kapitel früher behandelt.

Wenn wir jedoch mit Gottes Anthropomorphismen konfrontiert werden, ist es leicht möglich, dass es zu Missverständnissen kommt. Wir müssen uns daran erinnern, dass der Mensch nicht der Gradmesser zur Bewertung seines Schöpfers ist. Wenn Gott sich also der menschlichen Terminologie bedient, spielen die Begrenzungen der menschlichen Geschöpflichkeit natürlich keine Rolle – unser begrenztes Wissen, unsere eingeschränkte Kraft, unser unzureichender Weitblick oder unsere Inkonsequenz, u. ä. Ferner müssen wir daran denken, dass all jene Elemente unserer menschlichen Eigenschaften, die die verderbliche Auswirkung der Sünde aufweisen, in Gott keine Entsprechung haben. Somit ist zum Beispiel sein Zorn nicht mit der menschlichen Wut zu vergleichen, die ein Zeichen von Hochmut und Schwäche ist. Vielmehr ist Gottes Zorn ein Ausdruck seiner Heiligkeit, die auf das Böse in einer Weise reagiert, die moralisch richtig und ehrenwert ist. »Der Zorn des Menschen bewirkt nicht, was vor Gott recht ist« (Jak 1,20; NGÜ) – aber der Zorn Gottes entspricht gerade seiner Gerechtigkeit bei seinem richterlichen Handeln. Und ebenso steht Gottes Eifersucht in keiner Verbindung mit der Enttäuschung, dem Neid und Groll, die die menschliche Eifersucht so häufig begleiten, vielmehr entspricht sie einer leidenschaftlichen Liebe, die um etwas unvergleichlich Kostbares ringt. Dies führt uns zu unserem nächsten Punkt.

2. Es gibt zwei Arten von Eifersucht bei uns Menschen, und nur eine davon ist eine Untugend. Die bösartige Eifersucht ist ein Ausdruck der Haltung: »Ich will auch so sein wie du (oder das haben, was du hast), und ich hasse dich, weil ich nicht so bin (oder es nicht bekomme).« Es ist ein kindischer Ärger, der der maßlosen Habsucht entspringt, die dann in Neid, Boshaftigkeit und Gemeinheit zum Ausdruck kommt. Diese Art von Eifersucht ist ungeheuer stark, denn sie nährt den Hochmut und wird von ihm genährt, und dieser

Hochmut ist das Grundübel unserer gefallenen Natur. Es kann bei dieser Eifersucht zu einer wahnhaften Obsession kommen, und wenn man ihr nachgibt, kann sie einen sonst anständigen Charakter völlig verderben. »Grausam ist der Zorn, überwallend der Grimm, aber wer kann vor der Eifersucht bestehen?«, fragt der Weise (Spr 27,4). Die Eifersucht im geschlechtlichen Bereich, die exzessive Erbitterung eines zurückgewiesenen oder ausgebooteten Verehrers, gehört zu dieser Art.

Aber es gibt noch eine andere Art von Eifersucht: Der Eifer, eine Liebesbeziehung zu bewahren oder einen Ehebruch zu ahnden. Diese Eifersucht wirkt sich auch in der Sphäre der Sexualität aus; dabei ist sie jedoch nicht die verblendete Reaktion von verletztem Stolz, sondern die Frucht ehelicher Liebe. Wie Professor Tasker zutreffend schreibt: Einem Ehepartner »der keine Eifersucht verspürt, wenn ein Liebhaber oder Ehebrecher ins Eheleben eindringt, fehlt es gewiss an moralischem Empfinden; denn die Exklusivität der Ehe macht das Wesen der Ehe aus« *(The Epistle of James,* S. 106). Diese Art von Eifersucht ist eine Tugend, denn sie zeigt, dass man die wahre Bedeutung der ehelichen Beziehung verstanden hat und eine leidenschaftliche Liebe in sich trägt, die darauf bedacht ist, dass sie intakt bleibt.

Das alttestamentliche Gesetz anerkennt, dass solch eine Eifersucht berechtigt ist, und schreibt ein »Eifersuchtsopfer« verbunden mit einem Gottesurteil vor, wodurch ein Ehemann, der argwöhnt, dass seine Frau ihn betrogen hat, und über den infolgedessen ein »Geist der Eifersucht« kommt, auf die eine oder andere Weise Gewissheit erhält (4 Mose 5,11-31). Weder hier, noch in einer weiteren Stelle, die die Eifersucht eines betrogenen Ehemannes erwähnt (Spr 6,34), stellt die Bibel sein Verhalten als moralisch fragwürdig dar. Vielmehr betrachtet sie seine Entschlossenheit, seine Ehe gegen solche Attacken zu schützen, und gegen jeden, der in seine Ehe eindringt, vorzugehen, als natürlich, normal und richtig. Sie ist ein Beweis dafür, dass er seine Ehe in rechter Weise wertschätzt.

Die Bibel beschreibt Gottes Eifersucht durchgängig in diesem letzteren Sinn: als einen Aspekt seiner Bundesliebe zu seinem Volk. Das Alte Testament betrachtet Gottes Bund als Ehe mit Israel, die auch den Anspruch auf vorbehaltlose Liebe und Treue enthält. Die

Anbetung von Götzen und alle Kompromisse mit nichtisraelitischen Götzendienern bedeuten also Ungehorsam und Untreue, die Gott als geistlichen Ehebruch betrachtet, der Ihn zur Eifersucht und Vergeltung herausfordert. Alle mosaischen Verweise auf Gottes Eifersucht haben auf die eine oder andere Weise mit Götzendienst zu tun. Sie beziehen sich alle auf die Begründung des zweiten Gebots: »Denn ich, der Herr, dein Gott, bin ein eifersüchtiger Gott« (2 Mose 20,5). Dasselbe gilt für Jos 24,19; 1 Kön 14,22; Ps 78,58 und im Neuen Testament für 1 Kor 10,22. In Hes 8,3 wird ein Götze, der in Jerusalem angebetet wurde, »ein Götzenbild der Eifersucht, das die Eifersucht [Gottes] erregt,« genannt. Und in Hes 16 beschreibt Gott Israel als seine ehebrecherische Frau, die sich auf gottlose Liebschaften mit Götzen und Götzendienern von Kanaan, Ägypten und Assyrien eingelassen hat, und verkündet folgenden Urteilsspruch: »Ich will dir auch das Urteil sprechen, wie man den Ehebrecherinnen und Mörderinnen das Urteil spricht, und an dir das Blutgericht vollziehen mit Grimm und Eifer« (Hes 16,38; vgl. Hes 16,42; 23,25).

Aus diesen Stellen erkennen wir deutlich, was Gott damit meint, wenn Er zu Mose sagt, dass sein Name »Der Eifersüchtige« ist. Er meint damit, dass Er von denen, die Er geliebt und erlöst hat, absolute Loyalität verlangt, und dass Er seinem Anspruch durch strenges Eingreifen Recht verschaffen wird, wenn sie seiner Liebe untreu werden. Calvin trifft den Nagel auf den Kopf, wenn er die Begründung des zweiten Gebots wie folgt erläutert:

»Gott vergleicht sich uns gegenüber oft mit einem Ehegatten. ... Wie Er selbst allen Gläubigen gegenüber das Amt eines wahrhaften Ehegatten ausübt, so verlangt Er von uns Liebe und eheliche Zucht. Und das heißt, wir sollen unsere Seele nicht dem Satan, der Begierde und den schmutzigen Lüsten des Fleisches zum Ehebruch preisgeben. ... Und wie ein Gatte, je rechtschaffener und zuchtvoller er selbst lebt, desto heftiger in Zorn gerät, wenn er das Herz seiner Frau zu einem Nebenbuhler sich neigen sieht – so kündigt uns auch der Herr, der sich uns ja in Treue ›verlobt hat‹, seinen eifersüchtigen Zorn an, wenn wir die Reinheit seines heiligen Ehebundes mit uns vergessen und in frevlerischer Lust dem Ehebruch verfallen. Und das geschieht besonders dann, wenn wir die Verehrung seiner göttlichen Majestät, die doch Ihm ganz allein zukommt, einem anderen geben oder sonst mit irgendeinem Aberglauben beflecken. Denn solchermaßen verletzen wir nicht nur die schuldige eheliche Treue, sondern verunreinigen den Bund selber in ehebrecherischer Schande.« *(Institutio,* II, 8, 18).

Es muss jedoch noch ein weiterer Punkt beachtet werden, wenn wir dieses Thema in seinem wahren Licht sehen wollen. Gottes Eifersucht gegenüber seinem Volk setzt, wie wir gesehen haben, seine Bundesliebe voraus. Und diese Liebe ist keine vergängliche, zufällige und ziellose Sympathie, sondern Ausdruck von Gottes souveränem Vorsatz. Das Ziel der Bundesliebe Gottes ist, dass Er auf der Erde ein Volk zum Eigentum hat, solange die Weltgeschichte währt, und dass danach alle wahren Gläubigen aus allen Zeiten bei Ihm in der Herrlichkeit sind. Die Bundesliebe ist das Zentrum von Gottes Plan für seine Welt.

Und seine Eifersucht muss letztendlich im Licht von diesem Gesamtplan Gottes für seine Welt gesehen werden. Denn Gottes endgültiges Ziel umfasst, wie die Bibel erklärt, drei Punkte: Erstens geht es darum, seiner Herrschaft und Gerechtigkeit Recht zu verschaffen, indem Er seine Souveränität im Gericht über die Sünde offenbart. Zum Zweiten geht es um den Loskauf und die Errettung seines auserwählten Volkes. Und zuletzt will Er durch sein Volk für sein herrliches Liebeshandeln und den Erweis seiner Gerechtigkeit geliebt und gepriesen zu werden. Gott eifert nach dem, wonach auch wir eifern sollten: nach seiner Verherrlichung im und durch den Menschen. Und seine Eifersucht dient letzten Endes der Verwirklichung dieses Zwecks. Seine Eifersucht ist, in all ihren Manifestationen, gerade deshalb »der Eifer des HERRN der Heerscharen« (Jes 9,6; 37,32; vgl. Hes 5,13), weil Er seinen Vorsatz in Gericht und Gnade verwirklichen will.

So veranlasst Gottes Eifersucht Ihn einerseits dazu, die Treulosen unter seinem Volk, die in Götzendienst und Sünde gefallen sind, zu richten und auszurotten (5 Mose 6,14-15; Jos 24,19-20; Zef 1,18), und natürlich auch alle Feinde der Gerechtigkeit und Gnade (Nah 1,2; Hes 36,5-7; Zef 3,8). Andererseits veranlasst Ihn seine Eifersucht dazu, sein Volk wiederherzustellen, nachdem Er es bestraft, gezüchtigt und gedemütigt hat (vgl. das Gericht des Exils, Sach 1,14-17; 8,2; das Gericht der Heuschreckenplage, Joel 2,18). Und was motiviert Ihn zu diesem Handeln? Ganz einfach die Tatsache, dass Er sich »eifersüchtig für seinen heiligen Namen einsetzt« (Hes 39,25). Sein *Name* bedeutet sein Wesen und seine Eigenschaft als Jahwe, der HERR, dem Herrscher über die Weltgeschichte, dem Hüter der Gerechtigkeit und dem Erlöser der Sünder – und Gott will, dass sein Name bekanntgemacht, geehrt und gepriesen wird.

»Ich bin der HERR; das ist mein Name! Ich will meine Ehre keinem anderen geben, noch meinen Ruhm den Götzen.« »Um meinetwillen, um meinetwillen will ich es vollbringen! Denn wie würde ich sonst gelästert! Und ich will meine Ehre keinem anderen geben« (Jes 42,8; 48,11). Hier in diesen Texten finden wir die Quintessenz der Eifersucht Gottes.

Die Reaktion des Christen

Welche praktische Bedeutung hat dies nun für diejenigen, die bekennen, zum Volk des Herrn zu gehören? Die Antwort können wir unter zwei Stichpunkten zusammenfassen.

1. Die Eifersucht Gottes verlangt von uns, dass auch wir leidenschaftlich für Gott eifern. Die angemessene Reaktion auf Gottes Liebe zu uns ist unsere Liebe zu Ihm, ebenso ist unsere angemessene Reaktion auf seine Eifersucht uns gegenüber, unser leidenschaftlicher Eifer für Ihn. Wir sind Ihm ungeheuer wichtig und Er ist sehr um unsere Ehre besorgt; so sollte es ebenfalls bei uns im Blick auf Ihn sein. Das Verbot des Götzendienstes im zweiten Gebot beinhaltet, dass Gottes Volk sich für seine Person, seine Sache und seine Ehre entschieden und leidenschaftlich einsetzen soll. Das biblische Wort für solch eine Hingabe ist *Eifer* oder *Leidenschaft,* die manchmal sogar *Eifersucht für Gott* genannt wird. Gott selbst bekundet, wie wir gesehen haben, diesen Eifer, und der Gläubige muss dies ebenfalls tun.

Die klassische Beschreibung des Eifers für Gott gibt uns Bischof J. C. Ryle, den wir hier ausführlich zitieren:

»Eifer ist im Glaubensleben ein brennendes Verlangen, Gott zu gefallen, seinen Willen zu tun und seine Ehre in der Welt auf jede nur erdenkliche Weise zu fördern. Es ist ein Verlangen, das kein Mensch von Natur aus besitzt. Der Heilige Geist pflanzt es zwar in das Herz jedes Gläubigen, wenn er sich bekehrt, doch einige Gläubige empfinden diesen Eifer viel stärker als andere, so dass nur sie es verdienen, ›leidenschaftliche‹ Menschen genannt zu werden. …

Im Christenleben ist ein leidenschaftlicher Mensch vor allem jemand, dem *eine* Sache am Herzen liegt. Es trifft es nicht wirklich, wenn wir ihn einen ernsthaften, kompromisslosen, tiefgründigen, engagierten Christen nennen, der brennend im Geist ist. Vielmehr konzentriert sich dieser Mensch nur auf eine Sache, ist bloß um eine Sache besorgt, lebt gänzlich für diese eine Sache, verzehrt sich für diese eine Sache – und diese eine Sache ist: Er will Gott gefallen. Ob im Leben oder im Sterben, ob in Gesundheit oder Krankheit, ob in Reichtum oder Armut, ob er Menschen gefällt oder Anstoß erregt, ob er als weise oder als töricht angesehen wird, ob er Tadel oder Lob erhält, ob er geehrt oder verachtet wird – um all dies sorgt sich der leidenschaftliche Mensch überhaupt nicht. Er brennt für eine Sache – und diese eine Sache ist: Er will Gott gefallen und Gottes Ehre voranbringen. Wenn sein Leben vom Feuer dieser Leidenschaft verzehrt wird, kümmert es ihn nicht – er ist es zufrieden. Er weiß, dass er, wie eine Kerze, dazu geschaffen ist, zu verbrennen, um ein Licht zu sein – und wenn dies geschieht, hat er nur das Werk getan, zu dem Gott ihn bestimmt hat. Solch ein Mensch wird stets eine Aufgabe für seinen Eifer finden. Wenn er nicht Predigen, nicht Wirken und kein Geld spenden kann, wird er eben im Gebet rufen und ringen. … Wenn er nicht im Tal mit Josua kämpfen kann, dann wird er die Aufgabe von Mose, Aaron und Hur auf dem Berg übernehmen (2 Mose 17,9-13). Wenn er einen Dienst nicht selbst zu Ende führen kann, dann wird er dem Herrn keine Ruhe lassen, bis dieser von anderer Seite Hilfe sendet, die das Werk vollendet. Das meine ich damit, wenn ich vom Eifer im Glaubensleben rede.« *(Practical Religion,* hrsg. 1959, S. 130).

Wir stellen fest, dass Eifer in der Bibel geboten und gelobt wird. Christen sollen »sich voll Eifer bemühen, Gutes zu tun« (Tit 2,14; NGÜ). Nach ihrer Zurechtweisung werden die Korinther für ihren daraus resultierenden »Eifer« gelobt (2 Kor 7,11). Elia sagt: »Ich habe mich mit ganzem Eifer für den Herrn der Heerscharen eingesetzt« (1 Kön 19,10.14). Und Gott ehrte seinen Eifer, indem Er einen feurigen Wagen sandte, um ihn in den Himmel zu holen, und ihn dann als Repräsentanten »der stattlichen Schar der Propheten« erwählt, um mit Mose auf dem Berg der Verklärung zu stehen und mit dem Herrn Jesus zu sprechen. Als Israel Gott durch Götzendienst und Hurerei zum Zorn gereizt und Mose die Missetäter zum Tod verurteilt hatte, und das Volk vor Reue laut weinte, erdreistete sich ein Mann, in dieser Situation, ein midianitisches Mädchen ins Lager zu bringen und mit ihr in seinem Zelt zu schlafen. Als Pinehas, der über dieses Verhalten außer sich geriet, daraufhin beide mit seinem Speer tötete, lobte Gott Pinehas, »dass er für seinen Gott geeifert hat«, »dass er mit meinem Eifer unter ihnen eiferte, ... so dass ich die Kinder Israel nicht aufgerieben habe in meinem Eifer« (4 Mose 25,11.13).

Auch Paulus war ein leidenschaftlich eifernder Mann, der sich beharrlich mit all seiner Kraft für seinen Herrn einsetzte. Angesichts von Gefangenschaft und Leiden erklärt er: »Doch es liegt mir nichts an meinem Leben; mein persönliches Ergehen hat keine Bedeutung. Wichtig ist nur, dass ich das Ziel meines Laufs erreiche und den Auftrag voll und ganz erfülle, den ich von Jesus, dem Herrn, empfangen habe – den Auftrag, allen Menschen die gute Nachricht von Gottes Gnade zu bezeugen« (Apg 20,24; NGÜ). Und der Herr Jesus selbst war ein unvergleichliches Beispiel für leidenschaftlichen Eifer. Als seine Jünger miterlebten, wie er den Tempel reinigte, erinnerten sie sich daran, dass geschrieben steht: »Der Eifer um dein Haus hat mich verzehrt« (Joh 2,17).

Wie aber steht es bei uns? Verzehrt uns auch der Eifer um das Haus Gottes und die Sache des Herrn? Hat er von uns Besitz ergriffen? Nimmt er uns voll in Anspruch? Können wir mit unserem Herrn sagen: »Meine Speise ist die, dass ich den Willen dessen tue, der mich gesandt hat, und sein Werk vollbringe« (Joh 4,34)? Wie ist es mit unserer Jüngerschaft bestellt? Sollten wir nicht mit dem für den Herrn brennenden Evangelisten George Whitefield – einem Mann, der ebenso demütig, wie leidenschaftlich war – beten: »Herr, hilf mir, endlich damit zu beginnen, anzufangen«?

2. Die Eifersucht Gottes bedroht Gemeinden, die nicht leidenschaftlich für Gott eifern. Wir lieben unsere Gemeinden, sie sind die Gemeinschaft der Heiligen und wir können uns einfach nicht vorstellen, dass sie Gott missfallen könnten, zumindest nicht ernsthaft. Aber der Herr Jesus sandte einst eine Botschaft an eine Gemeinde, die sehr stark manchen unserer Gemeinden gleicht. Es ist die selbstzufriedene Gemeinde von Laodizea, der Er sagt, dass ihr Mangel an Eifer Ihn zutiefst kränkt: »Ich weiß, wie du lebst und was du tust; ich weiß, dass du weder kalt noch warm bist. Wenn du doch das eine oder andere wärst!« Alles andere wäre besser, als diese selbstzufriedene Gleichgültigkeit! »Aber weil du weder warm noch kalt bist, sondern lauwarm, werde ich *dich aus meinem Mund ausspucken. ... Darum mach Schluss mit deiner Gleichgültigkeit* [oder »so sei nun eifrig«] und kehre um« (Offb 3,15-16.19; NGÜ).

Sind nicht viele unserer heutigen Gemeinden äußerlich in gutem Zustand, haben den besten Ruf – und sind doch lauwarm? Was muss Christus folglich zu ihnen sagen? Was haben wir zu erwarten? – Mögen wir doch durch die Gnade des Gottes, der sich selbst in seinem Zorn wieder zu erbarmen vermag, Eifer zur Umkehr finden!

Belebe uns neu, o Herr, und entfache in uns einen leidenschaftlichen Eifer, bevor dein Gericht hereinbricht!

TEIL 3

WENN GOTT FÜR UNS IST …

◈ KAPITEL 18 ◈

DAS ZENTRUM DES EVANGELIUMS

Prinz Paris hatte die schöne Prinzessin Helena nach Troja entführt. Ein griechisches Expeditionsheer nahm mit einem Schiff die Verfolgung auf, um sie wieder zu befreien, wurde jedoch auf halbem Weg von starken Gegenwinden aufgehalten. Agamemnon, der griechische Oberbefehlshaber, ließ seine Tochter holen und brachte sie in einer Zeremonie als Opfer dar, um die aufgebrachten Götter zu besänftigen. Dieser Schritt war von Erfolg gekrönt – Westwind kam auf, und die Flotte erreichte ohne weitere Hindernisse Troja.

Dieser kleine Ausschnitt aus der Legende der »Ilias«, die etwa aus dem Jahr 1000 v. Chr. datiert, illustriert anschaulich die Vorstellung von Sühne, wie sie allen heidnischen Religionen der ganzen Welt und zu allen Zeiten zugrunde liegt. Es handelt sich um die folgende Vorstellung: Es gibt verschiedene Gottheiten, von denen keine die absolute Herrschaft besitzt, aber jede einen gewissen Machtbereich hat, in dem sie das Leben des Menschen erleichtern oder erschweren können. Ihr Temperament ist unberechenbar. Sie üben bei den geringsten Verstößen harte Rache. Sie sind eifersüchtig und neidisch, weil sie meinen, andere Gottheiten oder Menschen würden mehr Aufmerksamkeit erhalten als sie. Und dann rächen sie sich, indem sie die Ereignisse des Menschenlebens zu dessen Schaden manipulieren.

Heidnische Sühne

Dem Menschen bleibt dann nur die Möglichkeit, die Götter durch ein Opfer bei Laune zu halten und zu besänftigen. Bei den Opfern gilt zu beachten: je größer, desto besser, denn die Götter kann man sich eher durch außergewöhnliche Opfergaben geneigt machen. Wenn es um ihren Vorteil geht, sind die Götter grausam und herzlos, aber sie sitzen am längeren Hebel, was kann man also tun? Der Kluge schickt sich in das Unvermeidliche und bringt ein Opfer dar, das genug Eindruck verschafft, um die gewünschte Wirkung zu erzielen. Vor allem Menschenopfer sind kostbar, aber wirkungsvoll. So offenbart sich die heidnische Religion als eine herzlose Kommerzialisierung, um die Götter durch listige Bestechungsversuche zu manipulieren. Im Heidentum ist die Sühne, die Besänftigung der launenhaften Gottheiten, somit ein fester Bestandteil des Alltagslebens, eine der vielen lästigen Pflichten, derer man sich nicht entziehen kann.

Doch die Bibel nimmt uns aus der Welt der heidnischen Religion heraus. Sie verurteilt das Heidentum als eine abscheuliche Verzerrung der Wahrheit. An die Stelle der vielen Gottheiten, die ganz offenkundig im Bild des Menschen erdacht sind, und sich wie eine wilde Horde aus Science-Fiction-Filmen gebärden, stellt die Bibel den einen allmächtigen Schöpfer, den einzigen wahren Gott, in dem alle Gnade und Wahrheit ihren Ursprung hat, und dem alles moralisch Verwerfliche verabscheuungswürdig ist. Bei Ihm gibt es keine schlechten Charaktereigenschaften, keine Launenhaftigkeit, keine Selbstgefälligkeit, keinen boshaften Willen. Von daher könnte man annehmen, dass nach der Bibel ein Sühneopfer nicht nötig sei.

Doch genau das Gegenteil ist der Fall. Der Gedanke der Sühne – also, die Abwendung des Zornes Gottes durch ein Opfer – durchzieht die ganze Bibel.

Sühne in der Bibel

Im Alten Testament liegt der Sühnegedanke den vorgeschriebenen Riten des Sündopfers, des Schuldopfers und des großen

Versöhnungstags zugrunde (3 Mose 4,1-6,7; 16,1-34). Ebenso findet er seinen klaren Ausdruck in Berichten, wie dem von 4 Mose 17,6-15, wo Gott droht, das Volk zu vernichten, weil es gegen sein Gericht über Korah, Dathan und Abiram aufbegehrt hatte: »Mose sagte zu Aaron: ›Nimm die Räucherpfanne und Glut vom Altar und lege Weihrauch darauf und bring es schnell zur Versammlung, um Sühne für sie zu erwirken. Denn der Zorn ist vom HERRN ausgegangen; die Plage hat begonnen.‹ … Aaron … erwirkte so Sühne für das Volk. … Da hörte die Plage auf« (4 Mose 17,11-13; eÜ).

Im Neuen Testament finden wir den Gedanken der *Sühne* in vier Abschnitten, die so bedeutend sind, dass wir sie hier vollständig anführen wollen.

Im ersten Abschnitt befassen wir uns mit der klassischen paulinischen Darstellung *von der Rechtfertigung des Sünders durch Gott.*

»Doch jetzt hat Gott – unabhängig vom Gesetz … – seine Gerechtigkeit sichtbar werden lassen. Es ist eine Gerechtigkeit, deren Grundlage der Glaube an Jesus Christus ist und die allen zugutekommt, die glauben. Dabei macht es keinen Unterschied, denn alle haben gesündigt, und in ihrem Leben kommt die Herrlichkeit Gottes nicht mehr zum Ausdruck, und dass sie für gerecht erklärt werden, beruht auf seiner Gnade, aufgrund der Erlösung, die in Christus Jesus ist. Ihn hat Gott vor den Augen aller Welt zum *Sühneopfer* für unsere Schuld gemacht. Durch sein Blut, das er für uns vergossen hat, ist die Sühne geschehen, und durch den Glauben kommt sie uns zugute. Damit hat Gott unter Beweis gestellt, dass er gerecht gehandelt hatte, als er die bis dahin begangenen Verfehlungen der Menschen ungestraft ließ. Wenn er Nachsicht übte, geschah das im Hinblick auf das Sühnopfer Jesu. Durch dieses hat er jetzt, in unserer Zeit, seine Gerechtigkeit unter Beweis gestellt; er hat gezeigt, dass er selbst gerecht ist und dass er den für gerecht erklärt, der sein ganzes Vertrauen auf Jesus setzt« (Röm 3,21-26; NGÜ).

Der zweite Abschnitt ist Teil der Begründung *der Inkarnation des Sohnes Gottes im Hebräerbrief.*

»Daher musste er in jeder Hinsicht seinen Brüdern ähnlich werden, damit er ein barmherziger und treuer Hohepriester würde in dem, was Gott betrifft, um die Sünden des Volkes *zu sühnen«* (Hebr 2,17).

Der dritte Abschnitt ist das Zeugnis des Johannes *über den himmlischen Dienst unseres Herrn.*

»Wenn jemand sündigt, so haben wir einen Fürsprecher bei dem Vater, Jesus Christus den Gerechten; und er ist das *Sühneopfer* für unsere Sünden« (1 Joh 2,1-2).

Im vierten Abschnitt haben wir Johannes' *Definition der Liebe Gottes.*

»Gott ist Liebe. Und Gottes Liebe zu uns ist daran sichtbar geworden, dass Gott seinen einzigen Sohn in die Welt gesandt hat, um uns durch ihn das Leben zu geben. Darin besteht die Liebe: nicht, dass wir Gott geliebt haben, sondern dass er uns geliebt und seinen Sohn als *Sühneopfer* für unsere Sünden zu uns gesandt hat« (1 Joh 4,8-10; NGÜ).

Hat das Wort *Sühneopfer* in deinem Christsein eine Bedeutung? Im Glauben des Neuen Testaments hat es eine ganz zentrale Bedeutung. Die Liebe Gottes, die Annahme der menschlichen Natur durch den Sohn Gottes, die Bedeutung des Kreuzes, die himmlische Fürsprache Christi, die ganze Heilsgeschichte – sie alle können nur im Blick auf das Sühneopfer recht verstanden werden, wie die zitierten Abschnitte deutlich zeigen. Und jede Erklärung, bei der der Gedanke des Sühnopfers keine Rolle spielt, ist nach neutestamentlichen Maßstäben unvollständig, ja sogar irreführend.

Wenn wir das sagen, schwimmen wir zwar gegen den Strom vieler moderner theologischer Lehren und verurteilen die Ansichten etlicher bedeutender Kirchenführer, aber das ist nicht zu ändern. Paulus schreibt: »Aber selbst wenn wir oder ein Engel vom Himmel« – geschweige denn ein Pastor, Bischof, Dozent, Universitätsprofessor oder bekannter Autor – »euch etwas anderes als Evangelium verkündigen würden als das, was wir euch verkündigt haben, der sei verflucht!« (Gal 1,8). Und ein Evangelium, das das Sühnegeschehen nicht im Zentrum hat, ist ein anderes Evangelium als das, was Paulus verkündet hat. Wir dürfen den Konsequenzen dieser Tatsache nicht ausweichen.

Sühne und Versöhnung

Wenn wir jedoch einige andere Bibelübersetzungen der vier oben zitierten Texte betrachten, stellen wir fest, dass das Wort *Sühneopfer* vor allem in älteren Übersetzungen nicht vorkommt. Sie ersetzen den Gedanken des *Sühneopfers* durch den der *Versöhnung.* Was ist der Unterschied? Der Unterschied ist, dass die Versöhnung nur einen Teil des Sühnegedankens beinhaltet. Die Versöhnung ist eine Tat, die die Sünde als Objekt hat. Sie bezeichnet die Bedeckung, das Wegnehmen oder Auslöschen der Sünde, so dass sie kein Hindernis mehr für die Gemeinschaft zwischen dem Menschen und Gott darstellt. Die Sühne dagegen bezeichnet in der Bibel all das, was die Versöhnung beinhaltet, *und zudem die Beschwichtigung des Zornes Gottes.* Diese Sicht haben die christlichen Theologen seit der Reformation vertreten, als diese Dinge eingehender behandelt wurden, und sie hat bis heute ihre Vertreter (siehe z. B. Leon Morris, *The Apostolic Preaching of the Cross,* S. 125-185).

Aber im vergangenen Jahrhundert haben etliche Wissenschaftler, vor allem C. H. Dodd, die Vorstellung des Unitariers Socinus aus dem 16. Jahrhundert wieder aufgegriffen, eine Sicht, die schon zum Ende des 19. Jahrhunderts von Albrecht Ritschl, einem der Begründer der deutschen liberalen Theologie, vertreten wurde. Sie waren der Meinung, dass es in Gott so etwas wie einen durch die menschliche Sünde verursachten Zorn nicht gäbe, und folglich ein Sühneopfer nicht notwendig, ja sogar unvorstellbar sei. Dodd versuchte nachzuweisen, dass die *Sühne* im Neuen Testament nicht den Sinn habe, den Zorn Gottes zu besänftigen, sondern nur die Tilgung der Sünde zum Ausdruck bringe, und dass von daher *Versöhnung* die bessere Übersetzung sei.

Ist seine Argumentation schlüssig? Wir können hier nicht in die theologischen Einzelheiten gehen, da wir es mit einer umfassenden akademischen Diskussion zu tun haben. Doch ist es sicher angebracht, hier unser eigenes Urteil abzugeben. Dodd ist der Meinung, dass die Wortgruppe über die Sühne *nichts anderes* als Versöhnung bedeuten *müsse,* wenn der Kontext nicht eine umfassendere Bedeutung verlange. Er hat aber nicht nachgewiesen, dass die Wortgruppe in ihrem Kontext *nicht* Sühne bedeuten *kann,* wo diese Bedeutung verlangt wird. Dies ist jedoch der entscheidende Punkt: Im Römerbrief (um den klarsten und eindeutigsten der vier

Abschnitte zu nennen) *verlangt* der Kontext in Röm 3,25 zweifelsfrei die Bedeutung *Sühneopfer* oder *Sühneort.*

Schon in Röm 1,18 bereitet Paulus den Boden für seine Erklärung des Evangeliums vor, indem er betont: »Es wird geoffenbart Gottes Zorn vom Himmel her über alle Gottlosigkeit und Ungerechtigkeit der Menschen.« »Der Zorn Gottes dringt dynamisch und effektiv wirksam in die Menschenwelt ein, und er ist deshalb aktiv, weil er vom Himmel, dem Thron Gottes, ausgeht« (John Murray, *The Epistle to the Romans,* Bd. I, S. 34). Im weiteren Verlauf von Römer 1 beschreibt Paulus das gegenwärtige Handeln des Zornes Gottes durch die richterliche Verhärtung der Abgefallenen, das sich in dem dreimal wiederholten Ausdruck zeigt: »Darum hat sie Gott auch dahingegeben« (Verse 24.26.28).

Dann konfrontiert Paulus uns in Röm 2,1-16 mit dem kommenden »Tag des Zorns und der Offenbarung des gerechten Gerichts Gottes; der jedem vergelten wird nach seinen Werken: ... denen, die ... der Wahrheit ungehorsam sind, dagegen der Ungerechtigkeit gehorchen, Grimm und Zorn ... an dem Tag, da Gott das Verborgene der Menschen durch Jesus Christus richten wird nach meinem Evangelium« (Verse 5-6.8.16).

Im ersten Teil von Römer 3 setzt Paulus seine Beweisführung fort, indem er zeigt, dass alle Menschen, ob Juden oder Nichtjuden, unter der Herrschaft der Sünde stehen (Vers 9) und somit der gegenwärtigen wie auch zukünftigen Offenbarung des Zornes Gottes ausgeliefert sind. Dies ist also der natürliche Zustand jedes Menschen. Letztendlich steht unser gesamtes Leben unter der wirksamen Macht des Zornes Gottes, ob wir uns dessen nun bewusst sind oder nicht. Nun aber, sagt Paulus, wird all jenen Annahme, Vergebung und Frieden geschenkt, die bisher »Gottlose« (Röm 4,5) und »Feinde Gottes« (Röm 5,10) waren, doch nun ihr Vertrauen auf Jesus Christus setzen, »den Gott zum Sühneopfer für unsere Schuld gemacht hat ... durch sein Blut.« Und so darf jeder Gläubige wissen: »Wieviel mehr werden wir nun, nachdem wir jetzt durch sein Blut für gerecht erklärt worden sind, durch ihn vor dem Zorn Gottes gerettet werden« (Röm 5,9; eÜ).

Was ist geschehen? Sowohl der gegenwärtige wie auch der zukünftige Zorn Gottes, der auf uns lastete, wurde ausgelöscht. Wie kam dies zustande? Durch den Tod Christi. »Wir sind ja mit Gott durch den Tod seines Sohnes versöhnt worden, als wir noch seine Feinde waren« (Röm 5,10; NGÜ). Das »Blut«, also der Opfertod Jesu Christi, beseitigte Gottes Zorn gegen uns und ist die Garantie dafür, dass Er uns gegenüber nun für immer gnädig und wohlgesinnt ist. Von nun an erfahren wir in unserem Leben, dass Gott *für uns* und nicht mehr *gegen uns* ist. Was bedeutet also der Ausdruck: »ein Sühneopfer ... durch sein Blut«? Er bringt, im Kontext der Argumentation von Paulus, genau diesen Gedanken zum Ausdruck: *Christus hat durch seinen Opfertod für unsere Sünden den Zorn Gottes beschwichtigt.*

C. H. Dodd hat zwar versucht, dieser Schlussfolgerung zu entgehen, indem er behauptete, dass der im Römerbrief erwähnte Zorn Gottes ein unpersönliches kosmisches Vergeltungsprinzip sei, in dem nicht die Gesinnung Gottes gegenüber den Menschen zum Ausdruck komme – mit anderen Worten, dass Gottes Zorn ein Prozess sei, der außerhalb des Willens Gottes stattfinde. Aber heute wird zunehmend anerkannt, dass diese Sicht zwar ein gut gemeinter Versuch, aber doch ein Irrtum war. »Es ist völlig unzulänglich«, schreibt R. V. G. Tasker, »diesen Ausdruck [Zorn] lediglich als eine Beschreibung ›des unvermeidlichen Prozesses von Ursache und Wirkung in einem moralischen Universum‹ zu betrachten oder als eine andere Art und Weise, um die Folgen der Sünde zu beschreiben. Er ist vielmehr eine persönliche Eigenschaft, ohne die Gott nicht vollkommen gerecht wäre, und ohne die seine Liebe in Sentimentalität abgleiten würde.« Der Zorn Gottes ist so persönlich und wirksam wie seine Liebe. Und ebenso, wie es die eindeutige Manifestation der Liebe seines Vaters zu uns war, dass der Herr Jesus sein Blut für uns vergoss, so bekundete diese Tat auch die Abwendung des Zornes seines Vaters gegen uns.

Der Zorn Gottes

Was ist mit dem Zorn Gottes gemeint, der auf Golgatha gestillt wurde?

Es handelt sich nicht um die launenhaften, willkürlichen, cholerischen und eigensüchtigen Wutausbrüche, die die Heiden ihren Göttern zuschrieben. Er ist nicht der sündige, nachtragende, hasserfüllte, kindische Groll, den wir bei den Menschen erleben. Er ist vielmehr ein Ausdruck der Heiligkeit, die sich in den

Forderungen des moralischen Gesetzes Gottes zeigt (»Ihr sollt heilig sein, denn ich bin heilig« – 1 Petr 1,16), und der Gerechtigkeit, die in Gottes Vergeltung in Gericht und Belohnung sichtbar wird: »Die Rache ist mein; ich will vergelten! spricht der Herr« (Hebr 10,30).

Gottes Zorn ist »die heilige Abscheu Gottes gegen das, was im Widerspruch zu seiner Heiligkeit steht.« Er wird sichtbar in »einer konkreten Äußerung des göttlichen Missfallens« (John Murray, *Epistle to the Romans).* Und dies ist *gerechter* Zorn – die *angemessene* Reaktion des moralisch vollkommenen Schöpfers gegenüber der moralischen Verderbtheit der Geschöpfe. Dass Gott seinen Zorn dadurch manifestiert, dass Er die Sünde straft, ist alles andere als moralisch fragwürdig. Im Gegenteil, es wäre moralisch fragwürdig, würde Er seinen Zorn nicht auf diese Weise bekunden. Gott wäre nicht *gerecht* – das heißt, Er würde nicht so handeln, wie es *richtig* ist, Er würde nicht das tun, was einem *Richter* angemessen ist –, würde Er nicht über alle Sünden und Missetaten die Strafe verhängen, die sie verdienen. Wir wollen nun die Argumentation des Paulus zu diesem Punkt näher betrachten.

Beschreibung des Sühnewerkes

Betrachten wir nun drei Tatsachen über das Sühnegeschehen, wie Paulus sie beschreibt.

1. Das Sühnewerk ist allein Gottes Tat. Im Heidentum versucht der Mensch seine Götter zu besänftigen, und Religion verkommt zum Kommerz, im Grunde handelt es sich um Bestechung. Im Christentum jedoch besänftigt Gott seinen Zorn durch sein eigenes Handeln. *Gott hat Jesus Christus zum Sühnopfer gemacht,* sagt Paulus. *Gott hat seinen Sohn als Sühneopfer für unsere Sünden gesandt,* schreibt Johannes. Es war nicht der unter Gottes Zorn stehende Mensch, der die Initiative ergriff, um Gott freundlich zu stimmen. Es war auch nicht Jesus Christus, der ewige Sohn, der die Initiative ergriff, um seines Vaters Zorn gegen uns in Milde und Liebe zu verwandeln. Die Vorstellung, dass der gütige Sohn seinen erzürnten Vater umstimmt, indem Er sich selbst anstelle des sündigen Menschen opfert, gehört nicht zur Evangeliumsbotschaft – es ist eine unchristliche, ja, eigentlich eine antichristliche Vorstellung, denn sie leugnet den einheitlichen Willen des Vaters und des Sohnes. Und dies ist in Wirklichkeit ein Rückfall in den

Polytheismus, weil sie von uns verlangt, an zwei verschiedene Götter zu glauben. Aber die Bibel schließt dies völlig aus, indem sie nachdrücklich betont, dass es Gott selbst war, der die Initiative ergriff, um seinen eigenen Zornes gegenüber denen zu beschwichtigen, die Er, trotz ihres elenden Zustands, geliebt und zum Heil erwählt hat.

»Die Lehre vom Sühnopfer besagt, dass Gott die Objekte seines Zorns so sehr geliebt hat, dass Er seinen eigenen Sohn dahingab, damit dieser durch sein Blut die Aufhebung des göttlichen Zorns bewirke. Es war die Aufgabe von Christus, mit dem Zorn so zu verfahren, dass die Geliebten nicht mehr die Objekte des Zorns seien, und die Liebe ihr Ziel darin erreicht, aus den Kindern des Zorns Kinder von Gottes Wohlgefallen zu machen« (John Murray, *The Atonement,* S. 15). Sowohl Paulus wie auch Johannes betonen dies ausdrücklich. Paulus sagt, dass Gott seine Gerechtigkeit nicht nur in Vergeltung und Gericht aufgrund seines Gesetzes offenbart, sondern auch »unabhängig vom Gesetz« denen Gerechtigkeit verleiht, die ihr Vertrauen auf Jesus Christus setzen. Zwar haben alle gesündigt, doch sie werden ohne eigene Leistung für gerecht erklärt (freigesprochen, angenommen, in das rechte Verhältnis zu Gott gebracht) (Röm 3,21-24). Wie ist dies möglich? Allein »aus Gnade« (das heißt, als Gottes freies Geschenk und nicht aus Verdienst; aus Liebe zu denen, die alles andere als liebenswert sind). Wodurch bewirkt die Gnade dies? »Aufgrund der Erlösung [Befreiung durch Loskauf] durch Jesus Christus.« Wie kommt es, dass Jesus Christus für alle, die ihr Vertrauen auf Ihn setzen, Ursprung, Mittel und Kern der Erlösung ist? Paulus sagt: weil Gott Ihn zum Sühnopfer gemacht hat. Aus dieser göttlichen Initiative entspringen die Tatsache und die Möglichkeit zum Empfang der Erlösung.

Dass wir einander lieben, sagt Johannes, ist der Beweis dafür, dass wir zur Familie Gottes gehören. Wer die Gläubigen nicht liebt, gehört offensichtlich nicht zur Familie Gottes, denn »Gott ist Liebe« und verleiht all denen, die Ihn kennen, die Fähigkeit zu lieben (1 Joh 4,7-8). Doch der Ausdruck »Gott ist Liebe« ist eine sehr vage Formulierung. Wie können wir eine klare Vorstellung von der Liebe bekommen, die Gott in uns wirkt? »Darin ist die Liebe Gottes zu uns geoffenbart worden, dass Gott seinen eingeborenen Sohn in die Welt gesandt hat, damit wir durch ihn leben sollen« (1 Joh 4,9). Gott hat dies jedoch nicht getan, weil Er bei uns ein echtes Sehnen nach Ihm entdeckt hätte. Ganz im Gegenteil: »Das ist das Fundament der Liebe: nicht, dass wir Gott geliebt haben, sondern dass er uns« – die wir Ihn nicht liebten, und obwohl es in uns nichts gab, was Ihn zu etwas anderem hätte bewegen können, als uns, aufgrund unserer tief in uns verwurzelten Gottlosigkeit, zu verstoßen und zu verdammen – »geliebt und seinen Sohn als Sühneopfer für unsere Sünden zu uns gesandt hat« (1 Joh 4,10; NGÜ). Durch diese göttliche Initiative, sagt Johannes, erkennen wir die Bedeutung und das Ausmaß der Liebe, die auch wir praktizieren sollen.

Das Zeugnis der beiden Apostel über Gottes Initiative im Sühnewerk kann kaum deutlicher sein.

2. Das Sühnewerk wurde durch den Tod Jesu Christi vollbracht. Das Wort »Blut« verweist, wie wir schon vorher angedeutet haben, auf den gewaltsamen Tod bei den Tieropfern im Alten Bund. Gott selbst hat diese Opfer in seinen Geboten eingesetzt. Und im 3. Buch Mose erfahren wir, warum Er dies tat: »Denn das Leben des Leibes ist im Blut. Ich habe bestimmt, dass es auf den Altar gegeben wird, um Sühne für euch zu erwirken. Denn das Blut bewirkt Sühne, weil das Leben in ihm ist« (3 Mose 17,11; eÜ). Wenn Paulus uns erklärt, dass Gott Jesus zum Sühneopfer »durch sein Blut« gemacht hat, so bringt er damit zum Ausdruck, dass es nicht Jesu Leben oder Lehre, auch nicht seine moralische Vollkommenheit oder seine Treue gegenüber dem Vater an sich waren, die Gottes Zorn getilgt und uns so vom Tod erlöst haben, sondern sein Blut, das Er in seinem Tod vergossen hat. Zusammen mit den anderen neutestamentlichen Verfassern verweist Paulus stets auf den Tod Jesu als Sühnegeschehen und erklärt das Sühneopfer als *Akt der repräsentativen Stellvertretung* – der Unschuldige nimmt den Platz der Schuldigen ein. Im Namen und um der Schuldigen willen nimmt Er das Gericht Gottes auf sich. Zwei Bibelstellen sollen dies veranschaulichen.

»Christus hat uns losgekauft vom Fluch des Gesetzes« – Und wie tat Er das? – »indem er für uns ein Fluch geworden ist« (Gal 3,13). Christus trug den Fluch des Gesetzes, der auf uns lag, damit wir ihn nicht zu tragen brauchen. Dies ist der Akt der repräsentativen Stellvertretung.

»Einer ist für alle gestorben«, und durch den Tod Jesu »hat Gott uns mit sich selbst versöhnt.« Und was beinhaltet diese Versöhnung? »Er rechnet den Menschen ihre Verfehlungen nicht an«, sondern legte sie auf Christus, damit sie in Ihm »die Gerechtigkeit Gottes würden« – das heißt, dass sie durch Ihn die Gerechtigkeit bekommen, mit der sie vor Gott bestehen können. Wie kommt diese Nichtanrechnung zustande? Dadurch, dass unsere Verfehlungen einem anderen angerechnet werden, der unsere Schuld trug. »Gott hat den, der Sünde nicht kannte, für uns zur Sünde [oder »zum Sündopfer«] gemacht.« Hier wird ebenfalls deutlich, dass Er ein Opfer für Sünder wurde, die Todesstrafe an ihrer statt ertrug, indem »einer für alle gestorben ist« (2 Kor 5,14; 5,18-21). Auch dies zeigt den Akt der repräsentativen Stellvertretung.

Die repräsentative Stellvertretung, als Weg und Mittel zur Sühne, wurde in typischer Gestalt schon in dem von Gott gegebenen alttestamentlichen Opfersystem gelehrt. Dabei wurde das makellose Tier, das für die Sünde geopfert werden sollte, zunächst symbolisch als *Repräsentant* eingesetzt, indem der Sünder seine Hand auf den Kopf des Opfertieres stützte und sich so mit ihm identifizierte (3 Mose 4,4.24.29.33). Danach wurde das Opfertier als *Stellvertreter* des Opfernden getötet und das Blut »vor dem Herrn« auf einen oder beide Altäre im Heiligtum gesprengt (3 Mose 4,6-7.17-18.25.30), als Zeichen dafür, dass Sühne geschehen, der Zorn abgewendet und die Gemeinschaft mit Gott wieder hergestellt war.

Am jährlich stattfindenden großen Versöhnungstag wurden zwei Ziegenböcke verwendet. Der eine wurde als gewöhnliches Sündopfer geschlachtet. Der andere Ziegenbock wurde, nachdem der Hohepriester seine Hände auf dessen Kopf gestützt hatte und dadurch Israels Sünden »auf den Kopf« des Tieres legte, indem er alle Schuld der Israeliten über ihm bekannte, »mit aller Schuld, die auf ihm liegt, in die Wüste geschickt« (3 Mose 16,21-22). Dieses doppelte Ritual enthielt eine einzige Lektion: Durch das Opfer eines repräsentativen Stellvertreters wird Gottes Zorn abgewendet und unsere Sünde aus Gottes Gegenwart weggetragen, damit sie nie mehr unsere Gemeinschaft mit Gott behindert. Der zweite Ziegenbock (der »Sündenbock«) veranschaulicht als Typus das, was durch den Tod des ersten Ziegenbocks vollbracht wurde. Diese Rituale sind der unmittelbare Hintergrund der Lehre des Paulus über das Sühneopfer. Es ist also die Erfüllung des alttestamentlichen Opfermodells, das er verkündet.

3. Das Sühnewerk offenbart Gottes Gerechtigkeit. Paulus hebt hervor, dass das moralische Handeln Gottes im Blick auf die Sünde niemals infrage steht. Im Gegenteil, Gottes moralisches Handeln zeigt sich erst deutlich im Sühnegeschehen, und das Sühneopfer war ausdrücklich dazu bestimmt, es zu erweisen. Gott hat seinen Sohn zum Sühneopfer gemacht, um seinen eigenen Zorn zu beschwichtigen, »um seine *Gerechtigkeit* zu erweisen ..., dass er gerecht ist und zugleich den rechtfertigt, der aus dem Glauben an Jesus ist« (Röm 3,25-26). Das Wort *erweisen,* impliziert eine öffentliche Zurschaustellung. Der entscheidende Punkt bei Paulus ist, dass die öffentliche Präsentation des Sühneopfers am Kreuz nicht bloß eine öffentliche Manifestation der rechtfertigenden Gnade Gottes war, sondern auch der Gerechtigkeit und des Gerichts als Grundlage der rechtfertigenden Gnade.

Paulus sagt, dass diese Manifestation nötig war, »weil Gott die Sünden ungestraft ließ, die zuvor geschehen waren, als Gott Nachsicht übte« (Röm 3,25-26; eÜ). Sein Argument ist, dass Gott, obwohl die Menschen seit undenklichen Zeiten so böse waren, wie es in Römer 1 geschildert wird, seit der Sintflut mit dem Menschengeschlecht nicht mehr so verfuhr, wie es dies verdient hatte. Auch wenn die Menschen nach der Sintflut keinen Deut besser waren, als ihre Vorfahren vor der Flut, hatte Gott auf ihre Unbußfertigkeit, Gottlosigkeit und Gesetzlosigkeit nicht mehr mit einem öffentlichen Gerichtsakt reagiert.

Vielmehr »hat er uns Gutes getan. Er ist es, der euch vom Himmel her Regen schickt und euch zu den von ihm bestimmten Zeiten reiche Ernten schenkt; er gibt euch Nahrung im Überfluss und erfüllt euer Herzen mit Freude« (Apg 14,17; NGÜ).

Dass Gott die Sünden in seiner »Nachsicht« »ungestraft ließ« war natürlich keine Vergebung, sondern nur ein Aufschub des Gerichts. Aber hier bleiben doch Fragen offen: Wenn die Menschen stets Böses tun, aber der Richter der ganzen Erde ihnen beständig Gutes tut, wo bleiben dann seine Sorge um Moral und Gottgefälligkeit? Wo bleibt der Unterschied zwischen Recht und Unrecht im Leben seiner Geschöpfe, wie man es von Gottes vollkommener Gerechtigkeit verlangen müsste? Wenn Er den Sünder weiterhin ungestraft lässt, bleibt Er dann nicht weit hinter seiner Vollkommenheit zurück und muss sein Amt als Richter der Welt nicht Schaden nehmen?

Den zweiten Teil dieser Fragen hat Paulus bereits durch seine Lehre vom »Tag des Zorns Gottes« und »der Offenbarung des gerechten Gerichts Gottes« in Röm 2,1-16 beantwortet. Hier nun beantwortet er den ersten Teil, indem er feststellt, dass Gott gegenüber den moralischen Fragen und gegenüber der gerechten Forderung nach Vergeltung für die Missetaten alles andere als gleichgültig ist. Gott ist es in Wirklichkeit unmöglich, Sündern zu vergeben und den Gottlosen zu rechtfertigen – es sei denn aufgrund der Gerechtigkeit, die sich in der gerechten Vergeltung Gottes offenbart. Unsere Sünden *wurden* bestraft; das Rad der Vergeltung *hat sich* gedreht; das Gericht über unsere Gottlosigkeit *wurde* vollzogen – und das alles in Jesus Christus, dem Lamm Gottes, das unseren Platz einnahm. Auf diese Weise ist Gott *gerecht – und* erklärt den für gerecht, der sein ganzes Vertrauen auf Jesus setzt, »der wegen unserer Verfehlungen dem Tod preisgegeben wurde, und der wegen unserer Rechtfertigung auferweckt worden ist« (Röm 4,25; NGÜ).

Somit wird die richterliche Gerechtigkeit Gottes, die so anschaulich in der Lehre vom Zorn Gottes im ersten Teil des Römerbriefes dargestellt wird, noch einmal in der Lehre des Paulus dargelegt, die uns zeigt, wie dieser Zorn Gottes gestillt wurde. Es ist für seine Argumentation ganz entscheidend, zu zeigen, dass sowohl die Tatsache der Erlösung wie auch die der Verdammnis die vergeltende Gerechtigkeit offenbaren, die der göttlichen Wesensart innewohnt. Sowohl bei der Erlösung der Geretteten wie auch bei der Verdammnis der Verlorenen ist die gerechte Vergeltung unausweichlich, muss das Gericht vollzogen werden. Da Gott gerecht ist, muss seiner Gerechtigkeit Genüge getan werden.

Der Tod Christi

Was wir bisher gesagt haben, können wir wie folgt zusammenfassen: Das Evangelium sagt uns, dass unser Schöpfer unser Erlöser geworden ist. Es verkündet uns, dass der Sohn Gottes zu unserem Heil Mensch wurde und am Kreuz gestorben ist, um uns vor der ewigen Strafe zu erretten. Der Erlösungstod Christi wird in der Bibel als *Sühneopfer* beschrieben, das heißt, als das, was Gottes Zorn gegen uns besänftigte, indem Er unsere Sünden vollkommen ausgelöscht hat. Gottes Zorn ist seine gerechte Reaktion auf unsere Ungerechtigkeit; und sie offenbart sich in Gottes vergeltender

Gerechtigkeit. Aber Jesus Christus hat uns vor dem Alptraum dieser vergeltenden Gerechtigkeit bewahrt, indem Er, im Gehorsam gegenüber seinem Vater, unser repräsentativer Stellvertreter wurde und an unserer Stelle die gerechte Strafe für unsere Sünde auf sich nahm.

Hierdurch ist der Gerechtigkeit Genüge getan, denn die Sünden all derer, denen jemals vergeben wird, wurden in der Person des Sohnes Gottes gerichtet und bestraft, und so wird uns Missetätern die Vergebung zuteil. Die erlösende Liebe und die vergeltende Gerechtigkeit reichten sich sozusagen auf Golgatha die Hand, denn dort erweist Gott sich selbst als »gerecht, und rechtfertigt zugleich den, der aus dem Glauben an Jesus ist« (Röm 3,26).

Verstehst du das? Wenn ja, dann bist du zum Zentrum des Evangeliums vorgedrungen. Keine Darstellung dieser Botschaft reicht tiefer, als die, die das Grundproblem des Menschen vor Gott in seiner Sünde sieht, die Gottes Zorn hervorruft, und die Gottes grundlegende Vorkehrung für den Menschen im Sühnewerk erkennt, das den Zorn in Frieden verwandelt. Manche Vorstellungen vom Evangelium erreichen leider niemals diese Tiefe.

Wir alle kennen die Ansicht, dass das Evangelium sich als Gottes siegreiche Antwort auf die menschlichen Probleme präsentiert – Probleme in unserem Verhältnis zu uns selbst und der Beziehung zu unseren Mitmenschen und zu unserer Umwelt. Es gibt sicher keinen Zweifel, dass das Evangelium uns auch bei diesen Problemen hilft. Aber das geschieht nur deshalb, weil es zuerst ein viel tiefergehendes Problem löst – das größte aller menschlichen Probleme: das Problem der gestörten Beziehung des Menschen zu seinem Schöpfer. Wenn wir nicht erkennen, dass die Lösung dieser erstgenannten Probleme von der Klärung des Letzteren abhängt, verdrehen wir die Botschaft und werden zu falschen Zeugen des Evangeliums. Denn wenn wir eine Halbwahrheit so darstellen, als sei sie die ganze Wahrheit, machen wir sie dadurch zu einer ganzen Lüge.

Kein Leser des Neuen Testaments kann die Tatsache übersehen, dass es mit all unseren menschlichen Problemen vertraut ist – Furcht, Feigheit, körperliche und psychische Krankheiten, Missbrauch, Einsamkeit, Unsicherheit, Hoffnungslosigkeit, Verzweiflung, Misshandlungen, Machtmissbrauch und vieles mehr. Aber ebenso kann keinem Leser des Neuen Testaments die Tatsache verborgen bleiben, dass es all diese Probleme auf das grundlegende Problem der Sünde gegen Gott zurückführt.

Unter Sünde versteht das Neue Testament nicht in erster Linie zwischenmenschliches Versagen oder soziale Konflikte, sondern vor allem die Rebellion gegen Gott, die Missachtung Gottes, die Abkehr von Ihm, und die daraus resultierende Schuld gegenüber Gott, dem Schöpfer. Die Sünde ist das Grundübel, von dem wir erlöst werden müssen, und um dessentwillen Christus starb, um uns zu erretten. Alles, was im zwischenmenschlichen Bereich schiefläuft, ist letztlich auf die Sünde zurückzuführen. Und unser gegenwärtiger Unfriede mit uns selbst und unseren Mitmenschen kann nicht geheilt werden, solange wie wir im Unfrieden mit Gott leben.

Aus Platzgründen können wir hier nicht näher ausführen, dass die Themen Sünde, Sühnegeschehen und Vergebung die strukturellen Hauptmerkmale des neutestamentlichen Evangeliums sind. Wenn wir uns aber sorgfältig mit Römer 1- 5, Galater 3, Epheser 1-2, Hebräer 8-10, 1. Johannes 1-3 und den Botschaften der Apostelgeschichte befassen, werden wir feststellen, dass in dieser Hinsicht kein Zweifel besteht. Falls der Einwand vorgebracht wird, dass *das Wort* »Sühneopfer« im Neuen Testament doch nur viermal vorkomme, so muss man entgegnen, dass *der Gedanke* des Sühneopfers ständig erscheint.

Manchmal wird der Tod Christi als *Versöhnung* dargestellt oder als Frieden schaffend nach Hass und Feindschaft (Röm 5,10-11; 2 Kor 5,18-20; Kol 1,20-22). Ein anderes Mal wird er als *Erlösung* geschildert oder als Befreiung durch Loskauf vom Fluch und aus der Knechtschaft (Röm 3,24; Gal 3,13; 4,5; 1 Petr 1,18; Offb 5,9). Dann wieder wird er als ein *Opfer* beschrieben (Eph 5,2; Hebr 9,1-10.18), als Akt der *Selbsthingabe* (Gal 1,4; 2,20; 1 Tim 2,6), als das *Tragen unserer Sünde* (Joh 1,29; Hebr 9,28; 1 Petr 2,24) und als das *Vergießen seines Blutes* (Mk 14,24; Hebr 9,14; Offb 1,5). All diese Gedanken haben mit der Tilgung der Sünde und der Wiederherstellung der ungetrübten Gemeinschaft zwischen dem Menschen und Gott zu tun, wie ein Blick auf die erwähnten Texte zeigt. Und hinter allen steht die Androhung des göttlichen Gerichts, das der Tod Jesu abgewendet hat. Mit anderen Worten, sie alle sind Bilder und Illustrationen, die von verschiedenen Gesichtspunkten aus das Sühnegeschehen beschreiben. Es ist ein Trugschluss, dem leider so viele Theologen verfallen, dass diese Vielfalt der Ausdrücke zwangsläufig unterschiedliche Vorstellungen beinhalten müssten.

Nun muss noch ein weiteres Thema angesprochen werden. Die Wahrheit des Sühneopfers führt uns nicht nur zum Zentrum des neutestamentlichen Evangeliums; sie eröffnet uns außerdem eine Perspektive, von der aus wir auch das Zentrum vieler anderer Dinge erkennen können. Wenn du auf dem Gipfel des höchsten Berges von Wales, dem Mount Snowdon, stehst, siehst du, wie sich vor dir die ganze herrliche Region des Snowdonia Nationalparks ausbreitet. Und du hast von hier aus natürlich einen viel umfangreicheren Ausblick, als es dir jede andere Stelle dieser Gegend bieten kann. Und so ist es auch, wenn du auf dem Gipfel der Wahrheit vom Sühneopfer stehst. Du wirst die ganze Bibel mit neuen Augen sehen. Und du bist in der Lage, entscheidende Dinge richtig zu beurteilen, die du mit irgendwelchen anderen Vorstellungen nicht angemessen zu erfassen vermagst.

Im Folgenden werden wir fünf von ihnen näher behandeln: die treibende Kraft im Leben von Jesus; das Schicksal derer, die Gott ablehnen; Friede als Geschenk Gottes; die Dimensionen der Liebe Gottes; und die Bedeutung von Gottes Herrlichkeit. Dass diese Themen für das Christentum ganz entscheidend sind, dürfte nicht infrage stehen. Dass sie nur unter dem Aspekt des Sühnewerkes verstanden werden können, kann, nach unserer Überzeugung, ebenfalls nicht geleugnet werden.

Die treibende Kraft im Leben Jesu

Betrachten wir also zuerst *die treibende Kraft im Leben Jesu.*

Wenn du dir eine Stunde Zeit nimmst und das Markusevangelium einmal vollständig durchliest, wirst du einen Eindruck von Jesus bekommen, der wenigstens vier Merkmale umfasst.

Der erste Eindruck ist der eines Mannes der Tat. Eines Mannes, der stets in Bewegung ist – dauernd ändern sich die Situationen, die Ereignisse überstürzen sich fast. Er wirkt Wunder, beruft und schult Jünger, greift Irrtümer an, die als Wahrheit, und Gottlosigkeit, die als Frömmigkeit ausgegeben werden. Und schließlich geht Er geradewegs und ganz bewusst Verrat, Verurteilung und Kreuzigung entgegen (eine scheinbar zufällige Abfolge von Ereignissen, bei denen man kaum merkt, dass Er alles unter Kontrolle hat).

Der nächste Eindruck ist der eines Mannes, der sich seiner göttlichen Persönlichkeit (als Gottessohn) und seiner messianischen Rolle (als Menschensohn) bewusst war. Das Markusevangelium macht deutlich, dass Jesus, je mehr Er sich seinen Jüngern offenbarte, ihnen umso rätselhafter erschien. Je näher sie mit Ihm in Verbindung kamen, desto weniger verstanden sie Ihn. Dies klingt paradox, aber genauso war es. Denn als sich ihre Beziehung zu Ihm vertiefte, wurden sie mit seinem eigenen Verständnis als Gott und Erlöser konfrontiert, und dies war etwas, auf das sie sich keinen Reim machen konnten. Aber Jesu einzigartiges doppeltes Selbstbewusstsein, das durch die Stimme seines Vaters vom Himmel bei seiner Taufe und bei seiner Verklärung bestätigt wurde (Mk 1,11; 9,7), kam immer wieder zum Vorschein. Man braucht hier einerseits nur an die unglaubliche Selbstverständlichkeit zu denken, mit der Er seine absolute Autorität in allem, was Er sagte und tat, voraussetzt (siehe Mk 1,22.27; 11,27-33), und andererseits an Jesu Antwort auf die Frage des Hohepriesters bei seinem Prozess: »Bist du der Christus [der Messias, der König, den Gott zum Retter gesandt hat], der Sohn des Hochgelobten [eine übernatürliche und göttliche Persönlichkeit]?« – worauf Jesus kategorisch erwidert: »Ich bin es!« (Mk 14,61-62).

Wenn wir nun weitergehen, sehen wir einen Menschen, dessen messianische Sendung sich auf seine Hinrichtung konzentriert. Er bereitete sich bewusst und zielstrebig auf seinen Tod vor, als ein leidender Messias für andere noch gar keine Option darstellte. Nach dem großartigen Zeugnis des Petrus in Cäsarea Philippi, dass Jesus der Messias sei, prophezeite Jesus wenigstens viermal, dass Er getötet werden müsse und auferstehen würde, was den Jüngern völlig rätselhaft war (Mk 8,31; vgl. Mk 8,34-35; 9,9; 9,31; 10,33-34). Ein anderes Mal sprach Er von seiner Hinrichtung als einer feststehenden Tatsache (Mk 12,8; 14,18), die in der Bibel bereits angekündigt war (Mk 14,21.49), und die für viele eine völlig neue Gemeinschaft mit Gott schaffen würde. »Der Menschensohn ist gekommen, um sein Leben als Lösegeld für viele hinzugeben« (Mk 10,45). »Das ist mein Blut, das des neuen Bundes, welches für viele vergossen wird« (Mk 14,24).

Der letzte Eindruck ist der eines Menschen, für den die Erfahrung des Todes die furchtbarste Prüfung war. In Gethsemane sagte Er, von Angst und Grauen gepackt: »Meine Seele ist tief betrübt bis zum Tod« (Mk 14,34). Die Ernsthaftigkeit seines Gebets (die in den Worten deutlich wird: »Er warf sich zu Boden«, statt niederzuknien oder zu stehen) war ein Hinweis auf seine innerliche Abneigung und Verzweiflung, die Er empfand, als Er vorhersah, was auf Ihn zukommen würde. Wie stark die Versuchung war, unmittelbar nach seinen Worten: »Lass diesen bitteren Kelch an mir vorübergehen!«, »Amen« zu sagen, statt fortzufahren: »Aber nicht wie ich will, sondern wie du willst!« (Mk 14,36; NGÜ), werden wir wohl niemals erfassen können. Dann sehen wir Jesus am Kreuz von Finsternis erfüllt und umgeben, als Er in äußerster Verlassenheit schreit: »Mein Gott, mein Gott, warum hast du mich verlassen?« (Mk 15,34).

Wie können wir Jesu Glaube an die Notwendigkeit seines Todes erklären? Wie können wir die Tatsache begründen, dass das, was Ihn während seines öffentlichen Dienstes antrieb und was alle vier Evangelien bezeugen, die Überzeugung war, dass Er getötet werden müsse? Und wie können wir die Tatsache erklären, dass, Jesus, der vollkommene Diener Gottes, der niemals zuvor die geringste Furcht vor Menschen, Schmerzen oder Einsamkeit gezeigt hatte, in Gethsemane wie ein Feigling erscheint, und am Kreuz erklärt, von Gott verlassen zu sein? Wie war das möglich, wo doch Märtyrer wie Stephanus dem Tod mit Freude entgegensahen, und sogar Sokrates, der heidnische Philosoph, seinen Schierlingsbecher ohne Zaudern trank und starb? Luther sagt über Jesus: »Kein Mensch fürchtete den Tod so sehr, wie dieser Mann.« Warum? Was hatte dies zu bedeuten?

Wer im Tod Jesu lediglich ein tragisches Unglück sieht, das sich im Wesentlichen nicht vom Tod eines anderen zu Unrecht Verurteilten unterscheidet, kann mit diesem Sachverhalt überhaupt nichts anfangen. Man könnte ihrer Meinung nach höchstens annehmen, dass Jesus eine krankhafte, ängstliche Ader besaß, die ihn von Zeit zu Zeit erfasste – indem sie in ihm zuerst eine Art Todessehnsucht hervorrief, und dann, als der Tod näherkam, zu Panik und Verzweiflung führte. Aber nachdem Jesus von den Toten auferstanden war, und in der Kraft seines Auferstehungslebens seinen Jüngern immer noch erklärte, dass sein Tod notwendig gewesen sei (Lk 24,26-27), scheinen diese sogenannten

Begründungen ebenso unsinnig wie peinlich zu sein. Doch diejenigen, die die Wahrheit des Sühnopfers leugnen, haben eben keine bessere Erklärung vorzubringen.

Halten wir uns jedoch die Tatsachen der apostolischen Lehre vom Sühneopfer vor Augen, wird alles verständlich. »Sollte uns diese Erfahrung von Todesangst und Verlassensein nicht einleuchten«, fragt James Denney, »da sie unmittelbar mit der Tatsache zusammenhängt, dass Jesus bei seinem Sterben und seinem Todeskampf in Gethsemane, als Er den Tod als den Kelch annahm, den sein Vater Ihm zu trinken gab, die Sündenlast der Welt auf sich nahm und sich freiwillig unter die Verbrecher rechnen ließ?« (*The Death of Christ,* S. 46).

Hätten wir Paulus oder Johannes diese Frage gestellt, hätten sie sie ganz sicher bejaht. Weil Jesus zur Sünde gemacht werden und Gottes Gericht über die Sünde tragen sollte, erbebte Er im Garten Gethsemane, und weil Er dieses Gericht dann tatsächlich trug, wusste Er sich von Gott am Kreuz verlassen. Die treibende Kraft im Leben Jesu war sein Entschluss, »gehorsam bis zum Tod, ja bis zum Tod am Kreuz« (Phil 2,8) zu sein. Und das Entsetzliche seines Todes beruht auf der Tatsache, dass Er auf Golgatha den Zorn Gottes ertrug, den wir verdient hatten, und so die Sühne für unsere Sünden vollbrachte.

Jahrhunderte zuvor hat Jesaja dies eindrücklich prophezeit: »Wir dachten, er wäre von Gott bestraft, von ihm geschlagen und niedergebeugt. ... Die Strafe, die uns den Frieden gebracht hat, liegt auf ihm. ... Der HERR lud unsere ganze Schuld auf ihn. ... Die Strafe für die Übertretung meines Volkes traf ihn. ... Der HERR wollte ihn zerschlagen; er ließ ihn leiden. ... Er hat sein Leben zum Schuldopfer gegeben« (Jes 53,4-10; eÜ).

Wegen seiner Bedeutung für das Verständnis der grundlegenden christlichen Fakten haben wir diese Thematik ausführlicher behandelt; die nächsten Abschnitte können wir kürzer fassen.

Was ist mit denen, die Gott zurückweisen?

Betrachten wir als Nächstes *das Schicksal derer, die Gott ablehnen.*

Vertreter der Allversöhnung meinen, dass letztlich niemand mehr zu dieser Menschengruppe gehören wird. Aber die Bibel lehrt etwas anderes. Entscheidungen, die in diesem Leben getroffen werden, haben Konsequenzen für die Ewigkeit. »Macht euch nichts vor!« (Was der Fall wäre, würden wir den Universalisten Glauben schenken) »Gott lässt keinen Spott mit sich treiben. Was der Mensch sät, wird er ernten« (Gal 6,7; NGÜ). Wer in diesem Leben Gott ablehnt, wird auf ewig von Gott verworfen werden. Der Universalismus vertritt die Lehre, dass neben allen anderen Menschen selbst Judas letztlich gerettet werden wird. Aber Jesus war anderer Meinung: »Der Menschensohn geht zwar den Weg, der ihm in der Schrift vorausgesagt ist; doch wehe dem Menschen, durch den er verraten wird! Für diesen Menschen wäre es besser, er wäre nie geboren worden« (Mk 14,21; NGÜ). Wie hätte Jesus diese ernsten Worte sagen können, wenn Er geglaubt hätte, dass Judas letztendlich doch gerettet werden würde?

Etliche Menschen werden also auf ewig verloren sein. Wie müssen wir uns diese Tatsache vorstellen, die sie selbst verschuldet haben? Wir können uns natürlich keine adäquate Vorstellung von der Hölle machen, ebenso wenig wie vom Himmel, und das ist zweifellos gut so. Aber vielleicht kommen wir beim Nachsinnen über das Kreuzesgeschehen der Sache am nächsten.

Am Kreuz richtete Gott unsere Sünden in der Person seines Sohnes, und Jesus ertrug die Vergeltung für unsere Missetaten. Schauen wir also auf das Kreuz, dann erkennen wir, wie Gott als Richter auf die menschliche Sünde reagiert. Wie sieht seine Reaktion aus? Kurz gesagt: mit Gottverlassenheit und dem Verlust alles Guten. Am Kreuz verlor Jesus all das Gute, das Er zuvor besaß: das Bewusstsein der Gegenwart und Liebe seines Vaters, jedes Gefühl für physisches, seelisches und geistliches Wohlbefinden, alle Freude an Gott und den erschaffenen Dingen, jede Unbeschwertheit und allen Trost der Freundschaft. Und an ihre Stelle traten Einsamkeit, Leid, das todbringende Erleben der menschlichen Bosheit und Herzlosigkeit und das Grauen einer großen geistlichen Finsternis.

Die enorme physische Qual (und die Kreuzigung war ja die grausamste Hinrichtungsart) war doch nur ein Teil des ganzen Geschehens. Das größte Leiden Jesu bestand aus seinen psychischen und geistlichen Qualen. Und was hier weniger als vierhundert Minuten dauerte, war doch eine Ewigkeit der Agonie – einer Agonie, in der jede Minute an sich schon eine Ewigkeit war. Wer schon einmal psychisches Leiden erlebt hat, weiß, wie lang sich eine einzige Minute hinziehen kann.

So müssen auch all jene, die Gott ablehnen, damit rechnen, alles Gute zu verlieren. Und der beste Weg, sich eine Vorstellung vom ewigen Tod zu machen, ist, sich diese Gedanken vor Augen zu halten. Im alltäglichen Leben bemerken wir meist nicht, wie viel Gutes wir durch Gottes allgemeine Gnade erfahren – bis es uns genommen wird. Wie wenig schätzen wir Gesundheit, geordnete Verhältnisse, Freundschaft und die Gunst anderer – bis wir sie eingebüßt haben. Golgatha zeigt, dass im Endgericht Gottes von dem, was man geschätzt hat oder hätte schätzen sollen, von dem, was man gut nennen könnte, nichts übrig bleibt. Dies ist ein schrecklicher Gedanke, aber die Realität wird, dessen können wir sicher sein, noch viel furchtbarer sein. »Für diesen Menschen wäre es besser, er wäre nie geboren worden.« Möge Gott uns helfen, diese Lektion zu lernen, die das Sühneopfer der stellvertretenden Strafe am Kreuz uns so eindrücklich lehrt. Und möge jeder von uns letztendlich in Christus erfunden werden, der unsere Sünden mit seinem Blut bedeckt hat.

Was ist Friede?

Befassen wir uns zum Dritten mit *Gottes Geschenk des Friedens.*

Was bringt uns das Evangelium Gottes? Wenn wir darauf antworten: »Den Frieden Gottes«, findet dies sicher allgemeine Zustimmung. Doch ist uns auch bewusst, was damit gemeint ist? Der Gebrauch des rechten Vokabulars garantiert noch nicht das richtige Verständnis! Allzu oft stellt man sich den Frieden Gottes im Wesentlichen als ein Gefühl innerer Ruhe, des Glücks und der Sorglosigkeit vor. Diese Vorstellung entstammt der Annahme, Gott würde uns vor den schlimmsten Schicksalsschlägen bewahren. Dies ist aber eine Fehlinterpretation, denn einerseits packt Gott seine Kinder nicht in Watte, und jeder, der das erwartet, wird eine böse Enttäuschung erleben, und andererseits, kommt das, was für den echten Frieden Gottes elementar und grundlegend ist, in diesem Konzept überhaupt nicht vor.

Wenn man unter dem Frieden Gottes ein Gefühl versteht (was, wie wir schon gesagt haben, eine Fehlinterpretation ist), verfallen wir der irrigen Vorstellung, dass Gottes Friede zwei Dinge bewirke:

Die Fähigkeit, sich mit unserer eigenen Verderbtheit und unserem Versagen im Leben zu arrangieren, und ferner die Zuversicht, selbst in »den Stricken und Fallen des entfesselten Geschicks« – wie es in Shakespeares »Hamlet« heißt – außerordentliches Glück zu finden (hierfür verwenden wir im christlichen Bereich wohl eher den Begriff »Gottes weise Vorsehung«). Die Wahrheit, die diese Darstellung ignoriert, ist, dass der grundlegende Bestandteil des Friedens Gottes, ohne den das Übrige nicht vorhanden sein kann, die Vergebung und Aufnahme in den Bund ist – das heißt, die Adoption in Gottes Familie. Doch wo dieser Wandel im Verhältnis zu Gott – von der Feindschaft zur Freundschaft, vom Zorn zur vollkommenen Liebe, von der Verdammnis zur Rechtfertigung – nicht an erster Stelle steht, fehlt die eigentliche Substanz des Evangeliums des Friedens.

Der Friede Gottes ist zuallererst Friede *mit* Gott; es ist der Zustand, durch den Gott nicht mehr *gegen uns,* sondern *für uns* ist. Eine Beschreibung des Friedens Gottes, die nicht an dieser Stelle beginnt, wird uns unweigerlich in die Irre führen. Es ist eine beklagenswerte Ironie unserer Zeit, dass liberale und rigorose Theologen, weil sie meinen, das Evangelium an unsere heutige Zeit anpassen zu müssen, größtenteils die Kategorien Zorn, Schuld, Verdammnis und die Feindschaft Gottes aus ihrem Wortschatz gestrichen haben. Aber damit haben sie sich selbst den Weg für das wahre Evangelium verbaut, und es wird ihnen unmöglich, das Grundproblem zu benennen, das durch das Evangelium des Friedens gelöst wird.

Der Friede Gottes ist nämlich in erster Linie und im Wesentlichen eine neue Beziehung der Vergebung und Annahme – und die Quelle, aus der dieser Friede entspringt, ist das Sühnewerk. Als Jesus am Abend des Auferstehungstages zu seinen Jüngern ins Obergemach kam, sagte Er: »Friede sei mit euch!« Und als Er das gesagt hatte, »zeigte er ihnen seine Hände und seine Seite« (Joh 20,19-20). Weshalb tat Er das? Nicht nur, um seine Identität zu beweisen, sondern vor allem, um sie an seinen Sühnetod am Kreuz zu erinnern, durch den Er für sie Frieden mit seinem Vater gemacht hatte. Nachdem Er an ihrer Stelle, als ihr Stellvertreter, gestorben war, um ihnen Frieden zu erwerben, kam Er nun nach seiner Auferstehung, um ihnen diesen Frieden zu bringen.

»Siehe, das Lamm Gottes, das die Sünde der Welt wegnimmt!« (Joh 1,29). Hier, wo wir erkennen, dass Jesus, während wir von Natur aus Feinde Gottes sind und Gott uns gegenüber feindlich gesinnt ist, »Frieden machte durch das Blut seines Kreuzes« (Kol 1,20), beginnt die wahre Erkenntnis des Friedens Gottes.

Die Dimensionen der Liebe Gottes

Betrachten wir viertens *die Dimensionen der Liebe Gottes.*

Paulus betet darum, dass die Leser seines Epheserbriefes befähigt werden, »zusammen mit allen anderen, die zu Gottes heiligem Volk gehören, die Liebe Christi in all ihren Dimensionen zu erfassen – in ihrer Breite, in ihrer Länge, in ihrer Höhe und in ihrer Tiefe. Ja, dass ihr seine Liebe versteht, die doch weit über alles Verstehen hinausreicht« (Eph 3,18-19; NGÜ). Diese sprachlich und stilistisch weitgreifende und etwas umständliche Ausdrucksweise spiegelt das Bewusstsein wider, dass die Realität der göttlichen Liebe unaussprechlich groß ist. Und doch glaubt Paulus, dass wir ein gewisses Verständnis von ihr erlangen können. Wie sieht dieses Verständnis aus?

Die Antwort des Epheserbriefes lautet: Indem wir das Sühnewerk in seinem Kontext betrachten – das heißt, indem wir den ganzen Gnadenratschluss ins Auge fassen, wie er in den ersten beiden Kapiteln des Epheserbriefes dargelegt wird (Erwählung, Erlösung, Wiedergeburt, Bewahrung, Verherrlichung), wobei das Sühneopfer Christi das Herzstück dieses Ratschlusses ist. Siehe die Schlüsselstellen zur Erlösung und »Vergebung der Sünden« und das in Gottes Nähe kommen derer, die fern waren, durch das *Blut* (den Opfertod) Christi (Eph 1,7; 2,13). Die Lehre von Epheser 5 verweist gleich zweimal auf das stellvertretende Sühneopfer Christi, das Ausdruck und Maßstab seiner Liebe zu uns ist – der Liebe, die wir in unserem zwischenmenschlichen Miteinander nachahmen sollen. »Wandelt in der Liebe, gleichwie auch Christus uns geliebt und sich selbst für uns hingegeben, hat als Darbringung und Schlachtopfer, zu einem lieblichen Geruch für Gott« (Eph 5,2). »Ihr Männer, liebt eure Frauen, gleichwie Christus die Gemeinde geliebt hat und sich selbst für sie hingegeben hat« (Eph 5,25).

Christi Liebe war *völlig unabhängig,* sie wurde durch keine Tugend unsererseits hervorgerufen (Eph 2,1-5). Sie war *von Ewigkeit her,* denn sie ist eins mit der Wahl, *die* Sünder zu erretten, die der Vater »schon vor der Erschaffung der Welt erwählt hat« (Eph 1,4). Sie war *uneingeschränkt,* denn sie führte Ihn hinab in die äußersten Tiefen der Erniedrigung und – auf Golgatha – selbst in die Qualen der Hölle. Und sie war *souverän,* denn sie erlangt ihr vorherbestimmtes Ziel – die letztendliche Verherrlichung der Erlösten. Ihre vollkommene Heiligkeit und Glückseligkeit als Verwirklichung seiner Liebe (Eph 5,26-27) ist schon jetzt garantiert und gewiss (Eph 1,14; 2,7-10; 4,11-16; 4,30). Paulus fordert uns auf, uns all diese Tatsachen vor Augen zu halten, wenn wir einen Blick – selbst wenn er noch so flüchtig ist – von der Größe und Herrlichkeit der göttlichen Liebe erhaschen wollen. Es sind diese Tatsachen, die »das Lob seiner herrlichen Gnade« (Eph 1,6) ausmachen. Nur die, die das erkennen, können den Namen des dreieinigen Gottes angemessen preisen. Und dies führt uns zu unserem letzten Punkt.

Die Herrlichkeit Gottes

Betrachten wir also zum Schluss *die Bedeutung der Herrlichkeit Gottes.*

Die Jünger hatten sich im Obergemach versammelt. Und nachdem Judas in die Nacht hinausgegangen war, um Jesus zu verraten, sagte Er zu ihnen: »Jetzt ist der Menschensohn verherrlicht und Gott ist verherrlicht durch ihn« (Joh 13,31). Was meint Er damit? Mit dem Namen »Menschensohn« bezeichnete Er sich selbst als Erlöser-König, der, bevor Er inthronisiert werden konnte, Jesaja 53 erfüllen musste. Und als Er von der gegenwärtigen Verherrlichung des Menschensohnes und der Verherrlichung Gottes durch Ihn sprach, dachte Er vor allem an seinen Sühnetod, die »Erhöhung« ans Kreuz, für die Judas nun die Vorbereitungen traf. Erkennen wir die Herrlichkeit Gottes in seiner Weisheit, Macht, Gerechtigkeit, Wahrheit und Liebe, die sich in unvergleichlicher Weise auf Golgatha offenbart, wo Jesus das Sühneopfer für unsere Sünden vollbrachte? Die Bibel bezeugt es uns so. Und, lieber Leser, ich möchte hinzufügen: Wenn du die erdrückende Last und das wahre Gewicht deiner eigenen Sünden empfindest, dann wirst du auch den herrlichen Wert des Opfers Jesu erkennen.

Im Himmel, wo wir diese Dinge einmal viel deutlicher erfassen werden, vereinen sich Engel und Menschen zum Lobpreis »des

Lammes, das getötet wurde« (Offenbarung 5,12; siehe 7,9-12). Hier auf Erden haben die, die durch Gottes Gnade erleuchtet wurden, das gleiche getan:

Er trug meinen Spott, meine Schand,
an meiner Statt, verurteilt Er stand,
meine Vergebung mit seinem Blut besiegelt Er hat:
Halleluja! Welch ein Heiland!

***

Er kommt von seines Vaters Thron.
Nicht zu ermessen ist der Gnade Tat.
Nur Liebe treibt den Gottessohn,
der sich für mich entäußert hat.
Unendlich frei ist Gottes Gnad,
weil sie auch mich gefunden hat.

***

Wenn du meinen Freispruch erworben hast,
und freiwillig an meiner Statt die Last
des ganzen Zorns Gottes getragen hast,
dann fordert Gott nicht noch einmal ab,
was meines Bürgen Blut schon gab –
nicht noch einmal dann von mir.

***

Nun, was du, Herr erduldet, ist alles meine Last;
ich hab es selbst verschuldet, was du getragen hast.
Schau her, hier steh ich Armer, der Zorn verdienet hat.
Gib mir, o mein Erbarmer, den Anblick deiner Gnad.

Dies sind die Lieder der Erben des Himmels, die »mit der Erkenntnis der Herrlichkeit Gottes im Angesicht [das heißt, der Person, dem Dienst und Werk] Christi« (2 Kor 4,6) erleuchtet wurden. Die frohmachende Botschaft von der erlösenden Liebe und sühnenden Gnade, die das Zentrum des Evangeliums ist, spornt sie zu unaufhörlichem Lobpreis an. Ich frage dich, lieber Leser: Gehörst du auch zu ihnen?

◈ KAPITEL 19 ◈

DIE KINDER GOTTES

Die Frage »Was ist ein Christ?« kann auf vielfältige Weise beantwortet werden, aber die kostbarste Antwort, die ich kenne, lautet: Ein Christ ist ein Mensch, der Gott zum Vater hat.

Aber kann das nicht von jedem Menschen gesagt werden – ob er nun Christ ist oder nicht? Ganz sicher nicht! Der Gedanke, dass alle Menschen Kinder Gottes sind, findet sich nirgendwo in der Bibel. Das Alte Testament zeigt Gott als Vater – aber nicht der aller Menschen, sondern als Vater seines Volkes, den Nachkommen Abrahams. »So spricht der HERR: ›Israel ist mein erstgeborener Sohn, ... Lass meinen Sohn ziehen‹« (2 Mose 4,22-23). Das Neue Testament hat eine weltweite Perspektive, aber dennoch zeigt es Gott nicht als den Vater aller Menschen, sondern nur derer, die sich als Sünder erkennen, ihr Vertrauen auf Jesus Christus, ihren Erlöser und Herrn, setzen, und so zu geistlichen Nachkommen Abrahams werden. »Ihr seid alle Söhne Gottes durch den Glauben an Christus Jesus. ... ihr seid alle einer in Christus Jesus. Wenn ihr aber Christus angehört, so seid ihr Abrahams Same« (Gal 3,26-29). Die Gotteskindschaft ist also keine universelle Stellung, die jeder durch die natürliche Geburt erlangt, sondern eine übernatürliche Gabe, die man durch den Glauben an Jesus empfängt. »Niemand kommt zum Vater« – mit anderen Worten, wird von Gott als Kind anerkannt – »als nur durch mich« (Joh 14,6).

Das Geschenk der Gotteskindschaft wird uns nicht durch die natürliche Geburt zuteil, sondern durch die Wiedergeburt. *»All denen jedoch, die ihn aufnahmen* und an seinen Namen glaubten, gab er das Recht, Gottes Kinder zu werden. Sie wurden es weder aufgrund ihrer Abstammung noch durch menschliches Wollen, noch durch den Entschluss eines Mannes; sie sind aus Gott geboren worden« (Joh 1,12-13; NGÜ).

Die Gotteskindschaft ist also eine Gnadengabe. Sie ist keine natürliche Kindschaft, sondern eine Kindschaft *durch Adoption,* wie es das Neue Testament ausdrücklich bezeugt. Im römischen Recht war es gängige Praxis, dass jemand, der einen Erben haben wollte, der seinen Familiennamen weitertrug, einen jungen Mann als seinen Sohn adoptierte. Dieser Adoptierte war gewöhnlich ein Jugendlicher und kein Kleinkind, wie es heute üblich ist. Nun erklären die Apostel, dass Gott die, die Er am Kreuz erlöste, so sehr geliebt hat, dass Er sie alle als seine Erben adoptierte, damit auch sie an der Herrlichkeit Anteil bekommen, in die sein einzig geborener Sohn schon eingegangen ist. »Gott sandte seinen Sohn ... Er sollte die freikaufen, die unter der Herrschaft des Gesetzes standen, damit wir in die vollen [Adoptions-] Rechte von Söhnen eingesetzt werden« (Gal 4,4-5; eÜ). Es handelt sich hier um die, die Er »vorherbestimmt hat zur Adoption als Söhne für sich selbst durch Jesus Christus« (Eph 1,5; eÜ). »Seht doch, wie groß die Liebe ist, die uns der Vater erwiesen hat: Kinder Gottes werden wir genannt, und wir sind es tatsächlich! ... Wenn Jesus in seiner Herrlichkeit erscheint, werden wir ihm gleich sein; denn dann werden wir ihn so sehen, wie er wirklich ist« (1 Joh 3,1-2; NGÜ).

Vor etlichen Jahren schrieb ich:

»Wollte man die ganze Lehre des Neuen Testaments in einem einzigen Satz zusammenfassen, so würde der lauten: *Es ist die Lehre von der Offenbarung der Vaterschaft des heiligen Schöpfers.* Ebenso kann man den ganzen neutestamentlichen Glauben so zusammenfassen: Er ist die Erkenntnis, dass Gott unser heiliger Vater ist. Wollen wir feststellen, wie sehr jemand mit dem Christentum vertraut ist, dann sollten wir herausfinden, wie viel ihm der Gedanke bedeutet, ein Kind Gottes zu sein, und Gott zum Vater zu haben. Wenn dieser Gedanke nicht seine Gottesbeziehung, sein Beten und seine ganze Lebenseinstellung motiviert und beeinflusst, beweist dies nur, dass er das Christsein noch nicht recht verstanden hat. Denn alles, was Christus lehrte, alles, was das Neue Testament wirklich neu und besser als das Alte Testament macht, alles, was das Christsein vom bloßen Judentum unterscheidet, lässt sich in der Erkenntnis der Vaterschaft Gottes zusammenfassen. ›Vater‹ ist der christliche Name für Gott« *(Evangelical Magazine* 7, S. 19-20).

Dies scheint mir auch heute noch völlig zutreffend und sehr wichtig zu sein. Das Christentum kann man erst durch das Verständnis von der Adoption richtig erfassen. Und dieses Kapitel soll dazu dienen, dies besser zu verstehen.

Für den Gläubigen ist die Offenbarung, dass Gott sein Vater ist, gewissermaßen der Höhepunkt der Bibel, denn sie stellt die abschließende Stufe des biblischen Offenbarungsprozesses dar. Zur Zeit des Alten Testaments offenbarte Gott sich seinem Volk mit einem Bundesnamen, durch den sie Ihn bekanntmachen und mit dem sie Ihn anrufen sollten: Es war der Name »Jahwe« (»der HERR«). Durch diesen Namen offenbarte Gott sich als der große »ICH BIN« – derjenige, der vollkommen und unwandelbar Er selbst ist. Er *ist:* Und weil Er ist, der Er ist, ist alles andere das, was es ist.

Er ist *die* Realität hinter allen Realitäten, die zugrundeliegende Ursache aller Ursachen und aller Ereignisse. Dieser Name bezeugt, dass Er in sich selbst existent, souverän und völlig frei ist von jeglicher Beschränkung durch oder Abhängigkeit von irgendetwas, das außerhalb seiner selbst existiert. Auch wenn Jahwe sein Bundesname war, sagte dieser Name doch mehr darüber aus, was Gott *in sich selbst* ist, als darüber, was Er in seiner Beziehung zu Israel war. Es war der offizielle Name des Königs von Israel und brachte eine gewisse majestätische Distanz zum Ausdruck. Es war ein rätselhafter Name, der vor allem Demut und Ehrfurcht vor dem geheimnisvollen göttlichen Wesen hervorrufen sollte.

Ganz im Einklang damit stand ein Aspekt seines Charakters, auf den Gott im Alten Testament größten Wert legte, nämlich seine Heiligkeit. Der Wechselgesang der Engelwesen mit seinen nachdrücklichen Wiederholungen, den Jesaja im Tempel hörte – *»Heilig,*

heilig, heilig ist der HERR der Heerscharen« (Jes 6,3) –, könnte als ein kurzgefasstes Leitmotiv für die Thematik des ganzen Alten Testaments gelten. Der Grundgedanke, den das Wort *heilig* zum Ausdruck bringt, ist der des Abgesondertseins oder der Distanz. Wenn Gott sagt, dass Er *heilig* ist, drückt Er damit aus, was Ihn von allem absondert und von seinen Geschöpfen völlig unterscheidet: seine *Größe* (»die *Majestät* im Himmel« – Hebr 1,3; 8,1) und seine *Reinheit* (»Deine Augen sind so rein, dass sie das Böse nicht ansehen können; du kannst dem Unheil nicht zuschauen« – Hab 1,13).

Der Geist des ganzen alttestamentlichen Glaubens war von dem Gedanken der Heiligkeit Gottes bestimmt. Ständig wird betont, dass der Mensch, aufgrund seiner Schwachheit als Geschöpf und seiner Unreinheit als sündiges Wesen, lernen muss, sich in Ehrfurcht vor Gott zu demütigen. Die alttestamentliche Religion bestand in der »Furcht des Herrn«. Und das bedeutet, die eigene Nichtigkeit zu erkennen, seine Fehler zu bekennen und sich in Gottes Gegenwart zu demütigen, sich voller Dankbarkeit in seiner Gnade zu bergen, und vor allem darauf bedacht zu sein, bewusste Sünden zu vermeiden. Immer wieder wird betont, dass wir die rechte Stellung und den gebührenden Abstand vor dem heiligen Gott einnehmen müssen. Dieser Aspekt überwiegt alles andere.

Eine neue Beziehung

Aber im Neuen Testament stellen wir fest, dass die Dinge sich geändert haben. Gott und Glaube haben sich natürlich nicht verändert; die alttestamentliche Offenbarung von der Heiligkeit Gottes und seine Forderung nach der Demut des Menschen werden stets vorausgesetzt. Aber etwas ganz Neues ist hinzugekommen. Die neutestamentlichen Gläubigen nennen Gott nun ihren *Vater.* Das ist von nun an sein Bundesname – denn der Neue Bund, den Er mit seinem Volk geschlossen hat, ist ein familiäres Bündnis. Christen sind Gottes Kinder, seine Söhne und Töchter, seine Erben. Und so liegt der Schwerpunkt im Neuen Testament nicht mehr auf der schwierigen Frage, wie man dem heiligen Gott nahen könne, sondern auf der Kühnheit und Zuversicht, mit denen die Gläubigen Ihm nun tatsächlich nahen können. Diese Kühnheit hat ihren Ursprung im Glauben an Christus und in der Erkenntnis seines Erlösungswerkes. »Durch ihn haben wir alle, *die wir an ihn glauben,* freien Zutritt zu Gott und dürfen zuversichtlich und vertrauensvoll zu ihm kommen« (Eph 3,12; NGÜ). »Wir haben jetzt also, liebe Geschwister, einen freien und ungehinderten Zugang zu Gottes Heiligtum *durch das Blut Jesu, den er uns eröffnet hat* als einen neuen und lebendigen Weg ... Deshalb wollen wir mit ungeteilter Hingabe und voller Vertrauen und Zuversicht vor Gott treten« (Hebr 10,19-22; NGÜ). Jenen, die zu Christus gehören, ist der heilige Gott ein liebevoller Vater. Sie gehören zu seiner Familie. Sie können Ihm ohne Furcht nahen und stets seiner väterlichen Aufmerksamkeit und Fürsorge gewiss sein. Dies ist das Zentrum der neutestamentlichen Botschaft.

Wer aber vermag dies zu erfassen? Ich habe seriöse Argumente von solchen gehört, die die Vorstellung vertreten, dass die göttliche Vaterschaft denen große Schwierigkeiten bereitet, deren leiblicher Vater kein rechtes Vorbild war, dem es an Lebensweisheit oder Zuneigung fehlte oder an beidem; ganz zu schweigen von den vielen, die ohne Vater aufwachsen müssen. Bischof Robinson z. B. behandelt in seinem Buch *Honest to God* (Gott ist anders) die Vaterschaft Gottes überhaupt nicht. Und ich habe gehört, wie diese Unterlassung mit der aufschlussreichen Begründung verteidigt wird, dass er den Glauben doch einer Generation bezeugen wolle, in der das Familienleben weitgehend zerrüttet sei.

Dies ist jedoch töricht. Denn erstens ist es einfach nicht richtig, zu behaupten, dass im Bereich der persönlichen Beziehungen positive Vorstellungen nicht auch durch Antonyme gewonnen werden könnten – was oben implizit angedeutet wird. Viele junge Leute haben mit dem Entschluss geheiratet, ihre Ehe nicht nach dem schlechten Vorbild ihrer Eltern zu führen. Kann dies nicht ein positives Ideal sein? Natürlich kann es das. Ebenso kann uns bewusst werden, dass unser Schöpfer unser vollkommener Vater ist. Ein Vater, der treu in der Liebe und Fürsorge ist, freigebig und aufmerksam, interessiert an allem, was wir tun. Ein Vater, der unsere Individualität achtet, uns weise erzieht und führt, der immer für uns da ist, uns hilft, erwachsen, lauter und aufrichtig zu werden. Ist dies nicht eine Vorstellung, die jedem von uns einleuchten muss? Dabei spielt es keine Rolle, ob wir sagen können: »Ich hatte einen wundervollen Vater, und ich erkenne das bei Gott wieder, nur in einer viel vollkommeneren Weise.« Oder ob wir feststellen: »Mein Vater hat mich immer wieder enttäuscht, aber Gott ist ganz anders.« Oder ob wir sogar bekennen müssen: »Ich habe nie erlebt, was es heißt, einen irdischen Vater zu haben, aber, Gott sei Dank, nun habe ich einen Vater im Himmel.« Es ist doch in Wirklichkeit so, dass jeder von uns ein positives Vaterbild hat, an dem wir unseren eigenen Vater und die Väter anderer messen. Und von daher können wir mit Sicherheit sagen, dass es den Menschen, dem der Gedanke an Gottes vollkommene Vaterschaft bedeutungslos oder zuwider ist, gar nicht gibt.

Aber auf jeden Fall (und dies ist der zweite Punkt) hat Gott uns nicht darüber im Unklaren gelassen, was seine Vaterschaft bedeutet, indem Er Analogien zur menschlichen Vaterschaft anführt. Er hat ein für allemal die vollkommene Bedeutung dieser Beziehung durch unseren Herrn Jesus Christus, seinen eigenen fleischgewordenen Sohn, offenbart. So, wie auf Gottes »Vatersein jede Vaterschaft im Himmel und auf der Erde zurückgeht« (Eph 3,15; NGÜ), so können wir aus seinem Handeln als »der Gott und Vater unseres Herrn Jesus Christus« (Eph 1,3), das auch ein allgemeiner Maßstab ist, beispielhaft erkennen, wie Gottes väterliche Beziehung zu uns aussieht, die wir zu Christus gehören. Denn Gott will, dass das Leben der Gläubigen ein Spiegelbild der Gemeinschaft zwischen Jesus und Ihm ist.

Wo können wir etwas darüber erfahren? Hauptsächlich im Johannesevangelium und im ersten Johannesbrief. Das Johannesevangelium nennt als ersten Segen, der den Gläubigen zuteil wird, die Adoption oder die Annahme an Kindes statt (Joh 1,12). Und der Höhepunkt der ersten Auferstehungserscheinung ist die Erklärung Jesu: »Ich kehre zurück zu meinem Vater und eurem Vater, zu meinem Gott und eurem Gott« (Joh 20,17; eÜ). Auch im ersten Johannesbrief stehen die Gedanken der Gotteskindschaft im Zentrum: als das unvergleichliche Geschenk der Liebe Gottes (1 Joh 3,1); in ihrer Liebe zum Vater (1 Joh 2,15; 5,1-3) und zu den Glaubensgeschwistern (1 Joh 2,9-11; 3,10-17; 4,7.21) als Ethik der Kindschaft; in der Gemeinschaft mit Gott, dem Vater, als Vorrecht der Kindschaft (1 Joh 2,14.23-24); in der Gerechtigkeit und dem meiden der Sünde als Beweis der Kindschaft (1 Joh 2,29; 3,9-10; 5,18); und im Schauen Jesu und dem Ihm gleich sein, als Hoffnung der Kindschaft (1 Joh 3,2-3). Aus diesen beiden Büchern erfahren wir eindeutig, was Gottes Vaterschaft für Jesus und nun auch für die Gläubigen bedeutet.

Nach dem Zeugnis unseres Herrn Jesus im Johannesevangelium umfasst Gottes väterliche Beziehung zu Ihm vier Dinge:

Erstens, die Vaterschaft impliziert *Autorität.* Der Vater gebietet und verfügt. Wenn Er seinen Sohn auffordert, die Initiative zu ergreifen, ist diese Initiative auf den völligen Gehorsam gegenüber dem Willen seines Vaters zurückzuführen. »Ich bin aus dem Himmel herabgekommen, nicht damit ich meinen Willen tue, sondern den Willen dessen, der mich gesandt hat« (Joh 6,38). »Ich habe das Werk vollendet, das du mir gegeben hast, damit ich es tun soll« (Joh 17,4). »Der Sohn kann nichts von sich selbst aus tun« (Joh 5,19). »Meine Speise ist die, dass ich den Willen dessen tue, der mich gesandt hat« (Joh 4,34).

Zweitens, die Vaterschaft impliziert *Zuneigung.* »Der Vater liebt den Sohn« (Joh 5,20). »Der Vater hat mich geliebt. ... Ich habe die Gebote meines Vaters gehalten und bin in seiner Liebe geblieben« (Joh 15,9-10).

Drittens, die Vaterschaft impliziert *Gemeinschaft.* »Ich bin nicht allein, denn der Vater ist bei mir« (Joh 16,32). »Der, welcher mich gesandt hat, ist mit mir; der Vater lässt mich nicht allein, denn ich tue allezeit, was ihm wohlgefällt« (Joh 8,29).

Viertens, die Vaterschaft impliziert *Anerkennung und Ehre.* Gottes Wille ist es, seinen Sohn zu verherrlichen. »Vater, ... verherrliche deinen Sohn« (Joh 17,1). »Der Vater ... hat alles Gericht dem Sohn übergeben, damit alle den Sohn ehren, wie sie den Vater ehren« (Joh 5,22-23).

All dies gilt auch für die Gotteskinder. In, durch und mit Jesus Christus, ihrem Herrn, werden sie von ihrem himmlischen Vater beherrscht, geliebt, in seine Gemeinschaft gebracht und von Ihm geehrt. Wie Jesus Gott gehorcht hat, so auch sie. »Das ist die Liebe zu Gott« – zu dem Gott, der uns »geboren hat« –, »dass wir seine Gebote halten« (1 Joh 5,1.3). Wie Gott seinen eingeborenen Sohn geliebt hat, so liebt Er auch seine Adoptivkinder. »Er selbst, der Vater, hat euch lieb« (Joh 16,27). Wie Gott mit Jesus Gemeinschaft hatte, so auch mit uns. »Unsere Gemeinschaft ist mit dem Vater und mit seinem Sohn Jesus Christus« (1 Joh 1,3). Wie Gott Jesus verherrlicht hat, so verherrlicht Er auch Jesu Nachfolger als Geschwister der einen Gottesfamilie. »Wenn jemand mir dient, so wird ihn mein Vater ehren« (Joh 12,26). »Vater, ich will, dass, wo ich bin, auch die bei mir seien, die du mir gegeben hast« (Joh 17,24), damit sie die Herrlichkeit sehen, die Jesus genießt, und auch daran teilhaben. In diesen Ausdrücken lehrt uns die Bibel, Art und Wesen der Vater-Kind-Beziehung zu verstehen, die den Vater mit Jesus und mit den Dienern Jesu verbindet.

An dieser Stelle sollten wir nun eine Definition und Analyse der Bedeutung der Adoption bzw. der Annahme als Kind einfügen. Sehr treffend wird dies im *Westminster Bekenntnis* (Artikel 12) ausgeführt:

»Alle die, die gerechtfertigt sind, würdigt Gott in seinem einzigen Sohn Jesus Christus und um seinetwillen, der Gnade der Annahme als Kind [oder: Adoption] teilhaftig zu werden, wodurch sie in die Zahl der Kinder Gottes aufgenommen werden, sich deren Freiheiten und Vorrechte erfreuen, und wodurch sie seinen Namen tragen, sie den Geist der Kindschaft [oder: der Adoption] empfangen, sie mit Zuversicht den Zugang zum Thron der Gnade haben, rufen können: ›Abba, lieber Vater‹, sie Erbarmen, Schutz, Fürsorge und Züchtigung von ihm wie von einem Vater erfahren, sie jedoch niemals verstoßen werden, sondern auf den Tag der Erlösung versiegelt werden und die Verheißungen als Erben des ewigen Heils ererben.«

Dies ist das Wesen der Gotteskindschaft, die den Gläubigen zuteil wird, und die wir nun näher betrachten wollen.

Adoption: das höchste Vorrecht

Unser erster Punkt zur Adoption ist, dass sie *das höchste Vorrecht ist, das das Evangelium bietet.* Sie übertrifft sogar die Rechtfertigung. Dies mag bei manchen Stirnrunzeln verursachen, ist doch die Rechtfertigung die Gabe Gottes, auf die die evangelischen Christen seit Luther größten Wert legen. Und wir sind gewohnt, fast gedankenlos zu sagen, dass die geschenkte Rechtfertigung der alles überragende Segen Gottes für uns Sünder ist. Wenn wir jedoch sorgfältig darüber nachdenken, werden wir die Wahrheit der oben getroffenen Aussage erkennen.

Dass die Rechtfertigung – unter der wir Gottes Vergebung für die Vergangenheit und seine darauf folgende Annahme verstehen – der *primäre und fundamentale* Segen des Evangeliums ist, steht außer

Frage. Die Rechtfertigung ist der *primäre* Segen, weil sie unserer primären geistlichen Not begegnet. Wir alle stehen von Natur aus unter dem Gericht Gottes. Sein Gesetz verurteilt uns. Die Schuld plagt uns, raubt uns den Schlaf, macht uns unglücklich und versetzt uns – in lichten Momenten – regelrecht in Angst. Uns fehlt der innere Friede, weil wir keinen Frieden mit unserem Schöpfer haben. Und so brauchen wir die Vergebung unserer Sünden und die Gewissheit einer wiederhergestellten Beziehung zu Gott mehr als alles andere auf der Welt. Und genau dieses Angebot macht uns das Evangelium, bevor es uns irgendetwas anderes anbietet. Schon die ersten Botschaften, die in der Apostelgeschichte verkündet werden, verheißen die Vergebung der Sünden für alle, die umkehren und Jesus als ihren Erlöser und Herrn annehmen (siehe Apg 2,38; 3,19; 10,43; 13,38-39; vgl. 5,31; 17,30-31; 20,21; 22,16; 26,18; Lk 24,47).

Im Römerbrief, wo wir Paulus' umfassendste Interpretation des Evangeliums finden – nach Luthers Aussage, »das rechte Hauptstück des Neuen Testaments und das allerlauterste Evangelium« –, wird als erstes die Rechtfertigung durch das Kreuz Christi ausgeführt (Kapitel 1-5) und allem anderen zugrunde gelegt. Überall spricht Paulus von der Gerechtigkeit, der Vergebung der Sünden und der Rechtfertigung als der ersten und unmittelbaren Folge des Todes Jesu für uns (Röm 3,22-26; 2 Kor 5,18-21; Gal 3,13-14; Eph 1,7; u. a.). Und wie die Rechtfertigung der *primäre* Segen ist, so ist sie auch der *fundamentale* Segen, weil sie bei allem anderen, was unsere Erlösung betrifft, voraussetzt wird und alles auf ihr beruht – auch die Adoption oder Gotteskindschaft.

Aber das bedeutet nicht, dass die Rechtfertigung der *größte* Segen des Evangeliums ist. Die Adoption ist weit größer, aufgrund der tieferen Gemeinschaft mit Gott, die sie beinhaltet. Manche Lehrbücher über die christliche Dogmatik – zum Beispiel die von Berkhof – behandeln die Adoption lediglich als Teil der Rechtfertigung, aber das wird ihr nicht gerecht. Wir müssen die beiden Konzepte unterscheiden, und die Adoption als das erhabenere betrachten. Die Rechtfertigung ist eine *forensische* Vorstellung, die auf dem *Gesetz* basiert und Gott als *Richter* sieht. In der Rechtfertigung erklärt Gott den bußfertigen Gläubigen für gerecht. D. h., dass er nie mehr den Tod ertragen muss, den er aufgrund seiner

Sünden verdient hat, weil Jesus Christus, unser Stellvertreter und Opfer, an unserer Stelle den Tod am Kreuz erlitten hat.

Das Geschenk von Freispruch und Friede, das uns auf Golgatha erworben wurde, ist gewiss schon etwas überaus Kostbares – aber die Rechtfertigung als solche bringt uns nicht die innige und tiefe Gemeinschaft mit Gott, dem Richter. Zumindest theoretisch könnte man die Rechtfertigung auch ohne eine engere Beziehung zu Gott erhalten.

Stellen wir dies nun der Adoption oder Gotteskindschaft gegenüber. Die Adoption ist eine *familiäre* Vorstellung, die auf der *Liebe* basiert und Gott als *Vater* betrachtet. Bei der Adoption nimmt Gott uns in seine Familie und Gemeinschaft auf – Er erklärt uns zu seinen Kindern und Erben. Vertrautheit, Zuneigung und Großzügigkeit sind das Herzstück dieser Beziehung. Von Gott, dem Richter, für gerecht erklärt zu werden, ist eine großartige Sache, aber von Gott, dem Vater, geliebt und umsorgt zu werden, ist etwas viel Großartigeres.

Dieses Thema wurde niemals besser dargestellt, als in dem folgenden Auszug aus dem Buch *The Doctrine of Justification* von James Buchanan:

»Nach der Schrift sind Vergebung, Errettung und Adoption verschiedene Privilegien, wobei das eine in der angegebenen Reihenfolge auf das andere aufbaut. ... Während die beiden ersten zur Rechtfertigung (des Sünders) gehören, und beide auf der gleichen Beziehung gründen – der zwischen Herrscher und Untertan –, unterscheidet sich das dritte essenziell von ihnen, da es auf einer innigeren, liebevolleren und zärtlicheren Beziehung gründet – der zwischen Vater und Kind. ... Es gibt einen offenkundigen Unterschied zwischen der Stellung eines Knechtes und der eines Freundes – und ebenso zwischen der eines Knechtes und einem Sohn. ... Eine engere und liebevollere Beziehung, als die zwischen einem Herrn und seinem Knecht besteht zwischen Christus und den Seinen: ›Ich nenne euch nicht mehr Knechte, denn der Knecht weiß nicht was sein Herr tut; euch aber habe ich Freunde genannt‹ (Joh 15,15). Und eine noch engere und liebevollere Beziehung besteht aufgrund der Adoption; denn ›so bist du nicht mehr Knecht, sondern Sohn; wenn aber Sohn, dann auch Erbe Gottes durch Christus‹ (Gal 4,7). Das Privileg der Adoption setzt zwar Vergebung und Errettung voraus, ist aber größer als diese beiden; denn, ›allen aber die ihn aufnahmen, denen gab er das Anrecht‹ – die Vollmacht oder das Privileg –, ›Kinder Gottes zu werden, denen, die an seinen Namen glauben‹ (Joh 1,12). Dies ist ein viel größeres Privileg als das der Rechtfertigung, da es auf einer intimeren und liebevolleren Beziehung gründet: ›Seht, welch eine Liebe hat uns der Vater erwiesen, dass wir Kinder Gottes heißen sollen!‹ (1 Joh 3,1)« (S. 276-277).

Wir werden das Wunder des Übergangs vom Tod ins Leben, das bei der Wiedergeburt geschieht, erst recht begreifen, wenn wir es nicht nur als Schritt von der Verdammnis in die Befreiung verstehen, sondern auch als Schritt aus der Knechtschaft und dem Elend in die Sicherheit, Geborgenheit und Freude der Familie Gottes. Dieser große Wandel wird von Paulus in Galater 4,1-7 dargestellt, wenn er den früheren Lebensstil seiner Leser in ihrer sklavischen Gesetzlichkeit und dem religiösen Aberglauben (Gal 4,3.5.8) ihrer gegenwärtigen Erkenntnis ihres Schöpfers als ihrem Vater (Gal 4,6) und Erblasser (Gal 4,7) gegenüberstellt. Dazu, sagt Paulus, hat uns unser Glaube an Christus gebracht. Wir haben »die Sohnschaft empfangen« oder »die Adoption als Söhne« (Gal 4,5); »Du bist also nicht länger ein Sklave, sondern Sohn! Und wenn du Sohn bist, dann hat Gott dich auch zum Erben gemacht durch Christus« (Gal 4,7; eÜ).

Als Charles Wesley am Pfingstsonntag 1738 zum Glauben kam, mündete seine Erfahrung in einige wunderbare Verse, in denen der Übergang von der Sklaverei zur Gotteskindschaft das Hauptthema ist.

Bin ich wirklich zum Staunen bereit?
Wie kann ich nur den Segen recht ermessen?
Ein Sklave, von Tod und Sünde befreit,
Als Brandscheit, aus ewigem Feuer gerissen,
Von keinem angemessnen Lob ich weiß,
Und möcht doch singen meines großen Erlösers Preis?

Wie wird deine Güte wohl recht gepriesen,
die Du mir, Vater, hast erwiesen?
Dass ich, von Zorn und Hölle ein Kind,
mich nun als Kind Gottes wiederfind.

Sollte wissen, sollte fühlen, meine Sünden sind vergeben,
Bin nun berufen zum himmlischen ewigen Leben!

Drei Tage später, so berichtet uns Charles Wesley in seinem Tagebuch, kam sein Bruder John mit »einigen unserer Freunde« hereingestürmt, um zu berichten, dass auch er zum Glauben gekommen sei, und »wir sangen dieses Lied mit großer Freude«. Hättest auch du dabei sein und aufrichtig mitsingen können? Könntest du Wesleys Worte zu deinem eigenen Bekenntnis machen? Wenn du wirklich ein Kind Gottes bist und »der Geist seines Sohnes« in dir wohnt, finden die Worte Wesleys ganz gewiss einen Widerhall in deinem Herzen. Doch wenn sie dich kalt lassen, dann bezweifle ich, dass du wirklich ein Christ bist.

Noch etwas muss erwähnt werden, um zu zeigen, wie groß der Segen der Adoption ist: Er ist ein *bleibender* Segen. Sozialwissenschaftler betonen sehr eindringlich, dass die Familie eine stabile und sichere Einheit bilden müsse, und dass jede Unsicherheit in der Eltern-Kind-Beziehung ihren Tribut fordert. Sie führe bei den Kindern zu Spannungen, Neurosen und Entwicklungsstörungen. Die Depressionen, die Konfusion und Unreife, die für Kinder aus zerbrochenen Familien typisch sind, sind ja allgemein bekannt. Aber in der Familie Gottes sieht das ganz anders aus. Hier finden wir absolute Stabilität und Sicherheit. Unser himmlischer Vater ist vollkommen weise und gut, und die Stellung des Kindes ist auf Dauer gesichert. Das Konzept der Adoption ist an sich schon ein Beweis und eine Garantie für die Bewahrung der Heiligen, denn nur schlechte Väter werfen ihre Kinder aus dem Haus, selbst wenn sie aufsässig sind. Aber Gott ist kein schlechter, sondern ein vollkommen guter Vater. Wenn wir bei Christen Depressionen, Konfusion und Unreife erleben, dann müssen wir uns ernstlich fragen, ob sie sich des heilsamen Einflusses bewusst sind, der der beständigen Geborgenheit der wahren Kinder Gottes entspringt.

Adoption: die Grundlage für unser Leben

Unser zweiter Punkt im Blick auf die Adoption ist, dass man *das ganze Christenleben unter dem Aspekt der Gotteskindschaft sehen muss.* Die Kindschaft muss in jeder Hinsicht der beherrschend Gedanke sein. Dies ergibt sich aus der Sache selbst und wird ausdrücklich durch die Tatsache bestätigt, dass die Lehre unseres Herrn über die Jüngerschaft von diesem Gedanken bestimmt wird.

Immer wieder wird deutlich, dass Jesus, ebenso, wie Er sich stets auf eine einzigartige Weise als Sohn Gottes betrachtete, in seinen Nachfolgern Kinder seines himmlischen Vaters sah, Glieder derselben Familie Gottes, zu der auch Er gehört. Schon zu Beginn seines Dienstes sagt Er: »Wer den Willen Gottes tut, der ist mein Bruder und meine Schwester und Mutter« (Mk 3,35). Und zwei Evangelisten erwähnen ausdrücklich, dass Er seine Jünger nach seiner Auferstehung seine Brüder nennt: »Die Frauen verließen das Grab und eilten zu den *Jüngern,* um ihnen alles zu berichten. Plötzlich trat ihnen Jesus entgegen. ... ›Ihr braucht euch nicht zu fürchten!‹, sagte Jesus zu ihnen. ›Geht und sagt meinen *Brüdern,* sie sollen nach Galiläa gehen. Dort werden sie mich sehen‹« (Mt 28,8-10; NGÜ). »›Geh zu meinen Brüdern und sage ihnen, dass ich zu ihm zurückkehre – zu meinem Vater und eurem Vater, zu meinem Gott und eurem Gott.‹ Da ging Maria aus Magdala zu den *Jüngern* zurück« (Joh 20,17-18; NGÜ).

Der Verfasser des Hebräerbriefes versichert uns, dass der Herr Jesus alle, für die Er gestorben ist und die Er zu seinen Jüngern gemacht hat, als seine Brüder betrachtet: »Er schämt sich auch nicht, sie Brüder zu nennen, sondern spricht: ›Ich will meinen Brüdern deinen Namen verkündigen.‹ ... und wiederum: ›Siehe, ich und die Kinder, die mir Gott gegeben hat‹« (Hebr 2,11-13). Wie unser Schöpfer unser Vater ist, so ist unser Erlöser unser Bruder, sobald wir zur Familie Gottes gehören.

Ebenso, wie die Erkenntnis seiner einzigartigen Sohnschaft Jesu ganzes irdisches Leben bestimmte, so will Er, dass die Erkenntnis unserer Adoptivkindschaft auch unser Leben bestimmen soll. Dies wird in seiner Lehre immer wieder deutlich, aber nirgendwo wird dies deutlicher, als in der Bergpredigt. Sie wird oft als die Gründungscharta des Reiches Gottes bezeichnet. Doch man könnte die Bergpredigt ebenso gut den königlichen Familienkodex nennen, denn der Gedanke der Gotteskindschaft der Jünger ist die Grundlage aller wesentlichen Themen, mit denen sich die Bergpredigt befasst. Es lohnt sich, diese Thematik eingehender zu betrachten, zumal sie in der Auslegung nur selten die angemessene Beachtung findet.

Das christliche Verhalten

Erstens, die Adoption ist in der Bergpredigt die Grundlage *des christlichen Verhaltens.* Es wurde schon oft darauf hingewiesen, dass die Bergpredigt keine detaillierten Anweisungen für das christliche Verhalten vorgibt, die man mit mechanischer Präzision befolgen soll. Vielmehr zeigt sie auf eine mehr allgemeinere Art und Weise Geist, Richtung und Ziele, Leitlinien und Ideale, nach denen der Christ sein Leben gestalten soll. Es wird häufig gesagt, dass wir es hier mit einer Ethik der verantwortlichen Freiheit zu tun haben, im Gegensatz zu den detaillierten Anweisungen, die das Rüstzeug der jüdischen Gesetzeslehrer und Schriftgelehrten zur Zeit Jesu waren. Was nicht so oft beachtet wird, ist, dass es sich genau um die Art von moralischer Belehrung handelt, wie Eltern sie ihren Kindern zu vermitteln suchen – einprägsame, plastische Lehren, die am konkreten Beispiel allgemeine Richtlinien veranschaulichen, und durch die die Kinder die Einstellung und Lebensanschauung der Eltern kennenlernen, schätzen und teilen sollen. Der Grund, weshalb die Bergpredigt diese Eigenschaft besitzt, liegt auf der Hand: Sie enthält Verhaltensregeln für die Kinder einer Familie – der Familie Gottes. Diese Grundausrichtung wird in drei allgemeinen Verhaltensprinzipien deutlich, die unser Herr dargelegt hat.

Als Erstes haben wir das Prinzip, *den Vater nachzuahmen.* »Ich aber sage euch: Liebt eure Feinde, ... damit ihr Söhne eures Vaters im Himmel seid. ... Darum sollt ihr vollkommen sein, gleichwie euer Vater im Himmel vollkommen ist« (Mt 5,44-45.48). Die Kinder müssen ihre Familienzugehörigkeit in ihrem Verhalten zum Ausdruck bringen. Jesus sagt: »Seid heilig, denn ich bin heilig« – und Er begründet dies mit der Familienbeziehung.

Zum Zweiten haben wir das Prinzip *der Verherrlichung des Vaters.* »So soll euer Licht leuchten vor den Leuten, dass sie eure guten Werke sehen und euren Vater im Himmel preisen« (Mt 5,16). Es ist etwas Wunderbares, wenn Kinder auf ihren Vater stolz sind, und wenn sie möchten, dass auch andere erkennen, wie wundervoll er ist, und dass sie darauf bedacht sind, sich so zu verhalten, dass es ihn ehrt. Und ebenso, sagt Jesus, sollen Christen sich so verhalten, dass ihr Vater im Himmel dadurch geehrt wird. Ihr beständiges Gebetsanliegen sollte sein: »Unser Vater ... geheiligt werde dein Name« (Mt 6,9).

Das dritte Prinzip ist, *dem Vater zu gefallen.* In Matthäus 6,1-18 betont Jesus die Notwendigkeit, im Glauben ein aufrichtiges gottgefälliges Leben zu führen, und Er erklärt dieses Prinzip folgendermaßen: »Hütet euch, eure Frömmigkeit vor den Menschen zur Schau zu stellen! Sonst habt ihr von eurem Vater im Himmel keinen Lohn zu erwarten« (Mt 6,1; NGÜ). Bei diesem »Lohn« handelt es sich natürlich nicht um ein berechnendes Gewinnstreben. Es ist vielmehr eine Anerkennung, ein zusätzlicher Liebesbeweis, mit dem liebende Eltern ihre Kinder gern zu überraschen pflegen, wenn sie sich besonders gut benommen haben. Die Verheißung unseres Herrn auf Lohn (Mt 6,4.6.18) ist auf keinen Fall im Sinne eines Verdienstes oder einer Gegenleistung zu verstehen. Vielmehr soll sie uns einfach daran erinnern, dass unser himmlischer Vater auf uns achthat, und dass Er uns sein Wohlwollen erweist, wenn Er sieht, wie wir uns darum bemühen, Ihm zu gefallen.

Das Gebet im Christenleben

Zweitens, die Adoption erscheint in der Bergpredigt als Grundlage *für das Gebet des Christen.* »Deshalb sollt ihr auf diese Weise beten: ›Unser Vater ...‹« (Mt 6,9). Wie Jesus stets zu seinem Gott als Vater betete (das aramäische Wort *Abba* ist eine intime familiäre Anrede), so soll dies auch sein Nachfolger tun. Jesus konnte zu seinem Vater sagen: »Ich weiß, dass du mich allezeit erhörst« (Joh 11,42), und Er will, dass seine Jünger wissen, dass sie sich als Gottes Adoptivkinder ebenfalls darauf verlassen können. Der Vater hat für seine Kinder immer ein offenes Ohr und ist niemals zu beschäftigt, um nicht auf das zu hören, was sie Ihm zu sagen haben. Dies ist die Grundlage für das Gebet des Christen.

Daraus ergeben sich nach der Bergpredigt zwei Dinge. Erstens, man darf sich das Gebet nicht als ein unpersönliches oder mechanisches Geschehen vorstellen, als eine Technik, mit der man auf jemanden Druck ausüben kann, der uns sonst nicht beachten würde. »Beim Beten sollt ihr nicht leere Worte aneinanderreihen, wie die Heiden, die Gott nicht kennen. Sie meinen, sie werden erhört, wenn sie viele Worte machen. Macht es nicht wie sie, denn euer Vater weiß, was ihr braucht, und zwar schon bevor ihr ihn darum bittet« (Mt 6,7-8; NGÜ). Zweitens, das Gebet sollte freimütig und kühn sein. Wir können uns die beispiellose »Dreistigkeit« eines

Kindes zum Vorbild nehmen, das sich nicht scheut, seine Eltern um etwas zu bitten, weil es weiß, dass es sich ganz auf ihre Liebe verlassen kann. »Bittet und es wird euch gegeben. ... Jeder, der bittet, empfängt. ... Wenn also ihr, die ihr doch böse seid, das nötige Verständnis habt, um euren Kindern gute Dinge zu geben, wie viel mehr wird dann euer Vater im Himmel denen Gutes geben, die ihn darum bitten« (Mt 7,7-11; NGÜ).

Es ist jedoch nicht so, dass unser Vater im Himmel die Gebete seiner Kinder stets auf die Art und Weise beantwortet, in denen wir sie vorbringen. Manchmal bitten wir einfach um das Falsche! Es ist Gottes Privileg, uns *gute* Dinge zu geben, Dinge, die wir wirklich *nötig* haben. Und wenn wir, in unserer mangelnden Weisheit um Dinge bitten, die nicht unter diese Rubrik fallen, behält sich Gott, wie jedes gute Elternpaar, das Recht vor, zu sagen: »Nein, das nicht! Es wäre nicht gut für dich. Aber ich habe stattdessen etwas Besseres.« Gute Eltern ignorieren niemals die Bitten ihrer Kinder, missachten auch nicht einfach, was sie nötig zu haben meinen – und ebenso wenig tut dies Gott. Aber oft gibt Er uns das, um was wir hätten bitten sollen, und nicht das, um was wir tatsächlich bitten. Paulus bat den Herrn Jesus, Er möge ihm in seiner Gnade den Stachel aus seinem Fleisch wegnehmen, und der Herr antwortete darauf, indem Er ihm in seiner Gnade den Stachel ließ und Paulus die Kraft gab, damit zu leben (2 Kor 12,7-9). Der Herr weiß, was am besten ist! Und zu behaupten, dass das Gebet von Paulus, weil es auf diese Weise beantwortet wurde, gar keine Gebetserhörung gewesen sei, ist völlig verkehrt. Hier wird vielmehr die Sicht korrigiert, die manchmal fälschlicherweise als »das Problem der nicht beantworteten Gebete« bezeichnet wird.

Das Glaubensleben

Zum Dritten ist die Adoption in der Bergpredigt auch die Grundlage *für das Glaubensleben.* Das heißt, Gott im Blick auf all unsere Lebensbedürfnisse zu vertrauen, wenn wir zuerst nach seinem Reich und seiner Gerechtigkeit trachten. Ich denke, es ist nicht nötig, ausdrücklich zu betonen, dass man sein Leben im Glauben führen kann, ohne auf seine Berufstätigkeit zu verzichten. Sicher sind einige für den sogenannten vollzeitlichen Dienst berufen. Aber seinen Beruf ohne besondere Führung aufzugeben, wäre kein

Glaube, sondern Vermessenheit – und dies ist ein großer Unterschied! In der Tat sind alle Christen zu einem Leben im Glauben berufen. Und das bedeutet, den Willen Gottes zu tun, ganz gleich, wie hoch die Kosten sind und Ihm im Blick auf die Konsequenzen zu vertrauen. Aber früher oder später werden alle in die Versuchung geraten, Status und Sicherheit über die Treue zu Gottes Berufung zu stellen. Und dann, wenn sie diese Versuchung erfolgreich überwunden haben, werden sie plötzlich versucht, sich um die mögliche Auswirkung ihrer Haltung zu sorgen. Besonders dann, wenn sie in der Nachfolge Jesu, wie es die Jünger, denen die Bergpredigt zuerst verkündigt wurde, und wie es viele andere seither erlebt haben, tatsächlich ein gewisses Maß an Sicherheit oder Wohlstand einbüßen müssen. All denen, die auf diese Weise in ihrem Glaubensleben versucht werden, führt Jesus die Wahrheit ihrer Adoption vor Augen.

Der Herr sagt: »Macht euch keine Sorgen um das, was ihr an Essen oder Trinken zum Leben und an Kleidung für euren Körper braucht« (Mt 6,25; NGÜ). Da mag jemand einwenden: »Das ist doch nicht realistisch. Wie kann ich mit meinen Sorgen wirklich fertig werden, wo ich doch konkret mit diesem oder jenem handfesten Problem konfrontiert werde?« Gerade für sie findet Jesus mahnende und ermutigende Worte: Dein Glaube ist zu klein. Hast du vergessen, dass Gott dein Vater ist? »Seht euch die Vögel an! ... Euer Vater im Himmel ernährt sie doch. Seid ihr nicht viel mehr wert als sie?« (Mt 6,26; NGÜ). Wenn Gott sich um die Vögel kümmert, deren Vater Er ja nicht ist, liegt es da nicht auf der Hand, dass Er ganz bestimmt für dich Sorge tragen wird, wo Er doch dein Vater ist? Dieses Thema wird dann positiv in Mt 6,31-33 aufgenommen: »Macht euch also keine Sorgen! Fragt nicht: Was sollen wir essen? Was sollen wir trinken? ... Euer Vater im Himmel weiß doch, dass ihr das alles braucht! Euch soll es zuerst um Gottes [eures Vaters] Reich und seine Gerechtigkeit gehen, dann wird euch alles Übrige dazugegeben.«

»Wir könnten gleich einen Unfall haben«, sagte die kleine Tochter ängstlich, als das Auto der Familie sich in den Durchgangsverkehr einfädelte. »Vertrau nur Papa! Er ist ein guter Fahrer«, antwortete ihre Mutter. Das Mädchen beruhigte und entspannte sich umgehend. Vertraust du deinem himmlischen Vater ebenso? Wenn nicht, woran liegt das? Dieses Vertrauen ist unbedingt nötig.

Ja, es ist die Triebfeder unseres Glaubenslebens. Wenn diese Triebfeder fehlt, wird unser Leben zumindest partiell vom Unglauben geprägt.

Was uns unsere Adoption zeigt

In einem früheren Kapitel haben wir festgestellt, dass der Gedanke *des Sühneopfers,* das nur viermal wörtlich im Neuen Testament erwähnt wird, dennoch von grundlegender Bedeutung ist. Er ist das Zentrum der ganzen neutestamentlichen Sicht vom Erlösungswerk Christi. Ganz ähnlich ist es hier. Das Wort *Adoption* (das griechische Wort bedeutet, »Annahme an Kindes statt«) erscheint nur fünfmal, und davon beziehen sich nur drei auf die gegenwärtige Beziehung des Christen zu Gott durch Christus (Röm 8,15; Gal 4,5; Eph 1,5). Und doch steht der Gedanke an sich im Zentrum der ganzen neutestamentlichen Lehre über das Christenleben. Diese beiden Konzepte sind im Grunde nicht voneinander zu trennen. Würde man mich bitten, die neutestamentliche Botschaft in wenigen Worten zusammenzufassen, würde ich folgende Formulierung vorschlagen: *Die Adoption (oder die Gotteskindschaft) durch das Sühnewerk.* Und ich glaube, dass dies die treffendste und bedeutungsvollste Zusammenfassung des Evangeliums ist.

Nicht nur in den vier Evangelien ist unsere Gotteskindschaft – die John Owen »die Quelle all unserer Vorrechte« nennt – der alles beherrschende Gedanke für Glauben und Leben. Auch in den Briefen begegnen wir ihm überall. Deshalb wollen wir unsere Beweisführung hauptsächlich den Briefen entnehmen, um zu zeigen, dass uns die Tatsache unserer Adoption die tiefsten Einblicke gibt, die das Neue Testament gewährt. Dazu werden wir fünf weitere Themen behandeln: erstens, die Größe der Liebe Gottes; zweitens, die Herrlichkeit der christlichen Hoffnung; drittens, der Dienst des Heiligen Geistes; viertens, die Bedeutung und treibende Kraft dessen, was die Puritaner »die evangeliumsgemäße Heiligung« nannten; fünftens, die Frage der christlichen Gewissheit.

Gottes Liebe

Erstens, *unsere Adoption zeigt uns die Größe der Liebe Gottes.*

Das Neue Testament gibt uns zwei Maßstäbe, um die Liebe Gottes zu ermessen. Der erste ist das Kreuz (siehe Röm 5,8;

1 Joh 4,8-10); der zweite ist das Geschenk der Gotteskindschaft. »Seht, welch eine Liebe hat uns der Vater erwiesen, dass wir Kinder Gottes heißen sollen!« (1 Joh 3,1). Von allen Gnadengaben ist die Adoption die größte. Die Gabe der Vergebung ist im Blick auf die Vergangenheit etwas Herrliches. Zu wissen, dass

auf sich er nahm all Spott und Schand,
an meiner Statt verurteilt er stand,
in seinem Blut Vergebung ich fand

ist eine unaufhörliche Quelle des Staunens und der Freude.

Erkauft, geheilt, erneuert, vergeben -
wie sollte sein Lob nicht verkünden mein Leben?

Ebenso ist auch das Geschenk der Bewahrung und Annahme heute und für die Zukunft etwas Großartiges.

Verdammnis schreckt mich seither nicht.
Ich lebe in Jesus, er ist nun mein.
Er ist mein Haupt, mein Lebenslicht.
Gerechtigkeit fand ich in ihm allein.
Kühn darf ich nahen dem ewigen Thron,
durch Christus empfang ich die Ehrenkron.

Wenn wir uns dieses herrliche Bekenntnis von Charles Wesley zu eigen machen, das er aus Römer 8 entlehnt hat, wird sich auch unser Geist erheben, wie es so mancher Leser sicher schon erlebt hat. Wenn du dir dann noch bewusst machst, dass Gott dich aus der Gosse auflas und zu einem Kind seiner Familie gemacht hat – dich begnadigten Sünder, der schuldig, undankbar, aufsässig und verdorben war –, dann wirst du Gottes Liebe, »die weit über alles Verstehen hinausreicht«, tiefer empfinden, als Worte es jemals ausdrücken könnten. Sicher werden wir uns mit Charles Wesley fragen:

Wie wird deine Güte wohl recht gepriesen,
die Du mir, Vater, hast erwiesen?
Dass ich, von Zorn und Hölle ein Kind,
mich nun als Kind Gottes wiederfind.

Und wir werden vermutlich, nicht anders als Wesley, bekennen müssen, dass es auf diese Frage keine angemessene Antwort gibt.

In der Antike wurde die Adoption gewöhnlich von Wohlhabenden praktiziert, die kinderlos waren. Dabei handelte es sich, wie wir schon festgestellt haben, nicht, wie heute üblich, um Kleinkinder, sondern um junge Erwachsene, die schon unter Beweis gestellt hatten, dass sie es wert waren, den Familiennamen zu tragen. In unserem Fall jedoch hat Gott uns aus reiner Liebe adoptiert, nicht weil unser Charakter und Leumund sich als würdig erwiesen hätten, seinen Namen zu tragen, sondern trotz der Tatsache, dass das genaue Gegenteil zutrifft. Im Grunde passen wir nicht in Gottes Familie. Die Vorstellung, dass Gott uns Sünder so liebt und ehrt, wie Er den Herrn Jesus geliebt und geehrt hat, klingt absurd und lächerlich – doch genau das ist es, was unsere Adoption bedeutet.

Die Adoption ist ihrem Wesen nach ein Akt freier Gnade gegenüber dem Adoptierten. Wenn du ein Kind adoptierst, dann tust du das aus freien Stücken und nicht, weil du dazu verpflichtet bist. Ebenso nimmt Gott uns an, weil Er sich dazu entschlossen hat. Er ist nicht verpflichtet, dies zu tun. Im Gegenteil – eigentlich haben wir nichts anderes verdient, als dass Er uns wegen unserer Sünden verurteilt. Doch weil Er uns geliebt hat, hat Er uns erlöst, uns vergeben, uns als seine Söhne und Töchter angenommen und ist unser Vater geworden.

Aber seine Gnade endet nicht mit diesem ersten Schritt, ebenso wenig wie die Liebe irdischer Eltern mit dem rechtlichen Adoptionsakt, der das Kind zu dem ihren macht, ihren Abschluss findet. Dass das adoptierte Kind als Mitglied der Familie aufgenommen wird, ist ja nur der Anfang. Nun kommt es darauf an, eine echte Eltern-Kind-Beziehung zwischen deinem Adoptivkind und dir selbst aufzubauen. Das ist das Entscheidende. Du wirst doch auch darauf bedacht sein, die Liebe des Kindes zu wecken, indem du das Kind liebst. Man versucht die Zuneigung des Kindes zu gewinnen, indem man ihm Zuneigung erweist. Ebenso ist es bei Gott. Während unseres ganzen Erdenlebens und bis in alle Ewigkeit wird Er uns auf die eine oder andere Weise immer mehr seine Liebe erweisen, und dadurch wächst auch unsere Liebe zu Ihm kontinuierlich. Die Perspektive der Adoptivkinder Gottes ist eine Ewigkeit voller Liebe.

Ich kannte einmal eine Familie, deren ältester Sohn zu einer Zeit adoptiert wurde, als die Eltern dachten, sie könnten keine Kinder bekommen. Als sie dann doch leibliche Kinder bekamen, wandten sie ihre ganze Aufmerksamkeit und Zuneigung den leiblichen Kindern zu, und der adoptierte Älteste wurde nicht mehr beachtet. Es war entsetzlich, dies mitzuerleben und ein Blick in das Gesicht des Ältesten offenbarte die ganze Tragik. Dies war natürlich ein furchtbares Versagen der Eltern. Aber in Gottes Familie gibt es so etwas garantiert nicht. Wir befinden uns zwar in der gleichen Lage, wie der verlorene Sohn im Gleichnis und müssen bekennen: »Ich habe gesündigt. ... ich bin nicht mehr wert, dein Sohn genannt zu werden; mache mich zu einem von deinen Tagelöhnern« (Lk 15,18-19). Aber Gott empfängt uns als Söhne und liebt uns mit der gleichen unerschütterlichen Zuneigung, mit der Er in alle Ewigkeit seinen geliebten eingeborenen Sohn liebt. Es gibt keine Unterschiede der Zuneigung in der Gottesfamilie. Wir werden alle ebenso vollkommen geliebt, wie Jesus geliebt wird. Es ist wie in einem Märchen – der König adoptiert heimatlose Kinder, um sie zu seinen Prinzen zu machen. Aber, dem Herrn sei Dank, hier handelt es sich nicht um ein Märchen: Es ist eine zuverlässige und solide Tatsache, die auf dem Fundament seiner freien und souveränen Gnade gründet. Und genau das macht die Bedeutung der Adoption aus. Kein Wunder, dass Johannes ausruft: »Seht, welch eine Liebe!« Und wenn du die Größe der Adoption erkannt hast, wird dein Herz den gleichen erstaunten Ruf anstimmen.

Doch das ist noch nicht alles.

Hoffnung

Zweitens *zeigt uns unsere Adoption die Herrlichkeit der christlichen Hoffnung.*

Das neutestamentliche Christentum ist eine Religion der Hoffnung, ein Glaube, der vorwärts schaut. Für den Christen kommt das Beste noch. Aber wie können wir eine Vorstellung davon bekommen, was uns am Ende des Weges erwartet? Auch hier kommt uns die Lehre der Adoption oder Gotteskindschaft zu Hilfe. Als Erstes lehrt sie uns, dass wir uns unsere Hoffnung nicht als eine Möglichkeit oder eine Wahrscheinlichkeit vorstellen sollten, sondern als eine verbürgte Gewissheit, weil sie ein *verheißenes Erbe* ist. In der Welt des ersten Jahrhunderts lag der Hauptgrund für eine Adoption darin, einen Erben zu haben, dem man sein Hab und Gut vermachen konnte. Ebenso werden auch wir, wenn Gott uns adoptiert, zu seinen Erben. Und dies garantiert uns (sozusagen als Rechtsanspruch) das Erbe, das Er für uns bereithält. »Wir sind Gottes Kinder. Wenn wir aber Kinder sind, so sind wir auch Erben, nämlich Erben Gottes und Miterben des Christus« (Röm 8,16-17).

»Du bist nicht länger ein Sklave, sondern ein Sohn. Und da du ein Sohn bist, hat Gott dich auch zu einem Erben gemacht« (Gal 4,7; eÜ). Der Reichtum unseres Vaters ist unermesslich, und wir sind seine Erben.

Als Nächstes erklärt uns die Lehre von der Adoption, dass Art und Umfang unseres verheißenen Erbes darin bestehen, dass wir *an der Herrlichkeit Christi teilhaben.* Wir werden unserem älteren Bruder in allem gleichgemacht werden. Und Sünde und Vergänglichkeit, die zweifache Entstellung der guten Schöpfung Gottes im moralischen und geistlichen Bereich, werden der Vergangenheit angehören. »Miterben mit Christus. Dazu gehört, dass wir ... auch an seiner Herrlichkeit teilhaben werden« (Röm 8,17; NGÜ). »Wir sind jetzt Kinder Gottes, und noch ist nicht offenbar geworden, was wir sein werden; wir wissen aber, dass wir ihm gleichgestaltet sein werden, wenn er offenbar werden wird« (1 Joh 3,2).

Dieses Gleichgestaltetsein wird sich sowohl auf unser physisches Sein wie auch unseren Geist und Charakter erstrecken. Paulus betont ausdrücklich, dass unsere Adoption sich auch auf unseren Körper bezieht, indem er von unserem Erbe sagt: »Wir, denen Gott doch bereits seinen Geist gegeben hat, den ersten Teil des künftigen Erbes, seufzen innerlich noch, weil wir sehnsüchtig auf die Annahme [die Adoption] als Söhne warten, die Erlösung unseres Körpers« (Röm 8,23; eÜ). Dieser Segen des Auferstehungstages wird an uns allen sichtbar werden lassen, was in Bezug auf die Adoption schon implizit vorhanden ist. Dann werden wir das himmlische Leben in seiner ganzen Fülle erfahren, dessen sich unser älterer Bruder schon jetzt erfreut.

Paulus führt die Herrlichkeit dieses Ereignisses noch weiter aus, indem er uns versichert: »Ja, die gesamte Schöpfung wartet sehnsüchtig darauf, dass die Kinder Gottes in ihrer ganzen Herrlichkeit sichtbar werden. Denn ... die Schöpfung wird von der Sklaverei der Vergänglichkeit befreit werden und an der herrlichen Freiheit der Kinder Gottes teilhaben« (Röm 8,19-21; NGÜ). Was auch immer diese Stelle sonst noch beinhalten mag (denken wir jedoch daran, dass sie nicht dazu verfasst wurde, die Neugierde von Naturwissenschaftlern zu befriedigen), sie unterstreicht vor allem die alles überragende Herrlichkeit dessen, was uns nach Gottes gutem Ratschluss erwartet.

Wenn wir an Jesu Verherrlichung denken, an die Fülle der Freude, nachdem Er zuvor das Kreuz erduldet hat, sollten wir uns stets bewusstmachen, dass Er eines Tages all dies mit uns teilen wird, denn es ist nicht minder unser Erbe als das seine. Wir gehören zu den vielen Söhnen und Töchtern, die Gott zur Herrlichkeit führt (Hebr 2,10). Und Gottes Zusage an uns und sein Werk in uns werden ganz gewiss ihr Ziel erreichen.

Und schließlich erklärt uns die Lehre von der Adoption, dass es im Himmel zu einem großen *Familientreffen* kommen wird, wenn die Schar der Erlösten sich von Angesicht zu Angesicht in der Gemeinschaft mit Gott, dem Vater, und mit Jesus, ihrem Bruder, versammeln wird. Dies ist die tiefgehendste und klarste Vorstellung vom Himmel, die die Bibel uns liefert. Viele Bibelstellen machen dies deutlich. »Vater, ich will, dass die, die du mir gegeben hast, dort sind, wo ich bin. Sie sollen bei mir sein, damit sie meine Herrlichkeit sehen« (Joh 17,24; NGÜ). »Glückselig sind, die reinen Herzens sind, denn sie werden Gott schauen« (Mt 5,8). »Wir werden ihn sehen, wie er ist« (1 Joh 3,2). »Sie werden sein Angesicht sehen« (Offb 22,4). »Dann werden wir Gott von Angesicht zu Angesicht sehen« (1 Kor 13,12; eÜ). »Und so werden wir bei dem Herrn sein allezeit« (1 Thess 4,17).

Man kann dieses Ereignis mit dem Tag vergleichen, an dem ein erkranktes Kind nach der Genesung endlich das Krankenhaus verlassen kann und draußen wartet die ganze Familie, um es willkommen zu heißen – welch ein überwältigendes Zusammentreffen. In John Bunyans Buch *»Die Pilgerreise«* sagt Herr *Standhaft,* als er kurz vor dem Ziel mitten im Jordan steht: »Der Gedanke an die herrliche Zukunft und an das himmlische Geleit, das jenseits auf mich wartet, glüht wie ein Feuer in meinem Herzen. Ich sehe mich nun am Ziel meiner Reise, die Tage der Mühe und Arbeit sind zu Ende. ... Bisher habe ich im Glauben gelebt; nun aber ziehe ich dahin, wo ich im Schauen leben und bei dem sein werde, dessen Nähe meine Wonne ist.«

Was den Himmel zum Himmel macht, ist die Tatsache, dass Jesus dort ist, ebenso wie der versöhnte himmlische Vater, der uns um Jesu willen ebenso sehr liebt, wie Er Jesus liebt. Zu sehen, zu erkennen, zu lieben, und von dem Vater und dem Sohn, zusammen mit dem Rest der unermesslichen Gottesfamilie geliebt zu werden, macht das ganze Wesen der christlichen Hoffnung aus. Wie Richard Baxter es in seiner poetischen Version des Bundes mit Gott ausdrückte, und das auch seine Braut am 10. April 1660 »mit einem freudigem Einverständnis unterzeichnete«:

Meines Lebens Kenntnis ist seicht;
Das Auge des Glaubens, es ist getrübt.
Doch dass Christus alles weiß, das reicht;
Und dass ich bei ihm sein werde, genügt.

Wenn du ein Gläubiger bist, und somit zu einem Adoptivkind wurdest, wird diese Perspektive dich vollkommen zufriedenstellen. Doch wenn du diese befriedigende Erfahrung noch nicht kennst, dann frage dich aufrichtig, ob du wirklich schon ein Gotteskind bist.

Der Heilige Geist

Drittens, *unsere Adoption liefert uns den Schlüssel zum Verständnis für das Wirken des Heiligen Geistes.*

Heute wimmelt es unter den Christen nur so von Irrungen und Wirrungen im Blick auf das Wirken des Geistes. Das Problem besteht nicht darin, dass wir die korrekten sprachlichen Begriffe verwenden. Vielmehr geht es darum, dass wir die Erfahrung, die dem Werk Gottes entspricht, und auf die sich die Begriffe beziehen, richtig einordnen. So sind wir uns alle darüber im Klaren, dass der Geist uns durch die Schrift die Gedanken Gottes offenbart und den Sohn Gottes verherrlicht. Wir wissen auch, dass Er der Mittler der Wiedergeburt ist, dass Er uns die Augen des Herzens öffnet, damit wir Gott erkennen, und uns ein neues Herz schenkt, damit wir im Gehorsam gegenüber Gott leben können. Ebenso ist uns bekannt, dass Er in den Gläubigen wohnt, sie heiligt und ihnen die Kraft für ihr tägliches Christenleben verleiht. Ferner wissen wir, dass Gewissheit, Freude, Friede und Kraft seine besonderen Gaben sind. Aber viele haben damit Probleme, dass diese Aussagen für sie bloß leere Formeln sind, die nicht mit dem übereinstimmen, was sie in ihrem persönlichen Leben erfahren.

Natürlich spüren solche Christen, dass ihnen etwas Wesentliches fehlt. Und sie fragen sich besorgt, wie sie die Kluft zwischen dem neutestamentlichen Bild vom Leben im Geist und der tief empfundenen Leere in ihrer täglichen Erfahrung überwinden können. Dann machen sie sich womöglich in ihrer Not auf die Suche nach einem einmaligen psychischen Erlebnis, von dem sie den Eindruck haben, es könne ihre persönliche »ungeistliche Barriere« endgültig durchbrechen. Dieses Erlebnis wird häufig als »völlige Hingabe« oder »die Taufe mit dem Heiligen Geist« oder »die endgültige Heiligung« oder »der zweite Segen« bezeichnet oder mit dem Empfang der Sprachengabe bzw. Zungenrede in Verbindung gebracht. Doch selbst wenn sie gewisse Erfahrungen in diesem Bereich gemacht haben, entdecken sie bald, dass die »ungeistliche Barriere« letztlich doch nicht durchbrochen wurde, und so machen sie sich auf die Suche nach neuen Erfahrungen.

Viele Christen leiden unter ihrer Kraftlosigkeit und haben sich von solchen »Crashkursen« verführen lassen. Und da stellt sich natürlich die Frage: Welche Hilfe können wir hier anbieten? Das Licht, das durch die Lehre von der Adoption auf den Dienst des Heiligen Geistes fällt, gibt uns die Antwort.

Die Ursache der oben beschriebenen falschen Lösungsansätze liegt in der verkehrten Vorstellung eines magischen Supranaturalismus. Er verleitet die Menschen dazu, sich nach einer übernatürlichen verändernden Berührung zu sehnen, die gleich einer elektrisierenden, unpersönlichen Kraft wirkt, und ihnen das Gefühl vermittelt, von den Problemen und Gebundenheiten des Lebens mit einem Schlag frei zu werden. Sie glauben, dass dies das Wesen echter geistlicher Erfahrung sei. Sie meinen, das Werk des Heiligen Geistes sei mit der Erfahrung eines LSD-Trips zu vergleichen. (Wie problematisch ist es, wenn Evangelisten tatsächlich solche Versprechen machen und Drogenkonsumenten ihre Erlebnisse mit religiösen Erfahrungen gleichsetzen! Werden wir denn nie lernen, Dinge auseinanderzuhalten, die nicht zusammengehören?) Dieses Verlangen nach einer einmaligen spirituellen Erfahrung statt einer beständigen inneren Gemeinschaft zeigt das tiefe Missverständnis im Blick auf das Wirken des Heiligen Geistes.

Was wir hier unbedingt erkennen müssen, ist, dass der Geist, den die Christen empfangen haben, »der Geist *der Sohnschaft*« ist, und in seinem Dienst für die Christen handelt Er stets als Geist der Sohnschaft oder Adoption. Dabei ist es seine Aufgabe, dass der Christ immer deutlicher die Bedeutung seiner Kindesbeziehung zu Gott erkennt, und dass Er diese Beziehung zu Gott immer mehr vertieft. Paulus verweist auf diese Wahrheit, wenn er schreibt:

»Ihr habt den Geist der Sohnschaft empfangen, in dem wir rufen: Abba, Vater« (Röm 8,15). »Gott hat den Geist seines Sohnes in eure Herzen gesandt, der ruft [d. h., der uns ermutigt, zu rufen]: ›Abba, Vater‹« (Gal 4,6).

Ebenso wie die Adoption selbst der Schlüssel ist, der uns die neutestamentliche Sicht des Christenlebens erschließt, so ist auch die Erkenntnis, dass wir den Heiligen Geist als Geist der Sohnschaft empfangen, der Schlüssel zu allem, was uns das Neue Testament über den Dienst des Geistes für die Christen lehrt.

Von diesem Gesichtspunkt aus erkennen wir drei Aspekte seines Wirkens. Erstens, der Heilige Geist realisiert und erhält uns das Bewusstsein – zuweilen selbst dann, wenn unsere alte Natur dies verneint –, dass wir aus Gottes freier Gnadenwahl durch Jesus Christus zu Gottes Kindern geworden sind. So schenkt Er uns Glauben, Gewissheit und Freude.

Zweitens, Er veranlasst uns dazu, Gott als unseren Vater zu betrachten, Ihm respektvoll und doch kühn zu begegnen und Ihm grenzenloses Vertrauen entgegenzubringen, wie es für Kinder, die sich in der Liebe des Vaters geborgen fühlen, selbstverständlich ist. Es ist sein Werk, das uns rufen lässt: »Abba, Vater« – und in diesem Ruf kommt die Gesinnung des Herzens zum Ausdruck.

Drittens, Er motiviert uns, dass wir uns entsprechend unserer Stellung als Königskinder verhalten, indem wir die Familienzugehörigkeit bekunden (Gleichgestaltung mit Christus), das Wohlergehen der Familie fördern (die Geschwister lieben) und die Ehre der Familie wahren (Gottes Ehre suchen). Dies ist sein Werk der Heiligung. Durch diese fortschreitende Intensivierung des Bewusstseins und Charakters der Kindschaft, mit seinem Streben nach dem, was Gott liebt, und dem meiden dessen, was Er hasst, »wird unser ganzes Wesen so umgestaltet, dass wir ihm immer ähnlicher werden und immer mehr Anteil an seiner Herrlichkeit bekommen. Diese Umgestaltung ist das Werk des Herrn; sie ist das Werk seines Geistes« (2 Kor 3,18; NGÜ).

Deshalb geht es nicht in erster Linie darum, dass wir uns nach Gefühlen und Erfahrungen ausstrecken, sondern dass wir nach Gott selbst trachten, in Ihm unseren Vater sehen, seine Gemeinschaft schätzen, und in uns ein wachsendes Verlangen haben, Ihn zu erkennen und Ihm zu gefallen. Dadurch wird die Realität des

Wirkens des Heiligen Geistes in unserem Leben sichtbar. Dies ist die Wahrheit, die uns aus dem Sumpf der ungeistlichen Ansichten über den Geist befreien kann, in dem heute so viele zu versinken drohen.

Heiligung

Viertens folgt auf das, was wir soeben gesagt haben, *dass uns unsere Adoption die Bedeutung und Motivation für eine »evangeliumsgemäße Heiligung« zeigt.*

»Evangeliumsgemäße Heiligung« ist für einige sicher eine ungewohnte Formulierung. Für die Puritaner war es ein Kürzel für authentisches Christenleben, das der Liebe und Dankbarkeit gegenüber Gott entspringt, und das im Gegensatz zu der unechten »gesetzlichen Heiligung« steht, die bloß aus Riten, Gewohnheiten und äußerlichem Schein besteht und eigensüchtigen Motiven entspringt. Wir wollen hier nur zwei kurze Anmerkungen zur »evangeliumsgemäßen Heiligung« machen.

Erstens erkennen wir aus dem, was wir bereits festgestellt haben, ihr wesentliches Merkmal: Sie ist einfach ein beständiges Leben aus unserem Kindschaftsverhältnis zu Gott, in das wir durch das Evangelium kommen. Es geht schlicht um die Verwirklichung der Gotteskindschaft in Bezug zu unserem Vater, zu unserem Erlöser und zu uns selbst. Es geht darum, unsere Adoption in unserem Leben zum Ausdruck zu bringen. Wir sollen ein guter Sohn oder eine gute Tochter sein, und nicht das schwarze Schaf der königlichen Familie.

Zum Zweiten liefert uns die Adoptivbeziehung, in der sich Gottes Gnade so eindrücklich zeigt, die Motivation zu diesem authentischen heiligen Leben. Christen wissen, dass Gott »uns vorherbestimmt hat zur Sohnschaft durch Jesus Christus für sich selbst«, und das beinhaltet auch seinen ewigen Vorsatz, dass »wir erwählt sind, damit wir heilig und untadelig vor ihm in Liebe seien« (Eph 1,4-5). Und sie wissen auch, dass sie dem Tag entgegengehen, an dem sich diese Bestimmung vollkommen und endgültig realisieren wird: »Wir wissen, dass wir ihm gleichgestaltet sein werden, wenn er offenbar werden wird; denn wir werden ihn sehen, wie er ist« (1 Joh 3,2).

Was folgt aus dieser Erkenntnis? »Jeder, der diese Hoffnung auf ihn hat, reinigt sich, gleichwie auch Er rein ist« (1 Joh 3,3). Gotteskinder wissen, dass ihre Heiligung dem Willen ihres Vaters entspricht. Und dass sie sowohl Mittel, Antrieb wie auch Bestandteil ihrer jetzigen und zukünftigen Glückseligkeit ist. Und weil sie ihren Vater lieben, trachten sie aktiv nach der Erfüllung seines guten Vorsatzes. Und die väterliche Züchtigung, die durch äußeren Druck und Prüfungen erfolgt, ist eine Hilfe bei diesem Entwicklungsprozess. Wenn wir uns dies in Schwierigkeiten vor Augen führen, vermag uns die Erkenntnis zu trösten, dass Gott mit seinem guten Plan in allem ein positives Ziel verfolgt, nämlich die Förderung unserer Heiligung.

In dieser Welt müssen Kinder einer königlichen Familie eine besondere Schulung und Erziehung durchlaufen, die anderen Kindern erspart bleibt, damit sie für ihre hohe Bestimmung vorbereitet werden. Ebenso gilt dies für die Kinder des Königs aller Könige. Wir verstehen sein Handeln mit uns erst dann richtig, wenn wir uns bewusstmachen, dass Er uns während unseres irdischen Lebens für das vorbereitet, was uns in der Ewigkeit erwartet, und uns dabei in das Bild Christi verwandelt. Zuweilen ist dieser Verwandlungsprozess schmerzhaft und die Erziehung unangenehm; aber dann erinnert uns die Bibel: »Denn *wen der Herr liebt,* den erzieht er mit der nötigen Strenge; *jeden, den er als seinen Sohn annimmt,* lässt er auch seine strafende Hand spüren. Wenn ihr also Nöte durchmachen müsst, dann *seht darin Gottes Absicht, euch zu erziehen. Er macht es mit euch wie ein Vater mit seinen Kindern. ...* Mit strenger Hand erzogen zu werden tut weh und scheint zunächst alles andere als ein Grund zur Freude zu sein. Später jedoch trägt eine solche Erziehung bei denen, die sich erziehen lassen, reiche Früchte: Ihr Leben wird von Frieden und Gerechtigkeit erfüllt sein« (Hebr 12,6-7.11; NGÜ).

Nur der, der dies verstanden hat, kann auch die Bedeutung von Römer 8,28 verstehen: »Wir wissen aber, dass denen, die Gott lieben, alle Dinge zum Besten dienen.« Und nur er kann die Gewissheit seiner Gotteskindschaft gegen alle satanischen Angriffe behaupten, selbst wenn etliches schiefläuft. Denn wer die Wahrheit von der Adoption verinnerlicht hat, wahrt seine Gewissheit und empfängt Segen, wenn er in Schwierigkeiten gerät. Dies ist ein Aspekt des Sieges des Glaubens über die Welt. Dabei gilt jedoch, dass das Hauptmotiv des Christen für ein geheiligtes Leben nicht negativ ist – die (vergebliche!) Hoffnung, dass er hierdurch der Züchtigung entgehen könne –, sondern positiv: der Impuls, seine Liebe und Dankbarkeit gegenüber dem Gott, der ihn angenommen hat, dadurch zu erweisen, dass er sich mit dem Willen des Vaters für sein Leben identifiziert.

Dies wirft zugleich Licht auf die Frage, welchen Stellenwert das Gesetz Gottes im Christenleben hat. Viele glauben nicht, dass das Gesetz überhaupt noch irgendeinen Anspruch auf den Christen habe. So sagt man: »Wir sind frei vom Gesetz; unsere Erlösung hängt nicht vom Halten des Gesetzes ab; wir sind durch das Blut und die Gerechtigkeit Jesu Christi für gerecht erklärt worden. Wie kann es also von Bedeutung sein, ob wir das Gesetz künftig halten oder nicht? Und da die Rechtfertigung die Vergebung aller Sünden bedeutet, in Vergangenheit, Gegenwart und Zukunft, und die vollkommene Annahme für alle Ewigkeit, warum sollten wir uns dann darüber Sorgen machen, ob wir sündigen oder nicht? Warum sollten wir meinen, dass Gott das noch interessiere? Zeigt es nicht ein unvollkommenes Verständnis von der Rechtfertigung, wenn ein Christ sich noch Gedanken über seine täglichen Sünden macht, sie bedauert und Vergebung sucht? Gehört es nicht zur wahren Zuversicht des rechtfertigenden Glaubens, wenn er sich nicht mehr von den gesetzlichen Bestimmungen leiten lässt oder ihn seine täglichen Unzulänglichkeiten nicht mehr bekümmern?«

Die Puritaner mussten sich diesen »antinomistischen« Auffassungen stellen, und sie taten sich gelegentlich schwer damit, hierauf eine angemessene Antwort zu finden. Wenn man annimmt, dass die Rechtfertigung das A und O der Erlösung ist, wird man sich mit der Widerlegung solcher Argumente immer schwertun. Tatsache ist, dass diese Auffassungen nicht im Blick auf die Rechtfertigung, sondern in Bezug auf die Adoption beantwortet werden müssen – eine Tatsache, die die Puritaner nie ausreichend berücksichtigt haben. Sobald wir den Unterschied zwischen diesen beiden Bestandteilen der Erlösung sehen, wird die richtige Antwort relativ einfach sein.

Die Antwort lautet: Es trifft sicher zu, dass die Rechtfertigung uns für immer von der Einhaltung des Gesetzes als Mittel, *uns das ewige Leben zu verdienen,* befreit. Ebenso ist es jedoch wahr, dass die Adoption uns dazu verpflichtet, das Gesetz zu befolgen, *als Mittel, unserem neuen Vater zu gefallen.* Das Halten des Gesetzes gehört zur Familienebenbildlichkeit der Kinder Gottes. Jesus hat das Gesetz vollkommen erfüllt und Gott fordert uns auf, ebenso zu handeln. Die Adoption erhebt das Halten des Gesetzes auf ein neues Niveau: Als Kinder Gottes anerkennen wir die Autorität des Gesetzes als Richtschnur für unser Leben, weil wir wissen, dass unser Vater dies von uns erwartet. Und wenn wir doch sündigen, bekennen wir unser Vergehen und bitten unseren Vater aufgrund der familiären Beziehung um Vergebung, wie Jesus es uns gelehrt hat: »Vater ... vergib uns unsere Sünden« (Lk 11,2.4). Die Sünden der Gotteskinder zerstören nicht ihre Rechtfertigung und machen auch nicht ihre Adoption zunichte, aber sie beeinträchtigen das Vater-Kind-Verhältnis. Unser Vater sagt uns: »Ihr sollt heilig sein, denn ich bin heilig.« Und es mindert keinesfalls den rechtfertigenden Glauben, wenn wir uns die Tatsache vor Augen halten, dass Gott, der König, möchte, dass seine königlichen Kinder ein Leben führen, das ihres Vaters und ihrer Stellung würdig ist.

Gewissheit

Fünftens, *unsere Adoption liefert uns die Grundlage zum Verständnis der Gewissheit.*

Hier begegnen wir einer kniffligen Frage! Dieses Thema ist seit der Reformation ein permanenter Streitpunkt in der Kirche. Die Reformatoren, insbesondere Luther, machten einen klaren Unterschied zwischen dem »erworbenen Glauben« – dem Glauben an die christlichen Tatsachen, ohne dass daraus eine Reaktion oder Hingabe erfolgt – und dem wahren, rettenden Glauben. Der Letztere, sagten sie, besteht im Wesentlichen in der Gewissheit. Sie nannten sie *fiducia,* »Vertrauen« oder »Zuversicht«. Als Erstes ist es das Vertrauen in die Verheißung Gottes, dass Er dem glaubenden Sünder die Vergebung der Sünden und das ewige Leben schenkt. Und zum Zweiten ist es die Zuversicht, dass dies in mir, dem Gläubigen, auch konkret zur Anwendung kommt. »Der Glaube«, erklärt Luther, »ist ein lebendiges bewusstes Vertrauen in die Gnade Gottes, so gewiss, dass man dafür tausend Tode sterben könnte, und eine solche Zuversicht ... macht uns voller Freude, furchtlos und fröhlich gegenüber Gott und der ganzen Schöpfung.« Und er ging hart ins Gericht mit »den verderblichen Lehren der Papisten, die lehren, dass niemand gewiss sein könne, ob er das Wohlgefallen Gottes erlangt habe oder nicht; wobei sie ausdrücklich die Lehre des Glaubens verdrehen, das Gewissen des Menschen peinigen, Christus aus der Kirche verbannen und alle Wohltaten des Heiligen Geistes leugnen.«

Zugleich bekannten die Reformatoren, dass die *fiducia,* die Glaubensgewissheit, selbst in einem Menschen vorhanden sein könne, der unter schwersten Versuchungen meint, sie sei ihm abhanden gekommen und er habe die Hoffnung auf Gott verloren. (Wenn dies für uns paradox klingt, dann sollten wir dankbar sein, dass wir solch schweren Versuchungen niemals ausgesetzt waren, wie sie sie Luther selbst und auch vielen anderen seither widerfuhren.)

Die römisch-katholische Kirche kann damit nichts anfangen. Als Antwort auf die Reformatoren vertreten sie weiterhin den mittelalterlichen Standpunkt, dass der Gläubige, obwohl er sich nach dem Himmel sehnt, niemals sicher sein könne, ihn auch zu erreichen, und dass solch eine Gewissheit bloß auf einer Vermutung beruhe, ja, Vermessenheit sei.

Die Puritaner des folgenden Jahrhunderts lehrten, es komme beim Glauben nicht so sehr auf die Gewissheit der gegenwärtigen oder zukünftigen Erlösung an, sondern auf die konkrete Umkehr und Hingabe an Jesus Christus. Häufig sprachen sie von der Gewissheit und vom Glauben, als seien dies zwei ganz verschiedene Dinge. Und der Gläubige würde die Gewissheit gewöhnlich nicht erfahren, es sei denn, er suche sie konkret.

Im achtzehnten Jahrhundert vertrat auch Wesley Luthers Standpunkt, dass das Zeugnis des Geistes, mit der daraus resultierenden Gewissheit, von entscheidender Bedeutung für den Glauben sei. Später schränkte er diese Sicht jedoch ein, indem er einen Unterschied machte zwischen dem Glauben *eines Knechtes,* dem diese Gewissheit fehlt, und dem *Glauben eines Sohnes,* der diese besitzt. Möglicherweise stammt diese Ansicht aus seiner eigenen früheren Erfahrung, als er nach seiner Meinung noch den Glauben eines Knechtes hatte; also eines Menschen, der noch nicht zum wahren Christsein durchgedrungen war, der zwar die Erlösung suchte und danach trachtete, den Herrn zu erkennen, dem aber die Gewissheit des Gnadenstandes noch fehlte. Wie alle späteren Lutheraner vertrat Wesley jedoch die Meinung – im Gegensatz zu Luther selbst! –, dass man bloß der gegenwärtigen Annahme durch Gott gewiss sein könne, dass es aber keine beständige Gewissheit gebe.

Unter evangelischen Christen dauert die Diskussion an und wird auch weiterhin die Gemüter bewegen. Was ist Gewissheit? Und wem schenkt Gott diese Gewissheit – allen Gläubigen, nur einigen oder keinem? Wenn Er Gewissheit verleiht, worin besteht sie? Und wodurch wird diese Gewissheit verliehen? Hier herrscht große Verwirrung, aber die Wahrheit von der Adoption kann uns helfen, das Knäuel zu entwirren.

Wenn Gott uns in seiner Liebe zu seinen Kindern gemacht hat und wenn Er ein vollkommener Vater ist, ergeben sich daraus zwei logische Folgerungen.

Erstens, eine familiäre Beziehung ist auf Dauer angelegt, hat für immer Bestand. Vorbildliche Eltern werden ihre Kinder niemals verstoßen. Christen können sich wie der verlorene Sohn aus dem Gleichnis verhalten, aber das wird Gott nicht davon abhalten, der Vater des verlorenen Sohnes zu bleiben.

Zweitens, Gott wird keine Mühe scheuen, seine Kinder seine Liebe spüren und ihr Vorrecht und ihre Geborgenheit als seine Familienmitglieder erkennen zu lassen. Gerade Adoptivkinder brauchen die Gewissheit, dass sie dazugehören, und gute Eltern werden dafür Sorge tragen, dass sie das auch merken.

In Römer 8, der klassischen neutestamentlichen Stelle über die Glaubensgewissheit, bestätigt Paulus beide Schlussfolgerungen. Als Erstes erklärt er uns, dass Gott diejenigen, die Er »vorherbestimmt hat, dem Ebenbild seines Sohnes gleichgestaltet zu sein, damit er der Erstgeborene sei unter vielen Brüdern« – also diejenigen, die Gott von Ewigkeit her erwählt hat, Kinder seiner Familie zu sein –, »auch berufen ... gerechtfertigt ... *verherrlicht* hat« (Röm 8,29-30). Bemerkenswert ist, dass das Wort verherrlicht hier in der Vergangenheitsform steht, obwohl das Ereignis selbst noch in der Zukunft liegt. Daran erkennen wir, dass dies für Paulus eine beschlossene Sache ist, die in Gottes Ratschluss schon feststeht. Von daher auch die Einsicht von Paulus: »Ja, ich bin überzeugt, dass weder Tod noch Leben, weder Engel noch unsichtbare Mächte, weder Gegenwärtiges noch Zukünftiges, noch gottfeindliche Kräfte, weder Hohes noch Tiefes, noch sonst irgendetwas in der ganzen Schöpfung uns je von der Liebe Gottes« – der erwählenden, erlösenden, väterlichen Liebe Gottes – »trennen kann, die uns geschenkt ist in Jesus Christus, unserem Herrn« (Röm 8,38-39; NGÜ).

Zum Zweiten sagt Paulus, dass »der Geist selbst es zusammen mit unserem Geist bezeugt, dass wir Gottes Kinder sind« (Röm 8,16; NGÜ). Und er fügt hinzu: »Wenn wir aber Kinder sind, so sind wir auch Erben« (Röm 8,17). Wir haben hier eine allgemeingültige Aussage: Obwohl Paulus den Römern noch nie persönlich begegnet war, betrachtete er es doch als ganz selbstverständlich, dass auch sie sich als Christen dieses inneren Zeugnisses des Geistes über ihre beglückende Stellung als Kinder und Erben Gottes bewusst sind. James Denney hat einmal treffend festgestellt, dass, während die Glaubensgewissheit in der Lehre des Katholizismus sogar eine Sünde ist, und in weiten Bereichen des Protestantismus eine Verpflichtung, sie im Neuen Testament dagegen schlicht eine Tatsache ist.

So stellen wir fest, dass in diesem Vers das Zeugnis von unserer Adoption aus zwei verschieden Quellen gespeist wird: aus unserem Geist (d. h., unserem bewussten Selbst), und aus Gottes Geist, der zusammen mit unserem Geist Zeugnis ablegt.

Worin besteht das Wesen dieses zweifachen Zeugnisses? Robert Haldanes Analyse, die das Wesen einer mehr als zweihundertjährigen evangelischen Exegese erarbeitet hat, ist kaum zu übertreffen. Er schreibt: Das Zeugnis unseres Geistes realisiert sich darin, dass »der Heilige Geist uns befähigt, uns unserer Gotteskindschaft gewiss zu werden, indem wir uns der echten Kennzeichen eines erneuerten Zustands bewusst werden und diese in uns erkennen.« Dies ist die *ableitbare* Gewissheit, also eine Schlussfolgerung, die wir aus der Tatsache ableiten können, dass wir das Evangelium kennen, auf Christus vertrauen, Früchte ernsthafter Umkehr hervorbringen und die Gesinnung eines Wiedergeborenen bekunden.

»Wenn man aber meint«, führt Haldane weiter aus, »dies sei alles, was das Zeugnis des Heiligen Geistes ausmache, würde man der Aussage dieses Textes nicht gerecht. Denn in diesem Fall würde der Heilige Geist ja nur unserem Bewusstsein helfen, ein Zeugnis zu sein. Es würde aber nicht bedeuten, dass unser Geist selbst Zeugnis gebe. … Der Heilige Geist selbst legt ein eigenständiges und unmittelbares Zeugnis ab und gibt auch zusammen mit unserem Geist Zeugnis. Dieses Zeugnis wird, auch wenn man es nicht erklären kann, dennoch von dem Gläubigen wahrgenommen. Er erlebt dieses Zeugnis auf unterschiedliche Weise – manchmal stärker und offenkundiger, ein anderes Mal schwächer und weniger deutlich wahrnehmbar. … Diese Tatsache wird in der Bibel durch verschiedene Aussagen zum Ausdruck gebracht. So heißt es zum Beispiel, dass der Vater und der Sohn zu uns kommen und *Wohnung* bei uns machen werden. Oder Christus sagt, dass Er zu uns *hineingeht* und wir *miteinander essen werden.* Ferner sagt Er, dass Er uns von dem *verborgenen Manna* zu essen und einen *weißen Stein* geben wird, auf dem ein neuer Name eingraviert ist, den nur der kennt, der ihn empfängt. Dies alles sind Symbole für die Gemeinschaft mit uns und der Erkenntnis, dass wir von unserer Schuld freigesprochen sind. ›Die Liebe Gottes ist ausgegossen in unsere Herzen durch den Heiligen Geist, der uns gegeben worden ist.‹« (Robert Haldane, *Romans,* S. 363).

Dies ist die *unmittelbare* Gewissheit, das direkte Wirken des Geistes im Herzen des Wiedergeborenen, der das von Gott gewirkte Zeugnis unseres eigenen Geistes (das heißt, unseres eigenen Selbstbewusstseins und unserer Selbsterkenntnis als Gläubige) ergänzt. Dieses zweifache Zeugnis kann gewiss vorübergehend, wenn Gott sich zurückzieht oder durch satanische Angriffe, verdunkelt werden. Dennoch wird jeder ernsthafte Christ, der den Geist nicht durch Untreue traurig macht oder unterdrückt, gewöhnlich beide Aspekte dieses Zeugnisses mehr oder weniger als dauerhafte Erfahrung erleben, wie dies das Präsens bei Paulus verdeutlicht (»der Geist selbst bezeugt es zusammen mit unserem Geist«).

So können wir die Tatsache der Gewissheit wie folgt beschreiben: Unser himmlischer Vater möchte, dass seine Kinder seine Liebe und Geborgenheit in seiner Familie erleben. Und Er wäre kein guter Vater, wenn dies nicht sein Bestreben wäre, und wenn Er nicht alles daransetzte, dies auch zu realisieren. Und so handelt Er in der Form eines doppelten Zeugnisses, das wir als Bestandteil der regulären Erfahrung seiner Kinder beschrieben haben. Dadurch führt Er uns zur beständigen Freude an seiner Liebe. Dieses doppelte Zeugnis ist an sich schon eine Gabe – der krönende Abschluss der Glaubensgabe, wodurch die Gläubigen »erfahrbare Erkenntnis« erlangen, so dass ihr Glaube, ihre Adoption, die Hoffnung auf den Himmel und die unendliche souveräne Liebe Gottes »ganz real« sind. Von dieser Dimension der Glaubenserfahrung könnte man sagen, was Mr. Squeers – eine Figur aus Charles Dickens' »Nikolas Nickleby« – über die Natur betont: »Die Natur lässt sich leichter begreifen als beschreiben.« Und so »begreifen« alle Christen in gewisser Weise diese Glaubenserfahrung, denn sie gehört tatsächlich zu ihrem Geburtsrecht.

Da wir jedoch sehr anfällig dafür sind, uns selbst etwas vorzumachen, tun wir gut daran, unsere Gewissheit anhand der dogmatischen und ethischen Kriterien zu überprüfen, die uns der 1. Johannesbrief bietet (siehe 1 Joh 2:3.29; 3:6-10.14.18-21; 4:7-8.15-16; 5:1-4.18). Durch diese Erkenntnis wird unsere Gewissheit gestärkt werden und die Intensität unserer Gewissheit kann beträchtlich zunehmen. Die Quelle der Gewissheit ist jedoch nicht unsere Schlussfolgerung an sich, sondern das Wirken des Geistes, durch das wir, unabhängig von unseren Schlussfolgerungen, aber auch durch sie, die Gewissheit empfangen, dass wir Gottes Kinder sind und dass die erlösende Liebe und die Verheißungen Gottes uns ganz persönlich gelten.

Um was geht es aber bei den historischen Meinungsverschiedenheiten? Zunächst müssen wir die Sicht der römisch-katholischen Kirche ablehnen: Angesichts der Adoption und der Vaterschaft Gottes ist ihre Leugnung der Bewahrung wie auch der Gewissheit eine absurde Ungeheuerlichkeit. Welche Art von Vater wäre das wohl, der seinen Kindern niemals persönlich sagt, dass er sie liebt, ja, ihnen sogar droht, sie aus der Familie zu verstoßen, wenn sie sich schlecht benehmen? Und wenn Wesleyaner und Lutheraner die ewige Bewahrung oder das Beharren in der Gnade leugnen, ist dies ebenfalls ein Irrtum. Gott ist ein besserer Vater, als dieses Leugnen annehmen lässt: Er erhält seine Kinder im Glauben und in der Gnade und Er wird sie niemals seiner Hand entgleiten lassen. Die Reformatoren und Wesley hatten recht, dass die Gewissheit integraler Bestandteil des Glaubens ist. Und die Puritaner hatten ebenfalls recht, wenn sie mehr Gewicht auf die Tatsache legten, dass Christen, die den Heiligen Geist durch Sünde betrüben und Gott nicht von ganzem Herzen suchen, damit rechnen müssen, die volle Verwirklichung dieser krönenden Gabe des zweifachen Zeugnisses zu verfehlen, ebenso wie leichtsinnige und ungezogene Kinder ihren Eltern die Freude rauben und stattdessen Missbilligung hervorrufen. Manche Gaben sind zu kostbar für nachlässige und ungehorsame Kinder. Und dies ist eine Gabe, die uns unser himmlischer Vater zumindest bis zu einem gewissen Grad vorenthalten wird, wenn Er erkennt, dass wir nachlässig werden und meinen, unser Vater kümmere sich nicht darum, ob wir ein heiliges Leben führen oder nicht.

Das große Geheimnis

Es ist eine merkwürdige Tatsache, dass die Wahrheit von der Adoption in der Kirchengeschichte so wenig Beachtung fand. Außer zwei Büchern aus dem neunzehnten Jahrhundert, die heute kaum noch bekannt sind (R. S. Candlish, *The Fatherhood of God;* R. A. Webb, *The Reformed Doctrine of Adoption),* gibt es über dieses Thema keine evangelischen Schriften, weder aus der Zeit nach der Reformation noch aus der Zeit davor. Luther hatte ein ebenso festes und klares Verständnis von der Adoption oder Gotteskindschaft, wie auch von der Rechtfertigung, doch seine Schüler betonten zwar die Rechtfertigung, ignorierten jedoch die Adoption. Die Lehre der Puritaner über das Christenleben, die sonst so aussagekräftig ist, war bei diesem Thema bemerkenswert unzulänglich, was ein Grund dafür ist, dass hierüber so leicht gesetzliche Missverständnisse aufkommen konnten. Vielleicht kamen die frühen Methodisten und spätere methodistische Gläubige wie der große Prediger Billy Bray, der seine Gebete mit dem unvergesslichen Satz begründete: »Darüber muss ich mit dem Vater reden«, dem Leben der Gotteskindschaft, wie es das Neue Testament beschreibt, am nächsten. Wir müssen uns heute in der christlicher Lehre mit dem Thema der Adoption unbedingt noch eingehender auseinandersetzen.

Was wir in dem vorliegenden Kapitel untersucht haben, können wir indessen mit folgenden Fragen und Gedanken beschließen: Weiß ich, was mein Christsein wirklich ausmacht? Kenne ich meine wahre Identität? Ist mir bewusst, wozu ich berufen bin? *Ich bin ein Kind Gottes. Gott ist mein Vater. Der Himmel ist meine Heimat und mit jedem Tag komme ich ihr ein Stück näher. Mein Erlöser ist mein Bruder und alle Christen sind ebenfalls meine Geschwister.* Führe dir dies immer wieder vor Augen. Möge es dein erster Gedanke sein, wenn du morgens erwachst und der letzte am Ende des Tages, wenn du unterwegs bist oder eine freie Minute hast. Und bitte Gott darum, dass Er dich befähigt, ein Leben als jemand zu führen, der sich dieser Tatsachen im tiefsten Herzen bewusst ist. Dabei ist das Geheimnis des Christenlebens ein glückliches Leben. Ein glückliches Leben? Ja, ganz bestimmt, aber es ist noch etwas Größeres und Tiefgründigeres: Es ist das Geheimnis eines *geistlichen* Lebens und eines *Gott ehrenden* Lebens, und dies sind die Aspekte, auf die es wirklich ankommt. Mögen wir uns dieses Geheimnis immer völliger aneignen.

Um uns zu helfen, besser zu erkennen, wer und was wir als Kinder Gottes sind und wozu wir berufen sind, hier einige Fragen, durch die wir unser Leben immer wieder neu überprüfen können:

Erkenne ich die Bedeutung meiner Adoption? Schätze ich ihren Wert? Mache ich mir täglich das Vorrecht der Gotteskindschaft bewusst?

Trachte ich danach, mir meiner Gotteskindschaft immer völliger gewiss zu sein? Ruhe ich täglich in der Liebe, die Gott mir erweist?

Sehe ich in Gott meinen himmlischen Vater? Liebe, ehre und gehorche ich Ihm? Suche und erfreue ich mich seiner Gemeinschaft? Und versuche ich, Ihm in allen Dingen zu gefallen, wie sich das irdische Eltern von ihrem Kind wünschen?

Erkenne ich in Jesus Christus meinen Erlöser und meinen Herrn, der auch mein Bruder ist, der mir nicht nur mit göttlicher Autorität begegnet, sondern auch göttlich-menschliche Zuneigung entgegenbringt? Bedenke ich täglich, wie nahe Er mir ist, wie vollkommen Er mich versteht, und wie sehr Er, als mein persönlicher Erlöser, für mich sorgt?

Habe ich gelernt, die Dinge zu hassen, die meinem Vater missfallen? Entwickle ich eine Sensibilität für das Böse, das Ihm zuwider ist? Bin ich darauf bedacht, dem Bösen aus dem Weg zu gehen, damit ich Ihn nicht betrübe?

Freue ich mich täglich auf das großartige Familienfest, an dem die Kinder Gottes sich letztendlich im Himmel vor dem Thron Gottes, ihrem Vater, und dem Thron des Lammes, ihrem Bruder und Herrn, versammeln werden? Empfinde ich die Faszination dieser Hoffnung?

Liebe ich meine christlichen Geschwister, mit denen ich jeden Tag zusammenlebe, so, dass ich mich im Himmel nicht darüber schämen muss, wenn ich daran zurückdenke?

Bin ich stolz auf meinen Vater und seine Familie, zu der ich durch seine Gnade gehören darf?

Ist die Familienähnlichkeit in meinem Leben zu erkennen? Wenn nicht, woran liegt das?

Himmlischer Vater, mache uns demütig, erziehe uns und verändere uns so, dass wir uns als deine wahren Kinder erweisen!

◈ KAPITEL 20 ◈

DU FÜHRST UNS

Für viele Christen ist die Führung oder Geistesleitung ein chronisches Problem. Warum? Nicht, weil sie grundsätzlich an der Tatsache der göttlichen Führung zweifeln würden, sondern vielmehr, weil sie von dieser Führung völlig überzeugt sind. Sie wissen, dass Gott uns zu führen vermag, und dass Er versprochen hat, jeden Gläubigen zu führen. Aus Büchern, von Freunden und durch Vorträge erfahren sie, wie andere in ihrem Leben Gottes Führung erlebt haben. Ihre Angst ist deshalb nicht, dass Gott sie nicht führen würde, sondern, dass sie Gottes Führung durch ihr eigenes Versagen verpatzen könnten. Wenn sie singen:

Führe, Jahwe, mein Erlöser,
mich durch dieses Wüstenland.
Ich bin schwach, doch Du bist mächtig,
leite mich mit starker Hand.
Brot des Himmels, nähre mich
heute und auch ewiglich.

– dann haben sie keinen Zweifel daran, dass Gott in der Lage ist, sie zu führen und auch zu versorgen, wie sie es erbitten. Aber sie bleiben doch unsicher, weil sie an ihrer Fähigkeit zweifeln, Gottes Führung auch wirklich zu erkennen.

Doch viele haben noch nicht einmal diesen Punkt erreicht. In unserer Zeit hat sich, wie wir schon des Öfteren angemerkt haben, die Erkenntnis Gottes durch unsere verkehrten Gedanken über Gott häufig verdunkelt – ja, sie ist sogar in Unwissenheit über Gott umgeschlagen. Dadurch wurde die Realität der Herrschaft Gottes, seines Wortes, seiner Souveränität, seiner moralischen Integrität, ja selbst seiner Persönlichkeit infrage gestellt – und das nicht nur außerhalb, sondern auch innerhalb der Kirche. Dies lässt viele an einer göttlichen Führung zweifeln. Wie kann es auch anders sein, wenn Gott nicht der ist, der uns führen kann oder führen will? Und das ist es, was alle diese falschen Vorstellungen über Gott auf die eine oder andere Weise unterstellen. Es lohnt sich deshalb, uns an dieser Stelle einige der fundamentalen Wahrheiten in Erinnerung zu rufen, die Voraussetzung für die göttliche Führung sind.

Gott hat einen Plan

Sei davon überzeugt, dass die göttliche Führung ganz real ist und auf zwei grundlegenden Tatsachen beruht: Erstens, auf der Tatsache, dass Gott einen *Plan* für unser Leben hat; zweitens, auf der Fähigkeit Gottes, mit uns *zu kommunizieren.* Über diese beiden Tatbestände hat die Bibel eine ganze Menge zu sagen.

Hat Gott wirklich einen Plan für jeden Einzelnen? Ja, das hat Er. Er hat einen »ewigen Vorsatz« – »einen Plan der Ewigkeiten«, nach dem Er »alle Dinge nach dem Ratschluss seines Willens verwirklicht« (Eph 3,11; 1,10-11). So hatte Er einen Plan für die Befreiung seines Volkes aus der ägyptischen Knechtschaft, als Er sie durch das Meer und dann durch die Wüste mit einer Wolkensäule am Tag und eine Feuersäule in der Nacht führte. Ebenso hatte Er einen Plan für die Rückkehr seines Volkes aus dem babylonischen Exil. Diesen verwirklichte Er, indem Er Kyrus zum König einsetzte und seinen Geist erweckte (Esra 1,1), so dass er die Juden nach Hause ziehen ließ, um ihren Tempel wieder aufzubauen. Er hatte auch für Jesus einen Plan (siehe Lk 18,31; 22,22 u. a.). Während seines ganzen Erdenlebens war es Jesu Aufgabe, den Willen seines Vaters zu tun (Joh 4,34;

Hebr 10,7.9). Gott hatte auch für Paulus einen Plan (siehe Apg 21,14; 22,14; 26,16-19; 1 Tim 1,16). In fünf seiner Briefe bezeichnet Paulus sich selbst als Apostel »durch den Willen Gottes«. Und ebenso hat Gott für jedes seiner Kinder einen konkreten Plan.

Aber kann Gott uns seinen Plan auch mitteilen? Ja, das kann Er. Wie der Mensch ein kommunikatives Wesen ist, so ist auch sein Schöpfer ein kommunikativer Gott. Er vermittelte den alttestamentlichen Propheten seinen Willen und gab ihn durch sie an das Volk weiter. Im Neuen Testament sehen wir, wie Er Jesus und Paulus führt. In der Apostelgeschichte werden uns verschiedene Beispiele detaillierter Führung berichtet. So wird Philippus in die Wüste gesandt, um dort mit dem äthiopischen Eunuchen, einem hohen Würdenträger, zusammenzutreffen und ihm das Evangelium zu bringen (Apg 8,26.29). Petrus wird befohlen, die Einladung von Kornelius anzunehmen und auch ihm und seiner Familie die Frohe Botschaft zu verkünden (Apg 10,19-20). Die Gemeinde in Antiochia wird aufgefordert, Paulus und Barnabas als Missionare auszusenden (Apg 13,2). Paulus und Silas werden nach Europa berufen (Apg 16,6-10). Paulus wird ermutigt, mit seinem Dienst unter den Korinthern fortzufahren (Apg 18,9-10). Und auch wenn die Führung durch Träume, Visionen und unmittelbare verbale Botschaften selbst für die Apostel und ihre Zeitgenossen etwas Außergewöhnliches waren, zeigen diese Ereignisse doch zumindest, dass Gott keine Schwierigkeit hat, seinen Dienern seinen Willen bekanntzumachen.

Überdies enthält die Schrift explizite Verheißungen göttlicher Führung, in denen Gott uns zusagt, dass wir seinen Plan für unser Handeln erkennen können. »Ich will dich unterweisen und dir den Weg zeigen, den du gehen sollst. Ich will dich beraten und immer meinen Blick auf dich richten«, sagt Gott zu David (Ps 32,8). Jes 58,11 enthält die Zusicherung, dass, wenn wir umkehren und gehorchen, »der HERR dich ohne Unterlass leiten wird.« Führung ist ein Hauptthema im 25. Psalm, wo wir lesen: »Gütig und aufrichtig ist der HERR. Deshalb zeigt er den Menschen, die sich von ihm abgewandt haben, den rechten Weg. Er unterweist die Demütigen in dem, was gut und richtig ist, ja, gerade ihnen zeigt er seinen Weg. ... Wie steht es mit dem Menschen, der in Ehrfurcht vor dem HERRN lebt? Ihn lässt der HERR den Weg erkennen, den er wählen soll«

(Ps 25,8-9.12; NGÜ). Ebenso heißt es in Spr 3,6: »Erkenne ihn auf allen deinen Wegen, so wird er deine Pfade ebnen.«

Im Neuen Testament finden wir die gleiche Erwartung nach Führung. So betet Paulus für die Kolosser, dass Gott sie erfülle »mit der Erkenntnis seines Willens in aller geistlichen Weisheit und Einsicht«, und Epaphras betet darum, dass sie »zur Fülle gebracht werden in allem, was der Wille Gottes ist« (Kol 1,9; 4,12). Sie setzen also eindeutig voraus, dass Gott bereit und willens ist, seinen Willen bekanntzumachen. *Weisheit* bedeutet in der Bibel stets die Erkenntnis des richtigen Weges, der Gott gefällt und das Leben bewahrt. So ist die Verheißung von Jak 1,5 – »Wenn es aber einem von euch an Einsicht fehlt, die rechten Entscheidungen zu treffen, so bitte er Gott um Weisheit, und sie wird ihm gegeben werden. Er wird sie ihm gerne geben und macht dem, der ihn darum bittet, keine Vorhaltungen«, – im Grunde das Versprechen, Führung zu schenken. »Lasst euch in eurer Denkweise von Gott verändern durch die Erneuerung eures Denkens«, rät Paulus. »Dann werdet ihr imstande sein zu beurteilen, ob etwas Gottes Wille ist – ob es gut ist, ob Gott Gefallen daran findet und ob es zielführend ist« (Röm 12,2; eÜ).

Andere Texte der biblischen Wahrheit kommen hier zum Tragen, die die Zuversicht, dass Gott uns führen will, bestärken. Erstens, Christen sind Gottes Kinder. Und wenn irdische Eltern sich dafür verantwortlich fühlen, ihren Kindern eine Orientierungshilfe in Fragen zu geben, in denen ihre Unerfahrenheit und Naivität für sie eine Gefahr darstellen könnte, dürfen wir ganz gewiss annehmen, dass das auch in der Familie Gottes der Fall ist. »Wenn nun ihr, die ihr doch böse seid, euren Kindern gute Gaben zu geben versteht, wieviel mehr wird euer Vater im Himmel denen gut Gaben geben, die ihn darum bitten!« (Mt 7,11).

Ferner, so lesen wir, dass die Bibel, das Wort Gottes, von großem Nutzen ist, denn »sie lehrt uns die Wahrheit zu erkennen, überführt uns von Sünde, korrigiert uns und führt uns auf den rechten Weg, und sie erzieht uns in der Gerechtigkeit, damit wir ein Leben nach Gottes Willen führen. Mit Hilfe der Schrift ist der Mensch, der Gott gehört und ihm dient, all seinen Aufgaben gewachsen und zu jedem guten Werk ausgerüstet« (2 Tim 3,16-17; eÜ). »Lehre« bedeutet, ausführliche Unterweisung in Lehre und Ethik, im Werk und Willen Gottes. »Zurechtweisung«, »Korrektur« und »Erziehung in der

Gerechtigkeit« verweisen auf die heilsame Anwendung dieser Lehre auf unser verdorbenes Leben. Und »ausgerüstet [bereit] zu jedem guten Werk« – also, ein Leben, das darauf bedacht ist, auf Gottes Wegen zu gehen – ist das verheißene Resultat.

Außerdem haben Christen einen in ihnen wohnenden Führer, den Heiligen Geist. »Ihr habt die Salbung von dem Heiligen. ... Und die Salbung, die ihr von ihm empfangen habt, bleibt in euch, ... so, wie euch die Salbung über alles belehrt, ist es wahr und keine Lüge« (1 Joh 2,20.27). Zweifeln wir an der realen Geistesleitung, leugnen wir die Treue seines Wirkens. Wir erkennen in Apg 8,29; 10,19; 13,2; 16,6 und am deutlichsten in der Verordnung des Jerusalemer Apostelkonzils – »Es hat dem Heiligen Geist und uns gefallen« (Apg 15,28) –, dass die Führung konkret dem Heiligen Geist zugeschrieben wird.

Zudem möchte Gott in unserem Leben verherrlicht werden, und Er wird nur dann in uns verherrlicht, wenn wir seinem Willen gehorchen. Daraus folgt, dass Er, als Mittel zu diesem Zweck, bereit sein muss, uns seinen Weg zu lehren, damit wir auf ihm wandeln können. Das Vertrauen darauf, dass Gott bereit ist, die zu belehren, die Ihm gehorchen möchten, liegt dem ganzen 119. Psalm zugrunde. Auch David bezeugt in Ps 23,3 die Tatsache, dass Gott uns um seiner Ehre willen Führung zuteil werden lässt: »Er führt mich auf Pfaden der Gerechtigkeit *um seines Namens willen.*«

Wir könnten das Thema weiter erörtern, aber der entscheidende Punkt ist wohl hinreichend erklärt. In dem Gesagten wird eindeutig offenbar, dass Führung eine Realität ist, die jedem Kind Gottes zuteil wird. Christen, die diese Führung nicht erleben, beweisen dadurch nur, dass sie nicht so nach ihr streben, wie sie es sollten. Es ist von daher nötig, sich nach der Führung auszustrecken und Klarheit darüber zu gewinnen, wie man sie erhalten kann.

Wie wird uns Führung zuteil?

Selbst ernsthafte Christen, die nach Führung suchen, erfahren diese häufig nicht. Woran liegt das? Der Grund ist, dass sie oft eine falsche Vorstellung über das Wesen und die Art und Weise der göttlichen Führung haben. Sie suchen nach besonderen Erfahrungen, weil sie glauben, dass die Führung etwas Außergewöhnliches sein müsse und so erliegen sie allen möglichen Irrtümern. Ihr grundlegendes

Missverständnis ist, dass sie sich unter Führung in erster Linie *eine innere Leitung durch den Heiligen Geist vorstellen, die unabhängig vom geschriebenen Wort Gottes geschieht.* Diese Vorstellung ist so alt wie die falschen Propheten des Alten Testaments und so neu wie die Oxford-Gruppe und die Moralische Aufrüstung des vergangenen Jahrhunderts. Und sie ist ein Beet in dem alle Formen von Fanatismus und Torheit wachsen können.

Wie kommt es, dass selbst ernsthafte Christen diesem Irrtum verfallen können? Der Grund dafür ist wohl im Folgenden zu sehen. Sie hören das Wort *Führung* und denken sofort an konkrete Probleme, in denen sie nach Führung suchen. Vermutlich haben sie etliche Bücher gelesen und Zeugnisse gehört, die sich ausschließlich mit solchen situationsbedingten Fragen und der Führung in solchen Fällen befassen. Da geht es zum Beispiel um die Frage der »Berufswahl« – wobei ich zwischen verschiedenen Optionen, von denen jede legitim und gut ist, wählen kann. Oder es geht um die Fragen: Soll ich heiraten oder nicht? Wen soll ich heiraten? Sollten wir noch ein weiteres Kind bekommen? Soll ich mich dieser Gemeinde anschließen oder jener? Soll ich Gott in meinem Heimatland dienen oder im Ausland? Welchen der beruflichen Wege, die mir offen stehen, soll ich einschlagen? Soll ich meinen gegenwärtigen Beruf weiter ausüben? Soll ich mich für diese Person oder jene Sache einsetzen? Welcher Dienst in der Gemeinde sollte für mich Priorität haben?

Natürlich denken wir intensiv über diese vielen Wahlmöglichkeiten nach, weil sie für unser Leben so ausschlaggebend sind und über Freud oder Leid entscheiden – und es ist gut, dass wir das tun. Aber was nicht in Ordnung ist, ist der voreilige Schluss, dass es letzten Endes bei allen Fragen der Führung um solche situationsbedingten Dinge gehe. Und hier liegt offensichtlich die Wurzel des Irrtums.

Im Blick auf die rechten Entscheidungen sind bei der göttlichen Führung zwei Dinge zu beachten. Beide ergeben sich aus der Natur der Sache selbst. Erstens, auf diese Fragen kann man keine direkten Antworten aus der Bibel empfangen. Alles, was man anhand der Bibel tun kann, ist, die korrekten Rahmenbedingungen zu erkennen, innerhalb derer die richtige Wahl getroffen werden kann. (Kein eindeutiger biblischer Text hat mir, dem Autor dieses Buches, zum

Beispiel die Frau vorgeschlagen, die nun meine Gattin ist, oder ausdrücklich gesagt, ich solle mich für den vollzeitlichen Dienst vorbereiten, oder ich solle meinen Dienst in England beginnen, oder mir dieses bestimmte Auto kaufen.)

Zweitens, weil die Bibel uns unsere Entscheidungsfragen nicht unmittelbar beantwortet, versucht man es auf andere Weise: Man sucht nach angeblich von Gott gewirkten inneren Eingebungen, wodurch man scheinbar gedrängt wird, sich für das eine oder das andere zu entscheiden. Ferner hofft man auf einen inneren Herzensfrieden, der die getroffene Entscheidung bestätigen soll. Der Grund für dieses falsche Verständnis liegt also zum Ersten in einer verkehrten Vorstellung über die Führung bzw. Geistesleitung und zum Zweiten darin, dass man meint, man müsse in allen Lebensbereichen nach einer Art außergewöhnlicher Führung suchen.

Die Folgen dieses Missverständnisses entbehren selbst unter ernsthaften Christen weder einer Art Komik noch einer gewissen Tragik. Die Vorstellung eines Lebens, in dem die innere Stimme des Geistes alles entscheidet und lenkt, klingt zwar äußerst attraktiv, scheint dies doch das Wirken des Geistes zu vergrößern und eine innigere Gemeinschaft mit Gott zu versprechen. Aber in der Praxis führt dieses Streben nach übersteigerter Spiritualität nur zu heilloser Verwirrung bis hin zu Wahnvorstellungen.

Hannah Whitall Smith, die kluge und einsichtige Quäkerin, hat vieles hiervon erkannt und dies in ihren aufschlussreichen *»Fanaticism Papers«* beschrieben (posthum von Ray Strachey zuerst als *Religious Fanaticism* [1928] und dann als *Group Movements of the Past and Experiments in Guidance* [1934] herausgegeben). Darin berichtet sie von einer Frau, die jeden Morgen nach dem Aufwachen dem Herrn den Tag weihte, und »ihn dann zu fragen pflegte, ob sie aufstehen solle oder nicht«, und sich nicht eher rührte, bis »die Stimme« ihr sagte, sie solle sich anziehen. »Bei jedem Kleidungsstück fragte sie den Herrn, welches sie anziehen solle, und häufig sagte der Herr zu ihr, sie solle den rechten Schuh anziehen, aber nicht den linken. Manchmal musste sie beide Strümpfe anziehen, aber keine Schuhe, und manchmal beide Schuhe, aber keine Strümpfe. So geschah es mit allen Kleidungsstücken.«

Dann erzählt sie von einer Patientin in einem Sanatorium. Als deren Pflegerin zu ihr ins Zimmer kam, ließ diese aus Versehen etwas Geld auf dem Frisiertisch liegen. Da bekam die kranke Dame »den Eindruck, ... dass der Herr möchte, dass sie das Geld an sich nehmen solle, um die Wahrheit des Bibeltextes zu illustrieren: ›Alles ist euer‹.« – Das tat sie dann auch und versteckte es unter ihrem Kopfkissen. Als die Pflegerin zurückkam, um das Geld zu holen, machte sie allerhand Ausflüchte, doch schließlich wurde sie als Diebin überführt und vor die Tür gesetzt.

Schließlich hören wir noch von einer »kultivierten Lady, in den mittleren Jahren.« Sie erklärte, dass »es Zeiten gab, in denen ich, um meinen Freunden beim Empfang der Geistestaufe zu helfen, ganz deutlich spürte, wie der Herr mich anwies, sie aufzufordern, dass wir uns gemeinsam völlig nackt und Rücken an Rücken ins Bett legen sollten« *(Group Movements,* S. 184, 245, 198). Diese zweifelhaften Vorkommnisse sind keine Ausnahme und illustrieren auf traurige Weise, welche Auswüchse entstehen können, sobald man sich diese grundlegenden Fehler über die Geistesleitung zu eigen gemacht hat.

Dieses Fehlverhalten beruht darauf, dass man nicht erkennt, dass unser Schöpfer seine vernunftbegabten Geschöpfe in erster Linie durch das vernünftige Verstehen und Anwenden seines geschriebenen Wortes führt. Das Bewusstsein für diese Art der Führung ist ganz entscheidend, weil dadurch einerseits der Bereich eingeschränkt wird, in dem situationsbezogene Führung wirklich notwendig ist und auch geschieht. Und weil andererseits nur die, für die das Wort Gottes in diesen Fragen oberste Priorität hat, in der Lage sind, solch eine situationsbezogene Führung tatsächlich zu erkennen und richtig zu beurteilen. Die Personen, die Mrs Smith als negative Beispiele anführt, hatten in ihrer unkritischen Übernahme der irrationalen und amoralischen Impulse, die sie als vom Heiligen Geist gewirkt betrachteten, ganz vergessen, dass Fragen der Kleidung, des Respekts vor Eigentum und der Unterscheidung zwischen Sinnlichem und Geistlichem, bereits in der Bibel eindeutig beantwortet werden (1 Tim 2,9; 1 Petr 4,15; Eph 4,19-22).

Die richtige Art, den Heiligen Geist als unseren Führer zu ehren, ist, die Heilige Schrift zu ehren, durch die Er uns führt. Die grundsätzliche Führung die Gott uns zuteil werden lässt, um unser Leben richtig zu gestalten – die Vermittlung der grundlegenden Überzeugungen, der rechten Gesinnung, Ideale und Wertvorstellungen in Bezug auf unsere Lebensführung –, geschieht nicht durch innere Eingebungen, unabhängig vom Wort Gottes. Sie geschieht vielmehr dadurch, dass der Heilige Geist uns durch Gottes Wort erleuchtet und so unser Gewissen schärft, so dass wir Gottes Charakter und Willen erkennen und auf unser Leben anwenden können.

Göttliche Führung erfahren wir vor allem also dadurch, dass sie uns positive Wertvorstellungen als Richtlinien für unser ganzes Leben vermittelt: »Nimm dir Jesus zum Vorbild.« – »Trachte nach dieser oder jener Tugend und verwirkliche sie in deinem Leben.« – »Erkenne deine Verantwortlichkeit – als Mann gegenüber deiner Ehefrau; als Frau gegenüber deinem Ehemann; als Eltern gegenüber euren Kindern; als Christ gegenüber deinen Mitchristen und Mitmenschen. Mache sie dir bewusst und bitte um die Kraft, sie beständig zu verwirklichen.« So führt Gott uns durch sein Wort, die Bibel, wie jeder, der die Psalmen, die Sprüche, die Propheten, die Bergpredigt und die ethischen Teile der Briefe studiert, leicht feststellen kann. »Weiche vom Bösen und tue Gutes« (Ps 34,15; 37,27). So ist die Bibel unser »Navigationssystem« auf der »Lebensautobahn«, und all ihre Ermahnungen oder »Navigationsanweisungen« dienen dazu, uns auf dem rechten Kurs zu halten. Beachten wir ferner, dass sich die Aussage in Röm 8,14: »alle, die sich vom Geist Gottes leiten lassen«, nicht auf innere »Stimmen« oder ähnliche Erfahrungen bezieht, sondern darauf, dass wir unsere Sünde aufrichtig bekennen und uns nicht mehr von unserer alten Natur bestimmen lassen!

Ausschließlich innerhalb der Grenzen *dieser* Führung können wir bei Fragen nach der situationsbezogenen Entscheidung mit Gott rechnen. So können wir niemals erwarten, dass Gott möchte, dass wir einen Ungläubigen heiraten oder uns mit einer verheirateten Person einlassen sollen, solange 1 Kor 7,39 und das siebte Gebot in Kraft sind! Ich habe schon erlebt, wie man sich in beiden Fällen auf göttliche Führung berief. Dabei war fraglos eine beiderseitige Zuneigung im Spiel, aber sie war ganz sicher nicht auf das Wirken des Geistes Gottes zurückzuführen, denn sie steht im Widerspruch zu Gottes Wort. Geistleitung geschieht nur innerhalb der Grenzen, die Gottes Wort vorgibt, überschreitet diese aber garantiert nicht. »Er führt mich in *Pfaden der Gerechtigkeit«* (Ps 23,3) – doch nicht auf selbst gewählten Wegen.

Sechs häufige Fallstricke

Selbst wenn wir im Großen und Ganzen die Frage der göttlichen Führung richtig erfasst haben, ist es doch immer noch sehr leicht sich zu irren, besonders bei situationsbezogenen Entscheidungen. In keinem Lebensbereich tritt die Schwachheit unserer menschlichen Natur – selbst die der Wiedergeborenen – deutlicher zutage. In diesen Fällen kann Gott sehr wohl unsere Sicht und dann unser ganzes Wesen auf den Kurs bringen, den Er, unter allen Alternativen, als den besten für uns und andere betrachtet und der seiner Verherrlichung dient. Aber der Geist kann auch von uns behindert, und seine Führung durch unser Verhalten gedämpft werden. Es lohnt sich, einige der primären Fallstricke näher zu beleuchten:

Erstens, *unsere mangelnde Bereitschaft, uns ernsthaft Gedanken zu machen.* Dabei handelt es sich um eine falsche Frömmigkeit, eine ungesunde und schädliche übersteigerte Spiritualität, die nach irrationalen inneren Eindrücken sucht, und dabei die ständige biblische Aufforderung missachtet: *»Denkt nach.«* Gott erschuf uns als denkende Wesen, und Er leitet unsere Gedanken, wenn wir unsere Fragen in seiner Gegenwart überdenken. »Wenn sie *weise* wären ..., würden sie ihre Zukunft *bedenken«* (5 Mose 32,29; eÜ).

Zweitens, *die mangelnde Bereitschaft, vorausschauend zu denken und die langfristigen Konsequenzen unseres Handelns zu erwägen.* »Vorausschauend planen« ist Teil der göttlichen Lebensordnung, ebenso wie dies auch im Straßenverkehr gilt. Oft können wir das, was klug und richtig (oder töricht und verkehrt) ist, allein dadurch erkennen, dass wir uns eingehender mit seinen langfristigen Auswirkungen befassen. »Wenn sie *weise* wären ..., würden sie *ihre Zukunft bedenken«* (5 Mose 32,29; eÜ).

Drittens, *unsere mangelnde Bereitschaft, Ratschläge anzunehmen.* Die Bibel betont nachdrücklich, wie notwendig es ist, auf andere zu hören: »Der Weg des Narren ist richtig in seinen Augen, aber ein Weiser hört auf guten Rat« (Spr 12,15). Es ist ein Zeichen von Arroganz und Unreife, bei wichtigen Entscheidungen auf den Rat anderer zu verzichten. Es gibt immer Menschen, die die Bibel, die menschliche Natur und unsere Gaben und Grenzen besser kennen als wir selbst. Und auch wenn wir ihren Rat gelegentlich nicht befolgen können, ist es doch von Vorteil, wenn wir auch das erwägen, was sie uns raten.

Viertens, *die mangelnde Bereitschaft, uns selbst zu misstrauen.* Wir haben oft ein viel zu positives Bild von uns selbst, und unsere wahre Selbsterkenntnis ist nur allzu dürftig. Über andere können wir leicht ein Urteil fällen, uns selbst aber sehen wir meist in einem völlig falschen Licht. »Empfindungen«, die ihren Ursprung darin haben, dass sie das eigene Erlebnis zum Maß aller Dinge machen, die die Flucht aus der Realität begünstigen, die das Selbstmitleid befördern oder unserem Ego schmeicheln, müssen erkannt und abgelegt, dürfen aber auf keinen Fall mit Gottes Führung verwechselt werden. Dies gilt insbesondere für erotische oder sexuell bedingte Gefühle, wie es der Biologe und Theologe O. R. Barclay anschaulich beschreibt:

»Die Freude und das allgemeine Wohlgefühl, das häufig (aber nicht immer) mit dem ›Verliebtsein‹ einhergeht, kann das Gewissen leicht zum Schweigen bringen und das kritische Denken behindern. Wie oft hört man Paare sagen, sie fühlten sich ›füreinander bestimmt‹ – und vermutlich werden sie sogar sagen: ›Der Herr hat uns so eindeutig geführt‹ –, obwohl das, was sie in Wirklichkeit empfinden, nichts anderes, als ein außergewöhnlicher, hormonell bedingter Zustand ist, der sie extrem heiter und glücklich stimmt.« (O. R. Barclay, *Guidance,* S. 29-30).

Wir müssen uns selbst hinterfragen, *warum* wir einen besonderen Weg als richtig »empfinden«, und unsere Beweggründe aufrichtig analysieren. Dabei kann es nur hilfreich sein, wenn wir die Sache jemandem vorlegen, dessen Urteil wir vertrauen, und der unsere Argumente recht einschätzen kann. Und wir sollten auch anhaltend beten: »Erforsche mich, o Gott, und erkenne mein Herz; prüfe mich und erkenne meine Gedanken; und sieh, ob ich auf bösem Weg bin, und leite mich auf dem ewigen Weg« (Ps 139,23-24). Wir können uns selbst gar nicht genug misstrauen.

Fünftens, *die mangelnde Bereitschaft, die persönliche Anziehungskraft anderer mit Vorsicht zu beurteilen.* Wer sich nicht der Gefahr des eigenen Hochmuts und Selbstbetrugs zutiefst bewusst ist, erkennt diese Gefahr auch häufig bei anderen nicht. Und das führt gelegentlich dazu, dass wohlmeinende, aber irregeleitete Menschen, die zudem auch noch eine Begabung zur Selbstinszenierung haben, eine gefährliche Macht über die Gedanken und das Gewissen anderer erlangen. Diese geraten dann arglos unter ihren Einfluss und sind nicht mehr fähig, sie mit vernünftigen Maßstäben zu beurteilen. Selbst wenn eine begabte und anziehende Person diese Gefahr erkennt und versucht, sie zu vermeiden, gelingt es ihr nicht immer, Christen davon abzuhalten, in ihr einen Boten Gottes oder einen Propheten zu sehen. Dann betrachten diese Menschen die Aussagen dieser Person als ihre persönliche Wegweisung und folgen ihrer Führung blindlings. Dies ist aber nicht die Art und Weise, wie Gott führt. Herausragende Persönlichkeiten haben natürlich nicht zwangsläufig unrecht, aber sie sind auch nicht unbedingt im Recht! Diese Personen und ihre Ansichten müssen respektiert werden, wir dürfen sie aber nicht als unfehlbar betrachten. »Prüft alles, das Gute behaltet« (1 Thess. 5,21).

Sechstens, *unsere mangelnde Bereitschaft, zu warten.* »Warte [oder harre] auf den Herrn«, ist eine immer wiederkehrende Aufforderung in den Psalmen, und sie ist notwendig, denn Gott lässt uns häufig warten. Er hat es nicht so eilig wie wir. Er gibt uns gewöhnlich nicht mehr Licht über die Zukunft, als wir für unser gegenwärtiges Handeln brauchen. Und Er führt uns auch bloß einen Schritt nach dem anderen. Im Zweifelsfall ist es besser, stillzuhalten und auf Gott zu warten. Wenn es Zeit ist, zu handeln, werden wir schon die nötige Klarheit bekommen.

Keine einfachen Antworten

Das bedeutet jedoch nicht, dass die rechte Führung sich dann als ein Weg erweist, auf dem es keine Probleme mehr gibt. Hier haben wir eine andere Ursache dafür, dass Christen oft ins Zweifeln geraten. Sie haben nach Führung gesucht und glauben nun, sie sei ihnen zuteil geworden. Sie haben sich auf den Weg gemacht, den Gott ihnen offenbar gewiesen hat. Und was begegnet ihnen? Sie erleben eine Menge neuer Probleme, die ihnen sonst erspart geblieben wären. Sie erfahren Isolation und Kritik, werden von Freunden verlassen, sind allen möglichen Enttäuschungen ausgesetzt. Da kommen sie natürlich ins Schleudern. Sie denken an den Propheten Jona, der, als er nach Nordosten gehen sollte, um in Ninive zu predigen, stattdessen ein Schiff bestieg, das in die entgegengesetzte Richtung nach Tarsis fuhr, »weg vom Angesicht des Herrn« (Jona 1,3). Daraufhin geriet er in einen Sturm, wurde von Ungläubigen gedemütigt, über Bord geworfen und von einem großen Fisch verschlungen. Und das geschah alles, um Jona zur Besinnung zu bringen. Nun fragen sich diese Christen: »Sind meine gegenwärtigen stürmischen Erlebnisse ein Zeichen von Gott, weil ich, wie Jona, vom Kurs abgekommen und nicht mehr auf dem Weg Gottes bin?«

Das ist durchaus möglich. Und wer weise ist, wird seine neuen Probleme zum Anlass nehmen, seine ursprüngliche Führung noch einmal sorgfältig zu überprüfen. Schwierigkeiten sollten stets als eine Chance gesehen werden, unsere Wege zu überdenken. Aber Konflikte sind nicht notwendigerweise ein Zeichen dafür, dass wir uns auf dem Holzweg befinden; denn die Bibel erklärt ganz allgemein, dass »der Gerechte viel Böses erleiden muss« (Ps 34,20). Und das bedeutet, dass, wenn wir der Führung Gottes folgen, dies häufig zu unliebsamen Überraschungen und Nöten führt, denen wir andernfalls entgangen wären. Beispiele gibt es reichlich. Gott führte Israel durch eine Feuer- und Wolkensäule, die vor ihnen herzog (2 Mose 13,21-22). Doch auf dem Weg, den Er sie führte, lag auch der nervenaufreibende Durchzug durchs Rote Meer, er enthielt Tage ohne Wasser und Fleisch in »dieser großen und schrecklichen Wüste« (5 Mose 1,19). Ferner erlebten sie auf diesem Weg blutige Schlachten mit Amalek, Sihon und Og (2 Mose 17,8; 4 Mose 21,21-23). So können wir Israels unaufhörliches Murren gewiss verstehen, auch wenn es nicht zu entschuldigen ist (siehe 2 Mose 14,10-12; 16,3; 4 Mose 11,4-6; 14,2-3; 20,2-5; 21,4-5).

Auch die Jünger Jesu erlebten zweimal auf dem See Genezareth durch ein nächtliches Unwetter lebensbedrohliche Situationen (Mk 4,37; 6,48) –und beide Male gerieten sie in diese Lage, weil Jesus selbst die Fahrten befohlen hatte (siehe Mk 4,35; 6,45).

Der Apostel Paulus segelte nach Griechenland, weil er in einem Traum von einem Mann aus Mazedonien gerufen wurde und deshalb »überzeugt war, dass Gott selbst uns durch diese Vision dazu aufgerufen hatte, den Menschen dort das Evangelium zu bringen« (Apg 16,10; NGÜ). Und bald darauf saß er in Philippi im Gefängnis. Später »nahm Paulus sich im Geist vor ... nach Jerusalem zu reisen« (Apg 19,21). Unterwegs traf er sich mit den Ältesten von Ephesus und sagte zu ihnen: »Jetzt reise ich gebunden im Geist nach Jerusalem, ohne zu wissen, was mir dort begegnen wird, außer dass der Heilige Geist von Stadt zu Stadt Zeugnis gibt und sagt, dass Gefangenschaft und Leiden auf mich warten« (Apg 20,22-23).

Immer wieder sehen wir: Paulus erlebte eine Menge Schwierigkeiten, als er der göttlichen Führung folgte.

Doch das beste Beispiel für die Tatsache, dass es zu großen Konflikten kommen kann, wenn man der Führung Gottes folgt, bietet das Leben des Herrn Jesus selbst. Kein Menschenleben wurde jemals so vollkommen von Gott gelenkt, und doch gibt es für keinen Menschen die treffendere Bezeichnung: »Mann der Schmerzen.« Gottes Führung entfremdete Jesus seiner Familie und seinen Mitmenschen, brachte Ihm die Feindschaft der religiösen und zivilen Führer des Volkes ein, und führte schließlich dazu, dass Er verraten, verhaftet und gekreuzigt wurde. Wie können wir Christen dann etwas anderes erwarten, wenn wir ein Leben nach dem Willen Gottes führen? »Der Jünger steht nicht über dem Meister, noch der Knecht über seinem Herrn. ... Haben sie den Herrn des Hauses Beelzebul [Name für den Teufel] genannt, wieviel mehr seine Hausgenossen!« (Mt 10,24-25).

Vom menschlichen Gesichtspunkt aus war das, was am Kreuz geschah, nichts als eine *Vergeudung* – die Vergeudung eines jungen Lebens, des Einflusses eines Propheten, des Potenzials eines Führers. Wir erfahren den wahren Zweck und die Bedeutung des Kreuzesgeschehens nur dadurch, dass Gott es uns offenbart. Ebenso mag auch das Leben eines Christen, der Gottes Führung folgt, zuweilen als Vergeudung erscheinen – wie bei Paulus, der Jahre im Gefängnis verbrachte, weil er Gottes Führung nach Jerusalem gehorsam gewesen war, obwohl er doch stattdessen diese Zeit zur Evangelisierung Europas hätte nutzen können. Gott offenbart uns nicht immer das Warum und Wozu all der Probleme und Nachteile, die wir in dem von Ihm geführten Leben erleiden müssen.

Die Erfahrung der jungen Elisabeth Elliot, Witwe und Biografin ihres Gatten Jim Elliot, der Missionar unter den Huaorani-Indianern war und dort den Märtyrertod fand, illustriert dies eindrücklich. Überzeugt von Gottes Führung, reiste sie zu einem ecuadorianischen Stamm, um dessen Sprache zu erforschen und ihr eine Schriftform zu geben, damit die Bibel in diese Stammessprache übersetzt werden könnte. Die einzige Person, die ihr dabei behilflich sein konnte, war ein spanischsprachiger Christ, der bei dem Stamm lebte. Doch schon nach einem Monat wurde dieser bei einer Auseinandersetzung erschossen. Sie mühte sich ohne Hilfe noch acht weitere Monate ab. Dann ging sie in ein anderes Arbeitsgebiet und hinterließ Kollegen ihr ganzes linguistisches Material, damit diese ihre Arbeit weiterführen konnten. Vierzehn Tage später erfuhr sie, dass alle Aufzeichnungen gestohlen geworden waren. Da keine Abschrift existierte, war ihre ganze Arbeit umsonst. Das war, aus menschlicher Sicht, nichts als vergeudete Zeit und Mühe. Elisabeth Elliot schreibt zu dieser Erfahrung:

»Ich musste mich schlicht der Erkenntnis beugen, dass Gott sein eigener Interpret ist. … Wir müssen Gott gestatten, das zu tun, was Er tun will. Und wenn du meinst, dass du den Willen Gottes für dein Leben kennst und darauf bedacht bist, ihn zu verwirklichen, wird es für dich vermutlich ein böses Erwachen geben, weil niemand den Willen Gottes für sein gesamtes Leben kennt« (zitiert aus *Eternity,* Januar 1969, S. 18). Sie hat recht. Früher oder später wird Gottes Führung, die uns aus der Finsternis ins Licht bringt, auch aus dem Licht in die Finsternis führen. Dies ist Teil unseres Kreuzesweges.

Wenn wir vom Weg abkommen

Wenn ich merke, dass ich mit meinem Auto in einen Sumpf geraten bin, müsste mir klar sein, dass ich vom Weg abgekommen bin. Aber diese Erkenntnis ist kein wirklicher Trost, wenn ich dann hilflos zuschauen muss, wie der Wagen versinkt und verschwindet. Der Schaden ist angerichtet, und damit hat es sich. Gilt dies auch für das Christenleben, wenn ein Christ sich der Tatsache bewusst wird, dass er Gottes Führung verfehlt und den falschen Weg genommen hat? Ist der Schaden unwiderruflich? Muss er nun auf seinem Lebensweg für immer auf dem falschen Kurs bleiben? Dem Herrn sei Dank: nein! Unser Gott ist ein Gott, der uns nicht bloß wiederherstellt, sondern unsere Fehler und Irrtümer sogar in seinen Plan für uns aufnimmt und Gutes daraus entstehen lässt.

Auch das gehört zum Wunder seiner gnädigen Souveränität. »Ich werde euch die Jahre zurückerstatten, welche die Heuschrecken gefressen haben. … Und ihr sollt genug zu essen haben und satt werden und den Namen des HERRN, eures Gottes, loben, der wunderbar an euch gehandelt hat« (Joel 2,25-26). Der Jesus, der Petrus nach seiner Verleugnung wiederherstellte und auch danach seinen Weg mehr als einmal korrigierte (siehe Apg 10; Gal 2:11-14), ist auch heute unser Erlöser und hat sich nicht geändert. Gott wendet nicht nur den Zorn des Menschen zu seinem Lob, sondern auch die Missgeschicke der Christen.

Neulich erhielt ich einen Brief von einem Pastor, der das Gefühl hatte, er solle seine Gemeinde und Denomination verlassen, und nun ging es ihm wie Abraham, der damals auszog und nicht wusste wohin. In seinem Brief zitierte er aus einer Hymne von Charles Wesley, die von der Souveränität und Gewissheit der Führung Gottes spricht. Ich werde mit diesem Zitat unser Kapitel beschließen.

Gottes Führung ist, wie jede seiner Segenshandlungen unter dem Gnadenbund, ein souveräner Gnadenakt. Gott will uns nicht bloß in dem Sinn führen, dass Er uns den Weg weist, den wir gehen sollen. Er will uns auch in einem viel grundlegenderen Sinn führen, der garantiert, dass wir, was immer auch geschieht, ganz gleich, welche Fehler wir auch begehen, sicher nach Hause kommen. Zweifellos wird es zu Ausrutschern und Irrwegen kommen, aber Gottes ewige Arme sind unter uns. Wir werden gehalten, gerettet, wiederherstellt. Das ist Gottes Verheißung und sie zeigt etwas von seiner unfassbaren Güte.

Deshalb sollten wir im Blick auf Gottes Führung zuversichtlich auf den Gott vertrauen, der nicht zulassen wird, dass wir unser Leben ruinieren. Daher muss bei dieser Erörterung Gottes Ehre unser vorrangiges Anliegen sein und nicht unsere Sicherheit – denn dafür hat Er ja bereits gesorgt. Und unser Misstrauen gegenüber uns selbst darf nicht, auch wenn es uns in der Demut hält, die Freude verdunkeln, dass wir uns auf »den Herrn, unseren Beschützer« verlassen können – unseren treuen Bundesgott. Hier nun der erwähnte Vers von Wesley:

Führer der Heere Israels und das Geleit
all derer, die suchen das himmlische Land,
aeborgen in Deinem Schatten sind wir allezeit,
deine schirmende Liebe hält über uns die Hand.
Unsre Stärke – deine Gnade; unser Maßstab –
dein Wort; unser Ziel – der herrliche, himmlische Ort.

◈ KAPITEL 21 ◈

DIE INNEREN PRÜFUNGEN

Ein bestimmtes Verständnis des Evangeliums müssen wir geradezu als *unbarmherzig* bezeichnen. Es möchte dies nicht sein, ist es aber doch. Es möchte die Gnade vergrößern, tut aber das genaue Gegenteil. Es minimiert das Problem der Sünde und verliert den Sinn für den Vorsatz Gottes.

Der Effekt ist ein zweifacher: Erstens, das Werk der Gnade wird geringer dargestellt, als es wirklich ist; zweitens, es hinterlässt bei den Menschen ein Verständnis des Evangeliums, das nicht groß genug ist, um den Bereich ihrer Bedürfnisse vollständig abzudecken. Jesaja illustriert dieses Elend der unzureichenden Mittel einmal mit dem Bild von zu kurzen Betten und zu schmalen Decken (Jes 28,20) – es ist sicher, dass langfristige Komplikationen und Unzufriedenheit vorprogrammiert sind, ja, es kommt sogar zu ernsthaften Erkrankungen. Dieser Not im geistlichen Bereich werden alle begegnen, die diese Form des Evangeliums ernst nehmen. Sein Überhandnehmen ist heutzutage eines der Haupthindernisse für die Erkenntnis Gottes und das Wachstum in der Gnade. Wir hoffen, dass wir einigen eine Hilfe sein können, indem wir hier Klarheit schaffen, und versuchen, zu zeigen, wo es hinter den Erwartungen zurückbleibt.

Um welche Sicht des Evangeliums handelt es sich? Als Erstes müssen wir leider feststellen, dass diese Sicht im *evangelikalen* Bereich zu finden ist. Ihre Grundlage ist die Akzeptanz der Bibel als Gottes Wort und ihrer Verheißungen als Gottes Zusagen. Sie vertritt die Rechtfertigung durch den Glauben und das Kreuz, die Wiedergeburt durch den Heiligen Geist und das neue Leben in der Kraft der Auferstehung Christi. Ihr Ziel ist es, Menschen zur Wiedergeburt und dann zur größtmöglichen Erfahrung des Auferstehungslebens zu führen. Sie steht also in jedem Fall im Dienst des Evangeliums. Ihre Irrtümer sind keinesfalls mit denen zu vergleichen, die sich von der zentralen Evangeliumsbotschaft entfernt haben. Es handelt sich um Irrtümer, denen man nur im evangelikalen Bereich erliegen kann. Dies müssen wir zu Beginn ausdrücklich betonen.

Doch wenn es sich um eine dogmatisch einwandfreie evangelikale Lehre handelt, was gibt es dann zu kritisieren? Was kann daran verkehrt sein, wenn ihre Botschaft und Ziele doch biblisch sind? Die Antwort lautet, dass eine Lehre, die vollkommen in den Wahrheiten des Evangeliums verankert ist, dennoch eine verkehrte Richtung nehmen kann, wenn man diesen Wahrheiten *eine falsche Bedeutung gibt.* Die Bibel enthält unzählige Wahrheiten, die für unser Leben heilsam sind. Es ist wie bei einer Apotheke, in der zahlreiche Heilmittel für die verschiedensten Krankheiten lagern. Aber es ist zu beachten, dass die Medikamente einerseits, bei richtiger Verordnung, Heilung verschaffen, andererseits jedoch durch Missbrauch eine katastrophale Wirkung haben. Wenn wir beispielsweise eine Jodtinktur trinken, die ja eigentlich äußerlich aufgetragen werden muss, wird dies nicht zu unserer Genesung beitragen! Und die Lehre von der Wiedergeburt und dem neuen Leben kann ebenfalls falsch angewendet werden, mit verheerenden Folgen. Und dies trifft offensichtlich auch auf die Vorstellungen zu, mit denen wir uns nun befassen wollen.

Falsch angewendete Lehren

Die Vorstellung vom Evangelium, die wir hier im Sinn haben, hat damit zu tun, dass sie, im evangelistischen Kontext, auf übermäßige Weise die Veränderung betont, die man erfährt, wenn man

Christ wird. Wenn wir zum Glauben kommen, erhalten wir, nach dieser Sicht, nicht nur die Vergebung der Sünden, den Frieden des Gewissens und die Gemeinschaft mit Gott, unserem Vater, sondern wir könnten auch, durch die Kraft des innewohnenden Geistes, die Sünden, die uns zuvor beherrscht haben, völlig überwinden. Ferner würde uns auch die Geistesleitung dazu befähigen, dass alle Probleme im Blick auf Führung, Selbstverwirklichung, persönliche Beziehungen, unsere Herzenswünsche und dergleichen, die uns bisher so viel Not machten, mit einem Schlag gelöst würden.

Wenn man diese großen Zusagen ganz allgemein betrachtet, sind sie – dem Herrn sei Dank! – biblisch und zutreffend. Aber es ist leicht möglich, dass man diese Seite so stark betont, und die dunklen Seiten des Christenlebens so sehr herunterspielt – die täglichen Züchtigungen, den endlosen Kampf mit der Sünde und Satan, den Weg durch dunkle Täler –, dass man den Eindruck bekommt, das normale Christenleben sei ein ständiges Wandeln auf sonnigen Höhen. Dann meint man, das normale Christenleben sei ein paradiesischer, herrlicher Zustand, in dem Probleme keine Rolle mehr spielen – und wenn sie doch auftauchen, brauche man sie nur zum Thron der Gnade zu bringen und sie würden sofort wie der Schnee in der Sonne dahinschmelzen. Diese Sichtweise suggeriert, dass die Welt, das Fleisch und der Teufel uns keine ernsthaften Schwierigkeiten mehr bereiten würden, sobald wir zum Glauben gekommen sind. Auch unsere Lebensumstände und persönlichen Beziehungen würden uns keine Probleme mehr machen. Sogar mit uns selbst würden wir völlig im Reinen sein. Solche Vorstellungen sind jedoch nicht nur falsch, sondern auch verderblich.

Selbstverständlich kann man auch auf der anderen Seite vom Pferd fallen. Man kann die raue Seite des Christenlebens so stark betonen, dass die positiven Aspekte dadurch völlig in den Hintergrund treten. So erweckt man den Eindruck, dass das Christenleben durchweg bedrückend und düster ist – die Hölle auf Erden. Man klammert sich dann nur noch an die Hoffnung auf den Himmel. Zweifellos hat das Christentum von Zeit zu Zeit diesen Eindruck vermittelt. Und es besteht kein Zweifel daran, dass die Vorstellung, mit der wir uns hier befassen, zum Teil eine Gegenreaktion darauf ist. Beide Extreme sind verkehrt. Doch das erste Extrem hat weit schlimmere Folgen, da falsche Hoffnungen sich negativer auswirken, als falsche Furcht. Der zweite Irrtum wird, durch Gottes Gnade, nur zu der freudigen Erkenntnis führen, dass Christen ebenso Freude wie auch Leid erfahren. Aber bei dem ersten Irrtum, der das normale Christenleben als frei von Problemen darstellt, wird man früher oder später ganz bestimmt eine bittere Enttäuschung erleben.

Wir müssen hier ganz klar feststellen, dass diese allzu positive Vorstellung vom Evangelium, nur die menschlichen Sehnsüchte bedient und mehr verspricht, als Gott uns für dieses Leben zugesagt hat. Dies ist das erste Charakteristikum, weshalb wir diese Sicht als unbarmherzig bezeichnen – weil sie falsche Hoffnungen erweckt. Diese Herzlosigkeit geschieht ganz sicher nicht in böser Absicht. Sie hat ihren Grund vielmehr in einer unverantwortlichen Nachsicht. Der Verkündiger möchte seine Zuhörer für Christus gewinnen. Deshalb verleiht er dem Christenleben mehr Glanz, stellt es als glückliches und sorgloses Leben dar, um seine Zuhörer zu begeistern. Doch auch wenn seine Motive durchaus aufrecht sind, verringert dies nicht den Schaden, den er mit seinen Übertreibungen anrichtet.

Denn, wie jeder Verkündiger nur allzugut weiß, hat dies zur Folge, dass, auch wenn kritische Zuhörer die Versprechen des Verkündigers nicht auf die Goldwaage legen, einige ernsthaft Suchende ihm doch arglos Glauben schenken. Daraufhin bekehren sie sich, erleben die Wiedergeburt und gehen voller Freude in ihrem neuen Leben voran. Sie tun diese Schritte in der Erwartung, dass all ihre Probleme und Sorgen nun der Vergangenheit angehören. Und dann müssen sie erkennen, dass die Realität ganz anders aussieht. Langjährige Charakterschwächen, Probleme in den persönlichen Beziehungen, unerfüllte Wünsche, nagende Versuchungen sind immer noch präsent – manchmal sogar stärker als zuvor. Gott sorgt nicht für eine Erleichterung ihrer Lebensumstände – ja, häufig erleben sie das Gegenteil. Es kommt wieder zu Unmut und Verbitterung über die Ehefrau, den Ehemann, die Eltern oder Schwiegereltern, die Kinder, Kollegen oder Nachbarn. Versuchungen und schlechte Angewohnheiten, die durch ihr Bekehrungserlebnis überwunden zu sein schienen, kommen wieder zum Vorschein. In der ersten großen Begeisterung und Freude, die sie während der ersten Wochen ihres Christenlebens erfüllten, hatten sie tatsächlich den Eindruck, dass all ihre Probleme sich in Nichts aufgelöst hätten. Aber dann müssen sie erleben, dass dies nicht der Fall ist, und dass das problemlose Leben, das man ihnen versprach, sich nicht eingestellt hat. Dinge, die sie in die Knie zwangen, bevor sie Christen wurden, drohen sie wieder zu bezwingen. Was sollen sie davon halten?

Tatsache ist, dass der Gott, von dem es heißt: »Er wird seine Herde weiden wie ein Hirte; die Lämmer wird er in seinen Arm nehmen« (Jes 40,11), mit jungen Christen besonders fürsorglich umgeht, ebenso wie eine Mutter mit ihrem Säugling. Häufig wird der Beginn des Christenlebens von großer emotionaler Freude, beeindruckender Hilfe und erstaunlichen Gebetserhörungen begleitet und sie erleben bei ihren ersten Zeugnisversuchen tatsächlich Frucht. Dadurch ermutigt Gott sie und schafft die Grundlage für ihr neues Leben. Aber wenn sie im Glauben heranwachsen, stärker und tragfähiger werden, versetzt Gott sie in eine höhere Klasse – nimmt sie in eine härtere Erziehungsschule. Er setzt sie so vielen Prüfungen durch Widerstände und entmutigende Einflüsse aus, wie sie ertragen können – keinesfalls mehr (siehe die Verheißung in 1 Kor 10,13), aber auch nicht weniger (siehe die Ermahnung in Apg 14,22). So formt Er unseren Charakter, stärkt unseren Glauben und bereitet uns darauf vor, auch anderen eine Hilfe sein zu können. Dadurch sensibilisiert Er unser Empfinden für die wahren Werte. So verherrlicht Er sich in unserem Leben, indem seine Stärke in unserer Schwachheit zur Vollendung kommt.

Es ist deshalb nicht ungewöhnlich, dass die Versuchungen, Konflikte und Belastungen zunehmen, wenn der Christ mit Gott vorangeht – im Gegenteil, irgendetwas ist faul, sollte dies nicht der Fall sein. Aber der Christ, dem man erzählt hat, dass das normale Christenleben voller Freude und problemlos sei, wird, da sich die Erfahrungen von Unzulänglichkeit und Unvollkommenheit bei ihm häufen, mit Sicherheit zu dem Schluss kommen, dass er vom normalen Standard abgekommen sein müsse. »Irgendetwas läuft hier schief«, wird er sich sagen, »es funktioniert nicht mehr so, wie es sollte!« Und dann taucht unweigerlich die Frage auf: »Was muss ich tun, damit es wieder glatt läuft?«

Falsche Heilmittel

Hier kommen wir zum zweiten Punkt, der uns diese Vorstellung vom Evangelium als unbarmherzig erscheinen lässt. Nachdem diese

Sicht jungen Gläubigen suggeriert hat, dass jede Enttäuschung und Schwäche, die sie erleben, als Zeichen eines unreifen Christseins zu betrachten seien, verordnet sie ihnen nun eine Reihe von Heilmitteln, durch die sie diese negativen Erfahrungen angeblich überwinden könnten. Zunächst werden die »Glaubenskämpfe« als »Niederlagen« diagnostiziert, als einen Rückfall, der auf eine mangelnde Heiligung und einen schwachen Glauben zurückzuführen sei. Zu Beginn (so wird behauptet) habe sich der Neubekehrte seinem Erlöser völlig hingegeben und das sei der Grund seiner Freude gewesen. Aber nun sei er lau oder nachlässig geworden, sei irgendwelche Kompromisse eingegangen, würde dem Herrn Jesus nicht mehr völlig vertrauen – und das wird dann als Ursache für diese negativen Erfahrungen diagnostiziert.

Von daher verordnen sie ihm als Heilmittel, dass er zunächst seinen Treuebruch erkennen, bekennen und aufgeben müsse. Dass er sich Christus dann neu zur Verfügung stellen und seine Hingabe täglich erneuern müsse. Ferner müsse er lernen, wenn Probleme und Versuchungen kommen, diese sofort an Christus abzugeben, damit Er ihn davon befreie. Wenn er dies tue, wird ihm versichert, komme alles wieder ins Lot und er würde erneut die überschwängliche Freude des Glaubens genießen.

Nun trifft es gewiss zu, dass der Gläubige, wenn er lau wird und in bewusster Sünde lebt, immer mehr seine innere Freude und den Herzensfrieden verliert, dass sich im geistlichen Bereich eine immer stärkere Unzufriedenheit breitmacht. Wer durch die Vereinigung mit Christus »der Sünde gestorben ist« (Röm 6,2) – die Sünde also nicht mehr das beherrschende Prinzip seines Lebens ist –, wird ganz sicher im Sündigen nicht mehr das Vergnügen finden, das er vor seiner Wiedergeburt erlebte. Er kann sich auch nicht mehr auf Abwege begeben, und trotzdem erwarten, dass Gott ihm weiterhin seine Gunst zuteil werden lässt – denn Gott drückt hier nicht großherzig ein Auge zu! »Wegen ihrer Sünde wurde ich zornig, ich schlug sie wegen ihrer Habsucht. Ich verbarg mein Angesicht vor ihnen und zürnte. Aber sie gingen weiter auf ihrem selbstgewählten Weg« (Jes 57,17; eÜ). So reagiert Gott, wenn seine Kinder auf Abwege geraten. Nicht wiedergeborene Menschen führen häufig ein glückliches und fröhliches Leben, aber Christen, die rückfällig geworden sind, sind stets unglücklich. Wenn du dich also fragst:

»Wo ist nur der Segen geblieben, den ich erlebte, als ich den Herrn einst kennenlernte?«, dann solltest du dich zunächst einmal fragen, ob es irgendwelche bewusste Sünden in deinem Leben gibt, die den Herrn betrübt und dazu veranlasst haben, sich von dir abzuwenden.

Wenn das so ist, dann ist das oben beschriebene Heilmittel, zumindest in seinem allgemeinen Prinzip, das richtige.

Aber es kann auch ganz anders sein. Und früher oder später wird für jeden Christen eine Zeit kommen, in der all dies nicht zutrifft. Früher oder später kommt es tatsächlich dazu, dass Gott sein Kind auf den Prüfstand stellt. Er prüft seinen Reifegrad. So hat Er Hiob, einige der Psalmisten und die Empfänger des Hebräerbriefes geprüft, indem Er sie extremen Angriffen der Welt, des Fleisches und des Teufels aussetzte. Damit will Er ihre Widerstandskraft festigen und ihren Charakter als Gotteskinder stärken. Wie wir bereits festgestellt haben, werden alle Kinder Gottes dieser Behandlung unterzogen – sie ist Teil der »Züchtigung des Herrn« (Hebr 12,5; vgl. Hiob 5,17; Spr 3,11), der alle geliebten Kinder Gottes unterworfen werden. Und wenn *dies* dem angefochtenen Christen widerfährt, dann werden die oben vorgeschlagenen Heilmittel nur Unheil anrichten.

Was aber ist das Gefährliche daran? Es verdammt hingegebene Christen zu einem Leben im Hamsterrad, in dem sie unaufhörlich scheinbaren Fehlern in ihrer Heiligung und ihrem Glauben nachjagen. Sie hoffen, wenigstens *einen* Fehler zu entdecken, damit sie ihn bekennen und aufgeben können. So versuchen sie die Erfahrung ihres geistlichen Anfangsstadiums wieder zu erleben, obwohl Gott doch will, dass sie diesem Stadium längst entwachsen sein sollten. Dies führt nicht nur zu einem geistlichen Rückschritt und zu Illusionen, diese Christen stellen sich damit auch in Widerspruch zu ihrem Gott. Denn Gott will sie ja gerade deshalb aus der Sorglosigkeit des geistlichen Säuglingsalters, mit seinem Wohlgefühl und seiner Unbefangenheit herausführen, damit sie im Glauben erwachsene und reife Christen werden. Eltern haben gewiss viel Freude an ihren Babys, sind aber, gelinde gesagt, bekümmert, wenn ihre erwachsenen Kinder sich wieder wie Säuglinge benehmen wollen. Und sie werden versuchen, sie mit allen Mitteln davon abzuhalten, sich wieder einem kindischen Verhalten zuzuwenden. Genauso ist es bei unserem himmlischen Vater. Er möchte, dass wir in Christus heranwachsen und keine Babys in Christus bleiben. Aber die Lehre, die wir hier im Auge haben, stellt sich an diesem Punkt gegen Gottes Plan, da sie uns eine Rückkehr zum Anfangsstadium als das Erstrebenswerteste vorgaukelt.

Auch hier begegnen wir wieder einer *Unbarmherzigkeit,* die der alten chinesischen Sitte ähnelt, bei der die Füße der Mädchen aus ästhetischen Gründen eingeschnürt und dauerhaft verformt wurden. Und die Behauptung, dass dies doch aus wohlmeinenden Motiven geschehe, trifft weder hier noch dort zu. Wenn man diese angepriesenen Heilmittel annimmt, wird der *geringste* Schaden eine gestörte geistliche Entwicklung sein – ein kindisches, unglaubwürdiges, leichtfertiges, egozentrisches Christsein, obwohl diese Christen doch schon längst Erwachsene sein sollten. Im *schlimmsten* Fall wird es bei aufrichtigen und ernsthaften Gläubigen jedoch zu einer krankhaften Selbstprüfung kommen, die zu Psychosen, Nervenzusammenbrüchen und dem Verlust des Glaubens führen kann, zumindest in seiner evangeliumsgemäßen Gestalt.

Die Gnade aus den Augen verlieren

Was ist nun der grundlegende Fehler dieser Lehre? Man kann sie tatsächlich in vielerlei Hinsicht kritisieren. Ihr fehlt das richtige Verständnis für die neutestamentliche Lehre der Heiligung und des Glaubenskampfes. Ihr fehlt das Verständnis für die Bedeutung des Wachstums in der Gnade. Sie verkennt das Wirken der innewohnenden Sünde. Sie verwechselt das Christenleben auf dieser Erde mit einem Leben, das wir erst im Himmel erlangen werden. Sie hat eine falsche Auffassung vom christlichen Gehorsam (geistgewirkte Aktivität und *nicht* geistgewirkte Passivität). Aber die grundlegende Kritik ist gewiss die, dass sie *den Charakter und den Zweck der Gnade* aus den Augen verliert. Wir wollen versuchen, diesen Aspekt näher auszuführen.

Was ist Gnade? Im Neuen Testament bedeutet Gnade Gottes aktive Liebe gegenüber Menschen, die alles andere als Liebe verdient haben. Gnade bedeutet, dass Gott Himmel und Erde in Bewegung setzt, um Sünder zu erretten, die nicht einen Finger rühren können, um sich selbst zu erretten. Gnade bedeutet, dass Gott seinen eingeborenen Sohn in diese Welt sandte, damit Er am Kreuz den Fluch auf sich nahm, den wir verdient haben. Dadurch hat Er uns Sünder mit Gott versöhnt und uns den Himmel erworben. »Den, der ohne jede Sünde war, hat Gott für uns zur Sünde gemacht, damit wir in ihm die Gerechtigkeit bekommen, mit der wir vor Gott bestehen können« (2 Kor 5,21; NGÜ).

Das Neue Testament spricht sowohl von Gottes *Gnadenwillen* wie auch von seinem *Gnadenwerk.* Sein Gnadenwille ist sein ewiger Heilsplan. Sein Gnadenwerk besteht in seinem »guten Werk in eurem Leben« (Phil 1,6). Durch dieses Werk beruft Er uns in die lebendige Gemeinschaft mit Christus (1 Kor 1,9), führt uns aus dem Tod ins Leben (Eph. 2,1-6), versiegelt uns mit der Gabe seines Geistes als sein Eigentum (Eph 1,13-14), verwandelt uns in das Ebenbild Christi (2 Kor 3,18) und wird letztendlich unseren Körper in Herrlichkeit auferwecken (Röm 8,30; 1 Kor 15,47-54).

Vor etlichen Jahren war es unter protestantischen Gelehrten en vogue zu sagen, Gottes Gnade sei seine liebende Einstellung, die von seinem Liebeshandeln zu unterscheiden sei, das ist jedoch eine unbiblische Unterscheidung. Betrachten wir zum Beispiel 1 Kor 15,10 (eÜ): »Durch Gottes *Gnade* bin ich, was ich bin, und seine *Gnade,* die er mir erwiesen hat, ist nicht vergeblich gewesen. Nein, ich habe viel mehr gearbeitet als sie alle – doch nicht mir verdanke ich dies, sondern der *Gnade* Gottes, die mit mir war.« Das Wort *Gnade* bezeichnet eindeutig Gottes Liebeshandeln an Paulus, wodurch Er ihn zunächst zu Christus bekehrte und dann zum Verkündiger berief.

Was ist der *Zweck* der Gnade? Sie dient in erster Linie dazu, unsere Gemeinschaft mit Gott wiederherzustellen. Als Gott das Fundament zu dieser wiederhergestellten Gemeinschaft legte, indem Er uns, durch unser Vertrauen in seinen Sohn unsere Sünden vergab, tat Er dies, damit wir beide fortan in Gemeinschaft miteinander leben können. Und wenn Er unser Wesen erneuert, soll uns dies zum praktischen Handeln in der Liebe, im Vertrauen, der Freude, der Hoffnung und zum Gehorsam gegenüber Gott veranlassen und befähigen. Dieses Handeln zeigt die praktische Seite unserer Gemeinschaft mit Gott. Dies alles bezweckt das Gnadenwerk – eine immer größere Erkenntnis Gottes und eine immer tiefere Gemeinschaft mit Ihm. Gnade bedeutet, dass Gott uns Sünder immer enger und näher zu sich zieht.

Wie verwirklicht Gott diesen Vorsatz der Gnade? Nicht dadurch, dass Er uns vor den Angriffen der Welt, des Fleisches und des Teufels bewahrt, auch nicht dadurch, dass Er uns vor beschwerlichen und frustrierenden Umständen verschont, und auch nicht dadurch, dass Er uns vor den Schwierigkeiten bewahrt, die wir durch unser Temperament und unsere Eigenarten selbst hervorrufen. Vielmehr verwirklicht Er seinen Gnadenvorsatz dadurch, dass Er uns all diesen Dingen bewusst aussetzt, um uns damit unsere eigene Unzulänglichkeit vor Augen zu führen und uns zu veranlassen, dass wir uns noch fester an Ihn klammern. Dies ist der eigentliche Grund, warum Gott uns, von unserer Warte aus, alle möglichen Schwierigkeiten und Probleme aufbürdet: *Er will, dass wir lernen, uns ganz auf Ihn zu verlassen.* Die Bibel erinnert uns deshalb so oft daran, dass Gott ein starker Fels, eine feste Burg und ein sicherer Zufluchtort für die Schwachen ist, weil Gott uns immer wieder vor Augen führen muss, dass wir sowohl geistlich wie auch moralisch schwache Menschen sind, und uns deshalb nicht auf uns selbst verlassen dürfen, wenn es darum geht, den richtigen Weg zu finden oder ihm zu folgen.

Wenn wir voll Zuversicht auf einem ebenen Weg vorangehen, und jemand uns bei der Hand nimmt, um uns zu helfen, werden wir ihn sehr wahrscheinlich unwillig abwehren. Doch wenn wir auf einem rauen Pfad in der Dunkelheit umherirren, ein Unwetter aufzieht und wir mit unserer Kraft am Ende sind, und jemand uns seine Hilfe anbietet, werden wir uns ihm gewiss dankbar anvertrauen. Und Gott möchte uns spüren lassen, dass unser Weg durch dieses Leben steinig und beschwerlich ist, damit wir lernen, uns dankbar auf Ihn zu stützen. Deshalb führt Er uns Wege, auf denen wir an unserem Selbstvertrauen zuschanden werden und uns ganz auf Ihn verlassen. Um es mit dem klassischen biblischen Satz für das Geheimnis eines gottgefälligen Lebens zu formulieren: damit wir »auf den Herrn harren.«

Der Gott, der wiederherstellt

Diese Wahrheit hat viele Aspekte. Einer der Erstaunlichsten ist, dass Gott unsere Sünden und Irrtümer zu diesem Zweck benutzt. Er verwendet sehr häufig unser Versagen und unsere Fehler zu unserer Erziehung. Es ist bemerkenswert, zu sehen, wie häufig sich die Bibel mit dem Versagen der Gläubigen beschäftigt, für das Gott sie dann züchtigt.

Gott verspricht Abraham einen Sohn, will aber, dass Abraham auf Gottes Zeitpunkt wartet. Dieser verliert jedoch die Geduld, nimmt die Sache selbst in die Hand und zeugt mit Saras Magd Hagar den Ismael. Die Folge ist, dass Abraham dreizehn weitere Jahre warten muss, ehe Gott wieder zu ihm spricht (1 Mose 16,16-17,1). Mose macht den Fehler, dass er versucht, sein Volk auf eigene Faust zu erretten. In seiner Überheblichkeit tötet er einen Ägypter und meint, die Probleme der Israeliten lösen zu können. Die Folge ist, dass er fliehen und viele Jahrzehnte in der Wüste als Hirte verbringen muss, damit seine hochfahrende Gesinnung zunichte wird. David begeht eine ganze Reihe von Fehlern: Er verführt Batseba und sorgt dafür, dass ihr Mann Uria ermordet wird. Er vernachlässigt seine Familie, lässt aus Prestigegründen eine Volkszählung durchführen – und jedes Mal muss er eine schwere Züchtigung erleiden. Jona macht den Fehler, dass er dem Ruf Gottes entfliehen will – und findet sich im Bauch eines großen Fisches wieder.

So könnten wir weiter fortfahren. Aber der springende Punkt ist, dass die menschlichen Fehler und das daraus resultierende Missfallen Gottes in keinem dieser Fälle das Ende der Geschichte war. Abraham lernte, auf Gottes Zeitpunkt zu warten. Mose wurde von seiner Überheblichkeit kuriert (doch war seine spätere Zaghaftigkeit auch schon wieder eine Sünde! – siehe 2 Mose 4,10-14). David tat nach jedem seiner Fehltritte Buße und kam Gott am Ende näher als zuvor. Jona betete im Bauch des Fisches und blieb am Leben, um seinen Auftrag in Ninive zu erfüllen.

Gott vermag selbst aus den größten Torheiten unseres Lebens Gutes hervorzubringen. Gott kann die Jahre ersetzen, die die Heuschrecken gefressen haben (vgl. Joel 2,25). Man sagt: »Wer gar nichts tut, macht auch keine Fehler.« Ja, diese Männer haben alle Fehler begangen, aber durch ihr Fehlverhalten hat Gott sie gelehrt, seine Gnade zu erkennen und sich völlig auf Ihn zu verlassen – etwas, das sie sonst nie gelernt hätten. Sind deine Probleme auf dein Versagen zurückzuführen? Bist du zu der Erkenntnis gelangt, dass du einen entsetzlichen Fehler begangen hast? Dann kehre um zu Gott. Seine wiederherstellende Gnade gilt auch dir.

Mangelnder Realitätssinn in Glaubensfragen ist eine heikle Sache. Mangelnder Realitätssinn ist der Fluch der Lehre, die wir in diesem Kapitel kritisch beleuchtet haben. Mangelnder Realitätssinn in Bezug auf Gott ist eine weit verbreitete, verheerende Krankheit im modernen Christentum. Wir müssen Gott darum bitten, dass Er uns zu Realisten macht – sowohl im Blick auf uns selbst wie auch auf Ihn. Vielleicht enthält der hervorragende Choral, in dem John Newton die Befreiung von dieser irrealen Denkweise beschreibt, auch für uns die Antwort, die wir nötig haben.

Ich bat den Herrn, dass Er mich wachsen lasse
im Glauben, in der Liebe, in der Gnade;
dass mehr ich von seinem Heil erfasse,
sein Angesicht suche in höherem Grade.

Ich hoffte, dass mir bald die Stunde lacht
wo Er mir sogleich meine Bitte gewährt,
und mich durch seiner göttlichen Liebe Macht
von Sünden befreit, mein Herz Ruhe erfährt.

Stattdessen hat Er mir vor Augen gebracht
meines Herzens verborgene Sünden;
und ließ der Hölle stürmische Macht
meine Seele erfassen in ihren Gründen.

Ja, mehr noch, Er schien mit eigener Hand
mit Vorsatz mein Leid zu vermehren;
durchkreuzte alle Pläne, die ich ersann,
schien alles in mir zu verheeren.

»Herr, warum dies alles?«, schrie bebend ich auf,
»willst du mir Wurm gar noch das Leben rauben?«
»Dies ist die Weise«, der Herr entgegnete drauf,
»wie ich beantworte dein Gebet um Gnade und Glauben.

Diese inneren Prüfungen ich dazu verwende
von deinem Selbst und Stolz dich zu befrein;
dass deine irdischen Pläne finden ein Ende,
damit du dein alles in mir findest allein.«

◈ KAPITEL 22 ◈

DIE ALLGENUGSAMKEIT GOTTES

Mit dem Römerbrief, den Paulus verfasste, erreichen wir den Zenit der Bibel, ganz gleich, von welcher Seite wir ihn betrachten. Luther nennt ihn »das allerlauterste Evangelium«. Und Calvin schreibt: »Der Brief versucht auf seine ihm eigentümliche Weise zu erreichen, dass jeder, der den wahren Sinn seiner Aufgaben begriffen hat, eben damit alle Türen in die verborgenen Schatzkammern der Schrift offen findet.«

Tyndale verknüpft in seinem Vorwort zum Römerbrief beide Gedanken, und bezeichnet den Römerbrief als »den wesentlichsten und vortrefflichsten Teil des Neuen Testaments und das lauterste *Euangelion,* die Frohe Botschaft, wie wir das Evangelium nennen, und er ist ferner das Licht und der Weg, die uns in die ganze Schrift einführen.« Alle Wege der Bibel führen zum Römerbrief, und alle Aspekte der Bibel, können wir am deutlichsten vom Römerbrief her erkennen. Und wenn die Botschaft des Römerbriefes das Herz eines Menschen erreicht, können wir gar nicht ermessen, was sich daraus entwickeln wird.

Der Römerbrief: das Buch des Reichtums

Nach was suchst du in der Bibel? Wenn wir weise sind, werden wir uns für die verschiedensten Dinge interessieren und der Römerbrief hat für sie alle die geeignete Antwort.

Interessierst du dich für *die Lehre* – die Wahrheit über Gott, die Gott selbst uns lehrt? Wenn dies der Fall ist, wirst du erkennen, dass der Römerbrief all die entscheidenden Themen anspricht: Gott, der Mensch, die Sünde, das Gesetz, das Gericht, der Glaube, die Werke, die Gnade, die Schöpfung, die Erlösung, die Rechtfertigung, die Heiligung, den Heilsplan, die Erwählung, die Verwerfung, Person und Werk Christi, das Werk des Heiligen Geistes, die christliche Hoffnung, das Wesen der Gemeinde, die Stellung der Juden und Heiden in Gottes Plan, die Beziehung zwischen Gemeinde und Weltgeschichte, Zweck und Botschaft des Alten Testaments, die Bedeutung der Taufe, die Prinzipien des persönlichen Glaubenslebens und der Ethik, die gesellschaftlichen Aufgaben der Christen – und Vieles mehr!

Der kluge Mensch wird die Bibel aber auch als ein Buch *des Lebens* lesen, das durch Erläuterungen und Beispiele zeigt, was es im alltäglichen Leben bedeutet, Gott zu dienen oder Ihm nicht zu dienen, Ihn zu finden oder von Ihm abzuirren. Was hat der Römerbrief hierzu zu sagen? Die Antwort lautet: Er bietet den umfassendsten Überblick über das Leben in der Sünde und über das Leben in der Gnade und die tiefste Analyse des Glaubenslebens, die in der Bibel zu finden sind. (Über das Thema Sünde siehe die Kapitel 1-3; 5-7; 9; über die Gnade siehe Kapitel 3-15; über den Glauben siehe Kapitel 4; 10; 14).

Eine weitere Herangehensweise an die Bibel, die häufig von heutigen Theologen empfohlen wird, ist, sie als das Buch der *Gemeinde* zu betrachten, in dem der von Gott gewirkte Glaube und das Selbstverständnis der Gemeinschaft der Glaubenden behandelt werden. Auch von diesem Gesichtspunkt aus enthält der Römerbrief – gerade weil er die klassische Darstellung des Evangeliums enthält, durch das die Gemeinde ja erst entstanden ist –, auch die klassische Beschreibung der Identität der Gemeinde. Was ist die Gemeinde? Sie ist die wahre Nachkommenschaft des gläubigen Abrahams und besteht sowohl aus Juden wie auch aus Nichtjuden. Sie setzt sich zusammen aus allen, die von Gott erwählt, durch den Glauben gerechtfertigt und von der Macht der Sünde befreit worden sind, um ein neues Leben in der persönlichen Gerechtigkeit und im gegenseitigen Dienst zu führen. Sie ist die Familie des himmlischen Vaters und lebt in der Hoffnung auf das Erbe der vollkommenen Glückseligkeit. Sie ist die Auferstehungsgemeinschaft, in der die Kraft des historischen Todes Christi und seines gegenwärtigen himmlischen Lebens schon jetzt am Werk sind. Und dies wird nirgendwo so umfassend dargestellt, wie im Römerbrief.

Der weise Mensch liest die Bibel auch als Gottes *persönlichen Brief* an jedes seiner geistlichen Kinder. Liest du den Römerbrief auf diese Weise, dann wirst du erkennen, dass er die einzigartige Fähigkeit besitzt, Dinge zu offenbaren und sich mit ihnen zu befassen, die so sehr integraler Bestandteil deiner Persönlichkeit sind, dass du sie gewöhnlich gar nicht mehr wahrnimmst – deine sündigen Gewohnheiten und Einstellungen; dein Hang zur Heuchelei; deine natürliche Selbstgerechtigkeit und dein Selbstvertrauen; dein beständiger Unglaube; deine moralische Leichtfertigkeit und Oberflächlichkeit im Blick auf die Buße; deine Halbherzigkeit, Weltlichkeit, Furchtsamkeit und Mutlosigkeit; deine Arroganz und mangelnde Sensibilität. Und du wirst ebenfalls erkennen, dass dieser beeindruckende Brief die unvergleichliche Kraft besitzt, in dir die Freude, Gewissheit, Kühnheit, Freiheit und Leidenschaft zu erwecken, die Gott einerseits von denen, die Ihn lieben, erwartet und die Er ihnen andererseits auch zuteil werden lässt.

Es wird über Jonathan Edwards gesagt, dass seine gesamte Lehre praktische Anwendung sei und seine ganze praktische Anwendung Lehre. Für den Römerbrief gilt dies in noch weit größerem Maß. So schrieb der englische Reformator und Bibelübersetzer Tyndale: »Kein Mensch kann den Römerbrief zu oft lesen oder zu intensiv studieren. Denn je gründlicher wir ihn studieren, desto verständlicher wird er, und umso kostbarere Dinge werden wir entdecken, weil die geistlichen Schätze, die in ihm verborgen liegen, so unermesslich sind. … Deshalb sollte jedermann sich darin eifrig üben, und Tag und Nacht darüber nachdenken, bis er völlig mit ihm vertraut geworden ist.«

Doch nicht jeder Christ schätzt den Reichtum des Römerbriefes und dafür gibt es einen Grund. Jemand, der mit einem Hubschrauber auf dem Gipfel des Mount Everest landen würde, würde in diesem Augenblick wohl kaum das empfinden, was die Erstbesteiger Edmund Hillary und sein Sherpa Tenzing Norgay empfanden, als sie an der derselben Stelle standen, *nachdem sie den Berg bestiegen hatten.* Ebenso wird der Einfluss, den der Römerbrief auf dich ausübt, von dem abhängen, was ihm vorausgegangen ist. Daraus ergibt sich folgende Gesetzmäßigkeit: Je mehr du in der übrigen Bibel Zuhause bist, desto mehr wirst du mit den intellektuellen und moralischen Problemen des Christseins vertraut sein. Und je mehr du die Last der Schwachheit und die Strapazen, die die Nachfolge mit sich bringen, in deinem Christenleben verspürst, desto mehr wirst du entdecken, dass der Römerbrief dir etwas zu sagen hat. Der Kirchenvater Johannes Chrysostomus hat sich den Römerbrief jede Woche einmal laut vorgelesen. Wäre das nicht auch etwas für uns?

Wie nun der Römerbrief der Höhepunkt der Bibel ist, so ist Kapitel 8 der Gipfel des Römerbriefes. »Er ist«, sagt der puritanische Kommentator Edward Elton, »wie eine Honigwabe, voll himmlischer Süßigkeit und Seelentrost ... Unsere Vorstellungen und Ansichten über den Trost sind solange bloß Träume, bis wir die Kraft der Liebe Gottes in Christus erfahren, die durch den Heiligen Geist in unsere Herzen ausgegossen wird. Sobald wir dies einmal erfasst haben, erfüllt sie unsere Herzen mit unaussprechlicher und herrlicher Freude, und wir werden zu mehr als Überwindern. ... Und wo finden wir diesen Trostgrund deutlicher und einprägsamer dargelegt, als im 8. Kapitel des Römerbriefes?« (Aus dem Vorwort zu *The Triumph of a True Christian Described,* Eltons Auslegung zu Römer 8).

Trost wird hier natürlich in dem alten, starken Sinn von Ermutigung und Kühnheit gebraucht, nicht im heutigen Sinn von Gelassenheit und Wohlgefühl. Die Suche nach »Trost« im heutigen Sinn ist bedürfnisorientierte, illusorische Sentimentalität. Und die weit verbreitete religiöse Haltung: »Ich gehe zur Kirche, um Trost zu finden« – was eigentlich bloß bedeutet: »um mich wohlzufühlen«–, hat mit dem wahren Christsein überhaupt nichts zu tun. Aber Elton spricht von der christlichen Gewissheit, und das ist etwas ganz anderes.

Denken wir nun noch einmal an das Mount-Everest-Prinzip. Du wirst nicht hinter das Geheimnis von Römer 8 kommen, wenn du dieses Kapitel isoliert betrachtest. Der Weg zu Römer 8 führt über

Römer 1-7. Und welchen Einfluss Römer 8 auf dich hat, wird davon abhängen, was dich der Aufstieg zu diesem Gipfel gekostet hat – was du also aus den vorhergehenden Kapiteln gelernt hast. Nur dann, wenn du dich als verlorener und hilfloser Sünder erkannt hast (Kapitel 1-3), und mit Abraham der unfassbaren göttlichen Zusage vertraust, dass du von Gott angenommen wurdest, weil Jesus, dein Bundeshaupt, für dich starb und auferstand (Kapitel 4-5); nur dann, wenn du dich als neue Kreatur in Christus zur Heiligung entschlossen hast, und dann den Zwiespalt entdeckst, dass dein Fleisch mit dem Geist im Streit liegt, und dass du deshalb niemals das beabsichtigte Gute vollkommen erreichen, noch all das Böse, das du verabscheust, völlig vermeiden kannst (Kapitel 6-7); nur dann, wenn du überdies »dein Kreuz« auf dich nimmst (Krankheiten, Belastungen, Unglück, Entbehrungen, Enttäuschungen, unfaire Behandlung – siehe Röm 8,18-23; 35-39); nur dann wird Römer 8 seinen vollen Reichtum entfalten und dir seine große Kraft bewusstmachen.

In Römer 8 wiederholt Paulus noch einmal mit ausführlicheren Worten, was er bereits in Röm 5,1-11 gesagt hat. Paulus hat sonst nicht die Angewohnheit sich zu wiederholen. Weshalb tut er dies hier?

Weshalb hat er Römer 8 überhaupt geschrieben? Die knappe Antwort – die nicht so absurd ist, wie sie klingt – lautet: weil er soeben Römer 7 geschrieben hat! In Röm 7,7 hatte er die Frage aufgeworfen: Ist das Gesetz Sünde? Darauf gibt er die Antwort: Nein, aber das Gesetz wird von der Sünde dazu missbraucht, uns zu dem anzustacheln, was es verbietet, und so entfacht es den Impuls zum Ungehorsam. Je mehr ein Mensch sich vornimmt, das Gesetz zu halten, desto häufiger ertappt er sich als Versager.

Um dies auf die beste und anschaulichste Weise zu zeigen, beschreibt er seine eigene Erfahrung. Er schildert, wie die Sünde, bevor er Christ wurde, »die Gelegenheit ergriff, und das Gesetz benutzte, um mich zu betrügen und zu töten« (Röm 7,11; eÜ). Dann fährt er fort (Röm 7,14-25), seine gegenwärtige Situation als Christ und Apostel zu beschreiben: »Ich weiß, dass in mir, das heißt in meiner eigenen Natur, nichts Gutes wohnt. Obwohl es mir nicht am Wollen fehlt, bringe ich es nicht fertig, das Gute zu tun. ... Denn meinem inneren Wesen nach stimme ich dem Gesetz Gottes mit

Freude zu, aber in meinen Gliedern sehe ich ein anderes Gesetz am Werk. Es steht im Streit mit dem Gesetz in meinem Innern und macht mich zu einem Gefangenen des Gesetzes der Sünde, das in meinen Gliedern am Werk ist« (Röm 7,18; 22-23; eÜ).

Als er dies beschreibt, kommt es zu der folgenden spontanen Reaktion: »Ich elender Mensch! Wird mich denn niemand aus dieser tödlichen Verstrickung befreien?« (Röm 7,24; eÜ). Dies war eine rhetorische Frage, denn er wusste ganz genau, dass er eines Tages durch Christus die völlige Befreiung von der Sünde durch »die Erlösung unseres Leibes« (Röm 8,23) erleben würde. Aber jetzt, in der Gegenwart, muss er die bittere Erfahrung machen, dass er nicht in der Lage ist, die Vollkommenheit zu erlangen, nach der er trachtet, weil das Gesetz sie zwar verlangt – das Gesetz, an dem er, als Wiedergeborener, seine Freude hat (Röm 7,22) –, jedoch nicht die Kraft besitzt und verleihen kann, sie zu realisieren. »Es gilt also beides: Während ich meiner innersten Überzeugung [meinem innersten Selbst] nach dem Gesetz Gottes diene, bin ich doch gleichzeitig, wie ich von Natur aus bin, an das Gesetz [Prinzip] der Sünde versklavt« (Röm 7,25; eÜ).

Paulus hat seinen entscheidenden Punkt ausgeführt; nun hält er inne. Was hat er getan? Er beschreibt seinen Lesern ganz offen, was das Gesetz über ihn selbst sagt, und dadurch erinnert er seine Leser daran, was das Gesetz auch über sie zu sagen hat. Das Gesetz spricht nicht von Privilegien und Erfolgen, sondern nur von Versagen und Schuld. Für sensible Christen, die wissen, wie sehr Gott die Sünde hasst, die das Gesetz ihnen vor Augen führt, ist dies eine beschämende und deprimierende Erfahrung. Als Paulus diese Verse niederschrieb, wurde seine eigene Freude getrübt, und als ein guter Seelsorger, der stets an die Auswirkung seiner Worte denkt, wusste er, dass diese Aussagen auch für seine Leser entmutigend sein würden. Nun will Paulus aber nicht, dass bei den römischen Christen die negativen Seiten ihrer Erfahrung und Empfindungen die Oberhand behalten, als ob sie wieder unter dem Gesetz stünden. Deshalb sieht er sich genötigt, sie sofort daran zu erinnern, dass nicht das entscheidend ist, was das *Gesetz* über sie sagt, sondern was das *Evangelium* sagt. So greift Paulus, sowohl aus evangeliumsgemäßen – weil das Evangelium stets das letzte Wort behalten muss –, wie auch aus seelsorgerlichen Gründen – weil gute

Hirten und Seelsorger stets »Gehilfen eurer Freude« (2 Kor 1,24) sein müssen –, nun wieder das Thema der christlichen Gewissheit auf und entfaltet es so eindrücklich, wie nur möglich. Er beginnt Römer 8 mit der Zusage: »So gibt es nun kein Verdammungsurteil mehr«, und beschließt das Kapitel mit dem Versprechen: »Nichts kann uns je von der Liebe Gottes trennen.«

Nun ist es aber nicht so, wie manche behaupten, dass »die Christen mit Römer 8 das 7. Kapitel hinter sich lassen« würden, in dem Sinn, dass es schon jetzt die Möglichkeit gäbe, dass das Gesetz in uns keine Unvollkommenheit mehr fände. Dies war der springende Punkt, wenn Alexander Whyte zu seiner Versammlung sagte: »Ihr werdet nicht aus dem siebten Kapitel des Römerbriefes entlassen werden, solange ich euer Pastor bin« – und das war ein berechtigtes Anliegen. Aber andererseits, um den Christen die Verheißungen des Evangeliums vor Augen zu führen, und sie der Freude teilhaftig zu machen, dass die unumschränkte Gnade über die Sünde triumphiert – als Heilmittel für das Elend, das durch das Gesetz zum Vorschein kommt –, führt Römer 8 die Christen tatsächlich über Römer 7 hinaus.

Was enthält nun das 8. Kapitel des Römerbriefes? Es gliedert sich in zwei Abschnitte von unterschiedlicher Länge. Die ersten 30 Verse erörtern *die Allgenugsamkeit der Gnade Gottes,* die sich mit einer ganzen Reihe von prekären Situationen auseinandersetzt – der Schuld und Macht der Sünde (Röm 8,1-9); der Tatsache des Todes (Röm 8,6-13); der Furcht vor der Heiligkeit Gottes (Röm 8,15); der Schwachheit und Verzweiflung angesichts der Leiden (Röm 8,17-25); der Gebetsmüdigkeit (Röm 8,26-27); dem Gefühl, dass das Leben bedeutungslos und hoffnungslos ist (Röm 8,28-30).

Paulus führt diese Themen aus, indem er vier Gaben Gottes vorstellt, die all denen zuteilwerden, die durch den Glauben »in Jesus Christus« sind. Die Erste ist *die Gerechtigkeit* – »kein Verdammungsurteil« (Röm 8,1). Die Zweite ist *der Heilige Geist* (Röm 8,4-27). Die Dritte ist *die Gotteskindschaft* – die Aufnahme in die Familie Gottes, in der der Herr Jesus der Erstgeborene ist (Röm 8,14-17; 29). Die Vierte ist *die Gewissheit,* heute und in Ewigkeit (Röm 8,28-30). Diese Kombination von Gaben – eine neue Stellung, plus einer Kraftquelle, plus einer neuen Identität, plus eines sicheren

Geleits – ist mehr als genug, um einem Christen in all seinen Konflikten eine Stütze zu sein.

Schließlich ruft Paulus in Römer 8,31-39 seine Leser dazu auf, in angemessener Weise auf das Gesagte zu reagieren: »Was können wir jetzt noch dazu sagen, nachdem wir uns das alles vor Augen geführt haben?« (Röm 8,31; NGÜ). Und dann führt er seine Reaktion konkret aus, und bezieht auch uns mit ein. Dabei verändert sich der Schwerpunkt seiner Thematik ein wenig und er betont *die Allgenugsamkeit des Gottes der Gnade.* Die Perspektive verlagert sich also von der Gabe zum Geber, vom Blick auf die Erlösung vom Bösen, zum Blick auf den Gott, der für jeden Christen das ist, was Er auch für Abraham war: »Ich bin dein Schild und dein sehr großer Lohn« (1 Mose 15,1). Wir finden den gleichen Gedanken von Röm 1,1-30 schon in den Psalmen: »Du leitest mich nach deinem Rat und nimmst mich danach in Herrlichkeit auf.« Ebenso erkennen wir in Röm 8,31-39 den gleichen Gedanken aus Psalm 73: »Wen habe ich im Himmel außer dir? Und neben dir begehre ich nichts auf Erden. Wenn mir auch Leib und Seele vergehen, so bleibt doch Gott ewiglich meines Herzens Fels und mein Teil« (Ps 73,24-26). Auf diese Reaktion wollen wir nun näher eingehen.

Die Anwendung der Lehren

»Was können wir jetzt noch dazu sagen, nachdem wir uns das alles vor Augen geführt haben?« Das *wir*, das hier verwendet wird, ist weder das »wir« des Pluralis Majestatis noch das erhabene »wir«. Das Neue Testament kennt keines dieser Idiome. Es ist vielmehr das umfassende, anspornende *wir* der christlichen Verkündigung, mit der Bedeutung: »Ich, und ich hoffe auch ihr und mit uns alle Gläubigen.« Der Gedanke, der hinter dem »was können wir jetzt noch dazu sagen?« steht, ist: »Ich weiß, was ich dazu sagen werde; wirst du dem auch beipflichten?«

Indem Paulus seinen Lesern diese Frage stellt, will er sie zunächst einmal zum Nachdenken anregen. Er möchte, dass sie mit ihm erkennen, wie sich »das alles« auf ihre gegenwärtige Stellung und ihren Zustand bezieht – mit anderen Worten, dass sie diese Tatsachen auf sich selbst anwenden. Obwohl er die Christen in Rom nicht persönlich kennt – ebenso wenig, wie er uns kennt, die wir diesen Brief heute lesen –, weiß er doch, dass es zwei bestimmende

Faktoren gibt, die allen wahren Christen auf der ganzen Welt und zu allen Zeiten gemein sind. Der Erste ist *die Hingabe an die allumfassende Gerechtigkeit.* Röm 8,31-39 setzt voraus, dass seine Leser sich Gott als »Werkzeuge der Gerechtigkeit« (Röm 6,13; 18) zur Verfügung gestellt haben und bestrebt sind, den Willen Gottes nicht nur halbherzig zu tun.

Der zweite Faktor ist, dass sie *allen möglichen Belastungen* ausgesetzt sind. Röm 8,31-39 spricht von der Tatsache, dass materielle Nöte und menschliche Anfeindungen das allgemeine Los der Christen sind. Auch »wir«, nicht nur Paulus, begegnen Drangsal, Leid, Verfolgung, Hunger, Entbehrungen, Kälte, Lebensgefahr und Schwert (Röm 8,35). Das hatte Paulus schon den Bekehrten auf seiner ersten Missionsreise gesagt: »Wir müssen durch viele Bedrängnisse in das Reich Gottes eingehen« (Apg 14,22). Manchen Schwierigkeiten, jedoch nicht allen, können wir unter Umständen entgehen, indem wir unsere geistlichen Segel einholen und uns nicht von der Stelle bewegen. Aber Paulus weiß, dass diejenigen, die mit dem ernst machen, was die Puritaner »den umfassenden Gehorsam« nannten, ständig gegen den Strom der Welt schwimmen müssen und dies auch immer wieder zu spüren bekommen.

So stellt Paulus seinen Lesern ein vielgestaltiges Bild vor Augen und wir werden uns ganz gewiss in diesem Portrait irgendwo wiederfinden. Vielleicht sind wir durch die Erinnerung an einen moralischen Fehltritt zutiefst erschüttert. Oder wir müssen erleben, wie wir durch unsere Hingabe an Gott einen lieben Freund oder den Beruf verloren haben. Oder wir müssen als Eltern erfahren, wie uns unsere Kinder viel Kummer bereiten. Sei es, dass wir mit ernsthaften Erkrankungen oder körperlichen Einschränkungen zu kämpfen haben. Oder wir fühlen uns wegen unseres Glaubens Zuhause oder auf dem Arbeitsplatz als Außenseiter. Vielleicht mussten wir den allzu frühen Tod eines geliebten Menschen ertragen, der doch noch hätte leben können. Oder wir leiden unter dem mühevollen Leben eines dementen Angehörigen oder eines schwer kranken Kindes, von denen wir uns wünschen, dass sie doch endlich erlöst würden. Oder wir haben das Gefühl, Gott würde sich nicht um uns kümmern, da unser Leben sonst nicht so steinig wäre – und Vieles mehr. Aber es sind genau die Menschen – Menschen, wie wir – die

Paulus auffordert: »Was sollen wir dazu sagen? Denke eingehend darüber nach!«

Was will Paulus damit erreichen? Er möchte, dass wir das in Besitz nehmen, was Gott für uns bereithält. Wir sollen nicht nach dem streben, was uns nicht zusteht, etwa ein vermeintlich sündloses Leben. Zum Geburtsrecht des Christen gehören vielmehr Friede, Hoffnung und Freude, die Gott uns in seiner Liebe zuteilwerden lässt. Paulus weiß, dass unsere »emotionalen Reaktionen« auf die Belastungen des Lebens uns diesen Besitz rauben. Daher fordert er uns auf, nicht unmittelbar auf *diese* Dinge zu reagieren, sondern das zu bedenken, was wir uns in Röm 8,1-30 vor Augen geführt haben.

Denke an das, was du durch das Evangelium von Gott weißt, sagt Paulus, und wende es an. Vertraue auf Gottes Wort, trotz deiner gegenteiligen Gefühle. Behaupte dich gegen die Finsternis, die sie verbreitet haben. Entlarve den Unglauben, den sie geweckt haben. Nimm dich selbst bei der Hand und sprich dir durch Gottes Wort Mut zu. Schau weg von deinen Problemen und blicke auf den Gott des Evangeliums. Sorge dafür, dass das *evangeliumszentrierte* Denken deine *emotionalen* Gedanken korrigiert. Auf diese Weise, davon ist Paulus überzeugt, wird der innewohnende Heilige Geist, dessen Dienst es ist, uns die Gewissheit zu schenken, dass wir Gottes geliebte Kinder und Erben sind (Röm 8,15-16), uns bis zur letztendlichen triumphalen Schlussfolgerung des Paulus führen: »Ich bin überzeugt, dass weder Tod noch Leben ... noch irgendetwas anderes in der ganzen Schöpfung, uns von der Liebe Gottes trennen kann, die uns in Jesus Christus, unserem Herrn, geschenkt ist« (Röm 8,38-39; eÜ). Und derselbe Heilige Geist wird in uns die Antwort hervorrufen: »Davon bin auch ich überzeugt! Halleluja!« Denn in dieser Antwort liegt, wie Paulus weiß, das Geheimnis der Erfahrung »mehr als Überwinder« zu sein, die der Sieg ist, der die Welt überwindet – ja, das ist des Christen Himmel auf Erden.

»Was können wir jetzt noch dazu sagen, nachdem wir uns das alles vor Augen geführt haben?« Die Antwort des Paulus besteht aus vier Gedanken, von denen jeder in eine weitere Frage mündet. (Fragen regen uns bekanntlich zum Denken an!) »Wenn Gott für uns ist, wer könnte dann gegen uns sein? ... Wird er uns dann zusammen mit seinem Sohn nicht auch alles aus Gnade schenken? Wer wird es wagen, gegen die Auserwählten Gottes Anklage zu erheben? ... Wer kann uns da noch von der Liebe des Christus trennen?« (Röm 8,31-35; eÜ). Das wiederkehrende Schlüsselwort der ersten drei Gedanken ist das *für* (griech. *hyper,* »zugunsten von«): Gott ist *für* uns ... Er hat seinen Sohn *für* uns alle dahingegeben ... Christus tritt *für* uns ein. Der vierte Gedanke ist eine Zusammenfassung der ersten drei: »Wer kann uns da noch von der Liebe des Christus trennen?« Wir wollen diese Gedanken nun der Reihe nach betrachten.

Wenn Gott für uns ist

Erstens: »Wenn Gott für uns ist, wer könnte dann gegen uns sein?«

Der Gedanke hier ist, dass *keine Opposition uns letztlich verderben kann.* Um diesen Gedanken zu verdeutlichen, stellt Paulus uns die Allgenugsamkeit Gottes als unserem *unumschränkten Beschützer* vor Augen, und die maßgebliche Bedeutung seiner *Bundesverpflichtung* uns gegenüber.

»Wenn *Gott* für uns ist ...« Wer ist Gott? Paulus spricht von dem Gott der Bibel und des Evangeliums, von Jahwe, dem Herrn, »dem barmherzigen und gnädigen Gott, langsam zum Zorn, reich an Gnade und Treue« (2 Mose 34,6; eÜ). Es ist der Gott, den »der eingeborene Sohn, der selbst Gott ist und an der Seite des Vaters sitzt, uns offenbart hat« (Joh 1,18). Es ist der Gott, der seine Souveränität verkündet: »Ich bin Gott und keiner sonst. Es gibt keinen Gott, der mir gleicht. Ich verkünde von Anfang an den Ausgang. Von der Urzeit habe ich die ferne Zukunft vorhergesagt. Ich sage: Meine Pläne verwirkliche ich, und alles, was ich mir vornehme, das tue ich auch« (Jes 46,9-10; eÜ).

Dies ist der Gott, der seine Souveränität darin erweist, dass Er Abraham aus Ur, Israel aus der Knechtschaft Ägyptens und später aus Babylon und Jesus aus dem Grab herausführt. Es ist der Gott, der immer noch die gleiche Souveränität jedes Mal unter Beweis stellt, wenn Er einen Sünder aus dem geistlichen Tod ins geistliche Leben hinüberführt. Dies ist der Gott des Römerbriefes – der Gott, der seinen Zorn »vom Himmel her über alle Gottlosigkeit und Ungerechtigkeit der Menschen offenbart« (Röm 1,18), der jedoch auch »seine Liebe zu uns darin beweist, dass Christus für uns gestorben ist, als wir noch Sünder waren« (Röm 5,8).

Es ist der Gott, der diejenigen, die Er im Voraus erwählt hat, beruft, rechtfertigt und verherrlicht, und der sie von Ewigkeit her dazu »vorherbestimmt hat, dem Ebenbild seines Sohnes gleichgestaltet zu werden« (Röm 8,29). Es ist der Gott, von dem es im ersten Artikel des Bekenntnisses der Anglikanischen Kirche heißt: »Es ist ein einiger, lebendiger und wahrer Gott, ewig ... von unermesslicher Macht, Weisheit und Güte, der Schöpfer und Erhalter aller Dinge, der sichtbaren wie der unsichtbaren.« Es ist der Gott, das sei noch hinzugefügt, dessen Wege wir in diesem Buch betrachtet haben.

»Wenn Gott« – dieser Gott – *»für uns* ist«, was bedeutet das? Die Worte *für uns* verweisen auf Gottes *Bundesverpflichtung.* Das Ziel der Gnade ist es, wie wir bereits gesehen haben, eine Liebesbeziehung zwischen Gott und uns Gläubigen herzustellen, die Art von Gemeinschaft, zu der wir am Anfang erschaffen wurden. Und das Band der Gemeinschaft, durch das Gott sich selbst an uns bindet, ist sein Bund. Es ist eine einseitige Bundesverpflichtung Gottes, durch Verheißung und Gebot. Wir können diese einseitige Bundesverpflichtung in seinen Worten an Abraham erkennen: »Ich bin Gott, der Allmächtige. ... Ich richte meinen Bund zwischen mir und dir und deinen Nachkommen auf, ... einen ewigen Bund, um dein Gott zu sein und deiner Nachkommen nach dir. ... Ich will ihr Gott sein. ... Du sollst meinen Bund halten« (1 Mose 17,1; 7-9; eÜ).

In Kapitel 3 und 4 des Galaterbriefes sehen wir, dass alle, die ihr Vertrauen auf Christus setzen, Heiden wie Juden, durch Christus in die Nachkommenschaft Abrahams einverleibt werden und so die Bundesgemeinschaft bilden. Sobald der Bund aufgerichtet ist, bleibt er auf ewig bestehen, denn Gott hat sich dazu verpflichtet. Als Vater, Ehemann und König – dies sind die menschlichen Figuren, die die Bibel gebraucht, um seine Bundesbeziehung darzustellen –, steht Gott treu zu seiner Verheißung und seinem Vorsatz. Und die Verheißung, »unser Gott« zu sein, ist eine allumfassende Verheißung, die die »größten und kostbarsten Zusagen« enthält, durch die Gott sich verpflichtet hat, allen unseren Bedürfnissen zu begegnen. Diese Bundesbeziehung ist die Grundlage des ganzen biblischen Glaubensverständnisses: Wenn die Gläubigen sagen: *»Mein* Gott«, und Gott sagt: *»Mein* Volk«, wird hierin die Bundessprache deutlich.

Und die Worte »Gott ist für uns« gehören ebenfalls zur Bundessprache. Was hier zum Ausdruck kommt, ist Gottes Zusicherung, uns zu bewahren und zu beschützen, wenn Menschen und Umstände uns bedrohen. Es ist sein Versprechen, für uns zu sorgen, solange wir auf dieser Erde leben, und uns letztendlich in seine vollkommene Freude einzuführen, auch wenn uns gegenwärtig noch viele Hindernisse im Weg stehen, bis wir das Ziel erreichen. Die schlichte Feststellung: »Gott ist für uns« ist in Wahrheit eine der kostbarsten und herrlichsten Aussagen, die die Bibel enthält.

Was bedeutet es, wenn ich sagen kann: »Gott ist für mich«? Die Antwort erhalten wir in Psalm 56, wo mit der Aussage: »Gott ist für mich« (Ps 56,10) alles steht und fällt. Der Psalmist steht mit dem Rücken an der Wand: »Tag für Tag bedrängen mich meine Feinde, ja, viele sind es, die mich in ihrem Hochmut bekämpfen« (Ps 56,3; NGÜ; vgl. Ps 56,6-7). Aber die Erkenntnis, dass Gott auf seiner Seite ist, bringt einen triumphalen Ton in sein Gebet. Erstens, sie gibt ihm die Gewissheit, dass Gott ihn in seiner Not nicht vergessen hat oder die Probleme nicht beachtet: »Du hast dir genau gemerkt, wie oft ich schon auf der Flucht war. Du gießt meine Tränen in deinen Schlauch [zur Aufbewahrung]. Ist nicht die kleinste Einzelheit in deinem Buch aufgezeichnet [dauerhaft vermerkt]?« (Ps 56,9; NGÜ). Zweitens, sie verleiht ihm die Zuversicht: »Wenn ich zu dir rufe, müssen meine Feinde zurückweichen« (Ps 56,10; eÜ). Drittens, sie schenkt ihm das Vertrauen, das die Angst überwindet: »Doch gerade an Tagen, an denen ich mich fürchte, vertraue ich auf dich. ... Auf Gott vertraue ich und fürchte mich nicht. Was können vergängliche Menschen mir schon antun?« (Ps 56,4-5; NGÜ). Was Menschen dem Psalmisten auch äußerlich zufügen mögen, sie können ihm nicht wirklich etwas anhaben, denn sein wahres Leben ist das innere Leben der Gemeinschaft mit dem liebenden Gott. Und der Gott, der ihn liebt, wird dieses innere Leben bewahren, was auch immer geschehen mag.

Zudem hilft uns Psalm 56 auch bei der Beantwortung der Frage: Wer sind diejenigen, von denen es heißt: »Gott ist für uns«? Der Psalmist stellt drei Eigenschaften dar, die den wahren Gläubigen kennzeichnen. Erstens, er *rühmt*, und was er rühmt, ist *Gottes Wort* (Ps 56,5; 11) – das heißt, er achtet auf Gottes Offenbarung und verherrlicht Gott in ihr und in Einklang mit ihr, statt eigenen theologischen Fantasien nachzuhängen. Zweitens, er *betet,* und was ihn zum Beten motiviert, ist die Gemeinschaft mit Gott, als Zweck und Ziel des Lebens: »Ich wandle vor dem Angesicht Gottes« (Ps 56,14). Drittens, *er steht zu seinen Versprechen* – das heißt, er erfüllt seine Gelübde der Treue und Dankbarkeit (Ps 56,13-14). Der rühmende, betende, dankbare und treue Mensch trägt damit die Kennzeichen eines Kindes Gottes.

Weshalb stellt Paulus nun die Frage: »Wenn Gott für uns ist, wer kann uns dann noch etwas anhaben?« Er will der *Angst* entgegenwirken – dieser kleinmütigen Furcht des Christen vor den Mächten, von denen er spürt, dass sie massiv gegen ihn vorgehen. Paulus weiß, dass es immer wieder irgendwelche Menschen oder Gruppen gibt, deren höhnischem, verächtlichem oder sogar feindseligem Gebaren die Christen oft hilflos gegenüberstehen. Paulus weiß auch, dass dies früher oder später für jeden Christen zu einem Problem wird, selbst für die, die sich vor ihrer Bekehrung gar nicht darum gekümmert haben, was andere über sie gesagt oder gedacht haben. Und er weiß, wie lähmend und verheerend eine solche Furcht sein kann. Aber er kennt auch die Antwort darauf.

»Denk dran!«, sagt Paulus. »Gott ist für dich; du weißt, was das bedeutet. Dann stelle dieser Tatsache, diejenigen gegenüber, die gegen dich sind. Und nun frage dich, welche der beiden Seiten das größere Gewicht hat.« (Ich denke, dass die Übersetzung, »wer *könnte, dan*n gegen uns sein«, nicht ganz zutreffend ist. Sie verfehlt den entscheidenden Punkt des Paulus: Was er vor Augen hat, ist eine ganz reale Sicht auf die menschliche und dämonische Opposition und keine denkbare, nicht wirklich existente Gegnerschaft. Die Opposition ist eine Tatsache: Der Christ, der sich dieses Widerstands nicht bewusst ist, sollte besser aufpassen, denn das kann für ihn gefährlich werden. Eine solche unreale Vorstellung ist keine gute Voraussetzung für die Jüngerschaft, sondern vielmehr ein Kennzeichen dafür, dass ihr etwas fehlt.)

»Hast du Angst vor ihnen?«, fragt Paulus. Du brauchst ebenso wenig ängstlich zu sein, wie Mose vor dem Pharao keine Angst mehr hatte, nachdem Gott ihm zugesagt hatte: »Ich will mit dir sein« (2 Mose 3,12). Paulus fordert seine Leser auf, zu erwägen, was auch Hiskia bedenken sollte: »Seid stark und mutig! Fürchtet euch nicht und erschreckt nicht vor dem König von Assyrien noch vor dem ganzen Haufen, der bei ihm ist, denn mit uns ist ein Größerer als mit ihm! … Mit uns ist der HERR, unser Gott, um uns zu helfen und für uns Krieg zu führen« (2 Chr 32,7-8). Toplady, den man als den Dichter der christlichen Gewissheit bezeichnen kann – ebenso wie Watts der Dichter der Souveränität Gottes ist und Charles Wesley der Dichter der neuen Schöpfung –, stimmt uns auf die Realität ein, zu der die Frage von Paulus uns führen will:

Einen unumschränkten Beschützer, den hab ich,
unsichtbar – doch immer nah in aller Not;
in unveränderlicher Treue zu erretten mich,
allmächtige Hilfe steht mir zu Gebot.
Mit strahlendem Antlitz Er tröstet mich;
Seine Gnade wird wie Tau mich netzen
und Mauern des Heils umfangen mich,
für meine Seele sich mit Freuden einzusetzen.

Nimm dir diese Tatsachen zu Herzen, sagt Paulus. Halte an ihnen fest. Lass diese Gewissheit, im Blick auf das, was dir gerade in diesem Augenblick begegnet, zur Anwendung kommen. Und du wirst in diesen Situationen Gott als deinen unumschränkten Beschützer erkennen, der sich in seinem Bund der Gnade unwiderruflich an dich gebunden hat und dir sowohl Freiheit von der Furcht, wie auch neue Kraft für den Kampf schenkt.

Er wird uns nichts Gutes vorenthalten

Zweitens: »Er, der sogar seinen eigenen Sohn nicht verschont hat, sondern ihn für uns alle hingegeben hat, wie sollte er uns mit ihm nicht auch alles andere aus Gnade schenken?« (Röm 8,32).

Was Paulus hier in der zweiten Frage anspricht, ist die Tatsache, dass *Gott uns letztlich nichts Gutes vorenthalten wird.* Er vermittelt diesen Gedanken mit dem Hinweis auf die Allgenugsamkeit Gottes, als unserem *unumschränkten Wohltäter* und im Blick auf die ausschlaggebende Bedeutung seines E*rlösungswerkes* für uns.

Mit drei Bemerkungen wollen wir die Bedeutung der Argumentation des Paulus herausarbeiten.

Beachten wir als Erstes, was Paulus über die *den hohen Preis* unserer Erlösung bezeugt: »Er hat sogar seinen eigenen Sohn nicht verschont.« Um uns zu erlösen, scheute Gott keine Kosten. Was hätte Er mehr für uns auf sich nehmen können? Was hatte Er mehr zu geben? Wir können ja gar nicht ermessen, was Golgatha den Vater gekostet hat, ebenso wenig, wie wir nachvollziehen können, was Jesus empfand, als Er die Strafe für unsere Sünden auf sich nahm. Ein Liederdichter drückt es so aus: »Wir können nicht ermessen, wir können nicht erfassen, welch Qualen Er erduldet hat.« Doch eines können wir sagen: Wenn wir hier einen Liebesmaßstab anlegen könnten, dann würden wir feststellen, dass es keine größere Liebe gibt, als die, die Gott uns Sündern auf Golgatha erwiesen hat, es wird auch keine andere Liebesgabe, die Gott uns zuteilwerden lässt, je an dieses Liebesmaß heranreichen. Wenn Gott also seine Liebe zu uns bereits dadurch bewiesen hat, »dass Christus für uns gestorben ist, als wir noch Sünder waren« (Röm 5,8), dann scheint es doch, gelinde gesagt, auch nachvollziehbar zu sein, dass Er uns obendrein »alles andere aus Gnade schenken wird«. Die meisten Christen kennen das Gefühl, dass Gott nun nicht *mehr* für sie bereithält, als das, was sie bereits empfangen haben. Doch ein Blick auf Golgatha sollte diese Bedenken zerstreuen.

Dies ist aber noch nicht alles. Beachten wir als Zweites, was Paulus über die *Wirksamkeit* unserer Erlösung sagt. »Gott«, sagt er, »hat ihn *für uns alle* dahingegeben« – und schon allein diese Tatsache ist die Garantie dafür, dass uns »alles andere« geschenkt wird, da es uns als unmittelbare Frucht des Todes Christi zuteil wird. Wir haben bereits festgestellt, dass die Größe der Gabe Gottes am Kreuz aller Voraussicht nach auch seine weiteren Gaben mit sich bringt. Aber hier können wir außerdem noch hinzufügen, dass Gottes einheitlicher Erlösungsvorsatz diese zusätzlichen Gaben sogar notwendig und deshalb auch gewiss macht.

An diesem Punkt müssen wir festhalten, dass die neutestamentliche Sicht vom Kreuz mehr beinhaltet, als wir manchmal meinen. Dass die apostolischen Autoren den Tod Christi als die Grundlage und Garantie von Gottes Angebot der Vergebung darstellen, und dass wir die Vergebung durch Umkehr und den Glauben an Christus erlangen, ist gewiss unstrittig. Aber bedeutet dies auch, dass der Tod Christi nur die Möglichkeit der Erlösung schuf, und die Anwendung des Glaubens unsererseits nötig ist, um sie wirksam werden zu lassen – so, wie ein geladenes Gewehr nur schussbereit ist, aber der Abzug betätigt werden muss, damit der Schuss losgeht?

Wenn das so wäre, dann wäre es, streng genommen, nicht der Tod Christi, der uns letztlich errettet, ebenso wenig, wie das Laden einer Waffe schon den Schuss garantiert. Im Grunde wäre es nichts anderes als eine Selbsterlösung aufgrund unseres Glaubens. Und im äußersten Fall würde das bedeuten, dass der Tod Christi völlig umsonst gewesen wäre, da es ja theoretisch denkbar ist, dass niemand dem Evangelium Glauben schenkt. Aber so sieht das Neue Testament die Sachlage nicht. Die neutestamentliche Sicht ist, dass der Tod Christi »uns alle« tatsächlich erlöst hat -- alle, das heißt, diejenigen, die Gott zuvor erwählt, berufen und gerechtfertigt hat, und die Er zu seiner Zeit verherrlichen wird. Denn unser Glaube, der aus menschlicher Perspektive das Mittel zur Erlösung ist, ist aus Gottes Perspektive Teil der Erlösung, und ist ebenso voll und ganz Gottes Geschenk an uns, wie es die Vergebung und der Friede sind.

Psychologisch gesehen, ist der Glaube unser persönliches Handeln, aber die theologische Wahrheit ist, dass der Glaube von Gott in uns gewirkt wird. Unser Glaube, wie unsere Glaubensgemeinschaft mit Gott, und auch alle anderen Gaben Gottes, deren wir uns in dieser Beziehung erfreuen, werden uns alle auf die gleiche Weise zuteil – durch den Tod Jesu am Kreuz. Denn das Kreuz ist kein isoliertes Ereignis. Es ist vielmehr der Kristallisationspunkt in Gottes ewigem Plan, um seine Erwählten zu erretten. Es gewährleistet und garantiert zuerst die Berufung (bei der Gott an den Verstand appelliert, damit wir das Evangelium erfassen können, und zugleich durch den Heiligen Geist im Herzen den Glauben erweckt), und dann die Rechtfertigung, und schließlich die Verherrlichung. Und das gilt für all die, für die Christus ganz persönlich gestorben ist.

Nun können wir erst verstehen, was die Aussage von Vers 32 bedeutet: »*Wie sollte er uns mit ihm nicht* alles andere schenken?« Es ist für Ihn einfach unmöglich, dies nicht zu tun. Denn Christus und »alles andere« gehören als Zutaten zu der *einen* Gabe des ewigen Lebens und der Herrlichkeit. Und als Gott Christus für uns dahingab, um die »Sündenbarriere« durch sein stellvertretendes Sühnopfer zu beseitigen, hat Er de facto die Tür für uns geöffnet, damit uns alles andere noch zusätzlich geschenkt wird. Es gibt nur einen einzigen Heilsplan Gottes, von der ewigen Erwählung bis zur letztendlichen Verherrlichung. Und es ist sowohl für unser Verständnis wie auch für unsere Gewissheit entscheidend, dass wir die Bindeglieder, die seine verschiedenen Etappen und Teile zusammenfassen, nicht aus dem Auge verlieren. Das führt uns zu unserem nächsten Punkt.

Beachten wir zum Dritten, was Paulus über die Folgen unserer Erlösung sagt. Gott wird uns, betont er, mit Christus »alles andere« schenken. Was beinhaltet diese Aussage? Sie enthält, wie wir schon erwähnt haben, unsere Berufung, Rechtfertigung und Verherrlichung (die nach Röm 8,30 alles, von der Wiedergeburt bis zur Auferstehung des Leibes, umfasst). Und ebenso beinhaltet sie den, ebenfalls behandelten, vielseitigen Dienst des Heiligen Geistes, der im ganzen 8. Kapitel des Römerbriefes beschrieben wird. Hier haben wir wirklich einen unfassbaren Reichtum, der aber durch andere Bibelstellen noch ergänzt werden kann.

Wir können zum Beispiel die Zusage unseres Herrn erwähnen: Wenn ein Jünger »zuerst nach dem Reich Gottes und seiner Gerechtigkeit trachtet«, dann wird ihm »alles Übrige« (seine materiellen Bedürfnisse) noch hinzugefügt werden (Mt 6:33). Auf diese Wahrheit verweist Er noch einmal mit der verblüffenden Aussage: »Jeder, der um meinetwillen und um des Evangeliums willen Haus, Brüder, Schwestern, Mutter, Vater, Kinder oder Äcker verlässt, bekommt alles hundertfach wieder: jetzt, in dieser Zeit, Häuser, Geschwister, Mütter, Kinder und Äcker – wenn auch unter Verfolgungen [!] – und im kommenden Zeitalter das ewige Leben« (Mk 10,29-30; eÜ).

Oder wir könnten noch näher auf den Gedanken eingehen, dass »alles andere« sich nicht auf das Gute bezieht, das wir uns ausmalen, sondern auf all das Gute, das *Gott* in seiner unendlichen Weisheit, Macht und Freigebigkeit zu unserem Besten gibt.

Aber wir kommen dem Gedankengang von Paulus wohl am nächsten, wenn wir diesen Ausdruck als aufmunternde Schlussfolgerung verstehen, wie das »Es gibt also folglich« in Röm 8,1. Hier wird die besondere Art der seelsorgerlichen Logik von Paulus deutlich, indem er schon im Vorgriff falschen Schlussfolgerungen entgegentritt, die seine Leser ziehen könnten. Bei der falschen Annahme, der er in Röm 8,1 entgegentritt (und der wir in Röm

8,33 wieder begegnen), handelt es sich darum, dass die Sünden und Schwächen des Christen seine Gotteskindschaft gefährden könnten. Die falsche Schlussfolgerung, gegen die er sich hier wendet, ist die Annahme, dass die Nachfolge Christi Nachteile mit sich bringt, die durch nichts Vergleichbares wettgemacht werden könnten. Wenn das zuträfe, wäre die Jüngerschaft äußerst unattraktiv. Deshalb korrigiert Paulus diese falsche Sichtweise hier schon im Voraus, indem er betont, dass Gott uns mit Christus »alles andere« schenken wird. Er verweist auf die Allgenugsamkeit Gottes, der unser unumschränkter Wohltäter ist, und der den Seinen keinen Anlass zu der Annahme oder Befürchtung gibt, dass sie tatsächlich an den Bettelstab kämen. Wir wollen dies näher betrachten.

Der Christ steht, wie Israel am Berg Sinai, dem exklusiven Anspruch des ersten Gebots gegenüber. Gott sagt zu Israel: »Ich bin der Herr, dein Gott, der ich dich aus dem Land Ägypten, aus dem Haus der Knechtschaft, herausgeführt habe. *Du sollst keine anderen Götter neben mir haben«* (2 Mose 20,2-3).

Dieses Gebot wird, wie der ganze Dekalog, in negativer Form wiedergegeben, da es dazu auffordert, die alte Lebensart aufzugeben und einen Neuanfang zu machen. Sein Hintergrund war der Polytheismus Ägyptens, den die Israeliten bereits kennengelernt hatten, und der von Kanaan, mit dem sie schon bald konfrontiert werden würden. Der Polytheismus, die Anbetung vieler Gottheiten, war im ganzen damaligen Nahen Osten verbreitet. Dahinter steht die Vorstellung, dass die Macht eines jeden Gottes von der Macht der anderen Götter begrenzt war. Zum Beispiel konnten der Erntegott oder die Fruchtbarkeitsgottheit nicht die Aufgaben des Wettergottes oder des Meeresgottes ausüben. Ein Gott, der seine Wohnung in einem besonderen Schrein oder heiligen Hain oder in einem Baum bezog, konnte den Menschen nur auf seinem eigenen Territorium helfen; an anderen Orten waren andere Götter zuständig.

Deshalb genügte es nicht, nur einen Gott zu verehren. Man musste, so weit wie möglich, gute Beziehungen zu ihnen allen aufbauen, sonst war man ständig in der Gefahr, sich den Unmut der vernachlässigten Götter zuzuziehen. Daraus resultierte der Verlust der guten Dinge, die diese vernachlässigten Gottheiten als ihr besonderes Privileg verliehen. Es war der Druck dieser Vorstellungen, der in späteren Jahren die Versuchung für die Israeliten so groß machte, »andere Götter« zu verehren. Zweifellos hatten sie in Ägypten die polytheistischen Vorstellungen als selbstverständlich betrachtet, ob sie sie nun im Allgemeinen oder nur so nebenbei praktizierten – sie hatten sich an der Anbetung der ägyptischen Götter beteiligt. Aber das erste Gebot ging rigoros gegen diese Auffassung und dieses Verhalten vor: »Du sollst keine anderen Götter neben mir haben.«

Beachten wir nun, wie Gott die Frage der halbherzigen Untertanentreue zwischen sich und den »anderen Göttern« behandelt. Er legt sie Israel nicht als eine Frage der Theologie, sondern der Loyalität vor; nicht bloß als eine Frage der Vernunft, sondern des Herzens. An anderen Stellen in der Bibel, besonders in den Psalmen und bei Jesaja, sehen wir, dass Er ausdrücklich zu seinem Volk sagt, dass die Anbetung heidnischer Götter töricht ist, weil sie in Wirklichkeit keine Götter sind. Aber hier wendet Er dieses Argument gar nicht an. Für den Augenblick lässt Er die Frage zunächst offen, ob andere Götter tatsächlich existent sind oder nicht. Er formuliert das erste Gebot nicht, um diese Frage zu klären, sondern um die Frage der Loyalität zu behandeln. Gott sagt nicht: »Es gibt keine anderen Götter neben mir, die du auch noch haben könntest.« Er sagt einfach: »Du sollst keine anderen Götter neben mir haben.« Und Er begründet seinen Anspruch mit der Tatsache, dass Er ihr Gott ist, der sie aus Ägypten herausgeführt hat. Es ist, als würde Er sagen: »Dadurch, dass ich dich vor dem Pharao und seinem Heer durch meine mächtige Hand und meinen ausgestreckten Arm errettet habe, durch Zeichen und Wunder, durch das Passafest und den Durchzug durch das Rote Meer, gab ich dir ein Beispiel dafür, was ich für dich tun kann, und habe dir eindeutig genug bewiesen, dass ich dich überall, zu jeder Zeit, gegen jeden Feind, in allen möglichen Notlagen, bewahren und für dich sorgen kann, und dir alles zu schenken vermag, was das wahre Leben ausmacht. Du brauchst keinen Gott außer mir. Deshalb bist du auf dem Holzweg, wenn du dich auf die Suche nach irgendeinem anderen Gott machst, neben mir. Du sollst mir dienen, mir allein.«

Mit anderen Worten: Im ersten Gebot befiehlt Gott den Israeliten, ausschließlich Ihm zu dienen, nicht nur weil sie es Ihm schuldig waren, sondern auch, weil Er ihres ganzen und ausschließlichen Vertrauens würdig war. Sie sollten sich im Vertrauen auf seine Allgenugsamkeit seiner absoluten Autorität unterwerfen. Und es ist ganz klar, dass diese beiden Aspekte untrennbar zusammengehören. Denn sie wären wohl kaum bereit gewesen, Ihm unter Ausschluss der anderen Götter völlig zu dienen, wenn sie an seiner Allgenugsamkeit gezweifelt hätten, durch die Er für all ihre Bedürfnisse Sorge trägt.

Wenn du Christ bist, stehst auch du vor der gleichen Herausforderung. Gott hat seinen eigenen Sohn nicht verschont, sondern Ihn für dich dahingegeben. Christus hat dich so sehr geliebt, dass Er sich selbst für dich dahingab, um dich, symbolisch gesprochen, aus »Ägypten« zu befreien – dich also aus der Knechtschaft von Sünde und Satan zu erretten. Das erste Gebot wird uns, in seiner positiven Form, von Christus selbst präsentiert: »›Du sollst den Herrn, deinen Gott, von ganzem Herzen lieben und mit deiner ganzen Seele und mit deinem ganzen Verstand.‹ Dies ist das größte und wichtigste Gebot« (Mt 22,37-38; eÜ). Diese Aufforderung beruht sowohl auf dem Anrecht des Schöpfers auf seine Geschöpfe, wie auch auf dem des Erlösers auf seine Erlösten, und wir können uns diesem Anspruch nicht entziehen.

Du weißt, zu welchem Leben dich Christus, als Jünger, berufen hat. Denn sein eigenes Vorbild und seine Lehre in den Evangelien zeigen uns dies auf eindrückliche Weise. Du bist berufen, auf dieser Welt als Pilger zu leben, der nur vorübergehend auf dieser Erde wohnt. Du bist berufen, mit leichtem Gepäck und bereitwillig den Weg zu gehen, den Christus dich führt. Du bist berufen, das zu tun, wozu der reiche junge Mann nicht bereit war: den materiellen Wohlstand und die Sicherheit, die dieser bietet, aufzugeben, und ein Leben zu führen, das sowohl Armut wie auch Verlust des Eigentums bedeuten kann. Da du einen Schatz im Himmel hast, musst du dir weder Schätze auf dieser Erde anhäufen, noch dich um einen hohen Lebensstandard bemühen. Es könnte durchaus sein, dass Gott von dir verlangt, auf beides zu verzichten. Du bist berufen, Christus nachzufolgen und dein Kreuz auf dich zu nehmen.

Was heißt das konkret? Nun, die Einzigen, die in der damaligen Zeit ein Kreuz tragen mussten, waren verurteilte Verbrecher auf dem Weg zur Hinrichtung. Jeder musste, wie unser Herr selbst, das Kreuz zu dem Ort tragen, an dem er dann hingerichtet wurde. Was Christus damit meint, ist, dass du für dich selbst die Situation eines solchen Menschen annehmen musst. Und das bedeutet, dass du auf den Beifall der Gesellschaft verzichten und lernen musst, zu akzeptieren, dass die Menschen deiner Umgebung dir die kalte Schulter zeigen, dir mit Verachtung und Abneigung begegnen und dich als komischen Kauz betrachten. Du wirst dies oft genug erleben, wenn du loyal zu dem Herrn Jesus Christus stehst.

Außerdem bist du dazu berufen, ein sanftmütiger Mensch zu sein. Jemand, der sich nicht immer durchsetzen will, noch sich ständig revanchieren muss, noch durch schlechte Behandlung und persönliche Beleidigungen verletzt wird (obwohl diese Dinge, wenn du ein sensibler Mensch bist, in dir großen Schaden anrichten können). Aber du wirst deine Sache einfach Gott hinlegen und es Ihm überlassen, dir Recht zu verschaffen, wenn und wann Er es für angebracht hält. Dein Verhalten gegenüber anderen Menschen, ob guten oder schlechten, ob freundlichen oder übelgelaunten, ob Christen oder Ungläubigen, soll dem des barmherzigen Samariters gegenüber dem Juden im Straßengraben gleichen. Mit anderen Worten: Du musst die Augen offen halten, um die geistlichen und materiellen Nöte anderer zu erkennen. Du musst bereit sein, dich um die Bedürftigen zu kümmern, denen du begegnest. Dein Verstand muss Strategien entwickeln, wie man ihnen am besten helfen kann. Und dein Wille muss sich gegen den Trick wappnen, den wir alle so gut beherrschen – nämlich, »den Schwarzen Peter anderen zuzuschieben«, auf der anderen Straßenseite vorbeizugehen und die Notsituation, in der das Opfer Hilfe braucht, einfach zu ignorieren.

Nichts von all dem, ist uns natürlich fremd. Wir wissen, zu welch einem Leben Christus uns berufen hat. Häufig haben unsere Predigten mit dieser Thematik zu tun und nicht selten unterhalten wir uns miteinander darüber. Aber leben wir es auch aus? Lasst uns doch nur einmal in unsere Gemeinden schauen! Denken wir nur an den Mangel an Mitarbeitern, Verantwortlichen, Verkündigern und Missionaren, besonders unter Männern. Betrachten wir die luxuriöse Ausstattung der Häuser der Christen und ihr Leben im Wohlstand. Und gleichzeitig leiden wir unter der mangelnden Spendenbereitschaft für die Mission und Gemeindearbeit. Wie schnell beschweren sich Christen aller Gesellschaftsschichten über ihre finanzielle Situation. Zugleich aber legen sie eine erschreckende Gleichgültigkeit an den Tag, wenn es um das Wohl der Alten und

Einsamen geht oder um jemanden, der nicht zum »inneren Zirkel« unserer Gemeinde gehört und eher unbeachtet am Rand sein Dasein fristet.

Wie wenig gleichen wir doch den Christen der neutestamentlichen Zeit. Unsere Lebenseinstellung ist konventionell und statisch; die ihre nicht. Der Gedanke »Sicherheit geht vor« war kein Thema bei ihren Unternehmungen, wie das bei uns der Fall ist. Durch ihren enthusiastischen, unkonventionellen und unbefangenen Lebensstil stellten sie mit dem Evangelium ihre damalige Welt auf den Kopf. Doch das können wir der heutigen Christenheit gewiss nicht nachsagen. Warum sind wir so anders? Warum erscheinen wir, im Vergleich zu ihnen, bloß als halbherzige Christen? Woher kommt diese ängstliche, unentschlossene, jedes Risiko scheuende Haltung, die unsere Jüngerschaft so sehr behindert? Wieso mangelt es uns an der Zuversicht, voller Energie in die Nachfolge Christi einzutreten?

Ein Grund scheint darin zu liegen, dass wir in unserem Innersten Angst vor den Folgen haben, wenn wir mit dem Christenleben Ernst machen. Wir schrecken davor zurück, die Last der Verantwortung für andere auf uns zu nehmen, weil wir befürchten, wir hätten nicht die Kraft, diese Lasten zu tragen. Wir fürchten uns vor einem Lebensstil, bei dem wir unsere materielle Sicherheit einbüßen könnten, aus Angst, plötzlich mittellos dazustehen. Wir scheuen uns davor, sanftmütig zu sein, weil wir fürchten, dass wir unter die Räder kämen und diskriminiert würden, wenn wir uns nicht durchsetzen, und schließlich als Opfer und Versager dastehen. Wir drücken uns davor, in der Nachfolge Jesu mit den gesellschaftlichen Konventionen zu brechen, weil wir befürchten, dass dann unsere etablierte Lebenswelt aus den Fugen geraten könnte.

Es sind vor allem diese unbewussten Ängste und Unsicherheiten, die uns zurückhalten, nicht die bewusste Weigerung, die Kosten der Nachfolge Christi auf uns zu nehmen. Uns scheinen die Risiken einer hundertprozentigen Jüngerschaft allzu groß zu sein. Mit anderen Worten, wir sind nicht wirklich von der Allgenugsamkeit Gottes überzeugt, der sich der Bedürfnisse all derer annimmt, die sich auf das Wagnis einlassen, von ganzem Herzen ein Leben im Gehorsam gegenüber Christus zu beginnen. Deshalb fühlen wir uns genötigt, das erste Gebot – wenn auch nur ein wenig – zu brechen, indem wir ein gewisses Maß unserer Zeit und Energie zurückhalten, und statt Gott dem Mammon dienen. Dies ist im Grunde das Problem, mit dem wir es zu tun haben. Wir fürchten uns davor, uns der *Herrschaft* Gottes voll und ganz zu unterstellen. Es fehlt uns die innere *Gewissheit* im Blick auf seine Allgenugsamkeit, weil wir nicht völlig davon überzeugt sind, dass Er sich wirklich um uns kümmert, wenn wir uns Ihm zur Verfügung stellen.

Offen gesagt, im Grunde ist unsere Haltung nichts anderes als *Unglaube.* Und wenn Paulus sagt: »Er wird uns *alles andere* schenken«, steht uns diese Aussage stets als unauslöschlicher Tadel vor Augen. Paulus versichert uns, dass wir keine unabänderliche Notlage zu fürchten haben. Wenn Gott uns etwas vorenthält, dann nur aus dem Grund, weil Er Raum schaffen will für die Verwirklichung *seiner* Pläne. Sind wir vielleicht immer noch der Meinung, dass das, was unser Leben ausmacht – zumindest zum Teil –, aus den Dingen besteht, die wir besitzen?

Diese Einstellung führt nur zu Unzufriedenheit und behindert den Segen – denn für Paulus besteht »alles andere« nicht in einem Übermaß an materiellen Besitztümern. Deshalb müssen wir unseren Hang nach Besitz aus unserem Leben verbannen, und »alles andere« hereinlassen. Und dies kann nur durch die Erkenntnis Gottes und die Freude an Gott verwirklicht werden. Die Bedeutung, »er wird uns alles andere schenken«, kann auch so ausgedrückt werden: Eines Tages werden wir feststellen, dass uns nichts – buchstäblich nichts –, vorenthalten wurde, was unsere ewige Glückseligkeit vermehrt hätte. Und dass diese Glückseligkeit durch nichts – buchstäblich nichts – gemindert wurde, was wir aufgegeben haben. Brauchen wir noch eine stärkere Gewissheit als diese?

Doch wenn es um die bereitwillige Selbsthingabe im Dienst für Christus geht, dann zögern wir. Und warum? Schlicht und einfach, aus Unglauben.

Haben wir die Befürchtung, dass es Gott an *Kraft* oder *Weisheit* mangle, um seinen Vorsatz auszuführen? Aber Er hat doch die Welten erschaffen und erhält sie bis zu diesem Tag. Er verfügt alle Dinge, von der Karriere des Pharaos und des Nebukadnezar, bis zum Sperling, der tot zur Erde fällt.

Oder befürchten wir, Er könne *seinen Plänen untreu werden?* Dass unser Gott, wie wir so manches Mal unsere Freunde, trotz bester Vorsätze, enttäuschen, auch seine guten Absichten mit uns am Ende doch nicht verwirklichen würde? Aber Paulus sagt ganz unmissverständlich: »*Wir wissen aber,* dass Gott bei denen, die ihn lieben, *alle Dinge* zum Guten wirkt« (Röm 8,28; eÜ). Meinst du wirklich, du seist die erste Ausnahme von diesem Prinzip – der Erste, der feststellen muss, dass Gott unschlüssig ist und nicht zu seinem Wort steht? Merkst du nicht, wie du Gott durch solche Befürchtungen verunehrst?

Oder zweifeln wir an seiner *Unveränderlichkeit?* Glauben wir, Er habe sich seit der biblischen Zeit »zurückgezogen« oder »weiterentwickelt« oder Er sei sogar »tot«? (All diese Vorstellungen haben in der jüngsten Vergangenheit ihre Anhänger gefunden.) Meinen wir tatsächlich, dass wir es heute nicht mehr mit demselben Gott zu tun haben, mit dem es die Gläubigen der Bibel zu tun hatten? Aber Gott selbst versichert: »Ich, der HERR, verändere mich nicht« (Mal 3,6), und im Neuen Testament finden wir die Zusage: »Jesus Christus ist derselbe, gestern und heute und auch in Ewigkeit« (Hebr 13,8).

Bist du bisher vor dem riskanten, kostspieligen Weg zurückgeschreckt, obwohl du genau weißt, dass Gott dich auf diesen Weg berufen hat? Zögere nicht länger! Dein Gott steht dir treu zur Seite und seine Allgenugsamkeit gilt auch dir. Du wirst nie mehr benötigen, als Er dir zur Verfügung stellt, und was Er dir sowohl im materiellen wie auch im geistlichen Bereich schenkt, wird Tag für Tag ausreichen. »Denen, die aufrichtig ihren Weg gehen, enthält er nichts Gutes vor« (Ps 84,12; NGÜ). »Gott ist treu; er wird euch in keine Prüfung geraten lassen, die eure Kraft übersteigt, sondern wird mit der Versuchung auch den Ausweg schaffen, so dass ihr sie ertragen könnt« (1 Kor 10,13; NGÜ). »Meine Gnade genügt dir, denn meine Kraft wird in der Schwachheit vollkommen« (2 Kor 12,9). Denke einmal über diese Tatsachen nach! Und dann lass es zu, dass diese ermutigenden Gedanken deine Zweifel überwinden, damit du deinem Herrn von ganzem Herzen dienen kannst.

Wer wird es noch wagen, Anklage gegen uns zu erheben?

Drittens: »Wer wird es noch wagen, Anklage gegen die zu erheben, die Gott erwählt hat? Gott erklärt sie ja für gerecht. Ist da noch jemand, der sie verurteilen könnte?« (Röm 8,33-34).

Der Gedanke, den Paulus in der dritten Frage zum Ausdruck bringt, ist, dass *keine Anklage uns jemals enterben kann.* Er vermittelt diesen Gedanken unter Verweis auf die Allgenugsamkeit Gottes, als unserem *unumschränkten Fürsprecher,* und im Blick auf die entscheidende Tatsache, dass Er uns *für gerecht erklärt.*

Paulus schrieb die beiden vorhergehenden Verse, um den Christen die Furcht vor der *menschlichen Opposition* und dem *irdischen Mangel* zu nehmen. Nun ist es ihm ein Anliegen, der Angst vor der *Verwerfung* durch Gott entgegenzutreten. Es gibt zwei Arten eines krankhaften Gewissens. Da ist einerseits das Gewissen, dem es an Sündenerkenntnis fehlt und anderseits das Gewissen, dem es an Vergebungsgewissheit mangelt. Und es ist diese zweite Gruppe, der Paulus jetzt zurechthelfen will. Er weiß, wie leicht ein Christ unter der Erkenntnis seiner Schuld in Gewissensnöte geraten kann, besonders, wenn er dann auch noch auf Aussagen wie Römer 7,24-25 stößt, und sich der Tatsache bewusst wird, dass er fortwährend sündigt, und versagt. Paulus weiß auch, dass es für einen Christen unmöglich ist, in zuversichtlicher Hoffnung zu leben, solange er noch an der Gewissheit seiner Rechtfertigung zweifelt.

Deshalb spricht Paulus auf der nächsten Stufe seiner Aufzählung über das, was Christen »jetzt noch sagen können«, unmittelbar die Angst an (die keinem Christen völlig fremd sein dürfte), dass die gegenwärtige Rechtfertigung vielleicht nur vorläufig ist – dass sie eines Tages aufgrund der Unvollkommenheiten unseres Christenlebens wieder verlorengehen könne.

Paulus bezweifelt keinen Augenblick, dass Christen versagen und fallen, manchmal sogar sehr tief fallen. Er stellt auch nicht infrage, dass (wie alle wahren Christen wissen, und wie seine eigenen Worte in Röm 7 bezeugen) die Erinnerung an Sünden, die sie begangen haben, nachdem sie zum Glauben gekommen sind, viel schmerzlicher ist, als der Gedanke an ihre moralischen Verfehlungen vor dieser Zeit, ganz gleich, wie groß sie auch waren. Aber eines verneint Paulus ausdrücklich: dass irgendwelche Fehltritte unsere Stellung als Gerechtfertigte gefährden könnten. Der Grund, sagt er, ist eigentlich ganz eindeutig: Nichts und niemand kann Gott von seiner Entscheidung abbringen! Man kann den entscheidenden Punkt von Paulus auch so wiedergeben: »Wer wagt es noch, der Ankläger der Auserwählten Gottes zu sein?« Paulus verleiht diesem Punkt auf verschiedene Weise Nachdruck.

Als Erstes erinnert er uns an Gottes *Gnade in der Erwählung:* »Wer wird es noch wagen, Anklage gegen die zu erheben, *die Gott erwählt hat?«* (Röm 8,33). Denkt daran, sagt Paulus, dass diejenigen, die Gott rechtfertigt, von Ewigkeit her zur letztendlichen Erlösung erwählt sind, und wenn deren Rechtfertigung jederzeit widerrufen werden könnte, würde Gottes Plan für sie jeder Grundlage entbehren. Deshalb ist der Verlust der Rechtfertigung völlig unvorstellbar.

Zum Zweiten erinnert uns Paulus an Gottes *unumschränktes Richteramt:* »Gott erklärt sie ja für gerecht. Ist da noch jemand, der sie verurteilen könnte?« (Röm 8,33-34). Wenn Gott, der der Schöpfer und Richter aller ist, das rechtfertigende Urteil verkündet – das heißt, wenn Er beschlossen hat, dass du vor seinem Gesetz und vor Ihm selbst für gerecht erklärt bist, und nun nicht mehr das Todesurteil für deine Sünden fürchten musst, sondern in Christus angenommen bist –, und wenn Gott dieses Urteil trotz all deiner Unzulänglichkeiten gefällt hat, wenn Er dich für gerecht erklärt, obwohl du nicht gerecht, sondern gottlos warst (Röm 4,5), dann kann niemand jemals dieses Urteil infrage stellen, nicht einmal Satan, »der Verkläger der Glaubensgeschwister«. Niemand kann Gottes Entscheidung ändern, denn es gibt nur einen Richter! Niemand kann neue Beweise für deine Verderbtheit vorlegen, die Gott veranlassen könnten, den Freispruch rückgängig zu machen. Denn Gott erklärt dich mit vollem Bewusstsein für gerecht. Er wusste genau, welch einen Übeltäter Er da vor sich hatte, als Er dich um Jesu willen annahm. Und das Urteil, das Er gefällt hat, war und ist folglich endgültig.

In der biblischen Welt war die Gerichtsbarkeit ein königliches Privileg. Und vom königlichen Richter, der alle Macht der Legislative, der Judikative und der Exekutive in sich vereinte, wurde natürlich erwartet, dass er, wenn er einmal festgelegt hatte, welche Rechte ein Mensch besaß, dafür Sorge trug, dass dieser Mensch diese Rechte auch erhielt. Somit war der König Fürsprecher und Beschützer all jener, die er im Gerichtsverfahren für gerecht erklärt hatte. Dies ist hier der Hintergrund der paulinischen Gedanken: Der absolute Herrscher, der dich für gerecht erklärt hat, wird auch dafür sorgen, dass du die Stellung, die Er dir verliehen hat, beibehalten wirst und dich ihrer erfreuen kannst. Deshalb ist Verlust der Rechtfertigung auch von diesem Gesichtspunkt her unvorstellbar.

Als Drittes erinnert uns Paulus an den *effektiven Mittlerdienst* von Christus: »Ist da noch jemand, der sie verurteilen könnte? Jesus Christus ist doch für sie gestorben, mehr noch: Er ist auferweckt worden, und er sitzt an Gottes rechter Seite und tritt für uns ein« (Röm 8,34; NGÜ). All das, was Paulus hier sagt, dient dazu, uns zu zeigen, dass der Gedanke, Christus könne uns trotzdem noch einmal verurteilen, absurd ist. Er *ist doch für sie gestorben* – um uns vor der Verurteilung zu erretten, indem Er die Strafe für unsere Sünden als unser Stellvertreter auf sich nahm. Er *ist auferweckt* und *erhöht worden:* »Gott hat ihn zum Fürsten und Retter zu seiner Rechten erhöht, um Israel Buße und Vergebung der Sünden zu gewähren« (Apg 5,31). Nun, kraft seiner Inthronisation zur Rechten des Vaters, *tritt* Er mit Vollmacht *für uns ein* – das heißt, Er interveniert für uns, um zu gewährleisten, dass wir all das empfangen, was Er durch seinen Tod für uns erworben hat. Sollte Er uns nun verurteilen? – der Mittler, der uns geliebt und sich selbst für uns dahingegeben hat, und der unaufhörlich im Himmel für uns eintritt, damit wir die Frucht seiner Erlösung genießen können? Dieser Gedanke ist grotesk und unmöglich.

Also noch einmal: Der Verlust der Rechtfertigung ist unvorstellbar; und das müssen besorgte Christen sich vor Augen führen, als eine Zusage Gottes. Abermals ist es Toplady, der uns hier mit seinem Lied »Neuerweckter Glaube« die richtigen Worte in den Mund legt:

Wo kommen nur Furcht und Unglaube her?
Hat nicht der Vater beladen so schwer
Seinen makellosen Sohn für mich?
Hat wirklich der gerechte Richter der Welt
meine Sündenschuld noch einmal neu festgestellt,
die du doch, Herr, völlig nahmst auf dich?

Vollkommene Sühne hast du vollbracht,
und voll und ganz die Zahlung erbracht
für alles, was dein Volk auf sich lud;
Dein Zorn ist gestillt in alle Ewigkeit,

bin nun gehüllt in deine Gerechtigkeit
und besprengt mit deinem kostbaren Blut.

Wenn du meinen Freispruch erworben hast,
und freiwillig an meiner Statt die Last
des ganzen Zorns Gottes getragen hast,
dann fordert Gott nicht noch einmal ab,
was meines Bürgen Blut schon gab –
nicht noch einmal dann von mir.

Meine Seele, hier wahre Ruhe du findst;
deines großen Hohenpriesters Verdienst
hat Freiheit dir erworben;
auf sein wirksames Blut ganz fest vertrau,
dass Gott nicht verbannt, darauf sicher bau,
da Jesus für dich ist gestorben!

Was kann uns trennen?

Viertens: »Was kann uns da noch von Christus und seiner Liebe trennen?« (Röm 8,35).

Der Höhepunkt im Gedankengang des Paulus findet sich in seiner vierten Frage: *Wir können niemals von Christus und seiner Liebe getrennt werden.* Er vermittelt dies, indem er uns Gott, den Vater und den Sohn, als unsere *unumschränkten Erhalter und Beschützer* vor Augen stellt, und indem er die ausschlaggebende Bedeutung der *göttlichen Liebe* klar macht, durch die Er unser Schicksal bestimmt und entschieden auf unserer Seite steht.

Wir haben uns mit der Liebe Gottes schon in einem früheren Kapitel ausführlich befasst und müssen es deshalb hier nicht erneut tun. Der entscheidende Punkt, dem Paulus sich in seiner Argumentation zuwendet, ist schon vertrautes Terrain. Er betont, dass, während die menschliche Liebe, trotz all ihrer Bemühungen, nicht garantieren kann, dass das, was man für seine Lieben möchte, letztlich Wirklichkeit wird (wie ungezählte unglücklich Liebende und enttäuschte Eltern bestätigen können), Gottes Liebe ein Resultat seiner Allmacht ist, und in ihrem Zentrum der allmächtige Vorsatz steht, uns zu segnen – und dieser Vorsatz kann nicht vereitelt werden. Dieser souveräne Vorsatz wird hier sowohl als »die Liebe des Christus« bezeichnet, wie auch als »die Liebe Gottes, die in Christus Jesus ist, unserem Herrn« (Röm 8,35; 39). Diese zweifache Beschreibung erinnert uns sowohl daran, dass der Vater und der Sohn (zusammen mit dem Heiligen Geist, wie der vorherige Teil von Römer 8 gezeigt hat) in ihrer Liebe zu den Sündern eines Sinnes sind, wie auch, dass die Liebe, die erwählt, rechtfertigt und verherrlicht, die Liebe »in Christus Jesus« ist, also eine Liebe, die nur von denen erkannt wird, deren Herr Jesus Christus ist.

Die Liebe, von der Paulus spricht, ist die rettende Liebe, und das Neue Testament macht klar, dass niemand Anspruch auf diese göttliche Liebe erheben kann, es sei denn, er kommt als Sünder zu Jesus und lernt, mit Thomas zu Jesus zu sagen: »Mein Herr und mein Gott!« Doch wenn ein Mensch sich aufrichtig dem Herrn Jesus hingegeben hat, muss er nie wieder in der Ungewissheit leben, wie das Mädchen, das in einer Karikatur eine Pusteblume anbläst und dabei vor sich hinmurmelt: »Er liebt mich – er liebt mich nicht ...« Denn es ist das Vorrecht aller Christen, die Gewissheit zu haben, dass Gott uns mit unwandelbarer Liebe liebt, und dass nichts uns von dieser Liebe trennen oder uns die letztendliche Freude an ihrer Frucht streitig machen kann.

Dies ist es, was Paulus in der triumphalen Aussage von Römer 8,38-39 proklamiert, in der der eigentliche Herzschlag der christlichen Gewissheit zu hören ist: »Ja, ich bin überzeugt, dass weder Tod noch Leben, weder Engel noch unsichtbare Mächte, weder Gegenwärtiges noch Zukünftiges, noch gottfeindliche Kräfte, weder Hohes noch Tiefes, noch sonst irgendetwas in der ganzen Schöpfung uns je von der Liebe Gottes trennen kann, die uns geschenkt ist in Jesus Christus, unserem Herrn« (NGÜ). Hier führt uns Paulus zumindest auf zweifache Weise die Allgenugsamkeit Gottes vor Augen.

Zum Ersten sehen wir Gottes Allgenugsamkeit in seiner *bewahrenden Macht:* »Nichts ... kann uns von der Liebe Gottes trennen«, weil die Liebe Gottes uns festhält. »Wir werden durch Gottes Macht durch den Glauben für die Rettung bewahrt« (1 Petr 1,5; eÜ). Die Macht Gottes erhält uns also im Glauben und bewahrt uns auch durch den Glauben. Dein Glaube wird nicht versiegen, weil Gott ihn aufrechterhält. Du wirst nicht vom Glauben abfallen, da Gott sich entschlossen hat, dich zu halten.

Und zum Zweiten erweist sich Gottes Allgenugsamkeit als *unser Weg zum Ziel.* Menschliche Liebesbeziehungen – zwischen Kindern und Eltern oder Ehepaaren oder unter Freunden – haben ihr Ziel, ihren Wert und ihre Erfüllung in sich selbst, und dasselbe gilt für unsere Erkenntnis des Gottes, der uns liebt, des Gottes, dessen Liebe wir in Jesus erkennen.

Paulus schreibt: »Christus, meinen Herrn, zu erkennen ist etwas so unüberbietbar Großes, dass ich alles für einen Verlust halte. Seinetwegen habe ich allem, was mir früher ein Gewinn zu sein schien, den Rücken gekehrt; es ist in meinen Augen nichts anderes als Müll. Denn der Gewinn, nach dem ich strebe, ist Christus. ... Ja, ich möchte Christus immer besser kennenlernen; ich möchte die Kraft, mit der Gott ihn von den Toten auferweckt hat, an mir selbst erfahren und möchte an seinem Leiden teilhaben, so dass ich ihm bis in sein Sterben hinein ähnlich werde. Dann werde auch ich – das ist meine feste Hoffnung – unter denen sein, die von den Toten auferstehen. ... Ich setze alles daran, ans Ziel zu kommen und von diesen Dingen Besitz zu ergreifen, nachdem Jesus Christus *von mir* Besitz ergriffen hat. ... Ich lasse das, was hinter mir liegt, bewusst zurück, konzentriere mich völlig auf das, was vor mir liegt, und laufe mit ganzer Kraft dem Ziel entgegen, um den Siegespreis zu bekommen – der in der Teilhabe an der himmlischen Welt besteht, zu der uns Gott durch Jesus Christus berufen hat« (Phil 3,8-14; NGÜ). Das Ziel unserer Gemeinschaft mit Gott in Christus ist die Vervollkommnung dieser Gemeinschaft selbst. Wie könnte es auch anders sein, wenn es sich um eine Liebesbeziehung handelt? So erleben wir Gottes Allgenugsamkeit auch auf diese Weise, so dass wir in der immer größeren Erkenntnis Gottes unsere völlige Befriedigung finden und nichts anderes suchen und begehren.

Noch einmal halten wir fest, dass Paulus hier der Furcht entgegentritt – der Furcht vor einer unsicheren Gegenwart, vor schwerem Leiden (Röm 8,35-36), vor einer ungewissen Zukunft oder vor unsichtbaren Mächten, die man nicht fassen noch beherrschen kann (*Hohes* und *Tiefes* in Vers 39 sind astrologische Fachbegriffe für geheimnisvolle kosmische Mächte). Diese Furcht entspringt der Sorge, dass diese Dinge negative Auswirkungen auf unsere Gemeinschaft mit Gott hätten, indem sie sowohl die Vernunft wie auch den Glauben zutiefst erschüttern und so den gesunden Menschenverstand, wie auch unser Heil gefährden könnten. In einer Zeit wie der unseren (die sich eigentlich nicht allzu sehr von der des Paulus unterscheidet!) kennen alle Christen, besonders die sensibleren und fantasiebegabteren, etwas von dieser Furcht. Es ist die christliche Version der existentialistischen *Angst* bei dem Gedanken an das persönliche Verderben. Aber Paulus sagt, wir müssen diese Furcht bekämpfen, denn das Schreckgespenst ist irreal. Nichts, buchstäblich nichts, kann uns von der Liebe Gottes trennen: »Aber in dem allem sind wir weit mehr als Überwinder durch den, der uns geliebt hat« (Röm 8,37; eÜ). Als Paulus und Silas im Gefängnis von Philippi mit ihren Füßen in den Block eingespannt wurden, empfanden sie solch ein Triumphgefühl, dass sie um Mitternacht anfingen, Loblieder zu singen. Und das erleben auch diejenigen, die Gottes unvergleichliche Liebe kennen, selbst wenn sie solch entsetzlichen Dingen ausgesetzt sind. Wieder ist es Toplady, der in einem Lied mit dem Namen »Völlige Gewissheit«, die richtigen Worte findet, um zu verdeutlichen, um was es hier geht:

Das Werk, das seine Gnade begann,
wird sein starker Arm vollenden;
Seine Verheißung ein »Ja und Amen« sang,
und niemals wird sie sich wenden;
weder Zukünftiges, noch Gegenwärtiges,
weder Hohes noch Tiefes, was sonst noch zu nennen,
kann seinen Vorsatz jemals hindern,
oder meine Seele von seiner Liebe trennen.

Mein Name, geschrieben auf seine Hand,
wird in Ewigkeit nicht verblassen;
geprägt auf seinem Herzen ich mich fand
als Zeichen unauslöschlicher Gnade;
ja, bis ans Ende werd ich beharren,
so gewiss, wie das Angeld ward gegeben;
glücklicher, aber nicht sicherer,
die verherrlichten Geister im Himmel leben!

Lerne Gott in Christus zu erkennen

Der Höhepunkt unseres Buches ist nun erreicht. Wir haben dargelegt, was es bedeutet, Gott zu erkennen. Wir sahen, dass der Gott, der »für uns da« ist, der Gott ist, den die Bibel offenbart, der Gott des Römerbriefes, der Gott, der sich in Jesus offenbart, der dreieinige Gott der historischen christlichen Lehre. Wir stellten fest, dass die Erkenntnis Gottes damit beginnt, dass wir Wissen über Ihn erlangen, deshalb studierten wir seinen offenbarten Charakter und sein Handeln und lernten etwas von seiner Güte und Strenge kennen, von seinem Zorn und seiner Gnade. Als wir das taten, lernten wir auch, uns neu zu sehen – als gefallene Geschöpfe, die nicht stark und selbstzufrieden sind, wie wir einmal annahmen, sondern schwach, unverständig, ja, durch und durch böse. Wir befinden uns nicht auf dem Weg nach Utopia, sondern auf dem Weg in die Hölle, wenn Gottes Gnade nicht eingreift.

Außerdem sahen wir, dass die Erkenntnis Gottes eine persönliche Beziehung beinhaltet, durch die du dich Gott hingibst, aufgrund seiner Zusage, dass Er sich selbst dir gibt. Gott zu erkennen bedeutet, um seine Gnade zu bitten und sich auf seinen Vorsatz zu verlassen, uns Sündern um Jesu willen zu vergeben.

Ferner bedeutet es, ein Jünger Jesu zu werden, ein Jünger des lebendigen Erlösers, der auch heute »da« ist, und die Bedürftigen zu sich ruft, wie Er es während seines Erdenlebens tat. Gott zu erkennen bedeutet, mit anderen Worten, *Glaube* – Zustimmung, Einwilligung, Hingabe – und dieser Glaube drückt sich in Gebet und Gehorsam aus. »Der beste Maßstab für ein geistliches Leben«, sagte Oswald Chambers, »sind nicht seine überbordenden Gefühle, sondern sein Gehorsam.« Der gottesfürchtige König Josia »verhalf den Bedrückten und Armen zu ihrem Recht. ... *Bedeutet das nicht, mich zu erkennen?,* erklärt der HERR« (Jer 22,16; eÜ).

Nun, zum Schluss, und aufgrund all dessen, was wir zuvor gesagt haben, lernen wir, dass ein Mensch, der Gott erkennt, mehr als ein Überwinder sein, in Römer 8 leben und sich mit Paulus an der Allgenugsamkeit Gottes erfreuen wird. Und hier müssen wir innehalten, denn mehr als diese Höhe der Erkenntnis Gottes können wir diesseits der Herrlichkeit nicht erreichen.

Wohin hat uns all dies nun geführt? Mitten ins Zentrum des biblischen Glaubens. Wir sind an dem Punkt angelangt, an dem Davids Gebet und Bekenntnis auch das unsere werden kann: »Bewahre mich, Gott, denn bei dir finde ich Zuflucht. Ich sage zum HERRN: ›Du bist mein Herr; außer dir gibt es kein wahres Glück.‹ ...

Der HERR ist mein Erbteil, mein Gut; du hast mein Los bestimmt. ... Ich preise den HERRN, der mir Rat gibt. ... Ich habe den Herrn allezeit vor Augen. Er steht mir zur Seite, darum werde ich nicht fallen. Deshalb ist mein Herz voller Freude. ... Du zeigst mir den Weg zum Leben. In deiner Gegenwart ist Freude in Fülle, deine Hand hält ewiges Glück bereit« (Ps 16,1; 5; 7-9; 11; eÜ).

Dann können wir auch mit Habakuk angesichts der materiellen Not und anderer Entbehrungen sagen: »Obwohl der Feigenbaum nicht blüht und der Weinstock keine Reben trägt, auch wenn der Ölbaum keine Oliven hat und die Felder keine Nahrung liefern, selbst wenn die Schafe aus den Hürden verschwunden sind und in den Ställen kein Vieh mehr steht, *dennoch will ich mich freuen in dem HERRN,* ich will fröhlich sein über Gott meinen Retter. Denn Gott, der Herr, ist meine Kraft« (Hab 3,17-19; eÜ). Glücklich ist der Mensch, der dies alles sagen kann und es auch wirklich so meint!

Halten wir noch einmal fest: Wir haben den Punkt erreicht, an dem wir die Wahrheit bezeugen können, dass das Christenleben ein »Siegesleben« ist, und wir voll Freude bekennen dürfen: »Jesus genügt.« Wenn wir diese Aussagen jedoch auf naive Weise verwenden, können sie uns irreführen – denn das »Siegesleben« bedeutet noch nicht das Ende des Kampfes, und der Glaube an den dreieinigen Gott darf nicht auf eine »Jesus allein«-Verehrung beschränkt werden. Dennoch sind diese Formulierungen wertvoll, denn sie verweisen auf die Verbindung zwischen der Gotteserkenntnis einerseits und der menschlichen Lebenserfüllung andererseits. Wenn wir von der Allgenugsamkeit Gottes sprechen, ist es diese Verbindung, die wir hervorheben, und dieses Bindeglied ist von entscheidender Bedeutung für das Christsein. Diejenigen, die Gott in Christus erkennen, haben das Geheimnis der wahren Freiheit und des wahren Menschseins gefunden. Doch es würde ein weiteres Buch benötigen, um dies eingehend zu behandeln!

Um zum Schluss zu kommen: Wir sind an dem Punkt angelangt, an dem wir die Prioritäten unseres Lebens neu bestimmen können und müssen. Aufgrund der aktuellen christlichen Publikationen könnte man zu der Überzeugung kommen, dass es für jeden wahren oder auch Namenschristen in der gegenwärtigen Zeit vor allem um Themen, wie die Ökumene geht, oder um das soziale oder politische Engagement, oder um den Dialog mit anderen Christen und Religionen, oder um die Aufgabe, diesen oder jenen *Ismus* zu widerlegen, oder darum, eine christliche Philosophie und Kultur zu entwickeln, oder was auch immer. Aber die Thematik unseres Buches zeigt, dass die gegenwärtige Konzentration auf diese Dinge, wie ein gigantisches Komplott erscheint, das uns in die Irre führen will. Dies trifft natürlich nicht zu. Diese Themen sind an sich wichtig und müssen am rechten Ort angemessen behandelt werden. Aber es ist eine Tragik unserer heutigen Zeit, dass so viele, indem sie sich diesen Themen widmen, das außer Acht lassen, was für jeden Menschen wirklich Priorität hat und immer haben wird – nämlich, Gott in Christus zu erkennen.

»Du hast gesagt: ›Sucht mein Angesicht.‹ Ja, HERR, das will ich tun: Dein Angesicht suchen« (Ps 27,8; eÜ). Wenn dieses Buch einige seiner Leser dazu bewegt, sich in diesem Entschluss mit dem Psalmisten zu identifizieren, wurde es nicht umsonst geschrieben.

STUDIENFÜHRER

Vorwort (1975)

Ich verfasste »*Gott erkennen*« über einen Zeitraum von etlichen Jahren. In dieser Zeit war und ist es noch immer mein Anliegen, anderen dabei zu helfen, Gottes *Größe* zu erkennen. Meine eigene geistliche Pilgerreise wurde (Gott sei Dank!) von dem anbrechenden Morgenlicht dieser Thematik bestimmt. Vor meiner Bekehrung war ich auf nahezu jede Weise egozentrisch, ein törichter, verdorbener Jugendlicher, der auf den rechten Weg gebracht werden musste. Ein Meilenstein bei diesem gnädigen Prozess, der damals begann (und auch heute noch längst nicht abgeschlossen ist), war die Entdeckung, dass wir uns bei jeder Bibelstelle nicht als Erstes fragen sollten, was sie mir über mich, sondern was sie über meinen Gott zu sagen hat. Das ist das offene Geheimnis für ein vernünftiges, ernsthaftes und (um einen puritanischen Begriff zu gebrauchen) »die Seele nährendes« Bibelstudium, und es gibt wirklich keinen triftigen Grund, dieses Studium zu vernachlässigen. Aber ich begann mein Bibelstudium mit dem falschen Ausgangspunkt, und es brauchte Jahre, bis ich diese Lektion gelernt hatte.

Ein zweiter Meilenstein war die »kopernikanische Umwälzung« in meiner Sichtweise, durch die ich erkannte, dass nicht ich das Zentrum aller Dinge bin, sondern Gott, und dass ich als sein Geschöpf und Kind für ihn existiere und nicht umgekehrt. Dies war ebenfalls etwas, das mir durch meine fortdauernde gottlose Gesinnung auch nach meiner Bekehrung, am Anfang verborgen blieb. Aber die Schriften von vier großen Gottesmännern – John Charles Ryle, John Owen, Johannes Calvin und Jonathan Edwards – halfen mir intellektuell zurechtzukommen. Und bei der Bewältigung von Auseinandersetzungen mit Menschen, die ich geliebt und denen ich vertraute hatte, lernte ich, welche Stärke und welcher Halt daraus erwachsen, wenn wir Gott den ersten Platz einräumen.

Das sind also die persönlichen Erkenntnisse und Erfahrungen, die mir der Herr zeigte – und *»Gott erkennen«* spiegelt dies wider, und so offenbart dieses Buch mehr von meinem persönlichen Wesen und Erleben als irgendeine andere meiner Veröffentlichungen. Und die Aufgabe, den Menschen zu zeigen, wer Gott ist, war und ist weiterhin ein wesentlicher Teil meines Dienstes. Deshalb hat es mich natürlich tief beeindruckt, zu sehen, wie *»Gott erkennen«* eine weltweite Verbreitung gefunden hat und, wie es scheint, überall seine Segensspuren hinterließ. Ich hoffe, dass die Verwendung dieses hervorragenden Studienführers, den die Herausgeber erarbeitet haben, Zweck und Ziel dieses Buches noch verstärkt.

Ich wurde gebeten, dass ich, als Teil dieses Vorwortes, noch ergänzen sollte, was ich im Blick auf das vorliegende Buch inzwischen an zusätzlichen neuen Gedanken gewonnen hätte und was ergänzungsbedürftig sei – doch ich stellte erneut fest, dass bereits alles gesagt war. Ich kann voller Dankbarkeit sagen, dass ich in *»Gott erkennen«,* wie auch in meinen früheren Schriften, nichts finde, das ich widerrufen müsste. Im Gegenteil, es wurde mir selbst zum Segen, als ich mein Buch erneut las, ebenso, wie Richard Baxter es erlebte, als er vor dreihundert Jahren seine Bücher noch einmal las.

Und ich entdecke auch keine Versäumnisse im Blick auf das Gesamtkonzept. Ich habe mich bewusst dafür entschieden, über Gottes *Souveränität* kein separates Kapitel zu schreiben, sondern sie so zu behandeln, wie John Newton es in Bezug auf seine calvinistische Überzeugung tat: Er hat sie nicht zu einem eigenen Thema gemacht, sondern streute sie in alle anderen Themen ein, die er behandelte, damit sie, wie Zucker im Kaffee, »das Ganze versüße.« Ich habe den gleichen Grundsatz bei Gottes *Heiligkeit* befolgt, »der Eigenschaft aller Eigenschaften«, nur, dass hier das angemessene Bild nicht so sehr der Zucker, sondern vielmehr der Senf wäre. Dass diese beiden grundlegenden Aspekte Gottes keine eigenständige Darstellung erhalten, ist also eher formell als substantiell zu sehen. Meine Zusammenstellung der Eigenschaften Gottes wurde als unzeitgemäß kritisiert, aber ich möchte lieber eine Einteilung haben, die althergebracht und deutlich ist, als eine, die zeitgemäß und konfus ist. Und ich habe für Leser geschrieben, die die gleiche Ansicht haben.

Aber einen Mangel muss ich zugestehen. Indem ich meine Leser als Einzelpersonen anrede, versuchte ich einfach, sie persönlich anzusprechen, damit sie sich vor Gott prüfen. Dabei habe ich jedoch versäumt, zu zeigen, dass nur dann, wenn jemand sich selbst auf zwischenmenschliche Beziehungen einlässt, in der Familie, in Freundschaften, mit Nachbarn, als Glieder von Gemeinden und christlichen Teams – in Beziehungen, die manchmal gutgehen und manchmal nicht, wie alle unsere Beziehungen –, die erfahrungsmäßige Erkenntnis Gottes ganz real und tief erlebt wird. Für Christen ist ein *Einsiedlerleben* nicht der richtige Weg! Der distanzierte christliche »Einzelgänger«, der sich von anderen isoliert und Bücher wie dieses (oder selbst die Bibel!) nur als Einzelkämpfer liest, kann zwar wahre Vorstellungen von Gott gewinnen, wie jeder andere auch. Aber nur der, der am gemeinsamen christlichen Leben teilnimmt, der das Risiko eingeht, brüskiert zu werden, um das Maximum an Gemeinschaft zu empfangen und zu geben, und der daraufhin manchmal sogar Verletzungen erdulden muss, wird Gott erst durch die praktische Erfahrung erkennen. Diese Perspektive, die in den Psalmen so deutlich zu erkennen ist (zu denen man mein Buch vielleicht als Einleitung oder als Fußnote betrachten sollte), ist so lebenswichtig, dass es ein großer Fehler von mir war, dies nicht eindrücklicher betont zu haben. Doch wenn *Gruppen* diesen Studienführer in diesem beabsichtigten Sinn verwenden, kann dies zu diesem notwendigen offenen und auf Gegenseitigkeit beruhenden Lebensstil führen, den ich in diesem Kommentar nicht klar genug betont habe. Ich hoffe und bete darum, dass dies doch noch geschieht.

James I. Packer

Einleitung

James I. Packers *»Gott erkennen«* ist eine fruchtbringende, tiefgründige, wunderbare und verwandelnde Abhandlung über das christliche Verständnis von Gott. Dieses Buch, das mit großer Leidenschaft und dennoch mit einer hervorragenden Gründlichkeit geschrieben wurde, erklärt einerseits, wer Gott ist, und andererseits, wie der Mensch mit Ihm in Beziehung treten kann. Das Buch teilt sich in drei Abschnitte: Der Erste lenkt unsere Aufmerksamkeit auf das Wie und Wozu der Erkenntnis Gottes, der Zweite auf die Eigenschaften Gottes, der Dritte auf einige der primären Segnungen, derer sich ein Kind Gottes erfreuen darf. Packer hat ein Buch verfasst, das ganz sicher als wachstumsfördernde Nahrung für Generationen von Gläubigen dienen wird.

Der Autor sagt, dass er »Gott erkennen« aus der Überzeugung heraus verfasst hat, dass die Unwissenheit über Gott eine der Wurzeln für die Schwachheit der heutigen Kirche ist. Die Absicht dieses Studienführers ist es, dem »kranken Baum« der Christenheit zu helfen, indem wir ihm eine vitaminreiche Nahrung zukommen lassen; oder, ohne die Metapher, um Gruppen von Christen zu helfen, sich mit den grundlegenden Wahrheiten der biblischen Theologie zu identifizieren und sie anzuwenden.

Dieser Studienführer enthält 22 Studien, eines für jedes Kapitel von »Gott erkennen«. Eine Gruppe von Christen kann ihn benutzen, um das gesamte Buch zu behandeln oder verschiedene Kapitel durchzuarbeiten, je nach ihrer Zielsetzung, ihren Interessen und zeitlichen Begrenzungen. Für eine Gemeindebibelgruppe oder einen Hauskreis gibt es hier zwei ausgezeichnete Projekte für jeweils elf Wochen: (1) einen Überblick über die Eigenschaften Gottes (Studium 7-17) und (2) ein Studium über die Privilegien und Probleme des Christenlebens (Studium 1-6, 18-22).

Jedes Studienkapitel hat folgende Struktur: Als Erstes haben wir einen Kernsatz (oder Kernsätze), der erklärt, wozu das jeweilige Kapitelstudium dient. Er hilft den Teilnehmern zu erkennen, welches Ziel sie verfolgen. Dann folgt der Text für die Diskussionsrunde – eine Reihe von Fragen, die effizient den ganzen Stoff durchgehen. Zum Schluss stellen wir eine zusammenfassende Frage, die dabei hilft, die Essenz des Kapitels herauszuarbeiten.

Jedes Kapitelstudium wird 30 bis 60 Minuten in Anspruch nehmen, je nachdem, wie gesprächsbereit die Gruppenmitglieder sind. Jede zusammenfassende Frage sollte genügend Raum haben, um sie ausführlich zu behandeln, falls das Studium weniger als die vorgesehene Zeit beansprucht. Außerdem enthalten die kürzeren Studien eine optionale Frage, die die Mitglieder ermutigen soll, einen wichtigen Punkt aufzugreifen und ihn detailliert zu behandeln.

In jedes Studienkapitel sind zwei oder drei Anwendungsfragen eingefügt. Jede dient dazu, sich persönlich damit zu beschäftigen und eine individuelle Antwort auf die von Packer dargelegten Prinzipien zu finden. Die Beantwortung einer Anwendungsfrage sollte wenigstens fünf, aber nicht mehr als zehn Minuten in Anspruch nehmen, so dass allein diese Anwendungsfragen wahrscheinlich 15 bis 30 Minuten beanspruchen und so ein Viertel bis zur Hälfte jeder Diskussionsrunde umfassen werden.

Für den Leiter

Die hier angeführten Fragen bilden den Rahmen jedes Studiums. Sie helfen dir dabei, dass deine Gruppe beim Thema bleibt, den vollständigen Abschnitt bearbeitet, alle die Hauptpunkte aufgreift und sie entsprechend anwendet. Es wird jedoch erwartet, dass du auf die Diskussionsrunde eingehst und beispielsweise die nachfolgenden Fragen verwendest. So könntest du die Frage stellen: »Wie wirkt sich die Liebe Gottes auf dein Alltagsleben aus?« (eine Frage aus Studium 12), und jemand könnte antworten: »Sie hilft mir, meinen Arbeitstag zu bewältigen.« Gehe darauf mit einer weiteren Frage ein: »Wie sieht das praktisch aus?« oder »Welche konkreten Probleme kannst du dadurch lösen?« Mache außerdem regelmäßig eine Zusammenfassung, indem du die Teilnehmer daran erinnerst, wo sie am Anfang standen, was sie bisher erkannt haben und was ihr Ziel sein soll.

Sorge stets für eine ausgewogene Diskussion. Wenn jemand allzu gesprächig wird, beende seine Erklärung, indem du um weitere Kommentare bittest und etwa fragst: »Möchte jemand hierzu noch etwas hinzufügen?«, oder »Hat jemand eine andere Meinung?« Dadurch wirst du die Schweigsameren ermutigen, auch ihre Beiträge einzubringen. Mache dir aber auch keine Sorgen, wenn es in der Diskussionsrunde einmal still wird. Wenn die Gruppe gut zusammenarbeitet, kann eine Zeit des Schweigens eine kreative Kraft entfalten. Wenn die Stille sich zu lange hinzieht, stelle deine Frage noch einmal in anderer Form oder versuche etwas Humor hineinzubringen. Wenn irgendein Teilnehmer ständig dominieren will oder gar nichts sagt, sprich mit ihm unter vier Augen, um ihn zu einer ausgewogeneren Mitwirkung zu ermutigen.

Du möchtest vielleicht, dass in Verbindung mit jedem Thema eine regelmäßige gemeinsame Zeit der Anbetung und Danksagung entsteht, oder dass man gemeinsam ein Lied singt. Manche sind der Meinung, in solch einer Gruppe sei eine Gebetsgemeinschaft bloß eine optionale Möglichkeit. Doch dieses Studium sollte vielmehr eine Anregung zu vermehrter Anbetung sein und sie nicht verhindern.

Im Blick auf die Vorbereitung: Bitte die Teilnehmer, das anstehende Kapitel im Buch vor dem gemeinsamen Studium Zuhause zu lesen. Ermutige sie, ihnen wichtig gewordene Stellen zu unterstreichen, über sie nachzudenken und dann mit ihren Überlegungen und Rückfragen in die Diskussionsrunde zu kommen, um diese zu beleben. Nimm dir Zeit für dein persönliches Studium (du wirst vermutlich zwischen zwei und drei Stunden benötigen), um dich mit der Thematik vertraut zu machen. Notiere dir eine kurze Antwort zu jeder Frage; dann gehe noch einmal zu den Fragen zurück, und formuliere die Fragen, wenn nötig, so, wie sie dir am Besten erscheinen. Überzeuge dich jedoch davon, dass du thematisch nicht von der ursprünglichen Fragestellung abweichst.

Denke darüber nach, welche Wirkung dieses konkrete Studium auf die Bedürfnisse deiner Freunde hat. Braucht Reiner vielleicht ganz besonders die Gewissheit, dass Gott ihn wirklich liebt? Hat Karin eine richtige Vorstellung von Gottes Zorn? Das Leben verändert sich ständig. Deshalb müssen die in diesem Studienführer angeführten Anwendungsfragen weit genug gefasst sein, um einer Vielzahl von

Lebenslagen zu genügen. Sei darauf bedacht, dass du mit diesen Fragen das Leben der Teilnehmer deiner Gruppe wirklich berührst. Sei einfühlsam im Blick auf die Bedürfnisse, die sich während der Diskussionsrunde ergeben. Und sei darauf vorbereitet, dass du zwischen den einzelnen Gruppenstunden auch zu persönlicher Seelsorge herangezogen wirst. Nimm dir Zeit, um mit Teilnehmern persönlich zu reden. Zeige deine aufrichtiges Interesse an den Teilnehmern auch auf andere praktische Weise.

Vergewissere dich, dass jeder weiß, welches Kapitel er für das erste Studium lesen muss. Und dann beginne mit deiner eigenen Vorbereitung – unter Gebet und mit dem leidenschaftlichen Wunsch im Herzen, deine Glaubensgeschwister auf die Abenteuerreise mitzunehmen, die als Reiseziel angibt: *»Gott erkennen.«*

1
THEOLOGIE – DIE LEHRE VON GOTT

Ziel:
Wir sollen erkennen, warum das Studium über Gott so wichtig ist.

Diskussion:
1. Für wen hat Packer das Buch geschrieben (S. 9-10)? Was meint er mit dem Begriff *Reisende?*
2. Welche Überzeugung steht hinter diesem Buch (S. 10-11)?
3. Welchen Einfluss hat das »Nachsinnen über die Gottheit« auf uns?
4. Woran denkst du, wenn du das Wort *Theologie* hörst? Was ist deine Haltung gegenüber der Theologie? Warum glaubt Packer, dass »ein Studium des Wesens und Charakters Gottes ... das praktischste Projekt ist, mit dem man sich befassen kann«?
5. Welche Haltung empfiehlt uns Packer, wenn jemand zu uns sagt: »Es gibt doch überhaupt keinen Weg zur Erkenntnis Gottes«?
6. Auf Seite 20-21 listet Packer fünf grundlegende Wahrheiten auf, die wir unseren Weg bei diesem Studium bestimmen sollen. Lies sie laut durch. Welche Hauptthemen werden uns auf unserer Reise beschäftigen? Welche positiven Empfindungen hast du bei diesen Themen?
7. Was sollte letztendlich unser Ziel beim Studium der Gottheit sein? Warum schadet uns theologisches Wissen, wenn wir es um seiner selbst willen erstreben?
8. Aus welchem Grund wollte der Verfasser des 119. Psalms wahre Gotteserkenntnis erlangen? Was hat der Abschnitt »Die Erkenntnis anwenden« in diesem Kapitel (S. 22-24) dir im Blick auf *deine persönlichen* Motive zu sagen, wenn du dieses Studium durchführst?
9. Wie kann aus unserem Wissen *über* Gott wahre Gotteserkenntnis werden? Was bedeutet es, im christlichen Sinn *zu meditieren?* Was ist deine persönliche Reaktion auf Packers Beschreibung der christlichen Meditation?

Zusammenfassung:
Warum ist das Studium über Gott so wichtig? Welchen Einfluss wird diese Erkenntnis in dieser Woche auf dein Leben haben?

2

DIE IHREN GOTT KENNEN

Ziel:

Darüber nachdenken, ob wir Menschen sind, die Gott kennen.

Diskussion:

1. Welchen Vorwurf erhebt Packer auf den Seiten 26-27 gegen bekennende Christen? Trifft dies auch auf dich zu?
2. Packer sagt: »Man kann eine ganze Menge über Gott wissen, ohne Gott wirklich zu erkennen.« Was meint er mit diesem Satz?
3. Was bedeutet der Satz: »Man kann eine ganze Menge über das Christsein wissen, ohne Gott wirklich zu erkennen«?
4. Welche vier Charakteristika kennzeichnen die Menschen, die Gott kennen?
5. Was motiviert Gottes Volk zum Handeln? Warum ist »die unveränderliche Frucht der wahren Gotteserkenntnis die Triebkraft« zum Gebet (S. 31)?
6. Was ist die zentrale Wahrheit über Gott, die wir im Buch Daniel erfahren?
7. Weshalb ist unser Gebetsleben der beste Beleg für unsere rechte Vorstellung von Gott? Denke einmal über dein Gebetsleben während des zurückliegenden Tages oder in der vergangenen Woche nach. Welche Vorstellung von Gott hat deine Gebete geprägt?
8. Wie würdest du die Gesinnung von Daniel und seinen drei Freunden beschreiben? Was bewirkte sie?
9. Warum ist die Erkenntnis Gottes die Grundlage für echten persönlichen Frieden?
10. Packer sagt, dass wir uns zwei Dinge vor Augen führen sollten, wenn wir das Verlangen nach wahrer Gotteserkenntnis haben. Welche beiden Dinge sind das? Was meinst du, wie wir sie Tag für Tag verwirklichen können?

Zusammenfassung:

Packer sagt, dass jedes der vier Charakteristika, die auf den Seiten 30-34 aufgeführt sind, ein »Zeichen« oder ein »Test« für unsere Gotteserkenntnis ist. Wo siehst du hier deine Stärken und wo deine Schwächen?

3

ERKENNEN UND ERKANNT SEIN

Ziel:

Verstehen, was es zu bedeutet, Gott zu erkennen.

Diskussion:

1. Lies die ersten fünf Absätze auf Seite 37 laut vor. Was soll unser Lebensziel sein?

2. Denke über die nächsten vier Sätze nach (S. 38). Welchen Eindruck hinterlassen die ersten fünf Absätze *bei dir?* Was sagt dies über deine Einstellung zu Gott?

3. Warum sind Christen gegen »das Absurde«, gegen das Gefühl der Sinnlosigkeit, immun?

4. Was bedeutet es, jemanden zu *kennen?*

5. Wie veranschaulicht Packer auf den Seiten 39-40 unsere Beziehung zu Gott? Denkst du, dies sei ein guter Vergleich? Warum stimmst du ihm zu, warum nicht?

6. Was geschieht, wenn der allmächtige Schöpfer, »vor dem die Völker wie ein Tropfen am Eimer sind« zu einem Menschen kommt und beginnt, mit ihm durch die Worte und Wahrheiten der Heiligen Schrift persönlich zu reden? Was empfindest du bei der Tatsache, dass du Gottes Bundespartner bist?

7. Welche vier Dinge beinhaltet der Prozess der Erkenntnis Gottes praktisch?

8. Welche vier Analogien verwendet die Bibel, um unsere Gemeinschaft mit Gott zu beschreiben? Was haben sie gemeinsam?

9. Wodurch unterscheidet sich die Beziehung, die die heutigen Christen zu Jesus haben, von der Beziehung, die die ersten Jünger zu Jesu hatten? Worin gleichen sie sich?

10. Was bedeutet es, wenn wir sagen, dass die Erkenntnis Gottes eine Sache »der persönlichen Gemeinschaft« ist? »des persönlichen Engagements«? »der Gnade«?

11. Warum ist die Tatsache, dass Gott uns kennt, wichtiger, als die Tatsache, dass wir Gott kennen?

Zusammenfassung:

Was bedeutet es, Gott zu erkennen?

4
DER EINZIG WAHRE GOTT

Ziel:
Die Bedeutung des Götzendienstes verstehen, und wie Götzendienst unsere Erkenntnis Gottes beeinflusst.

Diskussion:
1. Auf welches Prinzip weist uns das zweite Gebot hin? Wie wendet Packer auf Seite 50 dieses Prinzip auf Christen an?
2. Wodurch verunehren Abbildungen Gott?
3. Wieso führen Abbildungen Menschen in die Irre?
4. Packer sagt: »Wenn du dich beim Beten regelmäßig auf ein Abbild konzentrierst, dann wird, psychologisch gesehen, deine Vorstellung von Gott immer mehr von diesem Abbild bestimmt.« Wurdest du dazu erzogen oder ermuntert, irgendwelche Abbildungen von Gott zu Hilfe zu nehmen? Welche Schritte kannst du unternehmen, um deine Gedanken von diesen Bildnissen zu befreien?
5. Warum ist ein falsches geistiges Bild für die Erkenntnis Gottes ebenso schädlich, wie eine plastische Darstellung?
6. Was ist die positive Aufgabe des zweiten Gebots?
7. Was hat Packer zu dem Verhältnis zwischen der Konzentration auf Abbildungen und dem Ernstnehmen des Gottes Wort zu sagen? Wie stützt die Erfahrung der Juden am Sinai dieses Argument?
8. Packer fasst zusammen: »Alle Darstellungen von Gott, seien sie bildlicher oder geistiger Art, sind in Wirklichkeit Anleihen aus dem Arsenal einer sündigen und gottlosen Welt und stehen deshalb im Widerspruch zu Gottes heiligem Wort.« Stimmst du dem zu? Wenn ja, was hat dich in Packers Argumentation überzeugt? Wenn nicht, dann erkläre, weshalb.
9. Welchen Test schlägt Packer vor, um zu erkennen, ob dein Gott der christliche Gott ist? Wie stimmen deine Vorstellungen von Gott mit diesem Test überein?
Optional: Welche Folgen hat Packers Argumentation im ersten Teil dieses Kapitels auf die christliche Kunst? Wie könnte seine Sicht zum Beispiel die Motivauswahl eines Künstlers beeinflussen?

Zusammenfassung:
Wie können uns Abbildungen von der Erkenntnis Gottes abhalten?

5

DER INKARNIERTE GOTT

Ziel:

Das Geheimnis der Inkarnation erkennen.

Diskussion:

1. Was ist »das alles überragende Geheimnis, mit dem uns das Evangelium konfrontiert«?
2. Gib konkrete Beispiele dafür, wie der Glaube an die Inkarnation andere Schwierigkeiten der christlichen Lehre löst.
3. *Das Baby, das in Bethlehem geboren wurde, war Gott.* Wie strukturiert der Apostel Johannes den Prolog zu seinem Evangelium, um deutlich zu machen, was der Titel *Sohn Gottes* bedeutet? Welche sieben Dinge berichtet er uns über das Wort, das Fleisch wurde?
4. *Das Baby, das in Bethlehem geboren wurde, war Mensch.* Wie beschreibt Packer auf den Seiten 65-66 die »Mathematik« der Inkarnation? Wie veränderte die Inkarnation die Beziehung Jesu zum Teufel?
5. Warum sollte die Inkarnation uns dazu bewegen, Gott für seine Demut zu preisen?
6. Was war die *Motivation* für die Inkarnation?
7. Was steht hinter der *Kenosis-Theorie?* Auf welche Arten wurde sie formuliert? Warum lässt sich diese Theorie nicht halten?
8. Was bedeutet die Aussage: »Wir gewinnen eher den Eindruck, dass Er seine göttlichen Fähigkeiten und seine göttliche Macht zurückhielt, statt hier eine Einschränkung der Gottheit zu vermuten«? Wie können wir diese Zurückhaltung begründen?
9. Was ist, in deinen eigenen Worten, der »Geist der Weihnacht«? Wo zeigt sich das Versagen der heutigen Christenheit, diesen Geist unter Beweis zu stellen? Durch welche konkreten Taten kannst du den »Geist der Weihnacht« sichtbar werden lassen?

Zusammenfassung:

Warum ist die Inkarnation das alles überragende Geheimnis des Evangeliums? Welche Auswirkungen sollte die Erkenntnis der Inkarnation für jeden von uns haben?

6
ER WIRD ZEUGNIS GEBEN

Ziel:
Das Wesen und die Bedeutung des Werkes des Heiligen Geistes zu verstehen.

Diskussion:
1. Hast du auch den Eindruck, dass die Lehre von der Dreieinigkeit ein vernachlässigtes Thema ist, wie Packer behauptet? Was bedeutet die Lehre von der Dreieinigkeit für dein eigenes Leben?
2. Was lehrt uns das Johannesevangelium über die Trinität?
3. Welche anderen Übersetzungen gibt es für den Ausdruck *Tröster?* Welche Vorstellungen vermittelt dieses Wort?
4. Welche Beziehung besteht zwischen dem Werk des Geistes und dem Werk Christi?
5. Was sagt uns das Alte Testament über Gottes *Wort* und Gottes *Geist?*
6. Auf den Seiten 77-78 erläutert Packer die Beziehungen in der Dreieinigkeit. Zu welchen Schlussfolgerungen kommt er? Wodurch beweist er sie?
7. Packer behauptet, dass die Kirche einhellig das Werk des Heiligen Geistes ignoriert. Stimmst du dem zu? Was bedeutet deine Erkenntnis über das Werk des Heiligen Geistes für dein persönliches Leben?
8. Wieso gäbe es ohne den Heiligen Geist kein Evangelium und kein Neues Testament?
9. Weshalb gäbe es ohne den Heiligen Geist keine Christen?
10. Was sagt uns der Abschnitt »Unsere angemessene Reaktion« darüber, wie wir den Heiligen Geist in unserem Glauben ehren können? in unserem Leben? in unserem Zeugnis?
Optional: Lies Römer 8,1-30. Erörtere die Beziehung, die ein Christ zum Heiligen Geist haben sollte.

Zusammenfassung:
Worin besteht das Werk des Heiligen Geistes? Warum ist es so wichtig?

7

DER UNVERÄNDERLICHE GOTT

Ziel:
Die Tatsache und die Bedeutung der Unwandelbarkeit Gottes zu erfassen.

Diskussion:
1. Welches Problem beschreibt Packer auf Seite 87? Inwieweit identifizierst du dich mit diesem Problem?
2. Beantworte Packers Frage: »Wie kann das Problem gelöst und das Gefühl der Distanziertheit zur biblischen Gotteserfahrung überwunden werden?«
3. Benenne sechs Aspekte Gottes, die sich nicht verändern.
4. Stelle das Leben Gottes den Leben seiner Geschöpfe gegenüber.
5. Zeige den Gegensatz zwischen der Beständigkeit des *Charakters* unseres Schöpfers und dem von uns Menschen.
6. Wie ergänzen sich die beiden Offenbarungen des Namens Gottes im 2. Buch Mose?
7. Stelle die *Worte* Gottes und den Worten von uns Menschen gegenüber.
8. Welche Dinge *vollbringt* Gott heute ebenso, wie Er sie auch zur Zeit der Bibel tat? (Für jeden Punkt, den du auflistest:) Warum tut Er es?
9. Warum muss Gott niemals etwas bereuen? Wie erklärt Packer die Verse, die von Gottes Reue sprechen? Welchen Einfluss sollte unsere Erkenntnis von »der Unwandelbarkeit der Ratschlüsse Gottes« auf uns haben?
10. Wieso kann Packer sagen, dass die Feststellung, dass Jesus Christus »derselbe gestern und heute und auch in Ewigkeit« ist, »der stärkste Trost für Gottes Volk« ist?
11. Aus welchem Grund ist die Bedeutung des zeitlichen Abstands zwischen uns und den Gläubigen zur Zeit der Bibel hinfällig? Welche Wahrheiten haben die gleiche Geltung für uns wie für sie? Inwiefern sollten diese Gedanke uns trösten? uns herausfordern?
Optional: Lest die folgenden Verse zusammen laut: Ps 93,2; Jer 10,10; Röm 1,22-23; 1 Tim 6,16; Ps 90,2; Ps 102,26-27; Jes 48,12. Welchen entscheidenden Eindruck gewinnst du, wenn du hörst, wie diese Verse gemeinsam gelesen werden?

Zusammenfassung:
Was bedeutet es, wenn wir sagen, dass Gott unveränderlich ist? Warum ist diese Tatsache so wichtig für dich?

8
DIE MAJESTÄT GOTTES

Ziel:
Die Majestät Gottes zu schätzen.

Diskussion:
1. Wie verwendet die Bibel das Wort *Majestät?* Inwieweit steht dies im Gegensatz zu modernen Vorstellungen von Gott?
2. Wenn wir betonen, dass Gott eine Persönlichkeit ist, was dürfen wir dabei nicht vermitteln?
3. Welche „beiden Wahrheiten“ über Gott werden uns in den Eingangskapiteln des 1. Buches Mose verdeutlicht? Durch welche Ereignisse wird jede dieser Wahrheiten betont?
4. Welche zwei Schritte sind nötig, um uns eine richtige Vorstellung von Gottes Größe zu bilden?
5. Auf den Seiten 99-100 behandelt Packer Psalm 139 als ein Beispiel dafür, was der erste Schritt beinhaltet. Wodurch hebt dieser Psalm Gottes Allgegenwart hervor? seine Allwissenheit? seine Allmacht?
6. Mit welchen gewaltigen Mächten wird Gott in Jesaja 40 verglichen? Was bringen diese Vergleiche zum Ausdruck? Welchen Einfluss haben diese Vergleiche auf dich persönlich?
7. Welche drei Fragen stellt Jesaja den mutlosen Israeliten? Welchen Tadel enthält jede dieser Fragen? Was können wir tun, um jeden einzelnen Tadel zu vermeiden?
Optional: Lies Hiob 38-41 so vor, dass seine ganze Dramatik deutlich wird. Wie offenbart Gott seine Majestät? Welche Wirkung hat dies auf Hiob (Hiob 42,1-6)?

Zusammenfassung:
Was hast du über die Majestät Gottes gelernt? Welchen Einfluss hat diese Erkenntnis auf deine Anbetung? auf deine moralischen Entscheidungen? auf dein Gebetsleben?

9
DER ALLEIN WEISE GOTT

Ziel:
Gottes Weisheit zu würdigen und in ihr Trost zu finden.

Diskussion:
1. Was ist Weisheit?
2. Warum ist Gott unseres vollsten Vertrauens würdig?
3. Was betrachten viele Menschen irrtümlicherweise als Gottes Ziel mit der Welt?
4. Was *ist* Gottes ultimatives Ziel?
5. Was sind seine unmittelbaren Ziele?
6. Warum steht der Herr Jesus im Zentrum all dieser Teilerfüllungen von Gottes Ziel?
Packer behandelt Gottes Weisheit in seinem Handeln im Leben von drei Männern: Abraham, Jakob und Joseph.
7. Wie war Abraham gesinnt, als Gott mit ihm zu arbeiten begann? Was war seine größte Not? Welche Charakteristika erwiesen Abraham als »Mann Gottes«?
8. Bei welchen Verhaltensweisen musste Jakob eine Veränderung erfahren? Auf welche Weise hat Gott diese Veränderung bewirkt?
9. Welche »beiden Ziele« verfolgte Gott durch die Leiden von Joseph?
10. Was sind einige der Gründe, weshalb Gott uns Notlagen erdulden lässt? Welche von ihnen hast du schon erlebt? Gib einige Beispiele.
11. Warum ist es so wichtig, dass ein Christ Gott vertraut?
12. Wie sollten wir schwierigen Situationen begegnen, wenn wir Gottes Plan in ihnen nicht erkennen können?
13. Inwieweit ist die innere Einstellung von Paulus ein Vorbild für uns?
Optional: Bezeugt einander, welche Veränderungen Gott in eurem Leben bewirkt hat. Wie hat Er dies getan?

Zusammenfassung:
Wie offenbart sich Gottes Weisheit in seinem Handeln mit den Menschen? Wie kann unser Vertrauen auf Gottes Weisheit ein Trost für uns sein?

10

GOTTES WEISHEIT UND DIE MENSCHLICHE WEISHEIT

Ziel:

Gottes Geschenk der Weisheit verstehen.

Diskussion:

1. Worin besteht der Unterschied zwischen einer *nicht mitteilbaren* und einer *mitteilbaren* Eigenschaft? Benenne einige Attribute Gottes die in jede der beiden Kategorien fallen.
2. Erkläre mit eigenen Worten, was es bedeutet, wenn wir sagen, dass der Mensch in Gottes Ebenbild geschaffen wurde.
3. Was bedeutet die Aussage: »Gott ist in den Gläubigen am Werk, um in ihnen das entstellte Ebenbild wiederherzustellen, indem Er ihnen diese göttlichen Eigenschaften [die mitteilbaren Attribute] neu mitteilt«?
4. Was ist der Haupttenor der Zitate über die Weisheit (S. 118-119)?
5. Welche beiden Schritte muss ein Mensch tun, um das Geschenk der Weisheit zu empfangen? Wie können wir dies im täglichen Leben verwirklichen?
6. Was ist, nach Packers Beispiel in dem Abschnitt »Was Weisheit nicht ist«, unter dem Geschenk der Weisheit *nicht* zu verstehen?
7. Was bedeutet es, aufgrund von Packers Beispiel in dem Abschnitt »Was wir brauchen, ist Realitätssinn!«, wenn Gott uns Weisheit schenkt?
8. Welche Absicht hatte der Autor des Predigers Salomo, als er seine Botschaft verfasste?
9. Lies Packers Zusammenfassung der Botschaft des Predigers auf den Seiten 124-125. Dann fasse in wenigen Sätzen diese Botschaft mit eigenen Worten zusammen.
10. Wie kann die Ermahnung des Predigers heutigen Christen eine Hilfe sein?
11. Warum hat »Gott in seiner Weisheit beschlossen, uns nur bruchstückhaft in seine Vorsehung und seine Pläne - die Er in unserem persönlichen Leben und in der weltweiten Gemeinde verfolgt - einzuweihen«?
12. Was ist nach Aussage des Predigers Salomo »Weisheit«?
13. Was ist die Folge von Gottes Geschenk der Weisheit?
14. Welche konkreten Schritte können wir unternehmen, um Packers Ermahnung im letzten Abschnitt des Kapitels zu befolgen?

Zusammenfassung:

Was ist die Weisheit, die Gott uns schenkt?

11
DEIN WORT IST DIE WAHRHEIT

Ziel:
Das Wesen des Wortes Gottes zu verstehen und darüber nachzudenken, was eine angemessene Reaktion auf das Wort Gottes ist.

Diskussion:
1. Welche beiden Tatsachen werden in jedem Abschnitt der Bibel vorausgesetzt?
2. Aus welchen beiden Gründen spricht Gott zu uns?
3. Was ist der dreifache Sinn der *Thora?* (Wenn die Bedeutung eines der drei Begriffe unklar ist, siehe Beispiele auf S. 131-132.)
4. Was meint Packer, wenn er sagt »Gott sendet uns sein Wort zu unserer Information und als Einladung«? Welche Absicht hat Gott damit?
5. Wie stellt 1. Mose 1-3 Gottes schöpferisches Wort dar? sein Wort als Gebot? sein Wort als Zeugnis? sein Wort als Verbot? sein Wort als Verheißung?
6. Wieso konnte Gott zu Jeremia sagen, dass Jeremia Königreiche aufrichten und vernichten würde?
7. Was sagt Gott durch Jesaja über sein Wort?
8. Was ist die angemessene Reaktion auf Gottes Wort? Wie sieht eine gottlose Reaktion aus? Wie würdest du deine eigene Reaktion charakterisieren?
9. Wir sollten Gottes Wort in erster Linie glauben und ihm gehorchen, weil sein Wort die Wahrheit ist. Was bedeutet *Wahrheit* in der Bibel?
10. Warum werden Gottes *Gebote* als Wahrheit bezeichnet? Welche Folge hat der Ungehorsam gegenüber Gottes Geboten?
11. Was sind nach Aussage von Samuel Clark einige praktische Konsequenzen der Erkenntnis, dass Gottes *Verheißungen* wahr und verlässlich sind? Was können wir konkret unternehmen, um die Segnungen der Verheißungen Gottes zurückzugewinnen?
12. Welche Definition eines Christen gibt Packer in dem Abschnitt »Glaube und gehorche«? Wo findest du dich in seiner ausführlichen Darstellung wieder und wo nicht?

Zusammenfassung:
Wie würdest du Gottes Wort charakterisieren?

12
DIE LIEBE GOTTES

Ziel:
Zu versuchen, die Liebe Gottes zu ergründen.

Diskussion:
1. Packer sagt, dass »Gottes Liebe zu erkennen, tatsächlich der Himmel auf Erden ist.« Welche drei Punkte über Gottes Liebe betont Packer im Blick auf Röm 5,5?
2. Welche Kritik übt Packer auf Seite 141 in Bezug auf die heutigen Christen? Wie reagierst auf diesen Vorwurf?
3. Um Missverständnisse bezüglich der Aussage des Johannes »Gott ist Liebe« zu vermeiden, welche beiden anderen Aussagen müssen wir in Verbindung mit dieser Aussage berücksichtigen? Wie hilft uns jede dieser Aussagen, Gottes Liebe besser zu verstehen?
4. Packer sagt zunächst: »›Gott ist Liebe‹ ist *nicht* die ganze Wahrheit über Gott, soweit es die *Bibel* betrifft.« Was meint er mit der scheinbar widersprüchlichen Aussage: »›Gott ist Liebe‹ *ist* die ganze Wahrheit über Gott, soweit es den *Christen* betrifft«? Welchen Einfluss hat die Tatsache, dass Gott Liebe ist auf dein tägliches Leben?
5. Packers Definition der Gottes Liebe lautet auf Seite 147: »Gottes Liebe ist die praktische Verwirklichung seiner Güte gegenüber Sündern. Und weil Er das Wohl der Sünder vor Augen hat, hat Er ihnen seinen Sohn als Erlöser gesandt, um sie zu wahrer Gotteserkenntnis zu führen und sie sich Seiner in einer liebevollen Bundesbeziehung erfreuen können.« Was bedeutet es, wenn es heißt:

dass Gottes Liebe die praktische Verwirklichung seiner Güte ist?

dass Gottes Liebe die praktische Verwirklichung seiner Güte *gegenüber Sündern* ist?

dass Gottes Liebe ist die praktische Verwirklichung seiner Güte gegenüber *dem einzelnen Sünder?*

dass Gottes Liebe zu den Sündern beinhaltet, dass Er sich *mit ihrem Wohlergehen identifiziert?*

dass Gott seine Liebe zu den Sündern dadurch erwiesen hat, dass Er *ihnen seinen Sohn als Erlöser sandte?*

dass Gottes Liebe zu den Sündern ihr Ziel darin erreicht, dass Er sie zu wahrer Gotteserkenntnis führt und sie sich Seiner in einer liebevollen Bundesbeziehung erfreuen können?

6. Lies still den Abschnitt mit dem Titel »Überwältigende Liebe!« auf den Seiten 151-152. Wo zeigt sich in deinem Leben Gottes Liebe noch nicht in ihrem vollen Ausmaß?

Zusammenfassung:
Formuliere mit eigenen Worten, was die Liebe Gottes ist. Was bedeutet dir die Liebe Gottes in deiner persönlichen Lebenserfahrung?

13
DIE GNADE GOTTES

Ziel:
Die Lehre von der Gnade verstehen.

Diskussion:
1. Welche beiden Reaktionen über die Lehre von der Gnade werden auf den Seiten 153-154 gegenübergestellt?
2. Welche vier entscheidenden Wahrheiten setzt die Lehre von der Gnade voraus?
3. Wie charakterisiert Packer, bei der Erörterung dieser vier Wahrheiten, die Sicht des modernen Heiden im Blick auf seine eigenen Moralvorstellungen? Wie charakterisiert Packer die Sicht des modernen Heiden über Gott? Wieso macht solch eine Vorstellung von Gott die Lehre der Gnade zunichte?
4. Warum betrachten manche Menschen die Lehre der Gnade als ganz entscheidend?
5. Wie wendest du die Lehre von der Gnade persönlich an, wenn du sie mit den beiden Sichtweisen vergleichst, die wir diskutiert haben?
6. Welche Beziehung besteht zwischen *Gnade* und *Errettung?*
7. Was ist die *Rechtfertigung?* Wie ist die Gnade mit ihr verbunden?
8. Was ist der *Heilsplan?* In welchem Zusammenhang steht die Gnade zu ihm?
9. Was bedeuten die *Bewahrung* und das *Beharren der Heiligen?* In welcher Beziehung steht die Gnade zu ihnen?
10. Was bedeutet die Aussage, »dass die Lehre des Neuen Testaments die Gnade bekundet und seine Ethik die Dankbarkeit für diese Gnade zum Ausdruck bringt.« Wie verwirklicht sich diese Tatsache in deinem persönlichen Leben?
11. Was meint Packer, wenn er sagt: »Leute, die meinen, dass die Lehre von der Gnade Gottes zu moralischer Laxheit führe, zeigen damit nur, dass sie nicht wissen, wovon sie reden« (S. 164)?
Optional: Nimm dir eine Zeit zur Anbetung, zum Bekenntnis deiner Unwürdigkeit und preise Gott für seine Gnade.

Zusammenfassung:
Was ist die Gnade Gottes? Wie kann man diese Gnade *erfahren?*

14

GOTT, DER RICHTER

Ziel:
Die Notwendigkeit von Gottes Gericht zu erkennen – und sich darüber aufrichtig zu freuen.

Diskussion:
1. Zitiere einige Beispiele aus der Bibel, in denen Gott als Richter bezeichnet wird; in denen Gott als Richter tätig ist; in denen wir die Lehre finden, dass Gott der Richter ist.
2. Welche vier Gedanken sind darin enthalten, dass Gott als Richter bezeichnet wird? Warum ist Gott in der Lage, jede dieser richterlichen Funktionen vollkommen zu erfüllen?
3. Was bedeutet *Vergeltung?* Wieso sagt Packer, dass die „Vergeltung das unabänderliche moralische Gesetz der Schöpfung ist"?
4. Auf Seite 171 behauptet Packer, dass die Tatsache, dass Gott sich selbst verpflichtet hat, alle Menschen einmal zu richten, der endgültige Beweis seiner moralischen Vollkommenheit ist. Wodurch beweist Packer diese Behauptung?
5. Was führt Packer auf Seite 172 als die entscheidende Bedeutung der Lehre von Gottes Richten an?
6. In welcher Beziehung steht Jesus Christus zum Gericht Gottes?
7. Mit was kann man „die Werke im Jüngsten Gericht" vergleichen (S. 174)?
8. Beantworte Packers Frage: „Wie sind die freie Vergebung und die Rechtfertigung durch den Glauben mit dem Gericht nach den Werken zu vereinbaren?"
9. Was lernen wir als Christen aus 1 Kor 3:12-15? Welchen Einfluss sollte dieses Wissen auf unser tägliches Leben haben?
10. Wie beeinflusst unsere *Erkenntnis* über Gott sein Urteil über uns?
11. Zu welchem Handeln sollte uns die Furcht vor dem Gericht veranlassen? Wenn wir danach handeln, welche Auswirkung hat dies auf unsere Erwartung des Endgerichts?
Optional: Lest laut die neun Bibelstellen, die auf S. 173 aufgeführt sind. Was ist der Hauptpunkt dieser Bibelstellen?

Zusammenfassung:
Warum sollten wir uns über die Tatsache, dass Gott ein Richter ist, aufrichtig freuen?

15

DER ZORN GOTTES

Ziel:

Das Wesen des Gottes Zornes zu verstehen.

Diskussion:

1. Woran denkst du, wenn du das Wort *Zorn* hörst? Was bedeutet das Wort? Ist es unangemessen, wenn die Bibel über Gottes Zorn spricht?
2. Warum spricht die Bibel in *anthropomorpher Weise* von Gott? In welche Fallgrube kann uns dies im Blick auf Gottes Zorn führen?
3. Welche beiden biblischen Gesichtspunkte widerlegen den Vorwurf, dass Gottes Zorn grausam sei?
4. Welche Bibelstellen führt Packer an, um sein Argument zu erhärten, dass Gott, »bevor Er einen Menschen der Hölle überantwortet, dieser Mensch sich schon aus freien Stücken dafür entschieden hat«?
5. Wie beschreibt Packer die *Gehenna?* Wenn wir das erkennen, was es bedeutet, auf ewig von Gott getrennt zu sein, welchen Einfluss sollte das auf unsere Haltung gegenüber Nichtchristen haben? unser Verhalten ihnen gegenüber?
6. Was versteht der Römerbrief unter Gottes Zorn?
7. Auf welche Weise vollzieht sich die permanente, universale Enthüllung des Zornes Gottes?
8. Wie kann man von Gottes Zorn erlöst werden?
9. Welche wichtigen Wahrheiten werden wir niemals verstehen, wenn wir nicht die Wahrheit über Gottes Zorn akzeptieren?
10. Warum sollten wir, nach Aussage von Arthur W. Pink, häufig über Gottes Zorn nachsinnen?
11. Bestehst du den Test, »unsere Bereitschaft ... über den Zorn Gottes nachzusinnen«?
Optional: Lies einige oder auch alle Bibelstellen, die auf Seite 179 zitiert werden. Welchen Eindruck hinterlassen sie bei dir? Welche Bilder werden verwendet, um Gottes Zorn zu beschreiben?

Zusammenfassung:

Was bedeutet Gottes Zorn? Wozu sollte uns diese Erkenntnis motivieren?

16

DIE GÜTE UND DIE STRENGE GOTTES

Ziel:

Zu lernen, die Güte Gottes mit der Strenge Gottes in Einklang zu bringen.

Diskussion:

1. Warum ist das *und* das entscheidende Wort in Röm 11,22?
2. Warum haben die Menschen so konfuse Vorstellungen über Gott?
3. Wo liegt der Ursprung der »Tendenz, den Gedanken von der Güte Gottes unabhängig von dem seiner Strenge zu betrachten«? Welche Auswirkung hat diese Tendenz auf das Christentum? Warum?
4. Wieso trägt die »Weihnachtsmann-Theologie« den Samen ihres eigenen Scheiterns in sich?
5. Welche Eigenschaften machen zusammen die *Güte* Gottes aus?
6. Welche Eigenschaft hat Gott speziell gegenüber Mose betont?
7. Was bedeutet die Aussage auf Seite 195: »Freigebigkeit ist sozusagen der Kristallisationspunkt der moralischen Vollkommenheit Gottes«?
8. Was bedeutet ferner die Aussage auf Seite 196: »Gott erweist allen Menschen in vielerlei Hinsicht seine Güte und einigen Menschen auf jede nur erdenkliche Art und Weise«?
9. Was ist der entscheidende Punkt von Psalm 145?
10. Welche Segnungen, die Gott dir verliehen hat, sind dir besonders wichtig?
11. Für welche vier Beispiele der Errettung preist der Verfasser von Psalm 107 den Herrn (S. 197)?
12. Was ist Gottes Strenge? Was bedeutet die Aussage: »Hinter jeder Demonstration der Güte Gottes steht eine Drohung der Strenge im Gericht, wenn diese Güte missachtet wird«?
13. Was wird überall in der Bibel über die Beschaffenheit der Strenge Gottes betont?
14. Welche drei Lektionen leitet Packer aus seinem Gedankengang über die Güte und Strenge Gottes ab? Wie können wir jede der drei Lektionen praktisch anwenden?
Optional: Beschließe die Lektion mit einer Zeit der Danksagung und des Lobpreises.

Zusammenfassung:

Welche Beziehung besteht zwischen Gottes Güte und Gottes Strenge?

17
DER EIFERSÜCHTIGE GOTT

Ziel:
Das Wesen der Eifersucht Gottes zu verstehen.

Diskussion:
1. Woher wissen wir, dass Gott ein eifersüchtiger Gott ist? Wann machte Gott dies in Israels Geschichte besonders deutlich?
2. Welchen Einfluss hat das Wissen über die Verwendung von Anthropomorphismen in der Bibel auf unser Verständnis von Gottes Eifersucht?
3. Welche beiden Arten von Eifersucht unterscheidet Packer auf den Seiten 204-205? Warum ist die zweite Art eine Tugend?
4. Inwiefern ist Gottes Eifersucht ein Aspekt seiner Bundesliebe?
5. Was verlangt Gott von denen, die Er geliebt und erlöst hat?
6. Was ist das Ziel der Bundesliebe Gottes?
7. Was ist Gottes dreifaches Ziel für diese Welt? Warum sagt Packer, dass Gottes »Eifersucht letzten Endes der Verwirklichung dieses Zwecks dient«?
8. Zu welchem Handeln wird Gott aufgrund seiner Eifersucht gegenüber Israel veranlasst?
9. Welche beiden praktischen Auswirkungen hat Gottes Eifersucht für jene, die sich zum Volk des Herrn bekennen?
10. Was ist Eifer oder Leidenschaft? Warum sollte sie Eifer für Gott erzeugen? Was sagt die Bibel über den Eifer?
11. Lies den zweiten und dritten Absatz auf Seite 210 laut. Wie reagierst du persönlich auf diese Fragen?
12. Was sagte Gott zur Gemeinde in Laodizea? Müsste Er dies auch zu unserer (deiner) Gemeinde sagen?
Optional: Lies die Verse, die am Ende von Seite 203 aufgeführt werden. Was sagen sie uns über Gottes Eifersucht?

Zusammenfassung:
Was meinen wir, wenn wir sagen, dass Gott ein eifersüchtiger Gott ist? Welche Auswirkungen hat dies auf unser persönliches Verhalten? auf unser gemeinschaftliches Verhalten?
Optionaler Rückblick: Welches sind die für dich entscheidenden Tatsachen, die du über Gottes Eigenschaften in den Lektionen 7-17 gelernt hast?

18

DAS ZENTRUM DES EVANGELIUMS

Ziel:

Das Zentrum des Evangeliums erkennen.

Diskussion:

1. Worin unterscheidet sich der biblische Glaube von den heidnischen Religionen? Inwiefern gleichen sie sich?
2. Was ist Sühne?
3. In welcher Beziehung steht die Sühne zu Gottes Grundsatz, den Sünder zu rechtfertigen? zur Begründung der Inkarnation? zu Jesu himmlischem Dienst? zur Johannes‹ Definition der Liebe Gottes?
4. Worin besteht der Unterschied zwischen Sühne und Versöhnung?
5. Wie lautet C. H. Dodds Interpretation der »Wortgruppe über die Sühne im Neuen Testament« (S. 221)? Wie lautet Packers Erwiderung?
6. Wie charakterisiert Packer in dem Abschnitt »Der Zorn Gottes« den Zorn Gottes, der auf Golgatha gesühnt wurde?
7. Welche drei Tatsachen benennt Packer über das Sühnegeschehen im nächsten Abschnitt? Aus welchen Gründen ist jede einzelne dieser Tatsachen so wichtig?
8. Was ist das Grundproblem des Menschen, das das Evangelium löst? Welche Auswirkungen hatte die Lösung dieses Grundproblems in einzelnen Bereichen deines persönlichen Lebens? (Werde konkret.)
9. Inwiefern hilft uns die Erkenntnis der Tatsache des Sühnewerkes, die treibende Kraft im Leben von Jesus zu verstehen? das Schicksal derer, die Gott ablehnen? den Frieden als Geschenk Gottes? die Dimensionen der Liebe Gottes? die Bedeutung von Gottes Herrlichkeit?
Optional: Welche bedeutenden alttestamentlichen Rituale beziehen sich auf den Gedanken des Sühneopfers? Verwende eine Konkordanz oder ein Bibellexikon und studiere jede dieser alttestamentlichen Handlungen.

Zusammenfassung:

Was ist das Zentrum des Evangeliums? Stellen wir uns die gleiche Frage wie Packer: »Welche Bedeutung hat das Wort *Sühne* in deinem Christsein, welchen Stellenwert in deiner Gemeinde?«

19
DIE KINDER GOTTES

Ziel:
Die gewaltige Bedeutung der Adoption oder Gotteskindschaft erfassen.

Diskussion:
1. Ist Gott der Vater aller Menschen? Welche Formen von Kindschaft gibt es unter uns Menschen?
2. Mit welchem Satz fasst Packer die ganze neutestamentliche Lehre zusammen? den ganzen neutestamentlichen Glauben?
3. Packer sagt: »Für den Gläubigen ist die Offenbarung, dass Gott sein Vater ist, gewissermaßen der Höhepunkt der Bibel.« Worin sind Gottes Selbstoffenbarung im Alten Testament und die neutestamentliche Offenbarung gleich?
4. Wie widerlegt Packer die Aussage, dass »die göttliche Vaterschaft denen große Schwierigkeiten bereitet, deren leiblicher Vater kein rechtes Vorbild war«?
5. Wodurch hat Gott die Bedeutung seiner Vaterschaft deutlich gemacht? Welche vier wesentlichen Bestandteile werden genannt (S. 248)?
6. Was meint Packer, wenn er sagt, dass die Adoption »das höchste Vorrecht ist, das das Evangelium bietet«?
7. Packer sagt, dass man »das ganze Christenleben unter dem Aspekt der Gotteskindschaft sehen muss.« Bei welchen drei Prinzipien aus der Bergpredigt dient die Adoption als Grundlage? Wieso liefert sie diese Grundlage?
8. Warum ist die Formulierung, *Die Adoption (oder die Gotteskindschaft) durch das Sühnewerk,* die Packer auf Seite 259 benutzt, die treffendste und bedeutungsvollste Zusammenfassung des Evangeliums?
9. Inwiefern zeigt unsere Adoption uns die Größe der Gnade Gottes? die Herrlichkeit der christlichen Hoffnung? Inwiefern liefert sie uns den Schlüssel zum Verständnis für das Wirken des Heiligen Geistes? für die Bedeutung und Motivation für eine »evangeliumsgemäße Heiligung«? die Grundlage zum Verständnis der Gewissheit?
10. Mache gedanklich (oder buchstäblich) hinter jede der am Ende des Kapitels aufgelisteten Fragen, die du bejahen kannst, ein Häkchen. Welchen Eindruck gewinnst du hierbei im Blick auf dein persönliches Verständnis von der Adoption oder Gotteskindschaft und deiner Beziehung zu deinem himmlischen Vater?

Zusammenfassung:
Was bedeutet Adoption oder Gotteskindschaft? Warum ist sie so überaus wichtig?

20

DU FÜHRST UNS

Ziel:

Zu lernen, wie Gott die Gläubigen führt.

Diskussion:

1. Wieso ist Führung für zahlreiche Christen ein chronisches Problem? Fühlst du dich verunsichert, wenn es darum geht, den Willen Gottes zu erkennen?
2. Nenne die beiden grundlegenden Tatsachen, auf denen unsere Zuversicht auf Gottes Führung beruht.
3. Was sind einige Beispiele für Gottes Führung in der Bibel? Was sind einige biblische Verheißungen, dass Gott uns führen wird?
4. Welche »anderen Texte der biblischen Wahrheit« bestätigen, dass Gott uns führen wird (S. 282-284)?
5. Was ist der grundlegende Irrtum, dem viele Christen im Blick auf Führung erliegen? Was ist die Wurzel dieses Irrtums?
6. Wie führt Gott die Seinen?
7. Innerhalb welcher Grenzen können wir mit Gott bei »situationsbezogenen« Entscheidungen rechnen? Welche Irrtümer können den Heiligen Geist dämpfen, wenn Er uns führen will? Welche konkreten Schritte können wir unternehmen, um sicherzustellen, dass wir jedem dieser Fallstricke entgehen?
8. Wenn wir im Glauben vorangehen und es zu Schwierigkeiten kommt, wie sollten wir darauf reagieren? Welche Hauptbeispiele führt Packer auf den Seiten 291-294 an, um zu demonstrieren, dass diejenigen, die Gott nachfolgen, Bedrängnisse erfahren?
9. Wenn wir den falschen Weg eingeschlagen haben, ist der Schaden dann unwiderruflich? Warum können wir gewiss sein, dass dies nicht der Fall ist?
10. Welche grundlegende Wahrheit über Gottes Führung betont Packer auf den Seiten 294-295? Inwiefern ist dies ein Trost für dich persönlich?
Optional: Welches sind die beiden unterschiedlichen Merkmale der »situationsbezogenen Entscheidungen«? Wie verhöhnt Hannah Whitall Smith die Angewohnheit, bei jeder Entscheidung eine »situationsbezogene Führung« zu erwarten?

Zusammenfassung:

Wie führt Gott? Inwieweit beeinflusst diese Erkenntnis dein Leben?

21 DIE INNEREN PRÜFUNGEN

Ziel:
Den Schaden erkennen, den eine bestimmte Art der Verkündigung verursacht.

Diskussion:
1. In diesem Kapitel kritisiert Packer eine bestimmte Art der Evangeliumsverkündigung. Warum ist dieses Verständnis des Evangeliums unbarmherzig? Was macht dieses Verständnis zu einer dogmatisch einwandfreien evangelikalen Lehre? Was kann also daran verkehrt sein?
2. Was wird, nach dem Abschnitt »Falsch angewendete Lehren«, auf übermäßige Weise betont, wenn es um die Lebensveränderung geht, sobald ein Mensch Christ wird? Selbst wenn diese Dinge an sich zutreffend sind, was ist bei dieser Überbetonung verkehrt?
3. Was bedeutet die Aussage: »Diese allzu positive Vorstellung vom Evangelium, bedient nur die menschlichen Sehnsüchte und verspricht mehr, als Gott uns für dieses Leben zugesagt hat«?
4. Welchen Eindruck hinterlässt diese Verheißung?
5. Warum besteht im Allgemeinen ein Unterschied zwischen der Erfahrung eines Jungbekehrten und der eines reiferen Christen?
6. Wie alt bist du in Bezug auf dein geistliches Leben? Wodurch hilft dir Packer, deine gegenwärtige Lage zu verstehen?
7. Welche Heilmittel bietet die hier erörterte Vorstellung vom Evangelium für die Kämpfe im Christenleben an?
8. Wann ist dieses Heilmittel das Richtige? Wann ist es katastrophal? Warum?
9. Am Anfang des Abschnitts »Die Gnade aus den Augen verlieren« erhebt Packer verschiedene Kritiken. Wie lauten sie?
10. Was ist Gnade? Was ist der Zweck der Gnade? Wie verwirklicht Gott diesen Vorsatz der Gnade?
11. Packer sagt: »Mangelnder Realitätssinn ist der Fluch der Lehre, die wir in diesem Kapitel kritisch beleuchtet haben.« Welche Realität beschreibt John Newtons Choral?
12. Hast du irgendwo den Eindruck bekommen, die Lehre von Packer sei widersprüchlich?

Zusammenfassung:
Was ist der primäre Irrtum der Vorstellung vom Evangelium, die Packer hier kritisiert?

22

DIE ALLGENUGSAMKEIT GOTTES

Ziel:
Sich über die Allgenugsamkeit Gottes zu freuen.

Diskussion:
(Verwende nicht allzu viel Zeit für die ersten fünf Fragen.)
1. Auf welche verschiedene Arten kann man an den Römerbrief, »den Zenit der Bibel«, herangehen?
2. Aus welchem Grund schätzen manche Christen dieses Buch mehr, als es andere Christen tun?
3. Weshalb schrieb Paulus Römer 8, »den Höhepunkt des Römerbriefes«?
4. In welche Abschnitte gliedert sich Römer 8?
5. Warum stellt Paulus seinen Lesern in Röm 8,31 die Frage: »Was können wir jetzt noch dazu sagen, nachdem wir uns das alles vor Augen geführt haben?« Die Antwort, die Paulus auf diese Frage in Röm 8,31 gibt, führt zu vier weiteren Fragen.
6. Die erste Frage lautet: »Wenn Gott für uns ist, wer könnte dann gegen uns sein?« Welchen Gedanken bringt diese Frage zum Ausdruck? Was bedeutet es, wenn wir von der »Allgenugsamkeit Gottes als unserem unumschränkten Beschützer« sprechen? von der »maßgeblichen Bedeutung seiner Bundesverpflichtung uns gegenüber«? Welche Bedeutung hat die Aussage *Gott ist für uns* für dich?
7. Die zweite Frage lautet: »Er, der sogar seinen eigenen Sohn nicht verschont hat, sondern ihn für uns alle hingegeben hat, wie sollte er uns mit ihm nicht auch alles andere aus Gnade schenken?« Welchen Gedanken bringt diese Frage zum Ausdruck? Was bedeutet es, wenn wir von »der Allgenugsamkeit Gottes, als unserem unumschränkten Wohltäter« sprechen? von »der ausschlaggebenden Bedeutung seines Erlösungswerkes für uns«? Welche Auswirkungen hat Gottes Anspruch auf uns für unseren Lebensstil?
8. Die dritte Frage lautet: »Wer wird es noch wagen, Anklage gegen die zu erheben, die Gott erwählt hat? Gott erklärt sie ja für gerecht. Ist da noch jemand, der sie verurteilen könnte?« Welchen Gedanken bringt diese Frage zum Ausdruck? Was bedeutet es, wenn wir von »der Allgenugsamkeit Gottes, als unserem unumschränkten Fürsprecher« sprechen? von »der entscheidenden Tatsache, dass Er uns für gerecht erklärt«? Welche Auswirkungen sollten diese Wahrheiten bei uns haben?
9. Die vierte Frage lautet: »Was kann uns da noch von Christus und seiner Liebe trennen?« Welchen Gedanken bringt diese Frage zum Ausdruck? Was bedeutet es, wenn wir von der Allgenugsamkeit Gottes, »als unseren unumschränkten Erhalter und Beschützer« sprechen? von »der ausschlaggebenden Bedeutung der göttlichen Liebe, durch die Er unser Schicksal bestimmt«? Welchen Ängsten in deinem Leben treten diese Tatsachen entgegen?

10. Wieso hat unser Studium über die Erkenntnis Gottes uns »mitten ins Zentrum des biblischen Glaubens« geführt?
11. Inwieweit wird das, was wir erkannt haben, deine Prioritäten beeinflussen?

Zusammenfassung:

Bei der Beschreibung der Allgenugsamkeit Gottes verwendet Packer vier Aussagen, um Gottes wunderbares, souveränes Werk im Leben eines Gläubigen zu beschreiben. Wie lauten sie? Über welche dieser Tatsachen freust du dich am meisten?

heroldVerlag Postfach 1162 · 35634 Leun

WEITERE BÜCHER DES HEROLDVERLAGS

DIE VERÄNDERNDE KRAFT DES EVANGELIUMS
BOB THUNE & WILL WALKER

5,90 €

ISBN: 978-3-88936-073-1
Best.-Nr.: 073

50 Seiten

Die verändernde Kraft des Evangeliums ist ein Jüngerschaftskurs für Hauskreise, Kleingruppen und Einzelpersonen. In neun Lektionen sollen die Teilnehmer erkennen, wie das Evangelium jeden Aspekt ihres Lebens beeinflusst.

Der Kurs soll dabei helfen ...

- ... die Bedeutung des Evangeliums mehr zu erfassen, damit eine Sehnsucht nach geistlicher Erneuerung geweckt wird,
- ... die lebensverändernde Kraft des Evangeliums im eigenen Leben zu erfahren,
- ... Beziehungen zu entwickeln, die geprägt sind von christlicher Nächstenliebe und selbstlosem Dienen.

Wie sollen wir beten?
Udo H. Schmidt

Das bekannteste Gebet der Christenheit ist das »Vaterunser«. Jesus Christus sprach es seinen Jüngern vor, um sie im Gebet zu lehren.
Udo H. Schmidt, Pastor und Gemeindeältester erschließt uns dieses wunderbare Gebet ganz neu in erfrischender und Gott verherrlichender Weise.

127 Seiten

ISBN: 978-3-88936-069-4
Best.-Nr.: 069

Mit Gott auf dem Weg
J. C. Ryle

Dies ist die deutsche Erstauflage einer Predigtreihe des bekannten Pastors J. C. Ryle (1816-1900).
Ryle zeigt in diesem Buch, wie wichtig ein echter, von Gott gewirkter Glaube ist, der nicht aus oberflächlicher Religiosität besteht, sondern aus einem Leben in Gemeinschaft mit Gott.

183 Seiten

ISBN: 978-3-88936-070-0
Best.-Nr.: 070

Ganz aus Gnade

C. H. Spurgeon

Dieses Buch hat zwei Anliegen: Es soll die Errettung aus Gnade durch Glauben – wie es die Bibel lehrt – deutlich und leicht verständlich erklären und auf Fragen oder Einwände eingehen, die sich der Leser möglicherweise stellen könnte.
Spurgeon führt den Leser durch das Evangelium und weist auf die Größe der göttlichen Gnade und die Kraft des Opfers Christi hin.

160 Seiten

BN: 978-3-88936-072-4
st.-Nr.: 074

Der kniende Christ

Autor unbekannt

Der Autor dieses Buches ist unbekannt. Doch jeder, der das Buch liest, wird feststellen, dass er ein Mann war, dem das Gebet am Herzen lag, weil er wusste, dass Jesus Christus alle Macht im Himmel und auf Erden besitzt. Diese Tatsache wollte uns der Autor bewusst machen. Er geht daher auf die Verheißungen ein, die Jesus auf das Gebet legt, auf die Hindernisse, die wir uns selbst immer wieder in den Weg legen, und stellt uns den großen Gott vor Augen, der es wert ist, angebetet und verehrt zu werden.

152 Seiten

ISBN: 978-3-88936-008-3
Best.-Nr.: 008